PESSOA E FORMAÇÃO

Reflexões para a prática
educativa e psicoterapêutica

Coleção Carisma e Missão

- *A árvore da vida* – Amedeo Cencini
- *A pedagogia na formação: reflexões para formadores na vida religiosa* – Jaldemir Vitório
- *Comunicação e vida comunitária* – Pedro Romero
- *Entre vós não seja assim: guia ao serviço de liderança* – Flávio Lorenzo Marchesini de Tomasi
- *Fraternidade a caminho: rumo à alteridade* – Amedeo Cencini
- *Integração comunitária do bem e do mal* – Amedeo Cencini
- *O ministério da animação comunitária* – Jaume Pujol i Bardolet
- *O respiro da vida* – Amedeo Cencini
- *Os conselhos evangélicos na ótica da comunicação* – Joana T. Puntel, A. Bastteti e F. Pratillo
- *Ouro testado no fogo* – Flávio Lorenzo Marchesini de Tomasi
- *Pessoas e formação: reflexões para a prática educativa e psicoterapêutica* – Alessandro Manenti, Stefano Guarinelli e Hans Zollner
- *Por um presente que tenha futuro* – José Arnaiz
- *Vida fraterna: comunhão de santos e pecadores* – Amedeo Cencini
- *Virgindade e celibato, hoje: para uma sexualidade pascal* – Amedeo Cencini

A. Manenti • S. Guarinelli • H. Zollner
(ORGANIZADORES)

PESSOA E FORMAÇÃO

Reflexões para a prática
educativa e psicoterapêutica

Dados Internacionais de Catalogação na Publicação (CIP)
(Câmara Brasileira do Livro, SP, Brasil)

Pessoa e formação : reflexões para a prática educativa e psicoterapêutica
/ A. Manenti, S. Guarinelli, H. Zollner, (organizadores) ; [tradução
Paulo Ferreira Valério]. – São Paulo : Paulinas, 2011. – (Coleção
carisma e missão)

Título original: Persona e formazione : riflessioni per la pratica
educativa e psicoterapeutica
Vários autores.
ISBN 978-85-356-2850-0

1. Antropologia teológica 2. Desenvolvimento humano 3. Formação
religiosa 4. Psicanálise 5. Psicologia religiosa 6. Psicoterapia
7. Teologia moral 8. Vida cristã 9. Vocação religiosa I. Manenti, A.
II. Guarinelli, S. III. Zollner, H.. IV. Série.

11-07148   CDD-230

Índice para catálogo sistemático:

1. Formação humana e cristã : Reflexões para a prática educativa e
psicoterapêutica : Cristianismo   230

1ª edição – 2011

Título original: *Persona e formazione*
Riflessioni per la pratica educativa e psicoterapeutica
© *2007 Centro Editoriale Dehoniano, Bologna.*
Edição brasileira efetuada com a intermediação da Agência Literária Eulama.

Direção-geral: *Bernadete Boff*
Editora responsável: *Vera Ivanise Bombonatto*
Tradutor: *Paulo Ferreira Valério*
Copidesque: *Cirano Dias Pelin*
Coordenação de revisão: *Marina Mendonça*
Revisão: *Ruth Mitzuie Kluska*
Gerente de produção: *Felício Calegaro Neto*
Capa e diagramação: *Telma Custódio*

*Nenhuma parte desta obra poderá ser reproduzida ou transmitida
por qualquer forma e/ou quaisquer meios (eletrônico ou mecânico,
incluindo fotocópia e gravação) ou arquivada em qualquer sistema ou
banco de dados sem permissão escrita da Editora. Direitos reservados.*

Paulinas
Rua Dona Inácia Uchoa, 62
04110-020 – São Paulo – SP (Brasil)
Tel.: (11) 2125-3500
http://www.paulinas.org.br – editora@paulinas.com.br
Telemarketing e SAC: 0800-7010081

© Pia Sociedade Filhas de São Paulo – São Paulo, 2011

SIGLAS

AVC I   RULLA, L. M. *Antropologia della vocazione cristiana.* 1. Basi interdisciplinari

AVC II   RULLA, L. M.; IMODA, F.; RIDICK, J. *Antropologia della vocazione cristiana.* 2. Conferme esistenziali

AVC III   RULLA, L. M. (ed.). *Antropologia della vocazione cristiana.* 3. Aspetti interpersonali

PPV I   RULLA, L. M. *Psicologia del profondo e vocazione: le persone*

PPV II   RULLA, L. M. *Psicologia del profondo e vocazione: le istituzioni*

SPV   RULLA, L. M., IMODA, F.; RIDICK, J. *Struttura psicologica e vocazione. Motivazioni di entrata e di abbandono*

SvU   IMODA, F. *Sviluppo umano, psicologia e mistero*

INTRODUÇÃO

O intuito do livro é duplo. Por um lado, recolhe, quase a modo de inventário ou glossário, os conceitos fundamentais e irrenunciáveis da abordagem da pessoa humana e cristã elaborada pelo Instituto de Psicologia da Pontifícia Universidade Gregoriana, em seus 36 anos de vida. Por outro lado, lança novamente esses conceitos rumo a ulteriores pistas a serem investigadas e desenvolvidas.

A bagagem teórica até agora adquirida tem suas raízes na amostra de humanidade, já bastante relevante e pertencente aos vários continentes nos quais os diplomados do Instituto trabalham: uma humanidade "diagnosticada", "cuidada", "acompanhada" a partir daquilo que ela é e não daquilo que o pesquisador supõe que seja.

As pistas de desenvolvimento posterior emergem do haver colocado nossos conceitos fundamentais em confronto com os conceitos alcançados pelas escolas "irmãs" de psicologia do profundo e com aqueles elaborados por outros setores do saber (de modo particular, a filosofia e a teologia), igualmente interessados em perscrutar o mistério da humanidade.

Apesar da inevitável pré-compreensão de todo observador, a base e a fonte de toda sua teorização permanecem sempre os homens e as mulheres existentes. Esta mesma experiência existente é também a moldura que permite aos diferentes setores do saber e às diversas escolas peculiares a todo saber interagir, confrontar-se e eventualmente corrigir-se. O que permite aos teóricos dialogar e interagir é sua referência ao concreto existente e não o resultado forçado de uma limadura feita em suas conclusões, com o fim de harmonizá-las em um quebra-cabeças coerente (e talvez fantasioso).

O respeito pela riqueza da realidade concreta exige inserir no circuito também o saber teológico, visto que o concreto existente é também constituído deste elemento. Por essa razão o livro contém igualmente contribuições de autores não psicólogos, que não entram nele como hóspedes ou peritos convidados, mas como interlocutores indispensáveis para a compreensão do real global. A eles pedimos não repetir neste livro o pensamento teológico de modo isolado, mas fazer perceber como tal pensamento pode ajudar o observador da vida a aguçar posteriormente sua capacidade de captar todas as nuanças de que o existente concreto é composto. Em termos um pouco desusados, poder-se-ia dizer que, no estudo da humanidade, o objeto formal é diferente, mas o objeto material é único, e é este último que regula a integração dos objetos formais. Consideramos que esta maneira de proceder é uma originalidade do livro e do Instituto.

A compreensão do vivido comporta sempre certo nível de abstração mas, de rebote, deve-se fazer também terapia do vivido. Não basta ter uma teoria o mais respeitosa possível da totalidade da humanidade existente. Essa teoria deve tornar-se sugestão diagnóstica e terapêutica. Na abordagem da pessoa humana, quanto mais se é teórico mais se é terapeuta/educador, e vice-versa. A teoria é validada pelo existente e retorna ao existente em forma de intervenção. Tal circularidade entre vida e modo de pensá-la dá origem a uma pedagogia que não é ideologia, mas intervenção invocada e exigida pela própria vida.

Ajudar, aconselhar, cuidar, acompanhar não significa fazer uma intervenção "diferente", "de fora" e quase inesperada pelo cliente, mas interpretar e fazer vir à luz o que já existe (talvez oculto, não expresso ou também traído) na interioridade do cliente: uma intervenção "a partir de dentro", que ajuda a pessoa a dizer-se e a dizer-se melhor. Também esta, parece-nos, é uma perspectiva original do livro e do Instituto.

Acompanhamento e psicoterapia são procedimentos diferentes. O termo psicoterapia remete a um contexto médico, de doença ou psicopatologia, ao passo que o termo acompanhamento (como o de colóquio de ajuda) coloca-se deliberadamente num contexto pedagógico e integrativo. Não obstante isto, os dois termos são usados no livro de modo intercambiável, seja porque as dinâmicas relacionais e os fatores de crescimento expostos nestas páginas valem para ambos os âmbitos, seja porque os dois procedimentos pretendem favorecer sempre melhor humanização do cliente.

A decomposição dos assuntos divididos em três partes espelha o método de trabalho do nosso Instituto.

A parte I do livro retoma muitas ideias de fundo da teoria da "antropologia da vocação cristã". Tais ideias, na teoria, possuem significados específicos e correlatos entre si, mas são sempre elaboradas em atenção ao debate que suscitam na comunidade científica atual. Com efeito, consideramos que as melhores ideias não nascem em recintos setoriais e isolados, mas devem satisfazer o princípio da coerência interna, no mesmo âmbito do saber ao qual aquele recinto pertence.

A parte II coloca aquelas ideias à disposição de outros âmbitos do saber, mas que são afins ao psicológico, porque interessado no mesmo objeto material. Agimos assim na esperança de que possam ser ideias frutuosas também fora de seu território natal. Está-se menos longe da verdade quando, de acordo com o princípio da coerência externa, uma ideia que nasce em um setor do saber é significativa para outro setor ou pelo menos não é contradita por ele.

A parte III recolhe as contribuições sobre a prática educativa e psicoterapeuta. Esta parte não deve ser entendida como banalização ou simplificação da teoria e do diálogo interdisciplinar. Efetivamente, prática não significa reduzir a teoria, mas saber usá-la a fim de decifrar a existência. Não há melhor praticante do que aquele que se serve da teoria como da estrela cometa que o guia na descoberta progressiva da infinita riqueza do real, embora sempre pronto a dar a precedência ao real sobre o pensado.

* * *

Dedicamos o livro ao padre Franco Imoda, sj, por muitas razões. Porque este ano [2007] comemora seu septuagésimo aniversário. Porque, com padre Luigi Rulla, sj, deu vida ao Instituto e até agora ensina ali. Mas, acima de tudo, porque, com o ensino, a psicoterapia, a supervisão e a atualização, formou e continua a formar tantos educadores e pesquisadores que trabalham nos diversos continentes e nos campos do acompanhamento e da psicoterapia. Os autores psicólogos deste livro foram alunos de Imoda e, ao escreverem seu texto, fazem-se porta-vozes do reconhecimento de todos. Para captá-lo, Imoda, como bom psicólogo, não precisa de muitas palavras.

Parte I

A PESSOA HUMANA E AS LINHAS ATUAIS DA PSICOLOGIA DO PROFUNDO

Capítulo 1

NASCIMENTO E CONQUISTAS DE UM ESTUDO SOBRE A PESSOA HUMANA

Tim Healy*
Bartholomew Kiely**
Giuseppe Versaldi***

O objetivo desta contribuição é identificar e inspecionar algumas ideias-chave oriundas do interior do Instituto de Psicologia da Pontifícia Universidade Gregoriana (PUG), no curso de seus 35 anos de atividade. O artigo será dividido em duas partes: a primeira assume a forma de uma recordação pessoal das origens do Instituto; a segunda delineará alguns pontos centrais da teoria e da pesquisa desenvolvidas no Instituto.

---

* Irlandês, nascido em 1947, é mestre em Psicologia e doutor em Teologia, professor no Instituto de Psicologia e, atualmente, preside o mesmo Instituto da Pontifícia Universidade Gregoriana de Roma.

** Irlandês, nascido em 1942, é mestre em Psicologia, doutor em Teologia e em Bioquímica, professor no Instituto de Psicologia da Pontifícia Universidade Gregoriana de Roma e consultor da Congregação para a Doutrina da Fé.

*** Italiano, nascido em 1943, é mestre em Psicologia e doutor em Direito Canônico, professor no Instituto de Psicologia da Pontifícia Universidade Gregoriana de Roma, advogado da Rota Romana e vigário-geral da Arquidiocese de Vercelli (Itália).

Agora, o Instituto já possui clara identidade e goza de certa consideração da parte daqueles que se interessam pela relação entre psicologia e religião, e pela aplicação da psicologia na formação religiosa. Algumas das características do Instituto já estavam presentes desde o início, quando se começava a discutir o projeto original. Outras são fruto da experiência e da reflexão sucessivas. A esta altura de sua existência, poderia ser útil reconsiderar algumas dessas características, a fim de situá-las em seu contexto original, avaliá-las e buscar identificar ulteriores possíveis linhas de desenvolvimento.

Os trabalhos teóricos fundamentais a serem levados em consideração são os de Luigi Maria Rulla, de modo particular *Psicologia del profondo e vocazione* e *Antropologia della vocazione cristiana*.[1] No trabalho experimental feito para verificar a teoria, Franco Imoda teve um papel importante; ele é um dos coautores de *Struttura psicologica e vocazione. Motivazioni di entrata e de abbandono* e do segundo volume de *Antropologia della vocazione cristiana*.[2]

AS ORIGENS DO INSTITUTO DE PSICOLOGIA, UMA NOTA HISTÓRICA (G. VERSALDI)

Tive o privilégio de seguir pessoalmente (e, naquele tempo, inconscientemente) o nascimento do Instituto de

---

[1] Cf. RULLA, L. M. *Psicologia del profondo e vocazione; le persone.* Torino: Marietti, 1975 (de agora em diante, *PPV I*). [Ed. bras.: *Psicologia do profundo e vocação. A pessoa.* São Paulo: Paulinas, 1986.] *Psicologia del profondo e vocazione; le istituzioni.* Torino: Marietti, 1976 (de agora em diante, *PPV II*). [Ed. bras.: *Psicologia do profundo e vocação. As instituições.* São Paulo: Paulinas, 1986.] *Antropologia della vocazione cristiana. 1. Basi interdisciplinari.* 2. ed. Bologna: EDB, 1987 (de agora em diante, *AVC I*). [Ed. bras.: *Antropologia da vocação cristã.* São Paulo: Paulinas, 1987.]

[2] Cf. RULLA, L. M.; IMODA, F.; RIDICK, J. *Struttura psicologica e vocazione. Motivazioni di entrata e di abbandono.* Torino: Marietti, 1977 (de agora em diante, *SPV*). [Ed. bras.: *Estrutrura psicológica e vocação.* São Paulo: Loyola, 1978.] *Antropologia della vocazione cristiana. 2. Conferme esistenziali.* (de agora em diante, *AVC II*). 2. ed. Bologna: EDB, 2001.

Psicologia na Pontifícia Universidade Gregoriana, e parece-me oportuno recordá-lo no momento em que padre Franco Imoda torna-se emérito, ele que, com o saudoso padre L. M. Rulla, foi o fundamento do mesmo Instituto e, a seguir, por muitos anos, professor e diretor. Essa recordação não assume apenas uma obrigatória intenção de elogio, mas quer lançar luz sobre alguns aspectos da mesma natureza e finalidade da escolha que teve início em 1971 e que tantos frutos produziu e continua a produzir na e para a Igreja. Gostaria justamente de trazer o testemunho histórico pessoal que pode ajudar, ainda antes das possíveis reflexões, a compreender a intenção de padre Rulla e de padre Imoda ao fazerem surgir o Instituto.

Tive a ventura de conhecer padre Rulla quando, recém-ordenado sacerdote em 1967, fui destinado como vice-pároco a uma grande paróquia da cidade de Vercelli, cujo pároco era monsenhor Nicola Rulla, irmão de padre Luigi (um terceiro irmão, monsenhor Agostinho, era também sacerdote diocesano em Vercelli). Padre Nicola falava-me deste irmão jesuíta, já cirurgião-médico, que havia abandonado a possibilidade de uma brilhante carreira profissional para entrar na Companhia de Jesus e que, depois de longo tirocínio para a profissão religiosa, havia empreendido os estudos de psiquiatria e de psicologia além-mar. E, de fato, encontrei padre Rulla no verão de 1968, quando fui ao aeroporto de Milão para acolhê-lo por um breve período de férias na Itália.

Como quem o conheceu pode imaginar, logo falou com entusiasmo e determinação acerca de seu projeto de abrir uma escola de psicologia em Roma, devido à importância que via na contribuição que a psicologia moderna podia dar à Igreja e por causa de certos efeitos negativos que o mau uso dela estava produzindo especialmente nos EUA e no Canadá. Acenou também, discretamente, às dificuldades que encontrava dentro da Igreja para promover tal projeto, o qual ele explicava como diferente dos poucos já existentes. Devo confessar que, naquele momento, não compreendi muito do mérito de seu discurso, mas fiquei logo impressionado com a convicção e a determinação do padre Rulla e com o toque de pioneirismo de seu projeto. Aquilo de que me lembro bem, porém, é da pergunta específica que fiz ao padre Rulla, em relação justamente ao próprio nome do instituto que ele tinha intenção de fundar na Pontifícia Universidade Gregoriana.

Indaguei-lhe do motivo por que o nome que desejava dar era simplesmente "Instituto de Psicologia", sem nenhuma adjetivação que o especificasse (por exemplo, psicologia *pastoral*, ou, então, *religiosa*), a fim de indicar, em minha opinião, uma direção mais correspondente às expectativas do mundo eclesial. Padre Rulla foi muito claro e também firme (tanto que sua resposta me impressionou, sem que então lhe percebesse as implicações de método que só compreendi posteriormente): "A psicologia é uma ciência com método autônomo, que não pode ser instrumentalizado, mas que deve ser respeitado, ainda que possa ser aplicado ao campo religioso com consequências importantes também no campo pastoral". E foi justamente essa sua tomada de posição, de um lado, que criou algumas dificuldades no seio da Igreja e, por outro lado, o que assegurou originalidade e cientificidade ao Instituto que iniciou suas atividades em 1971.

Nove verões subsequentes, encontrei padre Rulla de novo, pelas mesmas razões, quando então falava dos difíceis mas positivos avanços de seus esforços, apoiados pelo então geral dos jesuítas, padre Arrupe, e pelo reitor da PUG, padre Carrier. Este último, por ocasião do 25º aniversário do Instituto, em 1996, revelou os passos para a aprovação, da parte do pontífice Paulo VI, do projeto do Instituto de Psicologia da PUG, no qual, por um lado, a operação foi vista como realização das solicitações provenientes do Concílio Vaticano II de um uso sapiente também das ciências humanas na formação sacerdotal e religiosa e, por outro, como inovação, precisamente devido ao respeito pelo caráter científico e empírico da abordagem desejada e defendida pelo padre Rulla.

Soube que o padre Rulla, depois da aprovação definitiva de seu projeto, logo começara a buscar colaboradores e havia encontrado um confrade, conhecido nos anos da formação jesuítica, padre Franco Imoda, que estava fazendo seus estudos de psicologia nos EUA e que partilhava de suas ideias e seu projeto. Acrescento ainda, por completeza narrativa, que também eu me beneficiei deste contato pessoal, à medida que meu arcebispo de então, dom Albino Mensa, querendo dar vida a um consultório familiar em dioceses, devendo escolher quem e onde preparar para tal tarefa, escolheu-me e, sob orientação de monsenhor Nicola Rulla, mandou-me justamente a Roma, ao Instituto de Psicologia da PUG. Transcorria o ano de 1972, o segundo ano de vida do Instituto, e aí encontrei na função de diretor o próprio padre Rulla; conheci também dois jovens professores: padre Franco Imoda e irmã Joyce Ridick.

Essas são as lembranças históricas que ajudam a compreender as razões e as finalidades do Instituto de Psicologia, de acordo com as intenções de seus fundadores, as quais, a seguir, foram amplamente realizadas, como o demonstra a impostação seja do ensino, seja da atividade clínica que o Instituto, coerentemente, levou adiante em todos estes 35 anos de trabalho e de publicações. Como se vê, padre Rulla, desde o início, tinha em mente a importância da impostação que o Instituto devia adotar para um método correto no diálogo interdisciplinar entre a psicologia e as tradicionais ciências ensinadas nas universidades pontifícias, como a filosofia e a teologia. E, acima de tudo, fica claro que não partilhava a ideia de que as finalidades religiosas e pastorais pudessem diminuir, ainda que fosse no nome do Instituto, a cientificidade da ciência psicológica, para a qual a autonomia do método empírico e investigativo era a condição necessária. Preferiria renunciar ao projeto a ceder neste ponto.

17

Por sorte (mas seria mais justo dizer, por providencial graça), com a ajuda dos superiores jesuítas citados e da mediação da Congregação para a Educação Católica (então presidida pelo cardeal Garrone), conseguiu obter diretamente do sábio e clarividente Paulo VI a aprovação que permitiu iniciar uma aventura difícil, bem pequena, no início, mas que agora se tornou uma árvore que produz seus frutos na Igreja de tantas nações espalhadas em todo o mundo.

Mas, para além dessas certamente importantes notícias históricas e, em parte, autobiográficas, a vida do Instituto e suas obras (especialmente a publicação da teoria e dos resultados das pesquisas comprovantes) é que demonstram a natureza da abordagem desejada e mantida por seus fundadores. Esse direcionamento é radicalmente diferente de outra possível impostação que pretenderia partir de uma distinção entre uma "psicologia da religião", propriamente científica e realizada (por assim dizer) "a partir de fora" e prescindindo da fé do estudioso, e (por outro lado) uma "psicologia pastoral", que pressupõe a fé, mas que seria, de algum modo, uma psicologia de segunda classe, ao que parece com objetivos mais práticos do que verdadeiramente científicos. Com tal ponto de partida, a possibilidade de um *verdadeiro diálogo interdisciplinar* estaria irremediavelmente comprometido já de saída.

O que os fundadores do Instituto de Psicologia da PUG projetaram e realizaram encontra-se fora de tais esquemas. Como transparece nos dois volumes de *Antropologia da vocação cristã* (o primeiro de padre Rulla no qual se encontram as *Bases interdisciplinares*, e o segundo, escrito com padre Imoda e J. Ridick, no qual se encontram as *Confirmações existenciais*, ou seja, os resultados das pesquisas que comprovam a teoria), a abordagem do Instituto é justamente a de um diálogo interdisciplinar, do qual se explicita preliminarmente o *método*, exatamente para evitar aquelas aproximações conteudísticas e, definitivamente, a justaposição entre ciências diversas que não permitem a salvaguarda de todas as ciências e das realidades complexas que entram em jogo.

A referência ao *método transcendental* de B. Lonergan como premissa para o diálogo entre a psicologia e as ciências filosóficas e teológicas torna-se elemento essencial de esclarecimento de toda a teoria e práxis do Instituto. De acordo com o que afirma padre Rulla, o método transcendental "oferece uma estrutura dentro da qual os dados e as generalizações da pesquisa experimental psicológica podem ser considerados juntamente com as reflexões filosóficas e teológicas" (*AVC I*, p. 45). Assim, evitam-se dois riscos opostos: "Um primeiro extremo seria o de unificar, de identificar as várias antropologias, em vez de apenas integrá-las [...]". O outro extremo "consistiria em dissociar o pensamento filosófico do saber científico", à medida que "uma psicologia sem pressupostos filosóficos é simplesmente um mito" (*AVC I*, p. 45s).

Portanto, não se trata de construir primeiramente uma psicologia científica a ser usada depois como instrumento de investigação também no campo da experiência religiosa, procurando uma neutralidade impossível. Trata-se, antes, de analisar criticamente como são construídas as várias ciências que concorrem para examinar aquela única realidade que é o ser humano em todas as suas atividades, também a religiosa, mas consoante a especificidade e os limites que as ciências, cada uma a seu turno, têm na abordagem de uma realidade tão complexa, qual seja a natureza humana em seu ser e agir, e que em sua integralidade supera também as ciências empíricas.

Com efeito, o objeto do saber é o mesmo ser humano, cujo mistério ultrapassa a competência de cada ciência, individualmente (por conseguinte, também a psicologia, mas também a filosofia e a teologia), que investiga em conformidade com seu método legítimo e autônomo (preferentemente empírico-indutivo para a psicologia, mais lógico-dedutivo para a filosofia e teologia). Daí se segue que somente na *integração* (não unificação) entre as diversas ciências é possível alcançar um progressivo conhecimento do verdadeiro (diálogo interdisciplinar). Este diálogo não se baseia na soma ou na aproximação dos conteúdos descobertos pelas ciências, em separado, mas na assunção comum de um único método de investigação que diz respeito não ao objeto do conhecimento, mas ao processo de conhecimento (método transcendental de Lonergan).

Em todas as ciências, a fim de proceder corretamente, é necessário ter consciência da sequência das operações que toda pessoa realiza no conhecer e no decidir (experiência, inteligência, julgamento e decisão), de modo que cada ciência possa permanecer aberta às contribuições das outras ciências, ainda que os conteúdos do conhecer sejam diversos e superem o âmbito próprio de cada uma das ciências. Se, ao contrário, pretende-se que seja cientificamente verdadeiro somente o que é conhecível mediante o método interno de cada uma das ciências, com os correspondentes resultados, então, de um lado, reduz-se a verdade ao que é proporcionado ao método investigativo particular e, do outro, obstrui-se inevitavelmente o diálogo entre as diversas ciências. De fato, cada ciência, em particular, uma vez tendo atingido a própria "verdade", será levada a rejeitar as outras verdades à medida que não são mensuráveis através do próprio método investigativo.

Dessa forma, as ciências empírico-indutivas (como a psicologia), querendo justamente salvaguardar o próprio método, terminam por recusar o que é metafísico em nome da não compatibilidade de tal conteúdo com o próprio âmbito científico. Se, ao contrário, o diálogo se fundamenta não no confronto de conteúdos, mas no processo comum de conhecimento (método transcendental), então se poderá verificar e integrar as "verdades" de cada uma das ciências com as das outras, aceitas com base no método comum de investigação.

No que diz respeito ao diálogo entre psicologia e filosofia e teologia, pode-se aceitar que cada uma proceda de acordo com o próprio método (mas verificado na consciência das operações do processo cognoscitivo) para, a seguir, confrontar e alargar as "verdades" de cada uma e chegar a uma antropologia integrada justamente com a contribuição de todas essas ciências. Por meio de tal abordagem, é possível que também a psicologia dê seu contributo científico para a construção de uma antropologia que compreenda até a dimensão transcendente ou religiosa, mesmo que o conteúdo desse âmbito supere os limites de sua competência.

Nessa direção caminhava João Paulo II em sua alocução à Rota Romana,[3] de 1987, onde, depois de ter elogiado os "grandes progressos da psiquiatria e da psicologia contemporâneas", afirmava que

> não se pode não reconhecer, porém, que as descobertas e as aquisições no campo puramente psicológico e psiquiátrico não estão em condições de oferecer uma visão verdadeiramente integral da pessoa, resolvendo sozinhas as questões fundamentais concernentes ao significado da vida e da vocação humana (n. 2).

E o mesmo pontífice lamentava que "certas correntes da psicologia contemporânea, ultrapassando a própria competência específica, avançam em tal território e nele se movem sob a instigação de pressupostos antropológicos não conciliáveis com a antropologia cristã" (ibid.). Por outro lado, é também verdadeiro que

---

[3]   Cf. *AAS* 79 (1987) 1453-1459.

um conhecimento aprofundado das teorias elaboradas e dos resultados alcançados pelas ciências mencionadas oferece a possibilidade de avaliar a resposta humana à vocação ao matrimônio de modo mais preciso e diferenciado do que permitiriam a filosofia e a teologia sozinhas (ibid.).

O diálogo interdisciplinar, portanto, não pode ser imposta-do corretamente sem que as ciências humanas admitam seu limite, ligado justamente ao método empírico (que, aliás, deve ser respeitado em sua autonomia), e se abram à contribuição de outras ciências metapsicológicas, a fim de não caírem no risco de adotar falsos pressupostos psicológicos ocultos sob aparente neutralidade (ainda que benigna), o que, na realida-de, é uma antropologia reducionista. João Paulo II enxergava precisamente neste risco a fonte de confusão no diálogo in-terdisciplinar. "Daí as dificuldades e os obstáculos no diálogo entre as ciências psicológicas e as metafísicas e éticas" (ibid.), continuava seu discurso. Ao passo que, referindo-se em sua alocução à relação entre os peritos psiquiatras e psicólogos e os juízes dos tribunais eclesiásticos, afirmava:

> Parece que o diálogo e uma construtiva comunicação entre o juiz e o psiquiatra ou psicólogo são mais fáceis se para ambos o ponto de partida se coloca dentro do horizonte de uma an-tropologia comum, de forma que, mesmo na diversidade de método e dos interesses e finalidades, uma visão permaneça aberta à outra (n. 3).

Isso é o que desejou e fez o Instituto de Psicologia da PUG, de acordo com a intenção inspiradora de seus fundadores, como se depreende de uma leitura atenta (nem sempre fá-cil!) dos dois primeiros volumes de *Antropologia da vocação cristã*, nos quais se encontra fielmente praticado o método transcendental para o diálogo interdisciplinar no respeito aos diversos métodos intrínsecos às ciências, em particular, mas também na integração de seus respectivos pressupostos e resultados, sem coerções extrínsecas, e com base em um processo comum de conhecimento da verdade toda inteira. Portanto, algo bem diferente de uma instrumentalização da psicologia pela teologia (ou vice-versa, de acordo com outros críticos!) para fins pastorais!

O fim é único para todas as ciências: a busca da verdade, enquanto se fala explicitamente de "implicações pastorais" derivantes da construção de uma visão do ser humano mais plena e integral, justamente graças às contribuições das diversas ciências, todas soberanas em seu campo, mas todas "servas" da verdade a ser conquistada sempre mais plenamente e com rigor científico.

Gostaria de concluir estas poucas notas histórico-críticas enfatizando também o contributo posterior e específico que padre Imoda deu ao desenvolvimento do Instituto com sua obra mais importante: *Desenvolvimento humano, psicologia e mistério*. Ele retoma a mesma abordagem interdisciplinar, com a intenção de construir uma pedagogia que, precisamente graças ao tributo das diversas ciências em diálogo com a psicologia do profundo, esteja em condições de superar tanto o maximalismo fundado em uma concepção abstrata da pessoa quanto o minimalismo que reduz o ser humano à sua dimensão fenomenológica. Sua abordagem, como o diz o próprio título do poderoso volume, é reverente quanto ao *mistério* que o ser humano permanece sempre; ao mesmo tempo, está aberto, justamente por isso, à contribuição de todas as ciências capazes de penetrá-lo com rigor e respeito.

Nesse contexto ele vê a psicologia "como aliada, mas também como parte indispensável da antropologia [à medida que pode] contribuir de modo insubstituível para introduzir o pesquisador da alma humana e ainda mais o educador, em

PARTE I – A PESSOA HUMANA E AS LINHAS ATUAIS DA PSICOLOGIA DO PROFUNDO

um âmbito relativamente negligenciado".[4] O autor está bem consciente da necessidade de integrar, em vez de separar (mas também em vez de só unificar extrinsecamente) as ciências que, por seu estatuto epistemológico, estão voltadas mais à vertente da *objetividade* (*logos*) das ciências, como a psicologia (e a pedagogia resultante), que se dedicam a evidenciar a importância da *subjetividade*:

> Para uma antropologia que se proponha fins cognoscitivos, mas também pedagógicos, a recuperação da subjetividade, conexa com a área afetiva, deve constituir um momento indispensável. Trata-se da recuperação de uma subjetividade que arriscaria ser inevitavelmente perdida ou reduzida, confiando-se a abordagens científicas e, no máximo, filosóficas, que, por sua natureza, tendem a uma objetividade e a um discurso, inteligível e racional sobre a pessoa, sobre o objeto, mas que se encontram necessariamente limitados por uma busca abstrata de universalidade.[5]

Bastam esses poucos acenos introdutórios da obra de padre Imoda (remetendo a outras para uma valorização mais completa) para compreender a coerência do discurso inicial do Instituto com os desenvolvimentos e as contribuições sucessivas que se deram tanto dentro do Instituto quanto fora dele, no âmbito das outras ciências, como a teologia moral e o direito canônico.

À guisa de conclusão, esta minha evocação e os esclarecimentos que dela derivaram gostariam de contribuir para explicitar definitivamente a natureza original e específica do Instituto de Psicologia da PUG, não para afirmar uma posição de superioridade e muito menos de solução e conclusão dos

---

[4] IMODA, F. *Sviluppo umano, psicologia e mistero* (de agora em diante, *SvU*). Bologna: EDB, 2005. [Ed. bras.: *Psicologia e mistério. O desenvolvimento humano*. São Paulo: Paulinas, 1996.]

[5] *SvU*, p. 51.

problemas que o diálogo interdisciplinar comporta, mas pelo menos a fim de evitar mal-entendidos que, efetivamente, continuam a ocorrer da parte de quem não conhece o Instituto e não aprofunda suficientemente seu conhecimento a respeito dele.

Com outras palavras, gostaria que fosse salvaguardada a verdade a respeito do Instituto, como resulta das obras publicadas e do poderoso montante de trabalho formativo desenvolvido, justamente para dar uma contribuição ao diálogo interdisciplinar e também para corrigir eventuais e inevitáveis erros de percurso, mas na consciência do acertamento da direção empreendida desde as origens. Se, ao contrário, a compreensão da abordagem do mesmo Instituto for prejudicada, como já aconteceu, atribuindo-se aos fundadores intenções e significados diversos e até opostos aos reais, então não é possível nem o diálogo nem a aceitação das justas críticas.

Tudo isso é dito com o desejo de que as novas gerações não se acomodem aos resultados conseguidos, mas, imitando seus mestres, possam levar ainda mais longe o conhecimento e a prática ligados aos estudos do Instituto "para a maior glória de Deus".

ALGUMAS IDEIAS-CHAVE NA ORIGEM E DESENVOLVIMENTO DO INSTITUTO DE PSICOLOGIA (T. HEALY, B. KIELY)

Premissa

Conforme acenado na primeira parte deste artigo, as origens do projeto de introduzir um programa integrado de psicologia na PUG remontam à década de 1960. O quadro histórico é bem documentado no volume publicado por

PARTE I – A PESSOA HUMANA E AS LINHAS ATUAIS DA PSICOLOGIA DO PROFUNDO

ocasião do 25º aniversário do Instituto,[6] e nesta seção será suficiente, portanto, uma breve síntese.

O Concílio Vaticano II encorajou uma grande abertura para as ciências humanas — cf. a frequentemente citada *Gaudium et Spes*, n. 62 — e reconheceu a importância da psicologia na formação religiosa e sacerdotal.[7] O Papa Paulo VI, em sua encíclica *Sacerdotalis Cœlibatus*, indicava, ademais, que os critérios e as linhas-guias sugeridas pelo Concílio para a formação sacerdotal estavam "afinadas também com o progresso da psicologia e da pedagogia, bem como com as condições modificadas dos seres humanos e da sociedade contemporânea".[8] A "plena aprovação de princípio", da parte do papa Paulo VI, acerca do projeto do Instituto, é recordada por Carrier.[9]

Nesse tempo, portanto, da parte da Igreja, havia tanto abertura quanto estima pela necessidade de colaborar com a ciência humana da psicologia na formação cristã. Também o valor de fundar um instituto dentro da estrutura acadêmica de uma universidade pontifícia é reconhecido claramente. Essa abertura à acolhida da contribuição oferecida pelas ciências psicológicas foi outrossim facilitada por um senso de urgência surgido em resposta à crescente frequência dos abandonos da vocação por parte dos sacerdotes e de pessoas consagradas.

Se, de um lado, reconhecia-se o primado das causas espirituais-sobrenaturais, por outro compreendia-se também que a formação sacerdotal muitas vezes falhava no formar uma personalidade digna de um homem de Deus (cf. 1Tm 6,11). Em outras palavras, a formação recebida por muitos

---

[6] Cf. CARRIER, H. L'Istituto di Psicologia celebra i venticinque anni. In: IMODA, F. (ed.). *Antropologia interdisciplinare e formazione*. Bologna: EDB, 1997. p. 15-19.

[7] Cf. *Optatam Totius*, nn. 3-11. *Perfectæ Caritatis*, n. 12.

[8] PAULO VI. *Sacerdotalis Cœlibatus* (24.6.1967), n. 61.

[9] CARRIER, H. L'Istituto di Psicologia celebra i venticinque anni, cit., p. 17.

26

não havia oferecido uma preparação adequada para absolver um compromisso duradouro nas circunstâncias concretas nas quais eram chamados a viver. Ademais, o problema não estava tanto em uma adequação ou inadequação intelectual, mas residia, antes, no âmbito humano, na maturidade afetiva ou, ainda, em uma falta de maturidade.

A contribuição principal que se esperava obter da quota da psicologia era, portanto, a respeito do problema da maturidade afetiva, e era concebido em dois sentidos: primeiro, a psicologia como meio para identificar os que não possuíam ou não pareciam capazes de desenvolver a capacidade de base para viver a vida religiosa ou sacerdotal; segundo, a psicologia como instrumento para ajudar aqueles que podiam crescer em sua capacidade de viver sua escolha vocacional. Por conseguinte, a psicologia era vista não somente como meio para a seleção dos candidatos, mas também como contribuição positiva no tornar possível o crescimento humano, de modo tal que a vocação pudesse ser vivida com maior liberdade e fecundidade. Este último papel pedagógico ou formativo exposto pela psicologia era, obviamente, mais ambicioso e exigente em relação à contribuição que podia oferecer na seleção dos candidatos.

Se é verdade que o contexto imediato da fundação do Instituto de Psicologia estava relacionado com um interesse e uma preocupação pela formação sacerdotal e religiosa, seria um erro identificar o Instituto como possuidor de um objetivo apenas pastoral ou prático. Conforme indicado na parte I deste aporte, desde o início havia a intenção de desenvolver e formular uma teoria que pudesse inspirar a prática e, por sua vez, ser inspirada pela experiência prática. A proveniência de Luigi Rulla do mundo da medicina, com uma especialização cirúrgica — realidade onde teoria e prática estão estreitamente ligadas e interdependentes — provavelmente influenciou o impulso original do Instituto. O modelo para o Instituto era o da "escola profissional".

PARTE I – A PESSOA HUMANA E AS LINHAS ATUAIS DA PSICOLOGIA DO PROFUNDO

De saída, era preciso realizar escolhas que, a seguir, teriam guiado o desenvolvimento do Instituto. Da parte de um dos fundadores, eram evidentes opções de natureza estratégica e teorética, muito antes que o projeto de fundar o Instituto fosse concebido. A primeira escolha dizia respeito à importância da pesquisa. Em 1963, Rulla começou a recolher um grande corpo de dados para um estudo longitudinal da vocação cristã, especialmente na forma da vida consagrada.[10] Com efeito, este projeto não foi concluído senão em 1986, com a publicação de *AVC II*, fruto de um amplo trabalho posterior e indício positivo da continuidade que sempre caracterizou o Instituto. A segunda escolha de fundo era a da orientação teórica. Posto que existissem muitas teorias da personalidade à disposição, Rulla considerava que nenhuma dessas era adequada para o estudo da vocação cristã: era mister desenvolver nova teoria.

O primeiro produto deste projeto-pesquisa foi a tese doutoral de Rulla em psicologia (*Psychological Significance of Religious Vocation*, University of Chicago, dec./1967 [*O significado psicológico da vocação religiosa*]). Aqui se enfatiza que a vida religiosa deve ser compreendida em seus termos específicos de chamada da parte de Deus e deve, portanto, ser distinta da escolha da profissão, típico objeto de estudo da psicologia. Foi cogitado que o mediador da vocação religiosa seria uma orientação específica no nível do *eu* ideal, ou seja, dos ideais a que uma pessoa aspira. Um grupo de 52 jovens, que mal haviam ingressado em uma Congregação religiosa, foram comparados com 48 leigos que haviam empreendido os estudos universitários. A diferença entre os ideais dos dois grupos era substancial. É aqui que temos o início de nova abordagem, diferente da psicologia humanista e da psicanalítica.

Um segundo tópico da tese era uma exploração dos *padrões* [*pattern*] de personalidades em nível descritivo. Os

---

[10]   Cf. *AVC II*, Apêndice C, Tabela I, p. 383.

sujeitos religiosos demonstravam, além de uma orientação religiosa mais forte, uma tendência relativamente maior à deferência, ao conformismo e à repressão dos impulsos, ao passo que os leigos aspiravam mais ao poder, à segurança e ao *status*. Àquela altura, o projeto não permitia discernir o significado de tais tendências (ambíguas em si mesmas) para o indivíduo em particular. De fato, até então não se havia introduzido uma abordagem estruturada no estudo da pessoa e da vocação, o que será desenvolvido pouco depois por Rulla e por seus colaboradores, como mostra a próxima obra que será considerada.

Esse desenvolvimento é um exemplo de algo que caracteriza todo o projeto que estamos avaliando, ou seja, uma constante interação entre teoria e resultados experimentais.

Psicologia do profundo e vocação

Os dois volumes da obra *PPV*, cuja publicação no original inglês coincidiu com o ano em que foi encaminhado o primeiro curso no Instituto de Psicologia, procuravam compreender algo da motivação de entrada, perseverança e eficácia na vocação sacerdotal e religiosa. No âmbito de uma moldura psicossocial, o trabalho propunha uma teoria da autotranscendência na consistência, e muitos dos elementos que se encontravam no trabalho sucessivo, *AVC I*, já estão presentes nessa formulação precedente e mais limitada. Apresentemos brevemente alguns desses elementos, deixando a discussão mais detalhada na seção dedicada à *AVC I*.

Valores e dialética de base entre o eu ideal e o eu atual

Em *PPV*, a vocação é compreendida como dirigida à pessoa inteira e, portanto, como algo diferente da simples assunção de um papel. Além do mais, sugere-se que as vocações sacerdotal e religiosa podem ser mais bem compreendidas em chave de expressão de valores que a pessoa espera realizar do que como plena expressão de talentos que já sabe possuir. A ligação com a tese doutoral de Rulla é evidente.

No modelo motivacional proposto em *PPV*, seguindo o trabalho de Magda B. Arnold,[11] identifica-se uma dialética, na motivação da pessoa, entre um *eu* egocêntrico, onde predomina o juízo dos sentidos, e um *eu* egotranscendente, onde prevalece o julgamento reflexivo (*PPV I*, p. 43).

Essa dialética é vista concretamente na vida do indivíduo nos termos do *eu* ideal e do *eu* atual, cujos conteúdos são necessidades, valores e atitudes. Seguindo a perspectiva da psicologia do profundo, enquanto o *eu* ideal é prevalentemente cônscio, o *eu* atual é indicado como portador de elementos tanto cônscios quanto incônscios, denominados respectivamente *eu* manifesto e *eu* latente. Os conceitos-chave que emergem são os de consistência e inconsistência, com sua influência sobre a capacidade da pessoa de "internalizar" os valores vocacionais. Consistência e inconsistência referem-se à "luta" existente entre o *eu* atual o *eu* ideal da pessoa, como se explicará a seguir.

Consistência e inconsistência

A consistência diz respeito à relação entre o *eu* ideal e o que a pessoa deseja tornar-se, por um lado, e o *eu* atual e o que a pessoa já é, por outro. Enquanto o *eu* ideal e o *eu* atual não deveriam *coincidir* exatamente — se coincidissem, não haveria motivação para crescer ou para transcender o *eu* atual —, apesar de tudo é necessário certo grau de correspondência entre os dois, se o ideal deve ser realisticamente factível.

---

[11] Cf. ARNOLD, M. B. *Emotion and Personality.* New York: Columbia University Press, 1960. 2 vv. (ed.). *Feelings and Emotions;* The Loyola Symposium. New York: Academic Press, 1970.

Portanto, se alguém proclama o ideal de ajudar os outros, isto é um sinal de consistência se no *eu* atual da pessoa existe também uma tendência espontânea ("necessidade") de ajudar e tomar conta dos outros. Na ausência de uma tendência correspondente ao *eu* atual, o ideal proclamado não possui verdadeiras raízes na dinâmica interna da pessoa, e portanto não é provável que perdure no tempo.

Pode-se encontrar também uma inconsistência que diz respeito à presença de uma necessidade inconsciente, inaceitável, no *eu* latente da pessoa — por exemplo, uma agressividade destrutiva — que não tem um valor correspondente no *eu* ideal. Nesse caso, muitas das energias da pessoa são gastas na procura de defender-se desse elemento não integrado no sistema motivacional. Tais inconsistências devem ser distintas dos conflitos conscientes e, justamente porque inconscientes, elas são notoriamente resistentes à mudança.

Na edição original de *PPV*, a distinção entre inconsistências e psicopatologia não é sempre clara, dando a impressão de que também a inconsistência constitui uma forma latente de psicopatologia (*PPV I*, p. 131s; 153). Todavia, no trabalho sucessivo, *SPV*, que traz a pesquisa baseada nas noções teóricas de *PPV*, afirma-se claramente que "uma inconsistência vocacional pode existir independentemente de toda psicopatologia psiquiátrica aparente ou real" (*SPV*, p. 135).

Essa distinção, que reconhece uma influência do inconsciente dentro da "normalidade", será ulteriormente desenvolvida em *AVC I*, nos termos das "três dimensões".

Operacionalização das consistências e das inconsistências

Em *PPV*, as consistências e as inconsistências não apenas foram definidas, mas também "operacionalizadas", ou seja, vinha indicado como se podiam medir empiricamente para cada pessoa em particular.

O modo pelo qual as consistências e as inconsistências foram definidas e operacionalizadas merecem um comentário. O que está em questão é o grau de equilíbrio no sistema motivacional da pessoa, de modo que não há necessidade de referir-se a alguma escala de maturidade normativa externa com que medir a pessoa. Como Kiely mostrou, esta é uma aplicação da lei da não contradição e oferece um meio para contornar a arbitrariedade na qual se incorre se se procura especificar a normalidade ou a maturidade num sentido puramente quantitativo.[12]

> Não se pode dizer facilmente quão longas "devem" ser as pernas de uma pessoa (Abraão Lincoln enfatizou que deveriam ser bastante longas a ponto de tocarem o chão!), mas pode-se dizer que deveriam ser ambas do mesmo tamanho; do contrário, algo não funciona. Não se pode facilmente dizer quão amplo "deva" ser o vocabulário de uma pessoa, mas pode-se dizer que uma pessoa com nenhum dom para as línguas não tem o direito de aspirar a estudos clássicos ou bíblicos.[13]

A teoria conduziu a certo número de proposições, das quais as duas que se seguem podem ser consideradas particularmente significativas: "A vocação religiosa é a realização do ideal de si e não do conceito de si"[14] e "a perseverança e eficácia da vocação religiosa estão relacionadas ao tipo, grau e número de consistências e de inconsistências centrais conscientes ou não conscientes do *eu* atual com as atitudes vocacionais e/ou os valores vocacionais".[15]

O suporte empírico para essas proposições pode ser encontrado na publicação seguinte, *Struttura psicologica e voca-*

---

[12] KIELY, B. *Psicologia e teologia morale. Linee di convergenza.* Casale Monferrato (AL): Marietti, 1982. p. 58s.

[13] Ibid., p. 59.

[14] *PPV I*, Proposição I, p. 59.

[15] *PPV IV*, p. 66.

externos não têm muito peso; a pessoa está convencida da importância do conteúdo em si mesmo.

Ora, na formação vocacional, uma pessoa é claramente chamada a "tornar próprias" algumas atitudes e valores por sua importância extrínseca e não por complacência ou mera identificação. Ainda que a identificação possa representar uma passagem no percurso rumo a uma plena apropriação, a internacionalização é que exprime melhor a qualidade da convicção que se busca alcançar na formação vocacional. Esse conceito de Kelman, porém, não pode ser aplicado acriticamente à formação cristã, à medida que é definido puramente em termos de congruência com o sistema de valores da pessoa. Tudo isso contém em si uma séria ambiguidade, evitando a pergunta acerca da validade objetiva do conteúdo em questão. Consequentemente, em *PPV* e especialmente em *AVC I,* a definição de internalização inclui não apenas a harmonia com o sistema pessoal de valores, mas considera também a validade objetiva desses valores (*AVC I*, p. 318s).

Quem não está familiarizado com o método aplicado nas ciências naturais e humanas pode encontrar dificuldade em apreciar uma abordagem da questão da vocação que conduz a uma teoria com implicações práticas, que pode, por sua vez, ser submetida a um processo de convalidação empírica. Que uma disciplina nascente como a psicologia possa oferecer algo de sério à teologia ou à filosofia — não somente em termos práticos, mas também no plano teórico — pode parecer ofensivo a alguém.

Um dos desafios da *PPV* e a consequente pesquisa exposta em *SPV* é precisamente a de chamar a atenção para as inter--relações entre a formulação de uma teoria — teológica, filosófica ou psicológica — e o processo da verificação empírica que toda formulação teórica deve incluir. A necessidade de uma teoria desenvolvida, fruto de colaboração interdisciplinar, torna-se, portanto, evidente, embora tal questão não tenha sido aprofundada nesses primeiros trabalhos.

Entre os limites da abordagem apresentada em *PPV* deve-se mencionar o fato de que se focalizam principalmente a motivação e a psicodinâmica do indivíduo, ao passo que a dimensão social fica um pouco em segundo plano. Há algumas análises interessantes sobre como a dimensão interpessoal possa interagir e influenciar nas consistências e nas inconsistências do indivíduo, ajudando ou obstruindo a internalização dos valores vocacionais,[17] mas a proposta permanece sem uma convalidação empírica. Ainda que *PPV* e *SPV* não digam certamente a última palavra em mérito ao tema que buscam aprofundar, trazem, porém, uma contribuição muito válida para a compreensão de como a vocação é vivida e de como poderia ser mais bem vivida.

ANTROPOLOGIA DA VOCAÇÃO CRISTÃ I. BASES INTERDISCIPLINARES

O trabalho de *AVC I*, que foi publicado em italiano em 1985 e em inglês no ano seguinte, funda-se sobre o que foi apresentado inicialmente em *PPV*. A linguagem das consistências e inconsistências e a dialética entre o *eu* ideal e o *eu* atual, a questão da internalização, tudo isso permanece central no trabalho subsequente. Mas existe também um desenvolvimento considerável. No que se segue, procuraremos escolher alguns dos elementos mais significativos em *AVC I* que constituem um passo adiante em relação ao trabalho precedente.

Da teoria psicossocial à antropologia cristã

Desde o início é útil recordar que o objetivo do estudo em *AVC I* é consideravelmente mais ambicioso do que o de *PPV*. Antes de mais nada, esse estudo diz respeito à vocação

---

[17] Cf., por exemplo, *PPV II*, p. 23-118.

cristã em geral e não somente a vocações particulares, quais sejam o sacerdócio e a vida consagrada. Ademais, a discussão encaminha-se por uma visão antropológica geral, que é tornada explícita, e não é colocada somente em termos de uma perspectiva psicossocial.

No centro dessa visão, identificam-se duas realidades antropológicas que desempenham um papel crucial na resposta do ser humano ao chamado de Deus. Primeira: há, no ser humano, "a *possibilidade*, a 'capacidade' de *autotranscender-se teocentricamente*" (*AVC I*, p. 5), de ultrapassar a si mesmo de modo sistemático, indo finalmente rumo a Deus. Isso significa que o convite divino encontra uma abertura na pessoa humana como tal. Ademais, a vocação cristã é reconhecida como correspondente aos desejos do coração humano e não como uma imposição extrínseca. Segunda: a habilidade da pessoa humana em responder ao convite divino, no entanto, deve ser considerada como intrinsecamente limitada, resultando em uma liberdade imperfeita de responder. A dialética já apresentada em *PPV* é compreendida, aqui, em seus termos mais fundamentais, como parte de uma tentativa de formular uma antropologia compreensiva.

O estudo propõe-se a dois objetivos principais. O primeiro é o de confirmar a existência das duas realidades antropológicas acima citadas. Isso se faz nos termos de três perspectivas convergentes — da antropologia filosófica, da antropologia teológica e da antropologia psicossocial (*AVC I*, p. 6). Para realizar isso, a questão do método interdisciplinar deve ser tratada em um nível que não era tão evidente no estudo anterior (*PPV*). A segunda tarefa é a de considerar a relação entre a capacidade humana de autotranscender-se teocentricamente e os limites intrínsecos que acompanham a liberdade humana, à medida que estes influenciam na realização da vocação (*AVC I*, p. 6).

É significativo que o autor pareça ter compreendido que a natureza ambiciosa do estudo podia comportar riscos, e que assim escreva no fim da introdução:

O leitor é convidado a levar em consideração que em uma tentativa como esta de sintetizar componentes bastante diversos, muitas vezes é difícil encontrar formulações satisfatórias. Por isso, cada ponto deve ser sempre compreendido no arco da apresentação total (*AVC I*, p. 20).

Esta *admoestação* representa um bom conselho para o leitor de *AVC I*: as formulações teóricas oferecidas são mais bem compreendidas como uma tentativa de exprimir, em diferentes quadros de referência, uma intuição proveniente da observação e da experiência, cujo peso não deriva da clareza das formulações teóricas mas, ao contrário, é-lhes precedente. A noção de "três dimensões" oferecerá um bom exemplo do que acabamos de expor; contudo, enfrentemos primeiramente o problema do método interdisciplinar.

O MÉTODO INTERDISCIPLINAR E A CONTRIBUIÇÃO DE LONERGAN

Conforme mencionado, para poder manter juntas as três perspectivas — da antropologia filosófica, da teologia antropológica e da antropologia psicossocial —, é necessário tratar com a devida atenção a questão do método interdisciplinar.

A fim de enfrentar essa dificuldade, *AVC I* baseia-se substancialmente nas contribuições de Bernard Lonergan, não tanto como fonte de dados, mas antes como oferta de esquemas pelos quais estruturar os dados. A elaboração sistemática do pensamento de Lonergan no contexto do Instituto de Psicologia, e sua aplicação ao método interdisciplinar, deve muito à tese doutoral de B. Kiely, que busca identificar linhas de convergência entre a psicologia e a teologia moral, e encara diretamente a necessidade de uma estrutura não arbitrária, onde as duas disciplinas possam encontrar-se.[18]

---

[18] Cf. KIELY, B. *Psicologia e teologia morale. Linee di convergenza*, cit. HEALY, T. Transcendental method and the human sciences. In: GILBERT, P.; SPACCAPELO,

1. NASCIMENTO E CONQUISTAS DE UM ESTUDO SOBRE A PESSOA HUMANA

"O que é fundamental às diferentes ciências não é seu conteúdo ou as descobertas ou as várias regras especializadas de método, mas as atividades da pessoa na qual tanto as descobertas quanto as regras do método têm sua origem" (*AVC I*).

As quatro operações intencionais do sujeito — experiência, compreensão, julgamento e decisão — são elementos comuns a todas as ciências. Essas operações, como o demonstrou Lonergan, constituem uma estrutura invariável.[19] Isso significa que nenhum pensador sério pode ignorar os quatro preceitos fundamentais que exigem ser atento, inteligente, sensato e responsável.[20] Reconhecer essa estrutura invariável de operações significa que podemos discriminar mais claramente e com mais segurança entre o que é apenas uma ideia brilhante e o que se pode confirmar como razoável ou verdadeiro. Visto que tais operações transcendem a particularidade de cada disciplina, constituem um tribunal diante do qual o trabalho de toda disciplina deve estar preparado para justificar a si mesmo. As operações fornecem, portanto, um ponto comum de referência, em cujos termos as diferentes disciplinas podem empreender um diálogo, como também mover uma crítica recíproca.

Dado que a estrutura variável das operações pode parecer desconcertante por sua simplicidade, seu profundo significado geralmente não é suficientemente reconhecido, ao menos de modo formal, explícito. Se os quatro preceitos fundamentais podem ser tacitamente pressupostos pelo senso comum, e mais formalmente aplicados no método adotado em cada ciência, é de grande valor ter identificado essas operações

---

N. (ed.). *Il teologo e la storia – Lonergan's centenary (1904-2004)*. Roma: Editrice PUG, 2006. p. 347-354.

[19] Cf. LONERGAN, B. J. F. *Il metodo in teologia*. Roma: Città Nuova, 2001. p. 48-51. *Insight;* A Study of Human Understandig. 3. ed. New York: Philosophical Library, 1970. p. 335ss.

[20] Id. *Il metodo in teologia*, cit., p. 51, 84, 86, 262, 333.

do modo explícito, como estruturas partilhadas por todas as disciplinas, com o fito de efetuar pesquisas interdisciplinares. No entanto, para além do fato de que todo *pesquisador* partilha esse esquema invariável de operações, quando o foco do estudo é a pessoa humana, tal esquema se aplica também ao *objeto*, fornecendo uma série invariável de elementos que nenhuma disciplina pode ignorar.

Esse conjunto de operações — experiência, compreensão, julgamento e decisão — indica, portanto, os elementos indiscutíveis que estão presentes na motivação e na ação humanas. Desse modo, a antropologia filosófica traz uma contribuição crucial para a identificação daqueles elementos que tanto a teologia quanto a psicologia devem levar em consideração. A figura abaixo representa graficamente esta relação.

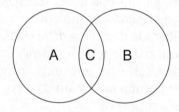

A = psicologia
B = teologia
C = as quatro operações

Além do mais, ainda que o esquema das quatro operações intencionais, em si mesmo, refira-se às operações *conscientes* do sujeito, é possível ligar a influência dos fatores subconscientes a essas atividades. A influência do subconsciente sobre os quatro níveis de operação e, consequentemente, sobre a consciência e a decisão humanas, foi apresentado de modo detalhado alhures.[21]

---

[21] Cf. KIELY, B. *Psicologia e teologia morale. Linee di convergenza*, cit., p. 134-203.

Autotranscendência, dialética de base e abertura para Deus

Intimamente relacionada às quatro operações intencionais está a questão da autotranscendência. A dialética presente em *PPV*, entre o *eu* autocentrado e o *eu* autotranscendente, é consideravelmente desenvolvida em *AVC I*, sobre a base do trabalho de Lonergan.[22]

A cada um dos quatro níveis de operação — empírico, intelectual, racional e responsável — o sujeito ultrapassa a si mesmo, realizando a autotranscendência. Devido à intencionalidade consciente inerente à natureza humana, a pessoa está espontaneamente inclinada a agir segundo esses modos, nesses quatro níveis, cada um dos quais implica certo ir para além de si. Seguindo a análise de Lonergan, o estímulo positivo da intencionalidade consciente rumo à autotranscendência se realiza em três fases distintas: de consciência, de moralidade e de amor, constituindo, respectivamente, a autotranscendência intelectual, a autotranscendência moral e a autotranscendência do amor. O amor pode ser por outras pessoas particulares, ou pela humanidade mais em geral, ou pode ser o dom do amor de Deus por nós. O impulso da intencionalidade cônscia é considerado, portanto, aberto a receber o amor de Deus, aberto ao convite da vocação cristã.

Todavia, esse estímulo espontâneo da intencionalidade consciente encontra também alguma resistência na pessoa humana. Essa tendência a opor-se faz parte do "dado" humano, de forma que se pode identificar, dentro da motivação humana, uma dialética fundamental, descrita como "ontológica" (*AVC I*, p. 142), entre o *Self* como transcendente e o *Self* como transcendido. Trata-se de uma apresentação mais

---

[22] Cf. HEALY, T. La sfida dell'autotrascendenza: *Antropologia della vocazione cristiana I* e Bernard Lonergan. In: IMODA, F. (ed.). *Antropologia interdisciplinare e formazione*. Bologna: EDB, 1997. p. 97-158.

articulada do que o exposto em *PPV*, e é necessária como base para a tensão já descrita em *PPV*, entre a busca do importante--para-mim ligado ao juízo intuitivo-emotivo e às necessidades pessoais, por um lado, e o importante-em-si, ligado ao juízo racional-reflexivo e aos valores, por outro. A dialética de base assume forma concreta nas estruturas adquiridas do *eu* ideal e do *eu* atual que se desenvolvem no indivíduo *(AVC I*, p. 158-162) e que já eram familiares em *PPV*.

As três dimensões

A contribuição mais original e estimulante de *AVC I* é, provavelmente, a das "três dimensões". Ainda que a formulação completa tenha diversas facetas, a intuição que a fez surgir pode ser expressa em termos bastante simples. Um exemplo pode ajudar. Podemos imaginar um estudante em formação religiosa que diz ao seu orientador espiritual que não está rezando. Uma vez escutado o formando, o diretor pode avaliar a situação de diferentes modos. Pode lê-la como indicação de uma negligência voluntária da parte do estudante, como um tipo de conduta repreensível. Essa visão considera o estudante como normal, atribuindo-lhe um alto grau de liberdade no escolher como comportar-se. Segue-se uma exortação a esforçar-se.

Outra possibilidade alternativa é que o diretor considere que o estudante esteja tão fortemente falho em sua liberdade pessoal que o malogro em viver o compromisso da oração poderia ser interpretado não tanto como um comportamento deplorável, mas como expressão de uma incapacidade patológica. Aconselha-se uma visita ao psiquiatra.

Ora, enquanto cada uma dessas duas perspectivas, que se excluem mutuamente, em um caso específico, poderia ser apropriada, pode-se perguntar se as dimensões implicadas de virtude/pecado e normalidade/patologia sejam suficientes para oferecer uma descrição satisfatória do comportamento humano em seu complexo. Não seria mais exato considerar, ao lado da dicotomia que não pode deixar de considerar o erro ou como culpado ou como devido a uma radical incapacidade, também uma terceira possibilidade, uma área intermédia, de natureza bem diversa, onde a liberdade não está ausente, mas limitada, e onde a pessoa pode estar objetivamente em erro, mas não ser totalmente culpada?

A resposta das três dimensões em *AVC I* constitui uma tentativa de colocar essa intuição fundamental em um quadro antropológico mais amplo, em relação à liberdade (mais ou menos como no exemplo precedente), em relação ao inconsciente, em relação aos valores, em relação aos símbolos.

A apresentação mais clara das três dimensões está nos termos dos valores. Podemos considerar três tipos de valores, qualitativamente diversos, que contribuem para a formação do *eu* ideal: valores *naturais*, valores *transcendentes* e valores *conjugados*, nos quais estão encarnados concretamente os naturais e os transcendentes. Essas distinções se referem, em grandes linhas, ao trabalho de J. de Finance.[23] Do encontro com esses três tipos de valores desenvolvem-se três disposições correspondentes do *eu* ideal (*AVC I*, p. 164ss).

Há o *eu* ideal que tende à realização dos valores autotranscendentes (morais e religiosos) em sua forma pura: neste caso, refere-se à primeira dimensão. Existe o *eu* ideal que transcende a si mesmo rumo aos valores autotranscendentes conjugados com os naturais: aqui nos referimos à segunda dimensão. Por fim, temos o *eu* ideal que transcende a si mesmo rumo aos valores naturais: referimo-nos à terceira dimensão. A dialética de base (da vida humana) manifesta-se dentro de cada uma dessas dimensões, conforme ilustrado a seguir.

---

[23] Cf. DE FINANCE, J. *Etica generale*. Roma: Editrice PUG, 1997.

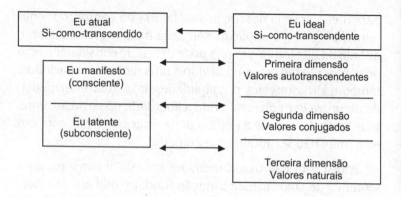

A primeira dimensão é a dimensão mais familiar ao filósofo ou ao teólogo. Considera a pessoa como efetivamente consciente e livre na busca dos valores autotranscendentes, do que é importante em si mesmo. O olhar da teologia moral comumente considera a pessoa dessa forma. A primeira dimensão deriva da ação das estruturas conscientes, e a maturidade depende do nível de harmonia entre o *eu* ideal e o *eu* manifesto da pessoa. Visto que a primeira dimensão considera a pessoa como consciente e livre, suas escolhas são julgadas em termos de virtude e de pecado.

A terceira dimensão diz respeito aos valores naturais, de modo que a maturidade é avaliada em termos de normalidade ou patologia, no sentido psiquiátrico. No entanto, dado que a imaturidade, nesta dimensão, é devida à influência do inconsciente, não implica culpabilidade.

A primeira e a terceira dimensões constituem uma novidade especial, mas a segunda dimensão representa uma inovação real. Deriva da ação das estruturas conscientes e inconscientes, juntas. Uma pessoa é madura, nesta dimensão, se for mínima a contradição entre o *eu* ideal e o *eu* atual, de modo particular o *eu* latente. Nesta dimensão, a falta de maturidade é, por definição, devida à influência do subconsciente e, portanto, não pode ser julgada em termos de pecado ou de ausência de virtudes. Posto que não patológica, a imaturidade, aqui, limita a liberdade efetiva, conduz ao erro não culpado ou a escolher o bem aparente e não o bem real. O importante-para-mim é mascarado como intrinsecamente importante.[24] Exemplos da influência desta segunda dimensão não são difíceis de encontrar:

> Desafortunadamente, é possível odiar-se em nome de uma falsa humildade; doar, mas em grande parte com o fim de receber; submeter os outros a uma crítica puramente destrutiva, em nome de uma autenticidade profética; ou sonhar fazer grandes coisas, enquanto se recusam as reais possibilidades que a vida oferece. De modo mais amplo, é possível empenhar-se em uma obstinada busca de falsas expectativas que levam somente à frustração e à alienação, e fazer tais coisas com as melhores intenções.[25]

Esta dimensão tem o poder de explicar uma vasta gama de problemas: malogro na perseverança vocacional (*AVC II*, p. 80), fracasso na internalização dos valores (*AVC II*, p. 97), dificuldade no aspecto psicossocial e indiferença religiosa (*AVC II*, p. 303s).

Uma vez que a imaturidade nesta dimensão foi constatada em 60-80% das pessoas (*AVC II*, p. 96; 302) e ninguém está isento de sua influência (visto que a repressão faz parte normal da vida humana), não se pode subestimar sua importância.

ANTROPOLOGIA DA VOCAÇÃO CRISTÃ II. CONSTATAÇÕES EXISTENCIAIS

A esta altura, oferecemos uma síntese, o mais breve possível, das "constatações existenciais" apresentadas no

---

[24] Breve síntese das características das três dimensões pode ser encontrada em *AVC II*, p. 45-48.

[25] KIELY, B. Can there be a christian psychology? *Studies* 79 (1990) 150-158, aqui: p. 156. Ulteriores exemplos podem ser encontrados em *AVC I*, p. 183s.

segundo volume de *AVC*. O objetivo deste nosso artigo é o de delinear a gênese da teoria; não é possível expor de modo exaustivo a teoria em sua forma final e muito menos ainda os procedimentos usados para verificá-la. O leitor interessado deve reportar-se ao texto original.

Primeiro: está confirmado que as três dimensões da dialética de base mostram as supostas relações com os tipos de valores que constituem seus respectivos horizontes (*AVC II*, seção 3.3).

Segundo: o *eu* ideal (especialmente no que diz respeito aos valores autotranscendentes e, em escala menor, às atitudes) é o principal mediador para a entrada na vida religiosa ou na vocação sacerdotal (*AVC II*, seção 4.3).

Terceiro: entre os fatores que influenciam a perseverança na escolha vocacional, a maturidade ou imaturidade na segunda dimensão é a mais importante, embora não seja o único fator relevante (*AVC II*, seção 5.4.5).

Quarto: a maturidade/imaturidade na segunda dimensão é também o fator que mais influencia o processo de internalização (*AVC II*, seção 5.5.2).

Quinto: nem todos os que são mais maduros na segunda dimensão realmente perseveram. Alguns destes (os "mudados") tomam a decisão de deixar a vocação originariamente escolhida, e tal decisão pode ser considerada madura. Tampouco todos os imaturos abandonam; alguém, dentre eles, e uma boa parte, permanece na vocação inicial como "nidificador", ainda que sua capacidade de internalização seja seriamente limitada (*AVC II*, seção 5.6.3).

Sexto: durante o primeiro ano de formação religiosa, enquanto se nota alguma melhora na primeira dimensão, a segunda e a terceira são notavelmente resistentes à mudança (*AVC II*, seção 6.3).

Sétimo: enquanto os ideais autotranscendentes mostram uma "melhora" depois dos primeiros dois anos de formação (o noviciado), esses mesmos ideais, depois de outros dois anos, caem a um nível mais baixo em relação ao início (*AVC II*, seção 6.4.3). Esse declínio é menor naqueles que são mais maduros (*AVC II*, seção 6.5).

Oitavo: as circunstâncias e o método formativo têm impacto mínimo sobre esses esquemas. Os religiosos do sexo masculino, formados depois do Concílio Vaticano II, são um pouco mais maduros na segunda dimensão do que os que receberam a formação antes do Concílio, mas a diferença não é bastante significativa e diminui se se incluem também os seminaristas. Para as religiosas não se notou mudança. Os ideais autotranscendentes daqueles que foram formados antes do Concílio eram significativamente melhores do que os dos que se formaram depois do próprio Concílio (*AVC II*, seção 7.3.2).

Nono: a maturidade na segunda dimensão é o fator que mais influencia a capacidade para as relações interpessoais com uma prevalência da autotranscendência teocêntrica (*AVC II*, seções 8.1.2-8.1.5). Um esquema um tanto semelhante encontrou-se em relação à maturidade psicossexual (*AVC II*, 8.2.1-8.2.6).

Tudo somado, há provas substanciais para insistir sobre a necessidade de considerar, nos programas de formação, a segunda dimensão e não só a apresentação dos valores autotranscendentes (*AVC II*, seção 9.8). São provas muito fortes, considerado o grande número de resultados convergentes. Como nas publicações precedentes, o primado da graça divina é reconhecido ao longo de todo o percurso, mas, visto que a graça constrói sobre a natureza e a aperfeiçoa (*AVC II*, seção 8.3.4), segue-se daí que as formas de resistências à ação da graça necessitam de uma atenção direta.

PARTE I – A PESSOA HUMANA E AS LINHAS ATUAIS DA PSICOLOGIA DO PROFUNDO

DESENVOLVIMENTOS MAIS RECENTES

Em certo sentido, seria impossível contestar os resultados de *SPV* e de *AVC II*. Prescindindo-se do imenso trabalho exigido, não há mais (pelo menos no primeiro mundo) grandes grupos de pessoas vocacionadas com um pano de fundo relativamente homogêneo. Contudo, merece ser brevemente lembrado o fato de que alguns resultados convergentes foram obtidos usando-se métodos mais simples e econômicos, em uma série de dissertações doutorais preparadas no Instituto de Psicologia. Dentre elas, podemos mencionar uma, simplesmente porque a mais acessível, que foi recentemente publicada de modo integral: *Imagining One's Future.* [*Imaginando o próprio futuro*].[26]

A autora pediu a um grupo de 106 voluntários, onde os homens e as mulheres eram cerca do mesmo número, que imaginassem ser transportados para o futuro em uma máquina do tempo, em um período sucessivo ao fim de suas vidas. Ali a pessoa teria encontrado um vídeo onde se narra a história de sua vida a partir do momento atual até o fim. Pedia-se à pessoa que descrevesse a história narrada no vídeo "como gostaria que tivesse sido". As respostas, em média, giravam em torno de mil palavras, ocasionalmente um pouco mais. O critério de convalidação era uma avaliação atenta da maturidade existencial baseada, para cada caso, em uma avaliação aprofundada da personalidade, que incluía entrevistas e testes, e que permanecia anônima, com o prévio consentimento de cada pessoa envolvida.

Embora com um método tão simples, foi possível reconhecer a influência de cada uma das três dimensões. Neste caso específico, a diferença entre a primeira e a segunda dimensão emergia em um nível muito alto de significatividade

---

[26] O'DWYER, C. *Imagining One's Future; A Projective Approach to Christian Maturity.* Roma: Editrice PUG, 2000.

48

estatística, enquanto se podia também reconhecer a diferença entre a segunda e a terceira dimensões.

OBSERVAÇÕES CONCLUSIVAS

Não obstante a breve descrição aqui oferecida (e estamos conscientes de sua incompletude), o potencial explicativo da teoria das três diversas dimensões na dialética de base da vida humana deveria pelo menos parcialmente ser claro e não só em relação à vida consagrada ou sacerdotal. A mesma teoria aplicável a outros problemas que são atualmente mais discutidos — por exemplo, os que dizem respeito ao matrimônio, o declínio da natalidade e a frequência de convivências e divórcios.

No que concerne à antropologia global apresentada em *AVC I* e *II*, com o grande número de elementos que busca integrar, pede-se ao leitor recordar que isso constituía uma tarefa muito difícil.

Além do entretecimento dos componentes teóricos, havia o constante exercício de mantê-los ligados às exigências dos métodos experimentais e os significados de seus resultados experienciais.

Somente quem se aventurou em um trabalho semelhante poderá apreciar plenamente a natureza e a grandeza do empreendimento. Não pretendemos aqui reivindicar que o resultado tenha sido perfeito; o que é notável é que tenha sido possível levá-lo a cabo de modo razoável.

No início deste artigo, havíamo-nos fixado o objetivo de identificar e fazer uma apreciação de algumas ideias-chave que levaram ao nascimento do Instituto de Psicologia da PUG e que foram desenvolvidas no curso dos últimos 35 anos. Esperamos que a apresentação de tais ideias — que devem ser compreendidas como parte de um processo ainda em curso e não, de forma alguma, como a última palavra — com a indicação de sua origem e de seu contexto —, tenha contribuído para torná-las mais acessíveis ao leitor.

Esperamos também que a contribuição tenha colocado em evidência a necessidade de um diálogo contínuo que envolva não só diversas abordagens da psicologia, mas também da teologia e da filosofia, ou melhor, um diálogo que envolva teólogos e filósofos, além de psicólogos. Cada especialização corre o risco de desenvolver certa linguagem interna que não é facilmente compreensível por quem se encontra "fora", e que coloca à prova a paciência também do leitor mais benevolente. É um dos desafios que devem ser enfrentados em um trabalho interdisciplinar. Esperamos que esta tentativa inicial de diálogo não seja a última.

Capítulo 2

DESENVOLVIMENTO: DA CONCEPÇÃO À MORTE
REFLEXÕES DE UMA PSICANALISTA CONTEMPORÂNEA

Ana-María Rizzuto[*]

INTRODUÇÃO

Franco Imoda, em sua obra e em seu livro *Sviluppo umano, psicologia e mistero* [*Desenvolvimento humano, psicologia e mistério*],[1] esforçou-se por integrar o saber da teologia, da antropologia filosófica e da psicologia em um paradigma que pudesse levar os cristãos a tornar-se maduros no prestar culto a Deus e como membros de uma comunidade. Sua atenção ao desenvolvimento humano nasce da convicção de que o mistério que envolve a vida humana está intimamente presente no processo que nos conduz a tornar-nos pessoas humanas psiquicamente maduras. Para prestar homenagem à sua contribuição, apresen-

---

[*] Estadunidense, nascida em 1932, é analista de sistemas e trabalha no Psychoanalytic Institute of New England, East (EUA).

[1] IMODA, F. *Sviluppo umano, psicologia e mistero*. (de agora em diante, *SvU*). Bologna: EDB, 2005. [Trad. bras.: Adalto Luiz Chitolina, Matthias J. A. Ham. *Psicologia e mistério. O desenvolvimento humano*. São Paulo: Paulinas, 1996.]

tarei algumas reflexões acerca dos aspectos dos conhecimentos atuais no campo das neurociências, da psicologia evolutiva e da psicanálise, que possam iluminar nossa compreensão do desenvolvimento humano em relação ao mistério.

Como psicanalista, ocupo-me da formação das estruturas e dos processos que *condicionam* o desenvolvimento do ser humano no tornar-se pessoa dotada de um mundo interior e de uma realidade psíquica nos quais o processo do crer (*believing*) e o conteúdo do crer (*belief*) abrem horizontes que ultrapassam aquelas estruturas que os tornam possíveis. Estou falando das atividades humanas baseadas na função simbólica, que se fundamentam na capacidade "representacional" da mente (*representational mind*).

Não sou nem teóloga nem perita em antropologia filosófica. Posso apenas falar como psicanalista e, do meu ponto perspéctico, a partir do estado atual dos conhecimentos psicanalíticos. Meu ponto de vista é construído e delimitado a partir da exploração clínica das transformações dos processos afetivos, cognitivos e simbólicos de meus pacientes, tanto na direção de maior saúde mental quanto na possível estagnação patológica.

Apresentarei três ideias: 1) o desenvolvimento procede de uma contínua compenetração biopsíquica entre o novo ser e seu ambiente; 2) o ponto de chegada do desenvolvimento é a capacidade de intimidade, de desejo consciente de compenetração psíquica com um objeto amado; e 3) a revelação bíblica de Deus manifesta seu desejo de intimidade com os seres humanos.

DESENVOLVIMENTO HUMANO

O desenvolvimento humano é uma longa viagem entre a concepção, não pedida por quem nasce, e a morte inevitável. A nova pessoa assume forma anatômica, cresce, experimenta sentimentos, aprende, age, ama, cria, faz descobertas, reproduz-se, dirige-se a Deus e, consciente da morte biológica, interroga-se acerca do significado de tudo isto. No entanto, o desenvolvimento humano transforma sua energia biológica em funções simbólicas que capacitam a pessoa a entrever outras realidades para além das limitações perceptíveis do corpo. Para alcançar tais realidades, os seres humanos desenvolvem uma função que abre as portas a tudo o que é *significativo* no nível psíquico, interpessoal e religioso: é a função do crer.[2] Sem esta, não existe vida psíquica. O resultado do crer é um conteúdo específico de fé, o qual depende sempre do contexto de experiências do *Self* em determinado momento existencial.

A função do crer é inseparável da capacidade de tornar-se pessoa, um sujeito individual, capaz de interpretar as experiências dentro de seu ambiente humano. A organização cumulativa dessas interpretações tornar-se-á realidade psíquica interna da pessoa, definirá sua identidade e sua compreensão do mundo. Esse processo interpretativo dá conta da contínua transformação a que o indivíduo é submetido sob a influência dos estímulos genéticos e evolutivos. A convergência da dotação genética com o que é oferecido pelo ambiente humano torna possível o desenvolvimento, e mostra como as estruturas que assumem forma na criança e o *ser* daqueles que a educam estão inextrincavelmente entretecidos. O indivíduo que emerge de tal desenvolvimento traz a presença viva deles no coração de sua dimensão neurológica e psíquica.

O processo do desenvolvimento da pessoa humana é consequência da contínua *compenetração* do organismo e de seu ambiente físico e humano. A essência do desenvolvimento consiste em novo organismo que integra o que o ambiente circundante oferece dentro de novas estruturas anatômicas

---

[2]   RIZZUTO, A.-M. Believing and personal and religious beliefs: psychoanalytic considerations. *Psychoanalysis and Contemporary Thought* 25 (2002) 433-463.

e funções emergentes. Forma-se algo novo, que não estava presente anteriormente, ainda que a predisposição genética já tivesse sido dada. Do mesmo modo que a *compenetração* originária de óvulo e espermatozóide — cada um dos quais traz metade do patrimônio cromossômico da parte de um genitor — define e prediz o único potencial genético de cada embrião, a *compenetração* entre novo indivíduo e ambiente cria um entrelaçamento que torna possíveis as novas estruturas anatômicas, estabelece novas funções e fornece o fundamento biológico para a organização da psique e seu modo de interagir com a realidade.

Existem amplas provas que demonstram que esta é, deveras, a realidade. As funções psíquicas emergentes têm um período crítico para organizar seus fundamentos anatômicos cerebrais e suas atividades sob os toques de uma estimulação sensorial apropriada. Por exemplo: se uma criança não for exposta à linguagem durante o período crítico, não será capaz de aprender a falar porque o córtex da linguagem se desenvolverá de modo anormal. O mesmo acontece com as outras funções sensoriais, como a visão, a audição e, mais importante ainda, para as estruturas necessárias ao desenvolvimento emotivo e social. Se uma correta e apropriada estimulação ambiental não se apresenta de modo concomitante com a emergência das novas funções cerebrais, a psique não pode desenvolver-se normalmente.

Em seu livro *Brain and Culture: Neurobiology, Ideology and Social Change* [*Neurobiologia, ideologia e mudança social*], B. E. Wexler recenseia a literatura científica acerca da interconexão entre as estruturas cerebrais programadas geneticamente e a oferta das estimulações ambientais necessárias, no momento apropriado. Sua tese central é surpreendente: "O ambiente dá forma ao cérebro de acordo com a própria imagem".[3]

---

[3]   WEXLER, B. *Brain and Culture;* Neurobiology, Ideology and Social Change. Cambridge-MA, The MIT Press, 2006. p. 15s.

Traduzindo de modo mais explícito: os brasileiros sentirão, pensarão e se comportarão como brasileiros; os católicos como católicos e as crianças tibetanas como tibetanos.

É assim porque, nos seres humanos, uma parte significativa da conformação evolutiva do cérebro e de suas funções acontece depois do nascimento sob a guia do ambiente, primeiramente daqueles que fornecem os cuidados primários: a mãe e a família. Wexler resume o grande significado do *ser* pessoal daquela que oferece os cuidados primários dizendo: "A natureza de uma pessoa é o cuidado de outra pessoa".[4] Ele conclui que nossa biologia é social, dado que "é próprio de nossa natureza cuidar e ser cuidado".[5] A influência física, maternal e paternal sobre o cérebro geneticamente organizado, assim como a do ambiente social, levam a uma permanente organização anatômica e funcional, neurológica e sináptica, do cérebro e de suas partes constitutivas.

Essas estruturas suportam e condicionam as funções psíquicas e o desenvolvimento sucessivo. Não existem dois cérebros iguais, porque cada cérebro foi formado, em parte, pelas estimulações que a criança recebeu das pessoas de seu ambiente durante o período fundamental de sua conformação.

A estimulação sensorial, cognitiva e afetiva constitui o meio de que dispomos para crescer física, emocional e socialmente. Todo contato com o mundo e com os outros passa pelos sentidos, até mesmo as formas de contato mais imperceptíveis ou sublimes, como o diálogo, a música e a oração. Nossa natureza corpórea exige que nossos sentidos recolham o estímulo que chega, o qual é, a seguir, organizado por nossa percepção e interpretado e, no final, integrado em nossas estruturas cerebrais e nos processos neurais e psíqui-

---

[4]   Ibid., p. 21. No texto original ["One person's *nature* is another person's *nurture*"] há um jogo de palavras que inevitavelmente se perde na tradução (N.T.).

[5]   Ibid. p. 19.

cos. A complexidade dos cem bilhões de neurônios, cada um dos quais com milhares de conexões elétricas, químicas e sinápticas que interagem em milésimos de segundo é, como o diz Wexler, "fora de toda compreensão".[6] Contudo, tal organização registra toda essa atividade, ordena-a, transforma-a em processos mnemônicos na forma de "representações duráveis do ambiente".[7]

Essas representações não conscientes integram na estrutura do cérebro mesmo a *compenetração* entre o ambiente — particularmente o ambiente humano — e o indivíduo como esquemas pessoais de experiência, compreensão, relação e sentimentos de satisfação ou de aflição. Aqueles que cuidam de nós e nosso ambiente tornam-se intrínsecos ao nosso próprio ser.

A MENTE REPRESENTACIONAL

A dupla hélice entretecida das moléculas do DNA transmite o código genético. Metaforicamente falando, também cérebro-mente constitui uma dupla hélice: a mente, com as representações entretecidas, faz ressoar aquilo que o cérebro registra e organiza. O processo representacional, inextricavelmente ligado ao cérebro afetivo, cria uma espécie de visão pessoal do ambiente que encontra, particularmente das interações afetivas entre a criança e a pessoa que cuida dela. Um incipiente senso de si começa a tomar forma justamente quando a experiência sensorial, a comunicação afetiva com outros e a satisfação das necessidades são harmonizadas dentro de esquemas representacionais.

Tendo sido lograda uma comunicação afetiva significativa na maioria dos níveis, instaura-se um senso de bem-estar.

---

[6] Ibid. p. 25.

[7] Ibid. p. 24.

Prevalecendo uma comunicação distorcida, a criança deve recorrer a manobras defensivas a fim de evitar a dor psíquica. As defesas funcionam para mitigar o sofrimento, mas os processos de representação de si, apesar disso, registram a comunicação malograda e a dor que dela deriva. Se as comunicações falhas se consolidam em um esquema repetitivo, o indivíduo desenvolverá defesas permanentes para evitar o risco de experimentar dor num tipo de falha semelhante. Esse processo subsiste ao longo de toda a vida em diversas modalidades, de acordo com a idade da pessoa.

A mente representacional funciona, *infalivelmente*, como uma biografia consciente e não consciente dos encontros do indivíduo com outros enquanto eventos emocionais. A experiência de si do indivíduo é registrada na rede sináptica e nas memórias celulares que fornecem as bases funcionais neurais de seu senso de identidade pessoal. No entanto, o cérebro e a plasticidade psíquica permitem revisitar e reorganizar a experiência e reorganizar a experiência de si e seu fundamento, todas as vezes que novos encontros com os outros, cognitivos e afetivos, exigem a integração do que é novo e diferente, ou, às vezes, contraditório, em relação às experiências precedentes. Educadores, psicoterapeutas e psicanalistas, mediante seu *envolvimento pessoal*, agem como catalisadores da transformação.

A mente representacional registra também suas interações sensoriais e simbólicas com outros aspectos da realidade. A modalidade do perceber não produz uma simples reprodução da realidade. É um processo ativo da organização da realidade percebida que inclui, até mesmo na própria percepção, a necessidade da *função do crer*. Kosslyn e Sussman[8] citam

---

[8]   KOSSLYN, S.; SUSSMAN, A. Roles of imagery in perception: or, there is no such a thing as immaculate perception. In: GAZZANIGA, M. (ed.). *The Cognitive Neurosciences*. Cambridge-MA: The MIT Press, 1995. p. 1035-1042; aqui, p. 1039.

experiências nas quais a percepção de um objeto que cai demonstra a participação do crer dentro do ato da percepção mesma. A mente utiliza estruturas que já formou ativamente para plasmar o que percebe. Percepção e crença estão, portanto, entretecidas de modo inseparável na construção da realidade física, intrapsíquica, interpessoal e cultural que o indivíduo encontra ao longo do percurso do desenvolvimento.

A criança nasce indefesa e imatura, e precisará de uns vinte anos para alcançar maturidade neural, biológica e psíquica. As mães, após o parto, dispõem de neurotransmissores e de hormônios que ativam comportamentos universais, amiúde não conscientes, que respondem da melhor maneira possível à condição imatura da criança. Neurocientistas, estudiosos do desenvolvimento e psicanalistas convergem no descrever a *compenetração* das funções entre mãe e criança. Diamond, Balvin e Diamond afirmam que "o papel das estruturas avançadas [do recém-nascido] é gerido pela mãe: ela é o córtex [cerebral] auxiliar da criança".[9] Os psicanalistas falam da mãe como do *eu* auxiliar.

As funções mentais superiores da mãe estimulam a criança a alcançar novos estados de desenvolvimento num duplo modo. Fornecendo ela mesma aquilo de que a imaturidade estrutural do infante precisa, e convidando a criança, de modo afetuoso, a conservar seu ritmo, a mãe leva a criança a integrar a função materna de suplência na própria psique. Quem quer que tenha observado uma interação normal mãe-criança não pode senão admirar-se da qualidade, semelhante a uma música e a uma dança, dessa interação e mútua estimulação.

A *intenção* da mãe e do pai de comunicar-se com os próprios filhos em suas interações emocionais quotidianas cria as condições para quatro aspectos essenciais do desenvolvi-

---

9   DIAMOND, S.; BALVIN, R.; DIAMOND, F. *Inhibition and Choice*. New York: Harper & Row, 1963. p. 305.

2. DESENVOLVIMENTO: DA CONCEPÇÃO À MORTE

mento normal: ajudam a criança a ligar-se de modo seguro à pessoa deles com vínculos afetivos que se manifestam em contatos corpóreos complexos e expressões faciais e verbais; criam na criança o desejo de proximidade e lançam os fundamentos de seu sucessivo desejo de intimidade; convidam constantemente a criança a prosseguir rumo ao próximo passo evolutivo; e, por fim, encorajam a curiosidade autônoma do pequenino e sua disposição exploratória a descobrir, a envolver-se, a brincar e a controlar o mundo circundante, partilhando sua admiração plena de excitação.

O modo pelo qual eles ajudam a prole se entretecerá com as modalidades de ligação emocional da criança, com o senso de segurança em si mesma, com o estilo de interrogação e de interpretação da realidade, bem como o estilo de busca da verdade presente no jovem.

As interações originárias com os genitores são assumidas nas representações fundamentais de si e do objeto que condicionarão suas sucessivas relações, inclusive a relação com Deus. Os processos psíquicos da criança, com os quais ela interioriza as interações com os genitores, com os outros e se identifica com eles, ilustram, mais uma vez, a *compenetração* da vida psíquica dos adultos e da criança na formação de suas sucessivas estruturas psíquicas. Para a maior parte, tais processos dão-se em um nível não consciente; apesar disso, porém, deixam sua marca na estrutura do caráter da criança e do futuro adulto.

Quando a criança se torna capaz de ter uma ideia do que a palavra "Deus" pode significar, recorrerá às representações dos pais a fim de dar forma a um ser de quem os pais lhe falaram com reverência e ao qual se dirigiram através da oração, mas que está surpreendentemente ausente da vida concreta.[10] Esta representação precoce de Deus contribui de

---

[10]   Cf. RIZZUTO, A.-M. *La nascita del Dio vivente. Studio psicoanalitico*. Roma: Borla, 1994.

59

modo significativo para a disposição *afetiva* da criança em relacionar-se com Deus, e pode, em seguida, facilitar ou impedir a fé em Deus oferecida pela religião. A relação com os genitores, integrada na mente da criança como representação dos genitores e como representação precoce de Deus, assinalará decisivamente a vida relacional da pessoa. Freud fez-nos conscientes da importância dos primeiros anos de vida:

> A psicanálise ensinou-nos, de fato, que as atitudes afetivas para com nosso próximo, destinadas a ter grandíssima importância para o comportamento sucessivo do indivíduo, são adquiridas definitivamente em uma época inesperadamente remota, já nos primeiros seis anos da infância [...].[11]

As interações reais, aquelas vividas na fantasia e aquelas desejadas na primeira fase da vida, são organizadas dentro de uma realidade pessoal, uma realidade psíquica.

REALIDADE PSÍQUICA

A realidade psíquica é de uma complexidade impressionante. Recolhe convicções formadas pessoalmente, a partir de fatos, fantasias e desejos. Laplanche e Pontalis descrevem-na como "o que na psique assume a força da realidade para o sujeito".[12] E o que a pessoa *acredita* ser real. Entre o terceiro e quinto anos de vida, a criança desenvolve um intenso senso de ser ela mesma e entra em um período de exuberância e de autoexaltação narcisista. A mente da criança expande-se rapidamente em todas as áreas cognitivas, afetivas, de exploração, autorreflexivas, à medida que consolida seu domínio do mundo.

---

[11] FREUD, S. Psicologia del ginnasiale. In: *Opere complete*. Torino: Boringhieri, 1968. 12 vv. v. VII, p. 477-480; aqui, p. 479.

[12] LAPLANCHE, J.; PONTALIS, J.-B. *The Language of Psychoanalysis*. New York: W. W. Norton & Co, 1973. p. 363.

O pequenino experimenta a si mesmo como um *Self* sujeito de ação. Ele descobre, ademais, que as pessoas têm opiniões próprias e que fazem intencionalmente o que querem. A vida imaginária da criança cresce exponencialmente, atribuindo intencionalidade às ações dos outros e criando complexas tramas interpretativas conscientes e inconscientes, que dizem respeito às interações entre as pessoas da família. O autoinvestimento profundamente narcisista da criança desperta seu desejo de ser o primeiro e o mais amado, enquanto, ao mesmo tempo, observa que os genitores se amam um ao outro e têm, entre si, um envolvimento sexual que a criança não compreende claramente.

Um importante conflito, a um tempo externo e intrapsíquico, desafia a criança. Não lhe é possível ser o número um; não pode sentir-se em pé de igualdade com os genitores como casal; e os genitores explicam-lhe que uma criança é só uma criança, e que eles são os genitores. A diferença generativa faz-se sentir, e o filho ou a filha devem modificar a própria representação de si para aceitar a si mesmos como filhos dos próprios genitores, e adiar para "quando eu crescer" seus desejos de estar no lugar dos adultos. Este é um momento crítico, no qual a tensão entre o que é desejado e o que a realidade exige coloca a pessoa diante da tarefa — que dura toda a vida — de integrar a realidade psíquica com a realidade da vida. Nesse momento, a criança dá-se conta de que é um ser criado pelos seus genitores e por Deus.

No aceitar o desafio dos conflitos de apego, dependência, iniciativa, narcisismo, e do amor para e dos outros, a criança cresce e cria, simultaneamente, manobras defensivas e tramas interpretativas para dar sentido a si, em particular em referência ao tornar-se aceitável e amável como ser corpóreo e psíquico. Enquanto se dá conta da impossibilidade de ser o número um e da necessidade de aceitar sua condição de criança, elabora uma reinterpretação de seu passado e de sua

PARTE I – A PESSOA HUMANA E AS LINHAS ATUAIS DA PSICOLOGIA DO PROFUNDO

posição atual no mundo em nível consciente, pré-consciente e inconsciente. Desejos e interações sonhados que não são compatíveis com a visão consciente que a criança tem de si mesma, tornando-se fantasias inconscientes reprimidas, que organizam seu inconsciente psicodinâmico e continuarão a exercitar seu influxo para o resto da vida da pessoa. Fantasias inconscientes, benignas ou comuns, exigirão da pessoa defesas limitadas para enfrentar a vida de modo realístico.

Fantasias inconscientes patológicas intensas e persuasivas, quase sempre ligadas a feridas narcisistas, influenciarão profundamente a capacidade do sujeito de amar, de ter intimidade com os outros, de ter uma adequada autoestima, de trabalhar, e até mesmo de conceber um Deus benévolo. Publiquei exemplos de tais situações: o homem que queria ser Deus, uma mulher ateia nas mãos "dos poderes",[13] um homem que não podia ligar-se a uma mulher porque não havia aceitado ter sido um menino aos olhos de sua mãe,[14] uma mulher que via Deus como verdadeiro inimigo[15] e outros.

As atitudes e as respostas dos genitores durante esse período exigem grande sensibilidade *afetiva*, um desejo autêntico de conhecer a criança como tal, ela mesma, a liberdade emotiva de permitir-lhe expressões de si positivas e negativas, e de deixá-la explorar o mundo. Eles devem ajudar a criança a dar um nome a seus medos, aos seus desejos e a seu estupor mediante conversas íntimas e respeitosas. A criança necessita de sua guia gentil, mas firme, para renunciar ao que é impossível ter, aceitar as exigências da realidade cotidiana, e dirigir-se rumo ao passo evolutivo seguinte. Para os genitores,

---

[13] Cf. RIZZUTO, A.-M. Vicissitudes of *Self*, object, and God representations during psychoanalysis. In: ALETTI, M.; ROSSI, G. (ed.). *L'illusione religiosa;* rive e derive. Torino: Centro Scientifico Editore, 2001. p. 27-54.

[14] Cf. Id. Shame in psychoanalysis: the function of unconscious fantasy. *International Journal of Psychoanalysis* 72 (1991) 297-312.

[15] Cf. Id. *La nascita del Dio vivente. Studio psicoanalitico*, cit., p. 230.

62

trata-se de uma tarefa educativa contínua e difícil, que contribuirá para a formação da personalidade de base de seu filho.

As funções cognitivas desenvolvem-se em uma sequência regular e sistemática, e são perturbadas somente por patologias do cérebro ou por graves psicopatologias. O núcleo do desenvolvimento da personalidade depende da *vida afetiva* da criança, que se mostra nas comunicações verbais e corpóreas com os genitores, com a família, com os professores, com os pares e com as convicções que a criança vai formando sobre eles. As comunicações corpóreas emotivas (seja as expressas de maneira explícita, seja as expressas implicitamente) são de grande importância na formação do sentido de *Self* e na progressiva aquisição da confiança em si, do respeito por si e pela formação dos laços afetivos positivos com os pais. Isso acontece porque a vida afetiva é mediada por expressões corpóreas de um parceiro e por afetos corpóreos e afetivos complementares do parceiro recipiente.

Ser observados por olhos que brilham, ver uma expressão sorridente e ouvir uma voz cálida e melódica endereçada a nós imediatamente suscita um ardente sentimento de bem-estar, de contato, de ser encontrados, de ser postos em comunicação, e isso não somente nas crianças, mas em qualquer idade da vida. No entanto, o desenvolvimento e a vida relacional jamais são coisa simples. Se a criança imagina, baseando-se em experiências negativas prévias, que o comportamento do adulto não é sincero, então pode dar uma interpretação defensiva de um convite afetivo recebido do adulto, que o leva à raiva e à recusa, visto que tal comunicação lhe parecerá como uma armadilha na qual se é "enganado" quando se responde, e que provoca a enésima ferida.

Se uma convicção neurótica leva a criança a acreditar que não merece certa comunicação afetiva calorosa, ainda que sincera, por causa de um senso de culpa consciente ou inconsciente, ou de um sentimento de vergonha ligado a fantasias, desejos ou ações e interações precedentes, aquele convite será afastado ou recusado. Era esse o caso de uma senhora que estava convencida de que poderes superiores teriam decretado que ela não deveria jamais ser amada. Essas são, obviamente, situações de neurose. A maior parte de nós esconde dentro de si versões mitigadas dessas complexas convicções baseadas em narrações elaboradas em nossa realidade psíquica, as quais dão o colorido a todas as nossas interações e, de modo particular, às que nos conduzem à troca: afetivas, íntimas ou sexuais. Em resumo, prescindindo de quanto estamos ligados à realidade objetiva, nossas percepções e relações estão influenciadas por "aquilo que na psique assume a força da realidade para o sujeito", ou seja, nossas crenças e convicções pessoais.

Por que a vida afetiva é tão importante não somente durante os primeiros anos do desenvolvimento humano, mas durante todo o ciclo de vida? A resposta, em resumo, é dúplice: 1) nós nos tornamos pessoas humanas mediante experiências de satisfação afetiva apropriadas à progressão das nossas necessidades evolutivas; 2) nossa configuração genética fornece-nos refinados receptores que avaliam a correspondência das expressões corpóreas dos outros — visuais, vocais, faciais ou gestuais — como úteis ou danosas para um momento específico do nosso desenvolvimento pessoal. A precisão desses processos automáticos neuro-bio-psicossociais, presentes do início ao fim da vida, é surpreendente. Podemos perceber uma intenção perversa também na mais ínfima expressão de um rosto e em uma fração de segundo.

Ademais, Shore, um perito no estudo da vida afetiva, afirma: "O sistema de avaliação (*appraisal*) do ser humano desde seu aparecimento e durante toda a duração de sua vida não é dirigido exclusivamente a apreciar o comportamento explícito dos outros, mas também a buscar compreender a mente dos outros".[16] O que realmente conta é a disposição do outro em relação ao *Self*.

A criança chega ao período da instrução formal, da escolarização e do catecismo com um senso de *Self* fundamental já formado. Tem consciência do que no mundo é real e do que não é, e possui, além do mais, uma representação de Deus elaborada pessoalmente. No nível intrapsíquico, as manobras defensivas, guiadas pela remoção, colocaram pensamentos, sentimentos e até mesmo sensações inaceitáveis à avaliação consciente de si, na dimensão do inconsciente psicodinâmico, lá onde medos e desejos irrealizados permanecem ativos como parte do *Self* não consciente. A apreensão será influenciada por esses processos em diversos níveis. A apreensão de matérias práticas, como a matemática, a geografia etc., não será influenciada de modo sensível. Em contrapartida, a apreensão que toca a vida relacional será colorida pela realidade psíquica do jovem estudante.

A situação torna-se muito mais complicada quando a apreensão está envolvida com a religião, com a apresentação da mensagem de Deus mediada pela Igreja e com a proposta de correspondentes modalidades de relacionar-se e de amar. Deus age visivelmente somente através de seus mediadores. O jovem avaliará a verdade que eles apresentam não baseados na sua veridicidade, mas a partir da mensagem emocional que os pais, professores, catequistas, educadores ou sacerdotes lhe veicularam de fato. Se a mensagem religiosa alcança o jovem mediante uma pessoa cujo contato emotivo com o *Self* do jovem é convincente e com atitudes que são sinceras e coerentes com o conteúdo transmitido, então se criam as condições para que ele possa *crer* neles.

---

[16] SHORE, A. *Affect Dysregulation & Disorders of the Self*. New York-London: W. W. Norton & Company, 2003. p. 53.

Somente no fim da adolescência ou na primeira juventude — e até mesmo, então, só até certo ponto — é que se torna capaz de separar a verdade do ensinamento da pessoa que o propõe. Somente o testemunho pessoal, afetuoso e respeitoso é convincente para os jovens.

A última parte da adolescência comporta uma mudança estrutural significativa em relação às figuras genitoriais interiorizadas. Aquelas figuras devem ser avaliadas novamente, confrontadas com os genitores reais e abandonadas como objetos primários de apego afetivo e de ensinamento autorizado.[17] Começa seriamente a busca de um companheiro compatível com o próprio *Self*, um *Self* que por ora percebe plenamente a força do próprio gênero e da própria orientação sexual capaz de encontrar complementaridade, completude e uma nova intimidade. Novas relações abrem a porta a diálogos íntimos e introspectivos, e consolidam a convicção já consciente de que cada um precisa de outra pessoa para poder ser plenamente ele mesmo.

Se a criança foi educada em um ambiente religioso, a exigência de uma relação com Deus pode tornar-se intensa e recorrer à consciência, característica dessa idade, do mistério do ser, e ao anseio de poder encontrá-lo de modo profundo. Esse é o momento mais delicado para o educador religioso. Os adolescentes estão à procura de figuras de referência, de mestres autênticos que os escutem com profundo respeito e que os orientem a lutar pelos mais altos objetivos. Encontrar semelhante mestre pode mudar a vida para sempre. Os adolescentes precisam de adultos dotados de profunda integridade e de amplas visões a fim de poder canalizarem sua enorme vitalidade rumo a ideais realizáveis que os orientam pela estrada de um compromisso pessoal de vida. Os adolescentes não podem fazer isso sozinhos.

---

[17] Cf. BLOS, P. *The Adolescent Passage. Developmental Issues.* New York: International UP, 1979.

A esse propósito, reforcemos duas questões cruciais mencionadas anteriormente: a necessidade de uma *compenetração das mentes* na busca da verdade e a possibilidade de *crer* como ato absolutamente pessoal de compromisso afetivo que envolve o *Self*, para além de uma adesão passiva à verdade proposta pelos professores.

A apresentação de ideias, crenças, valores, instâncias morais, da doutrina religiosa, de significados litúrgicos e de outros aspectos da instrução cristã que levam a uma vida religiosa madura não pode ser apenas questão de verdade. A verdade que convence é a que é vivida profundamente na *compenetração* de descobertas, práticas, celebrações religiosas e atividades comunitárias partilhadas. Estamos extremamente distantes do conceito de "salvar a própria alma". Mais do que quaisquer outros, os adolescentes acreditam somente nas testemunhas que mostram, com sua vida, o que pregam. Isso se relaciona à ideia de que *crer* é um ato psíquico de todo o *Self*. A verdade que "ressoa" (observe-se a ideia de comunicação e de permuta implícita no termo) intelectual e motivadamente com aspectos centrais do *Self*, quer cognitivos quer afetivos, produzirá convicções pessoais significativas que merecerão o compromisso do adolescente.

Obviamente, existem também outros modos de crer, como atos transitórios ou momentos de rendição emotiva à pressão dos outros. Aqui, estou falando de atos do crer que tornam possível um compromisso duradouro, devido ao fato de que aquilo em que se acredita tornou-se componente integrante do *Self*.

Quando atinge esse estágio, a pessoa começa a vida adulta. Um adulto procura e tem necessidade de uma dedicação durável e amorosa ao outro, que seja uma pessoa e/ou Deus, que acrescente e complete o *Self*, sem comprometer-lhe a integridade. Encontrar tal pessoa é o momento crucial do desenvolvimento do *Self* e o cume do processo evolutivo de compenetração, agora expresso no ato sexual, no qual os parceiros tornam-se uma só carne.

A tarefa central da vida adulta consiste em utilizar instrumentos psíquicos, emocionais, morais, religiosos e sociais com o fito de manter e modificar adequadamente os compromissos pessoais para consigo mesmo e para com os outros na realidade concreta da vida quotidiana, como o matrimônio, a genituridade, a profissão ou a consagração religiosa. Necessariamente, surgirão crises em cada uma dessas dimensões. Apesar disso, um *Self* que construiu a própria estrutura sobre experiências positivas de interações emotivas íntimas e sobre diálogos profundos e significativos com os outros encontrará dentro de si, na maior parte dos casos, os recursos necessários para enfrentar e superar as crises ou solicitar ajuda.

Os adultos aprendem que o viver comporta sempre novos desafios que obrigam a um constante processo de revisão pessoal, a fim de integrar as novidades sem comprometer a integridade do *Self*. As experiências afetivas do passado e os ideais assimilados profundamente ajudam a tolerar a incerteza, a lutar com conflitos morais externos e internos e a resistir à tentação de comprometer a si mesmo a fim de comprazer os outros ou para obter seu amor. As experiências do passado de um Deus pessoal, como ajuda interior e como ser real que exige fidelidade e amor, oferecem ao crente uma profunda motivação para manter os compromissos e a integridade pessoal.

DESENVOLVIMENTO PSÍQUICO-PATOLÓGICO E TRATAMENTO PSICANALÍTICO

A psicanálise evoluiu, do ponto de vista teórico e clínico, do ser uma psicologia centrada no indivíduo (*one-person psychology*) para ser uma psicologia centrada na relação (*two person-psychology*). A observação das crianças e dos adultos em análises convenceu os teóricos da Escola Britânica das Relações Objetais da grande importância da díade materna. Kohut ressaltou a força da empatia para o trabalho psicoterapêutico e a importância de usar a própria pessoa por parte do terapeuta a fim de ajudar o paciente a corrigir o próprio desenvolvimento patológico. Novos grupos de analistas que propõem teorias interacionais, interpessoais e intersubjetivas podem divergir acerca do que é mais importante, mas todos são unânimes quanto à necessidade de uma imersão mental profunda e afetiva de ambas as pessoas no processo analítico, se se quiser que o tratamento seja eficaz.

Todos afirmam que a análise é, contemporaneamente, um processo profundamente guiado por regras, mas também espontâneo (não diferentemente da maternidade): exige do analista um profundo investimento pessoal para descobrir o que realmente o paciente está experimentando, seja como adulto atual, seja como pessoa que regrediu a momentos infantis de desejo e de sofrimento. Os analistas descobriram ser necessário um tipo de "preocupação materna" para tornarem-se capazes de escutar aqueles lamentos e sussurros de dor que jamais encontraram expressão. Descobriram que trazer a lume os conflitos ocultos e os apegos patológicos do analisando é possível somente no contexto de uma relação afetiva com o analista e de uma atenção precisa às palavras do paciente e às palavras que ele próprio dirige ao analisando.[18]

Os psicanalistas sabem que a regressão do paciente aos conflitos não resolvidos levará a criar conflitos com o analista como pessoa que desperta as experiências da infância com os pais e com outros. Tal regressão consente revisitar no presente os sofrimentos, os conflitos e as defesas do passado. O paciente, no envolvimento emocional com o analista, tem

---

[18] Cf. RIZZUTO, A.-M. Psychoanalysis: the transformation of the subject by the spoken word. *The Psychoanalytic Quarterly* 72 (2003) 287-323.

a possibilidade de reencontrar a si mesmo como criança sofredora, e de reparar, agora como adulto, o próprio percurso evolutivo. O sucesso do tratamento depende da capacidade do analista de prestar ouvidos à criança e ao adulto ao mesmo tempo, enquanto apoia o paciente no encontrar, tolerar, aceitar e elaborar o núcleo inconscio dos sentimentos que turbam sua vida emocional.

A capacidade do analista de empatizar e de articular as experiências infantis e atuais do paciente são elementos cruciais para ajudar o analisando a remodelar as distorções evolutivas. A cura psicanalítica não pode dar-se sem as condições de intimidade emocional, que são as condições críticas para o desenvolvimento, ou seja: 1) a *compenetração* da experiência afetiva entre o paciente e o analista; 2) que o analista demonstre *crer,* com afeto, que o sofrimento da pessoa é real; 3) a capacidade do analista de dirigir-se ao paciente regredido com palavras, tons de voz e intenções pessoais animadas do desejo de encontrar seu mundo emotivo enquanto o ajuda a articular em palavras a experiência subjetiva do momento.

O objetivo analítico é alcançado quando o analisando *crê* que aquilo que estão dizendo é verdadeiro, ou seja, que a verdade descoberta juntos pode dar sentido à sua vida. Na análise, como na vida, a verdade exige ser confirmada pelo testemunho pessoal do outro para ser aceita e tornar-se transformativa.

A PRESENÇA DO MISTÉRIO

Imoda afirma: "O mistério, em seus vários aspectos, é precisamente esta presença que remete a algo mais, é presença e ausência ao mesmo tempo, algo que é e não é".[19] A primeira manifestação da busca do "a mais" aparece quando

---

[19] *SvU*, p. 56.

a criança de dois anos e meio começa a interrogar o adulto sobre a origem das coisas. A criança pequena é um implacável investigador, e quando chega uma resposta do pai, prossegue com a pergunta seguinte, até quando o pai lhe diz: "Foi Deus quem fez". "De onde vem Deus?", encalça a criança. O pai responde: "Ninguém criou Deus, mas ele criou todas as coisas". E a criança: "Posso vê-lo?" "Bem..." — diz a mãe — "Deus é invisível." O mistério começou a dar alguns indícios de sua inusitada "presença". Ademais, os pais rezam, ajoelham-se, falam com Deus e ensinam a criança a rezar.

Que fará a criança pequena deste ser misterioso? O momento é crucial porque "Deus" exige uma figura de referência. Uma busca profunda e sintomática encontra, nas representações dos pais que a criança criou para si, alguns pontos de *contato emocional* a fim de construir para si, inconsciente e conscientemente, a representação de Deus. Esta inclui aquele "a mais", em relação às representações dos pais, que um Deus presente de modo misterioso exige. Uma vez formada, a representação de Deus seguirá algumas (mas não todas) experiências relacionais com os genitores: adquirirá uma vida autônoma sob a influência da experiência da criança, de suas explorações, das orações, das atividades litúrgicas e da instrução religiosa.

Um segundo momento de desenvolvimento acontece por volta dos sete anos de idade. Poderia ser visto como uma *felix culpa*. A criança aprende a mentir aos pais. O novo comportamento leva a uma descoberta decisiva: a criança está sozinha em seu mundo pessoal; não há testemunhas de sua mentira. Abriu-se um grande vazio entre ela e seus pais. A forte necessidade de uma testemunha interna conduz a criança a confiar-se a seu Deus, que já está presente porque está sempre ali, em toda parte, infalivelmente. Se o Deus intuído pela criança é benévolo e acolhedor, ainda que exija um comportamento bom, a criança encontrou um companheiro duradouro. Se, ao contrário, o Deus da criança é severo, desaprova-a, ou a faz sentir vergonhosa e não amável, podemos ter a situação de Bernardine Fisher, a qual não podia renunciar a crer em Deus, mas dizia: "Considero Deus o meu inimigo".[20]

Entre essas duas posições extremas, tudo é possível na relação com um Deus pessoal. Deus, o ser misterioso, tornou-se uma presença permanente, uma presença com a qual se pode lutar, no bem e no mal, por todo o resto da vida.

A puberdade e a adolescência desafiam Deus como desafiam todos os adultos. Deus cessa de ser uma divindade doméstica e pessoal para tornar-se uma realidade em si mesma, universal, normativa, um ser que é. A esta altura, Deus torna-se realmente um mistério, pois o jovem agora está consciente de que Deus excede toda coisa cognoscível, imaginável ou controlável. Deus é objeto grandioso de especulações complexas; no entanto, nesse momento, Deus é visto mais como legislador do que como Deus amor. Os jovens que vivem a parte central e final da adolescência experimentam a explosão do desenvolvimento cognitivo, simbólico, sexual e erótico, começam a interrogar-se acerca de mistérios tão profundos como o amor, a vida, a diversidade, a identidade, o significado do universo e Deus como ser pessoal.

O desenvolvimento sexual contribui de modo significativo para tornar consciente o desejo de *compenetração* psíquica e sexual com o ser da pessoa amada. Aquela que até agora fora uma lei inconsciente e dominante no desenvolvimento, ou seja, a *compenetração* entre o ambiente humano e o indivíduo que se desenvolve, atinge agora seu ápice no desejo cônscio e permanente do coração humano: a comunhão com o outro. Esta comunhão, porém, é uma experiência a um tempo real e inaferrável, que toca o mistério do ser humano.

---

[20]   Cf. RIZZUTO, A.-M. *La nascita del Dio vivente. Studio psicoanalitico*, cit., p. 230.

A capacidade de uma vida vivida na presença e na ausência do mistério e/ou de Deus não pode desenvolver-se espontaneamente no indivíduo. O mistério deve estar presente na vida da comunidade e das pessoas que têm a tarefa de fazer o indivíduo crescer. Todavia, isso não é suficiente. Os adultos devem oferecer uma atitude que convida à admiração, a profundo respeito pelos processos de pensamento crítico do jovem, para sua liberdade para as suas explorações. O indivíduo que cresce deve fazer uma descoberta pessoal do mistério e encontrar em si mesmo a fonte da veneração. Imitar a veneração dos outros, por mais que seja sincera, não basta.

Os psicanalistas podem testemunhar que, depois das primeiras fases do desenvolvimento, a imitação não leva jamais a profundas convicções, e muito em breve conduz a pessoa à consciência amarga de ser hipócrita. Como qualquer outra realidade no desenvolvimento, o mistério emerge no indivíduo como resultado da *compenetração* dos *Selfs* pessoais, ou então permanece apenas uma consideração intelectual.

AS PALAVRAS DE DEUS

Uma psicanalista volta-se para os textos bíblicos a fim de procurar o que eles revelam a respeito da estrutura humana, do desenvolvimento e da relação entre o Criador e a humanidade criada. Lemos no livro do Gênesis: "Deus criou o ser humano à sua imagem; à imagem de Deus ele o criou; homem e mulher ele os criou" (Gn 1,27). O texto continua: "Por isso, um homem deixa seu pai e sua mãe, se une à sua mulher e eles se tornam uma só carne" (Gn 2,24).

Esses textos sugerem-me duas coisas: em primeiro lugar, Deus colocou no profundo do coração de todo ser humano sua própria imagem, algo que eu interpreto como o jeito de Deus viver a *compenetração* do ser entre Criador e criatura, a qual encontra sua óbvia manifestação na capacidade exclusivamente humana de amar outra pessoa; as palavras bíblicas trazem à mente a afirmação de Wexler acerca do ambiente que plasma o cérebro de acordo com sua imagem. Em segundo lugar, Deus criou os seres humanos sexuados, capazes de tornar-se uma carne na *compenetração* recíproca em relações íntimas e, mais especificamente, na relação sexual.

João nos diz que "o Verbo se fez carne e habitou entre nós" (Jo 1,14). A definição teológica desse mistério afirma que em Jesus há uma só pessoa em duas naturezas. Essa é uma compenetração do ser que excede qualquer imaginação nossa. Jesus mesmo, em sua oração ao Pai, antes de morrer, disse: "Que sejam um, como nós somos um: eu neles e tu em mim, para que sejam perfeitos na unidade [...]" (Jo 17,22s). A Igreja faz eco à oração de Jesus quando reza na missa: "Pelo mistério desta água e deste vinho, fazei-nos participar da divindade daquele que assumiu nossa humanidade".

Na eucaristia, Jesus torna-se alimento que deve ser consumido. Recentemente, o papa Bento XVI afirmou, durante a festa de *Corpus Domini*:

> Esta comunhão, este ato de 'comer', é realmente um encontro entre duas pessoas, é deixar-se *penetrar* [grifo nosso] pela vida daquele que é o Senhor, daquele que é o meu Criador e Redentor. A finalidade desta comunhão, deste comer, é a assimilação da minha vida à sua, a minha transformação e conformação com aquele que é amor vivo.[21]

Tanto o Antigo quanto o Novo Testamento apresentam Deus como esposo, ligado por um matrimônio de aliança (Os 1-3; Jr 3,1-5; Ap 21,2). Paulo, falando do matrimônio, diz: "Este mistério é grande; refiro-me à relação entre Cristo e sua Igreja!" (Ef 5,32). Como no relacionamento humano, a

---

[21]   BENTO XVI. *Homilia para a solenidade do Santíssimo Corpo e Sangue de Cristo* (26.5.2005).

culminância da relação entre Deus e seu povo é a comunhão esponsal.

A conclusão parece-me evidente: de acordo com a Sagrada Escritura, Deus participa do desenvolvimento humano seguindo o bem conhecido esquema da *compenetração* das pessoas. Primeiramente, ele exprime sua imagem em nós, como o fazem as mães e os pais; em seguida, torna-se um de nós na *compenetração* unitária da natureza na pessoa de Jesus. Por fim, ele entra em comunicação conosco na Eucaristia, que é uma antecipação da festa nupcial do Reino dos Céus.

CONCLUSÃO

Este exame das neurociências, dos estudos evolutivos e da psicanálise sugere que o desenvolvimento de uma pessoa madura, capaz de profundo compromisso durante sua vida inteira, está condicionado pelos contínuos processos de *compenetração* com o ambiente, com os outros e, para os cristãos, também com Deus. A *compenetração afetiva dos seres* condiciona a possibilidade da formação de um *Self* verdadeiramente capaz de *crer* em si mesmo, nos outros, em objetivos e ideais, e em Deus, pois o que é acreditado está em conformidade com o *Self*. Um tal *Self* está disponível para um compromisso duradouro.

Daí decorre uma consequência para os pais, educadores e pastores na Igreja. Um desenvolvimento maduro não pode ser alcançado somente mediante um ensino cognitivo, apesar de sua verdade. A maturidade humana provém dos processos de *compenetração* com pessoas capazes de oferecer *em si mesmas e em seu modo de ser* a resposta apropriada, que a pessoa em crescimento necessita integrar em seu ser pessoal, a fim de poder atingir o estágio evolutivo seguinte. O desenvolvimento é o processo infinito de assimilação dos outros, mas também de rejeição deles e daquilo que oferecem quando tal coisa não se adapta às necessidades evolutivas de determinado estágio. Talvez este seja o maior mistério no mistério: que nós jamais sejamos nós mesmos se os outros não começarem a fazer parte da mesma estrutura de nosso ser biológico e psíquico. Talvez este seja o modo ôntico de Deus fazer-nos conhecer que nós somos, efetivamente, apenas criaturas.

Capítulo 3

O SELF.
CONTEÚDO, PROCESSOS, MISTÉRIO

Hans Zollner*

Desde que William James (1890) se dedicou sistematicamente ao estudo do *Self*, este se tornou um dos temas centrais na pesquisa psicológica. Sobretudo nos últimos 25 anos foram escritos numerosos artigos e livros sobre o assunto.[1] Um dos motivos que explica o grande interesse pelo *Self* reside justamente no fato de que, para muitos, a percepção e a compreensão do *Self* são caracterizadas, hoje, por grande incerteza.[2] Encontramo-nos diante de perguntas deste tipo: quem sou? Como vejo, descrevo e compreendo a mim mesmo? Quem sou eu diante do fluir de emoções, pensamentos e percepções que continuamente mudam dentro de mim? Que quero *eu* diante das tensões entre minhas necessidades, minhas atitudes e meus valores, e diante das expectativas

---

* Alemão, nascido em 1966, mestre em Psicologia e doutor em Teologia, é professor no Instituto de Psicologia da Pontifícia Universidade Gregoriana de Roma.

[1] Para aprofundamento, cf. os aparatos bibliográficos trazidos pelas obras citadas aqui.

[2] Cf. GIDDENS, A. *Identità e società moderna*. Napoli: Ipermedium Libri, 1999.

PARTE I – A PESSOA HUMANA E AS LINHAS ATUAIS DA PSICOLOGIA DO PROFUNDO

e exigências do mundo que me rodeia? Como está ligado o "eu" de meu primeiro dia de escola com o "eu" que contempla com satisfação o diploma final de um curso de estudos? Como é que me tornei o que sou e como me desenvolverei? Observando a mim mesmo, existe um sentido em minha vida? Como posso compreender como "unidade" o meu *eu* com todas as suas facetas e suas constantes transformações?

Em um perspectiva cristã, trata-se, pois, de perguntar-se como compreender *a si mesmos* diante de Deus e o que significa, para a relação com Deus e com os demais, a imagem de *si* que cada um traz consigo.

O objetivo deste artigo não é o de oferecer um tratado completo nem do desenvolvimento, nem do estado atual da pesquisa sobre o *Self*. Não seria possível fazer isso nem mesmo parcialmente. Procurar-se-á, antes, na *primeira parte*, apresentar as mudanças que caracterizaram a visão do *Self* nos últimos cinquenta anos e o contexto cultural no qual o *Self* é considerado hoje. Na *segunda parte,* apresentar-se-á, a partir das teorias psicológicas atuais, o que é o *Self*, que conteúdos e que processos compreende, e o significado que ele assume dentro da totalidade de uma pessoa. As múltiplas concepções do *Self* serão depois comparadas, na *terceira parte*, com a concepção do *Self* que caracteriza a antropologia interdisciplinar de L. M. Rulla e a psicologia do desenvolvimento de F. Imoda.[3]

---

[3] Cf. RULLA, L. M. *Psicologia del profondo e vocazione;* le persone. Torino: Marietti, 1975. *Psicologia del profondo e vocazione;* le istituzioni. Torino: Marietti, 1976. RULLA, L. M.; IMODA, F.; RIDICK, J. *Psicologia del profondo e vocazione. Motivi di entrata e di abbandono.* Torino: Marietti, 1977. RULLA, L. M. *Antropologia della vocazione cristiana.* 2. ed. Bologna: EDB, 1987. v. 1: Basi interdisciplinari (de agora em diante, *AVC I*). RULLA, L. M.; IMODA, F.; RIDICK, J. *Antropologia della vocazione cristiana.* 2. ed. Bologna: EDB, 2001. v. 2: Conferme esistenziali (de agora em diante, *AVC II*). RULLA, L. M. (ed.). *Antropologia della vocazione cristiana.* Bologna: EDB, 1997. v. 3: Aspetti interpersonali (de agora em diante, *AVC III*). IMODA, F. *Sviluppo umano, psicologia e mistero.* Bologna: EDB, 2005 (de agora em diante, *SvU*).

78

Aqui se observarão três aspectos: primeiro, indagaremos se e como as ideias mais recentes da psicologia do *Self* estão presentes em Rulla e Imoda; segundo, procuraremos demonstrar como as perspectivas de Rulla e Imoda se completam mutuamente e, portanto, podem ser um exemplo das correntes fundamentais da psicologia do *Self*; terceiro, procuraremos saber o que significa, para a compreensão do *Self* — como o entendem Rulla e Imoda — o fato de que ele esteja aberto à transcendência. *Para concluir*, procurar-se-á apresentar o que pode significar a concepção que a psicologia tem do *Self* para uma visão cristã do ser humano e para um acompanhamento em contexto terapêutico.

QUE É O *SELF*? RESPOSTAS DE UMA SOCIEDADE EM MUDANÇA

Desde os tempos de Freud, Jung e Adler, as pessoas olham para si mesmas, para seu vivido e para seu comportamento de modo muito diferente. Isso vale, de modo especial, para o centro da própria percepção: o *Self*. Essa mudança foi mais intensa sobretudo nos últimos decênios, e em tal processo podem-se distinguir, em grandes linhas, três fases.

Até por volta da *metade da década de 1960*, o *Self*, ou seja, a identidade de uma pessoa, era fortemente definido com base em características exteriores: o sexo, a classe social, a profissão, a função ocupada na sociedade, a pertença religiosa e/ou confessional. As condições para o reconhecimento do que "eu" me havia tornado estavam claramente definidas. Até mesmo a orientação para o próprio agir estava igualmente clara: "Faz-se assim!". Em uma visão do mundo bem definida, formava-se, assim, um *Self* relativamente estático e bastante claramente delineado. A própria identidade era experimentada como um tipo de edifício estável, que devia afirmar-se exteriormente. O *Self* desenvolvia-se simplesmente adaptando-se e comportando-se segundo as expectativas do mundo circundante.

No *fim da década de 1960*, deu-se uma guinada fundamental. Tudo o que era experimentado como limitante e imposto de fora foi eliminado. Em um mundo marcado pela concorrência, cada um tinha a tarefa de decidir por si como compreender a si mesmo e ao mundo. O princípio para a compreensão não era mais o autocontrole, mas a autorrealização. Em lugar de uma ligação com a autoridade e de uma maturação dentro de uma totalidade maior, entra em cena uma orientação emancipada rumo à interioridade. Os não conformistas e os capazes de dar vazão à própria individualidade dizendo: "Eu quero assim!" gozavam da maior consideração. A identidade não era mais vista como algo "dado naturalmente", mas como algo a ser alcançado lutando e superando crises.

O *Self* devia afirmar a si mesmo e obter reconhecimento em diversos âmbitos. Em tudo isso, quem aparecia "autêntico", quem sabia comunicar-se e comportar-se de modo "verdadeiro" — ou seja, como se sentia — havia conquistado o valor mais alto.

A partir do momento em que, *na década de 1990*, caíram os grandes regimes, e a globalização e a internet revolucionaram o fluxo das mercadorias e das informações, muitos — com muito esforço — estão à procura de sua visão do mundo. A tendência a desligar-se de todo laço social e cultural parecia caracterizar o último rasgo do século XX, não exclusivamente nos países modernos da Europa ocidental. Muitos se separaram das tradições, dos costumes religiosos, do controle social dos pequenos lugares, do dever dos laços definitivos, e por muito tempo parecia que poderiam gozar desse progresso. O desligar-se da coletividade desvinculava de constrições e de convenções, abria espaços e ampliava as possibilidades. As vicissitudes dos indivíduos não estavam mais assinaladas antecipadamente pela proveniência e pela visão do mundo, mas estavam abertas ao futuro; na verdade, definidas de modo autônomo, como jamais o foram na história da humanidade.

Desse modo, a vida tornava-se mais colorida e autônoma, em certo sentido mais movimentada e intensa. Consequentemente, a identidade é concebida como múltipla e aberta. O *Self* desenvolve-se em contínuo processo, narrando-se e assegurando-se mediante esse narrar-se. Cada um tem a tarefa de encontrar contínuas mediações entre seu *Self* e o mundo que o rodeia. O equilíbrio entre a observação que vem de fora e a harmonia interior é buscada sempre de novo. A medida exata para essa gestão de si é dada pela frase: "Isto me convém!". Desse modo, o *Self* desenvolve-se em constante processo de busca que jamais se conclui definitivamente. O que em uma sociedade tradicional era transmitido de modo espontâneo por meio da função, da pertença social e da religião, hoje deve ser conquistado de modo ativo.

A época moderna, nos últimos quarenta anos, erodiu muitas destas tradições. Contudo, viver continuamente ao sabor de mudanças e de excitações não é para todos. Pode-se, portanto, supor que, tão logo sobrevenha o silêncio sobre as loas de uma sociedade individualista, aumentará a necessidade de fidelidade, de pertença e também de ter aquele espaço de segurança garantido pela perspectiva de poder encontrar um sentido e uma identidade estável. Algumas pesquisas em campo psicológico e sociológico confirmam desde já essas tendências: nossa sociedade das mil opções levou a esgotamentos, confusão e perda de orientação.

De um lado, é preciso decidir-se continuamente, mas por outro não se pode quase recorrer à segurança garantida por um fundamento estável de valores. Na sociedade do saber, a necessidade de manter-se atualizado e, portanto, de aprender durante toda a vida não é apenas uma promessa sedutora, mas amiúde é um peso quase ameaçador. Chega-se, assim, a um dramático empino de novos "distúrbios", nos quais se cai

PARTE I – A PESSOA HUMANA E AS LINHAS ATUAIS DA PSICOLOGIA DO PROFUNDO

quando alguém deve esforçar-se continuamente mas, a seguir, com a perda de convicções de fé e de uma clara visão do mundo, não se possuem mais automaticamente, como antes, critérios orientadores e princípio sólidos para empenhar-se.

Pouco a pouco, o ser humano individualizado não percebe mais a possibilidade de ser criativo, autêntico e original apenas como oportunidade que tem diante de si, mas muito frequentemente sente-o como uma obrigação oprimente, sobretudo se o deve ser sempre. Por fim, também a solidão e o esforço contínuo que é preciso fazer para chamar a atenção e para ser atraentes conduzem a buscar relações autênticas e restauradoras.

Com suas diversas teorias e concepções, as ciências humanas e as ciências sociais reagem também à percepção que as pessoas têm de si mesmas. Na próxima seção, procurar-se-á levar em consideração, portanto, o que a psicologia atual tem a dizer acerca da nova visão que o ser humano tem de si mesmo e de seu *Self*.

O *SELF* NA DISCUSSÃO PSICOLÓGICA ATUAL

O *Self* tornou-se, recentemente, objeto de amplo interesse em vários âmbitos da psicologia: da psicologia do profundo à psicologia social, à psicologia do desenvolvimento. A reflexão acerca do *Self* constitui também um estímulo para o estudo e o ensino no âmbito da pesquisa biográfica, da neuropsicologia e das investigações sobre o cérebro e sobre a consciência.[4]

Nesses estudos e pesquisas, podemos reconhecer duas grandes perspectivas: a primeira enfrenta o estudo do *Self*

---

[4]   Cf. HOLSTEIN, J. A.; GUBRIUM, G. F. *The Self We Live By*. Oxford: Oxford UP, 2000. TAYLOR, C. *Radici dell'io. La costruzione dell'identità moderna*. Milano: Feltrinelli, 1993. FORGAS, J. P.; WILLIAMS, K. D. (ed.). *The Social Self*. New York-London-Hove: Psychology Press, 2003. NEWEN, A.; VOGELEY, K. (Hrsg.). *Selbst und Gehirn*. Paderborn: Mentis Verlag, 2000.

82

de modo mais global, a segunda interessa-se, acima de tudo, por aspectos individuais.

No âmago da primeira perspectiva, que considera o *Self* como pano de fundo constantemente presente, que unifica todas as vivências e os comportamentos do ser humano, podemos ulteriormente distinguir duas posições: de um lado, perguntamo-nos se o *Self* é um tipo de pequena central telefônica que não possui um "conteúdo" próprio, mas que tem apenas a função de transmitir e coligar as informações que chegam; por outro lado, indagamos se o *Self* é uma entidade psíquica tangível, sem a qual *eu* não posso perceber e compreender a *mim mesmo* como pessoa individual e como totalidade. As posições a esse respeito são muito diversas, de conformidade com as escolas psicológicas.

Na segunda perspectiva, como já antecipamos acima, o *Self* é observado em suas diversas facetas: como ideia de si, consciência de si, conhecimento de si, confiança em si, compreensão de si, realização de si e muitos outros conceitos semelhantes.[5]

O que se segue concentra-se em três características que emergem atualmente na discussão acerca do *Self*: sua *definição*, que varia muito de uma escola para outra; os *conteúdos* e os *processos* que ele compreende, também estes diversos, de acordo com as diferentes posições; e o *significado*, não propriamente claro, ainda, que o *Self* pode assumir para a visão do ser humano.

Diversas definições do Self

Na psicologia, termos e conceitos como "identidade", "eu", "pessoa", "personalidade, "concepção de si", "experien-

---

[5] Cf. LEARY, M. R.; TANGNEY, J. P. (ed.). *Handbook of Self and Identity*. New York-London: Guilford, 2002. p. 12.

cing ego" ou "*eu* agente" são muitas vezes utilizados com o mesmo significado de *Self*. Conforme a linha da escola, essas expressões são definidas de maneira diversa; não existe uma divisória de demarcação entre uma e outra, e amiúde seus significados se sobrepõem, como se pode observar nos exemplos apresentados a seguir.[6]

Um *primeiro* modo de compreender o termo *Self* é usá-lo como sinônimo de *pessoa*, como acontece no uso cotidiano. Nesse caso, o *Self* é *uma* determinada pessoa ("*eu* mesmo"). Um possível ponto de crítica para esta posição é que aqui não é possível demonstrar a existência do *Self* como instância psicológica própria. Alguns estudiosos do *Self* enfatizam, portanto, que uma pessoa *tem* um *Self* e não *é* um *Self*.

Uma *segunda* definição identifica o *Self* com a *personalidade*. O *Self*, nesse caso, é considerado como o temperamento e todas aquelas capacidades, potencialidades, objetivos, valores e preferências que tornam única determinada pessoa. A objeção a essa segunda posição é que o *Self* ajuda a explicar alguns aspectos da personalidade, mas que ele, como instância psíquica própria, é uma parte da totalidade da personalidade, mas não a abrange toda (do contrário, todos os teóricos da personalidade deveriam estudar o *Self*).

Uma *terceira* chave de leitura vê o *Self* na tradição de William James como subdividido em duas partes. James fez uma distinção entre o *eu* como sujeito que experimenta (*I-Self*) e o *eu* como objeto (*Me-Self*). Ao *I-Self*, como observador ativo, James liga a percepção de si, a continuidade de si, a coerência de si e a constatação de que eu estou no centro de meus pensamentos e de minhas ações. Em contrapartida, quando a atenção se desloca para o *Self*, então aparece o *Me-Self*. Este compreende as concepções de si, portanto, o que se sabe ou se crê saber de si mesmo.

---

[6] Ibid., p. 6-8.

84

Na psicologia do *Self*, durante muito tempo esta distinção conservou sua valência e seu fascínio, e ainda hoje tem validade analítica. Contudo, hoje se sublinha frequentemente que uma nítida separação entre um *"I"* como instância agente e um *"Me"* como material com que o *"I"* age não parece possível. Ao contrário, observa-se que a ideia "este sou eu", "eu penso", ou "eu ajo" está inseparavelmente ligada aos conteúdos do *"Me"* e que os determina parcialmente. Por outro lado, o conceito de si — o *Me-Self* —, que cada um se forma, depende do desenvolvimento das capacidades integrativas do *I-Self*.

Das diversas tentativas de definição aqui apresentadas, é evidente quão difícil seja delimitar conceitualmente o *Self*, *a priori*, de modo claro. O *Self* é, portanto, demasiado complexo e amplo para ser definido "simplesmente". No rasto de W. James, houve muitas tentativas de explicitar mais precisamente os conteúdos (*Me-Self*) e os processos (*I-Self*) do *Self*.

Conteúdos e processos do Self

A psicologia do *Self* tenta, antes de mais nada, explicar os *conteúdos* do *Self*. Que penso? Que vivo? Como? Quando? Por quê? Como se desenvolveu o *Self* a fim de tornar-se o que é? Para poder compreender os *conteúdos* do *Self*, é muito importante o que uma pessoa diz de si mesma. Depois, a isso é preciso acrescentar outros dados, derivados de indagações indiretas e projetivas, se se quiser um quadro completo do *Self*. O acesso aos *processos* do *Self* é muito mais difícil, visto que, costumeiramente, não se sabe como são reelaboradas as informações importantes para o *Self*. Através de teste e experimentos, pode-se tentar descrever mais acuradamente os processos do *Self*. Toda tentativa de lançar um olhar geral sobre conteúdos e sobre os processos do *Self* permanece necessariamente incompleta e unilateral. Aqui, serão apresentados dois modelos diversos, nos quais se levam em consideração os conteúdos e os processos do *Self* como realidades distintas, mas não separadas.

Se olho para mim mesmo, acodem-me à mente — de acordo com o primeiro modelo[7] — muitas impressões e convicções de tipo diverso: o que eu era e o que sou, o que é importante para mim e o que é menos significativo, o que tenho à disposição agora e aquilo a que não posso ter acesso, o que sou, compreendo, aceito, desejo e aquilo para o qual propendo. Podem-se colocar os conteúdos do *Self* em ordem diante da multiplicidade de ideias e de sentimentos, levando-se em conta três aspectos. Eu olho o meu *Self* sempre em uma *perspectiva temporal*: eu era assim, sou assim, serei assim. Quando descrevo quem sou agora, inevitavelmente falo de como me tornei. Narro minha história pessoal, que me formou e que continua a marcar-me. Naquilo que hoje digo de mim mesmo vibram também os desejos, as possibilidades e as expectativas para meu futuro. Assim se chega à segunda perspectiva: a tensão entre o *Self real* e o *Self possível*.

Esta toca o passado — o que me tornei e o que teria podido ter-me tornado — bem como o presente e o futuro – o que quero fazer ou alcançar e como me comporto realmente. O mundo das minhas possibilidades e de meus desejos no curso do tempo se restringe, à medida que se pode realizar apenas um percentual daquilo que teria sido possível. Mas justamente dessa maneira se forma meu verdadeiro *Self*. E aqui entra em jogo a terceira perspectiva, a *avaliação*. De fato, eu não me torno *eu* próprio, meu *Self* não se desenvolve prescindindo do modo pelo qual avalio e aprecio a mim mesmo, minhas vivências e meu comportamento. A medida dessa avaliação está influenciada por muitos fatores: por va-

---

[7] Cf., para quanto segue: GREVE, W. (Hrsg.). *Psychologie des Selbst*. Weinheim: PVU, 2000. p. 18-24 passim.

lores e por necessidades, por sentimentos e por ideias, por preferências pessoais e sociais.

As grandes e as pequenas atitudes de minha vida são uma indicação do que *eu* desejo ser, do que na realidade sou e daquilo a que me refiro como medida para o desenvolvimento e para a forma que pretendo dar ao meu *Self*. Essas três perspectivas permitem compreender de modo mais preciso os conteúdos do *Self*. Uma mera "coleção material" de comunicações do *Self* — "A man's Self is the sum total of all that he can call his"[8] ["O *Self* de uma pessoa é a soma total daquilo que ela pode chamar de seu"] — ainda não leva, porém, a um conceito válido de *Self*. Essas comunicações de *Self* devem ser avaliadas de modo adequado e reordenadas de maneira sensata e útil. As afirmações centrais acerca do *Self* serão poucas.

A importância e a consistência dessas frases centrais se mostram no fato de que no comportamento quotidiano é-se orientado para essa estrutura do próprio *Self* e que novos aspectos de *Self* são integrados ou excluídos baseados em sua maior ou menor correspondência com o conceito principal de *Self*.[9]

Eu me transformo continuamente em meus conteúdos do *Self* mas, apesar disso, experimento, no curso da vida, uma identidade comigo mesmo. Os processos do *Self*, que têm nisto certa importância, ajudam-me a assimilar e a reelaborar as informações importantes para o *Self*. Através de processos positivos, é possível desenvolver um *Self* que, de

---

[8] JAMES, W. *The Principles of Psychology*. New York: Henry Holt & Co., 1890. p. 291 (cf. a primeira tradução italiana: FERRARI, G. C.; TAMBURINI, A. (org.). *Principi di psicologia*. Milano: Società Editrice Libraria, 1901. p. 220).

[9] Uma frase central seria: "Amo meu próximo" e uma aplicação seria "Sou gentil com meu vizinho". Deveria haver uma modificação se experimento que meu vizinho de banco é descortês comigo: "Amo meu vizinho mesmo que não seja gentil comigo e que não tenha vontade de amá-lo".

PARTE I – A PESSOA HUMANA E AS LINHAS ATUAIS DA PSICOLOGIA DO PROFUNDO

um lado, é estável, sem ser rígido — "eu sou assim e pronto" — e, por outro, é flexível, sem por isso perder sua capacidade de defender-se — "estou aberto a tudo". Tais processos têm uma função *pró-ativa* à medida que, através deles, torno-me seguro daquilo que sou e daquilo que realmente posso fazer e, portanto, reforço e desenvolvo a imagem de mim.

Se esses processos do *Self* têm uma função *re-ativa*, eles reforçam sobretudo tendências defensivas em mim, através das quais protejo a imagem de mim, evito todo confronto aberto com uma realidade tendentemente ameaçadora para o *Self* e me vejo em uma luz positiva. Para um crescimento adequado e fecundo do *Self*, ambas as funções são importantes. As dificuldades nascem ou quando eu não cumpro os passos sucessivos de desenvolvimento que me esperam, ou quando não presto bastante atenção ao fato de que um autêntico crescimento do *Self* necessita também de tempos de tranquilidade, para poder integrar o que é novo e para reconsolidar-se.

Também em relação ao segundo modelo,[10] conteúdos e processos do *Self* não podem ser separados. O que *eu* sou (conteúdos), me tornei à medida que integrei (processos) o que *eu* era e o que encontrei. Por outro lado, o que *eu* sou agora influi no modo segundo o qual reelaboro os próximos conteúdos relevantes para o *Self*. Esta interdependência torna--se particularmente clara quando se trata de compreender de quais representações de si é constituído o conceito de *Self*. No *Self*, estão coligados três modos diversos nos quais uma pessoa compreende a si mesma e alcança sua identidade.

O *Self individual* é constituído por aquelas características e por aqueles traços caracteriais que somente *eu* tenho e que me distinguem de todos os demais. O *Self* individual

---

[10] Cf. SEDIKIDES, C.; BREWER, M. B. (ed.). *Individual Self, Relational Self, Collective Self*. Ann Arbour: Psychology Press, 2001. p. 1-3 passim.

88

revela-se-me quando me confronto com as pessoas que me circundam, e ele me ajuda a assegurar-me, a proteger-me e a continuar a desenvolver-me. Ao contrário, aquela parte da representação de mim que partilho com as pessoas significativas de minha vida e que trazem à luz meu papel nos modelos relacionais de minha vida constituem o *Self relacional*. Neste são representadas as relações interpessoais importantes: pai--filho, amigo-amigo, marido-mulher, professor-estudante ou médico-paciente.

Essas imagens do *Self* relacional formam-se com base na importância que eu atribuí a tais relações, ou seja, à medida que elas me plasmam. Através do *Self* relacional, reforço as relações significativas para mim e expresso minha estima pelas pessoas importantes para mim. Minha pertença a determinado grupo faz com que se forme, enfim, o *Self coletivo*. Como membro de um grupo mais amplo, identifico-me — como os demais membros — com determinadas características desse grupo, que se distingue dos outros grupos relevantes. O laço comum não é necessariamente sustentado por uma relação pessoal, mas serve para a manutenção e para o desenvolvimento de meu grupo.

Essas três representações do *Self*, que se formam mediante a interação e o confronto com outras pessoas ou grupos, e que têm um efeito no mundo circundante, estão presentes *unitariamente* no único e mesmo *Self*. O modo como interagem é ainda questão muito controversa. Aqui se podem distinguir três posições: uma primeira afirma que uma das definições do *Self* é decisiva sob uma perspectiva estrutural, motivacional e funcional e, neste caso, é preciso, porém, esclarecer a seguir qual é o papel das outras duas funções; a segunda posição defende que há um influxo equilibrado de todas as três funções; a terceira pleiteia que cada uma das três representações do *Self* tem maior relevância em relação a determinado âmbito do *Self*. No final, não se podem separar

PARTE I – A PESSOA HUMANA E AS LINHAS ATUAIS DA PSICOLOGIA DO PROFUNDO

as perguntas "como experimento a mim mesmo", "como me comporto nas relações" e "como me experimento nos grupos".

Em toda a necessária interação desses âmbitos do *Self*, é preciso levar em conta que todos os componentes do *Self* relacional e do *Self* coletivo podem ser concebidos e integrados de modo judicioso somente se se presume a existência de uma realidade subjetiva e pessoal e de uma experiência do *Self*. Eu sou aquele que experimenta a *si mesmo* nos inúmeros conteúdos e nos múltiplos processos do *Self*, bem como nas relações centrais e nos grupos a que pertenço. Contudo, que quer dizer tudo isso diante da percepção de muitos que não experimentam mais seu *Self* como uma "totalidade unificante"?

O Self: *fortaleza estável ou bandeira ao vento?*

William James partia do pressuposto de que em *um Self* existem muitos *Me*, em competição entre si. Na era do construtivismo e do Pós-Modernismo, tal posição foi novamente retomada e reforçada. Em contrapartida, muitos representantes autorizados da psicologia da personalidade da metade do século XX (por exemplo, Allport) enfatizaram a unidade e a coerência interna do *Self*. A psicologia e a sociologia se aproximam do *Self*, portanto a partir de duas posições contrapostas.[11]

Por um lado, o *Self* — ou seja, a identidade — é descrito como algo que não é dado ou realizado em nenhum momento da vida. Não se pensa mais em uma identidade estável, mas em uma personalidade fragmentada. No fluxo contínuo de transformações e mudanças, todo ser humano é colocado

---

[11] Cf., em relação a quanto segue, a análise de: KEUPP, H. et al. *Identitätskonstruktionen. Das Patchwork der Identitäten in der Spätmoderne*. Reinbek bei Hamburg: Rowohlt, 1999. Sobretudo p. 69-107 passim.

90

diante do desafio de reencontrar a si mesmo sempre de novo. "Self is a perpetually rewritten story" ["O *Self* é uma história continuamente reescrita"].[12] As impressões cognitivas, emocionais, físicas e sociais do *Self* são ininterruptamente refletidas e sintonizadas com o efeito externo. O *Self* forma-se, assim, no equilíbrio entre transformações internas e externas. Nesse processo, é preciso levar em consideração seja um *Self* coeso, seja o reconhecimento externo e a capacidade de ação.

Por outro lado, não se renuncia totalmente à ideia de um *Self* ou de uma identidade. Vive-se a própria vida, como sequência de projetos individuais. Contudo, se esses projetos individuais estão em continuidade entre si e levam a uma coerência autêntica, nasce um senso de coesão interior. Esse contínuo processo de análise não leva diretamente à formação de um "verdadeiro" *Self*, mas oferece a grande oportunidade de fazer-me chegar a reencontrar a mim mesmo, descobrindo, assim, sempre mais, o que me é "próprio" e formando, desse modo, sempre mais o meu *Self*.

Na necessária comunicação entre mundo interno e mundo externo, o "*Self* em processo" segue determinadas etapas. Uma das quais é o *reconhecimento social*. Como me veem as pessoas com as quais vivo e pelas quais desejo ser reconhecido? Como me avaliam, ou seja, aquelas qualidades sobre as quais fundamento minha autoestima? Meu modo de apresentar-me, até que ponto é adequado ao ambiente no qual me movo atualmente? Ademais, a imagem de si orienta-se para o *futuro próximo*. Tanto as relações quanto as perspectivas profissionais ou o compromisso social não são mais considerados em um horizonte de vínculo de longo prazo.

---

[12] BRUNER, J. The "remembered *Self*". In: NEISSER, U.; FIVUSH, R. (ed.). *The Remembering Self:* Construction and Accuracy in the Self-Narrative. Cambridge: Cambridge UP, 1994. p. 53.

PARTE I – A PESSOA HUMANA E AS LINHAS ATUAIS DA PSICOLOGIA DO PROFUNDO

As pessoas se comportam, ao contrário, muito mais como se a cada momento pudessem orientar-se de modo novo e como se pudessem criar o próprio futuro sem levar particularmente em conta o que foram e o que nelas cresceu até agora. Por fim, hoje em dia também o *corpo* tem um papel importante quando se trata de sermos nós mesmos. Quando não são mais importantes elementos como: quem somos (nos tornamos), que papel, que profissão, que forma de vida escolhemos, então torna-se sempre mais central o modo pelo qual nos *apresentamos* atualmente por fora. O corpo torna-se âncora da identidade. Saúde, *fitness, wellness* ["boa-forma", "bem-bom"] e beleza tornam-se valores mais altos.

Aqueles psicólogos e aqueles sociólogos que dão preferência ao primeiro modelo refletem a impressão que muitas pessoas do mundo ocidental (mas não somente) têm de seu *Self*: "Tudo está em processo". O *Self* não é mais visto como uma "árvore", que nos altos e baixos da vida está certamente exposta à mudança das estações mas permanece ali, onde foi plantada, e cresce em altura somente à medida que está radicada profunda e firmemente no terreno. Ao contrário, hoje a "semente" do *Self* deve ser lançada sempre de novo; seu crescimento depende muito das condições atmosféricas e, após breve tempo, passa-se à colheita. Não se aconselha mais lançar a semente diversas vezes no mesmo terreno, visto que, dessa maneira, podemos adaptar-nos melhor ao clima, e somente a variedade das plantas mostra o potencial do terreno.

Em outras palavras:[13] o *Self* forma-se através do contínuo trabalho pessoal de integração das diversas experiências da vida. Meu passado, presente e futuro, bem como minhas experiências do *Self*, os meus modelos relacionais e as minhas atividades profissionais são continuamente confrontados entre si. Os diversos momentos individuais de minha vida

---

[13] Cf., a propósito: KEUPP, H. et al. *Identitätskonstruktionen*, cit., p. 190s.

são, inicialmente, independentes entre si. No momento em que confronto o que é semelhante e o que é diferente nas muitas situações, nascem *identidades parciais* em relação, por exemplo, ao meu sexo, aos meus modelos relacionais e ao meu comportamento no âmbito profissional, no tempo livre.

Essas identidades parciais, por sua vez, fornecem o material biográfico de que se forma a *metaidentidade*. Esta constitui a moldura na qual as identidades parciais encontram sua posição e são reelaboradas. A metaidentidade — sinônimo de *Self* ou ainda simplesmente de *identidade* no uso comum — é composta pelo sentimento de identidade, por núcleos de narrações biográficas e pelas identidades parciais principais.[14]

Como já deveria estar claro a partir de quanto se disse até agora, o "*Self* em processo" não é uma mônada solitária. O *Self* desenvolve-se através do modo pelo qual se coloca em relação às outras pessoas ou aos valores e aos objetivos etc. De qualquer maneira, isso é o que afirma uma importante escola que se desenvolveu dentro da tradição psicanalítica: a teoria das relações objetais ou teoria da intersubjetividade.[15] As teorias das relações objetais afastam-se, em graus diversos, de algumas ideias centrais da psicanálise clássica. O "eu" ou "*Self*" e seus mecanismos de defesa não são mais vistos como simples derivados da energia instintiva do "Id", mas têm uma autonomia e uma força próprias.

A motivação humana, portanto, busca estabelecer e desenvolver relações objetais. Com o termo "objetos" internos,

---

[14]   Ibid., p. 218.

[15]   Cf., a respeito: SUMMERS, F. L. *Object Relations Theories and Psychopathology. A Comprehensive Text*. Hillsdale-NJ: The Analytic Press, 1994. *Transcending the Self. An Object Relations Model of Psychoanalytic Therapy*. Hillsdale-NJ: The Analytic Press, 1999. Cf. também: KERNBERG, O. F. *Teoria delle relazioni oggettuali e clinica psicoanalitica*. Torino: Bollati Boringhieri, 1980. STOLOROW, R. D.; ATWOOD, G. E. *I contesti dell'essere. Le basi intersoggettive della vita psichica*. Torino: Bollati Boringhieri, 2006. ZOLLNER, H. La decisione di vita e le teorie della relazione oggettuale. *Tredimensioni* 1 (2004) 267-276.

PARTE I - A PESSOA HUMANA E AS LINHAS ATUAIS DA PSICOLOGIA DO PROFUNDO

de modo geral, compreendem-se todas as representações mentais que se formaram desde a primeira infância, mediante a internalização das relações consigo mesmo e com os outros. A isso pertencem as primeiras pessoas significativas, normalmente os pais, e todas as pessoas que a criança encontra, bem como os objetos materiais, mas também as representações mentais de pessoas e objetos — portanto também a imagem de Deus que a criança constrói para si.[16]

Um desenvolvimento bem-sucedido e "maduro" do *Self* deve ser compreendido, portanto, à luz da evolução psíquica dos modelos relacionais com outras pessoas e com objetos do mundo externo. O objeto é experimentado como o que está diante de nós de modo autônomo e total. Isso significa que o objeto é reconhecido como autônomo em sua existência e nas suas reações, e que se podem perceber os aspectos "bons" e "maus", "agradáveis" e "difíceis" do único e mesmo objeto.

Ora, uma coisa é dizer que o *Self* é concebido em uma mudança contínua, dado que seus componentes se transformam, e visto que o *Self* deve sempre (re-)definir-se diante das alterações internas e externas. Outra coisa é afirmar que no ser humano não haveria nada que permanecesse o "mesmo", portanto, o que, com justiça, poderia ser chamado *Self*. Não é sábio, e seria perigoso desacreditar a pergunta acerca do *Self*, definindo-a como "mania de identidade"[17] e, assim, renunciar a pô-la. "Não é a luta pela coesão das experiências do *Self* que é psicótica, mas a recusa desta luta."[18] Um dos sinais de psicopatologia, de fato, é a perda ou a grave danificação da consciência do *Self*, que se vê, por exemplo, na perda da

---

[16]   É mérito de A.-M. Rizzuto ter aprofundado este aspecto. Cf., a propósito, seu artigo neste volume e sua obra *La nascita del Dio vivente* (Roma: Borla, 1994).

[17]   Cf. KEUPP, H. et al. *Identitätskonstruktionen*, cit., p. 8, que cita P. Sloterdijk.

[18]   Ibid., p. 94. Conclusão semelhante encontra-se no final do livro de R. D. ASHMORE e L. JUSSIM (ed.) *Self and Identity; Fundamental Issues* (Oxford: Oxford UP, 1997. p. 225).

consistência e da identidade pessoal, dos limites do *eu* ou da imagem de si. Nem uma concepção essencialista — o *Self* como "rocha" imodificável — nem uma compreensão construtivista — o *Self* como "fluxo" sem estabilidade — conseguem justificar a experiência seja de transformação, seja de estabilidade do *Self* que fazemos quotidianamente e sobre a qual refletimos.

Como poderia, de outra maneira, recordar-me de alguns detalhes de meu primeiro passeio na montanha, quando subo aquela mesma montanha trinta anos depois, mais velho e mudado, mas sempre *eu* mesmo? Que o *Self* tenha continuidade e consistência não se pode negar. O que faz parte dos "componentes" estáveis e variáveis e do *Self*, e o que pode significar para o ser humano a unidade e a diversidade do *único Self* são, ao contrário, questões cuja resposta depende não somente das pesquisas científicas, mas também dos pressupostos ideológicos de quem coloca a pergunta. O *Self* é o centro de minha realização, no qual tendo a aumentar meu bem-estar, minha prosperidade ou meu sucesso, ou o *Self* é o lugar no qual encontro o outro — Deus e os irmãos — e no qual me abro em minha limitação para esperar, crer e amar verdadeiramente?

O próximo capítulo explica como se pode considerar o *Self*, na perspectiva de uma antropologia cristã, como lugar no qual o mistério do ser humano se encontra com o mistério de Deus.

O *SELF* NO PENSAMENTO DE L. M. RULLA E F. IMODA

O *Self* tem um papel central em *Psicologia do profundo e vocação* e *Antropologia da vocação cristã* de L. M. Rulla e em *Desenvolvimento humano*, de I. Imoda.[19] No que tange as

---

[19] Ambos os autores utilizam "*Self*"e "eu" sem distinguir precisamente entre os dois termos, ou seja, sem explicitar a diferença.

PARTE I – A PESSOA HUMANA E AS LINHAS ATUAIS DA PSICOLOGIA DO PROFUNDO

posições supracitadas da psicologia do *Self*, Rulla e Imoda partem de uma unidade diferenciada: veem o *Self* como finito e limitado, mas também propenso a uma liberdade maior, e se interrogam acerca das forças motivacionais do *Self*. Ambos, em última análise, defendem que a autorrealização acontece através da autotranscendência: *eu* encontro a mim mesmo totalmente se vou para além de mim mesmo. A autotranscendência é uma força e um movimento que reside no *Self* do ser humano e que pode ser endereçado a diversos objetivos (naturais e teocêntricos).[20]

Minha autotranscendência determina-se de modo definitivo se vou ao encontro de Deus e dos irmãos, e se sigo os valores do Evangelho. Tanto Rulla quanto Imoda ocupam-se principalmente dos conteúdos (estrutura e desenvolvimento) do *Self*, ainda que em sua pesquisa comum (cujos resultados podem ser verificados em *AVC II*) tenham trabalhado, ao menos indiretamente, também o que na linguagem da psicologia do *Self* chamamos de processos do *Self*.

Função e estrutura do Self *segundo L. M. Rulla*[21]

De acordo com Rulla, que em sua antropologia interdisciplinar faz referência a personalidades autorizadas no campo da filosofia, da teologia e da psicologia, o *Self* pode ser considerado em diversas perspectivas. A *primeira* é a dimensão *funcional* do *Self*, que considera a orientação qualitativa do *único Self*. Com isso, entende-se o *Self* enquanto guiado *principalmente* por carências emotivas (*Self as transcended*) e o *Self* enquanto impulsionado *principalmente* a ir mais além, rumo aos valores (*Self as transcending*).

---

[20] Amplas referências a isto encontram-se em B. J. F. LONERGAN, *Il metodo in teologia* (Brescia: Queriniana, 1975).

[21] Cf., a propósito, acima de tudo, *AVC I*, p. 109-216 passim.

Isso pressupõe que se tenham formado em mim, falando de modo geral, duas tendências do *Self*: uma na qual estou centrado e preocupado comigo mesmo, a outra através da qual me oriento aos valores do Evangelho — mas também aos valores naturais e aos valores "mistos", à medida que me mantêm são e me orientam ao bem real — e, assim, ultrapasso a mim mesmo e, *desse modo*, encontro verdadeiramente a mim mesmo e aos outros em Deus. Essas duas tendências do *único Self* não são dualistas, mas devem ser compreendidas como dois polos de um *continuum*. Com efeito, se procuro viver o que vejo e proclamo como meus ideais, isso certamente me fará feliz e constituirá minha satisfação pessoal, mais ou menos como *side-effect* ["efeito colateral"].

No *Self* funcional são visíveis aspectos pessoais conscientes ou inconscientes que tendem a determinados objetos. Essas intenções manifestam o resultado da interação entre minhas necessidades somáticas e emotivas e meus valores pessoais. O mesmo *Self* que percebe e sente, que se alegra e sofre, pode estar, portanto, preocupado e centrado em *Self ou* pode reagir de modo desinteressado e generoso.

A motivação de base orienta-se, portanto, propensamente para duas categorias de importância: o importante para mim — compreendido como tendência egocêntrica para o que me convém — e o importante em si — compreendido como presença e ação amorosa para os outros e para Deus.

Da tensão entre o que faço e quero *para mim* e o que faço e quero *em si* forma-se — e assim chegamos à *segunda* perspectiva — a *estrutura* do *Self*. A descrição da estrutura do *Self* permite levar em consideração a pessoa individualmente, mesmo que os termos sejam esquemáticos e não devam ser erroneamente compreendidos como "contentores fechados". Rulla distingue claramente entre o *eu*-ideal (*Ideal Self*) e o *eu*-atual (*actual Self*). O *eu*-ideal é constituído daquilo que *eu* acolho como ideais pessoais (*Self-ideal*) e dos ideais que acredito sejam considerados importantes por minha instituição de referência (*institutional ideal*).

A liberdade de viver meus ideais no quadro dos ideais que a instituição me propõe (*Self-ideal-in-situation*) depende de quanto consciente ou inconscientemente busco realizar *a mais* os valores e os ideais em relação às minhas necessidades.

O *meu eu*-atual, ao contrário, é responsável pelo fato de que, muitas vez, não faço o que corresponde aos meus ideais e valores e, em contrapartida, cedo espaço às minhas necessidades autocentradas. O *eu*-atual compreende aquela parte de mim e de meu comportamento concreto que conheço, reconheço e normalmente aceito (*present behavior*); aquela parte de meu *Self* que pode ser descoberta através dos instrumentos da psicologia do profundo (*Latent Self*). Naturalmente tenho ou sou apenas um *único Self*. Mas este *Self* traz em si diversas tendências e intenções que podem precisamente ser descritas (operacionalizadas) com os termos supracitados.

A tensão entre a parte do meu *Self* que permanece prisioneira em si mesma e a parte do meu *Self* que sai de si mesma rumo aos valores teocêntricos é expressão da dialética de base da vida humana (*basic dialectic*). A dialética entre as forças motivacionais contrapostas entre si leva inevitavelmente à formação do inconsciente, que se torna, assim, "uma bacia de coleta" das necessidades que me levam a agir com base no que é bom "somente" para *mim* e "não" em *si*. Isso acontece *inconscientemente*, mas não é *patológico*. O inconsciente *de facto* muitas vezes limita a liberdade com que me volto para Deus e para os valores teocêntricos. Isso acontece quando aciono inconscientemente mecanismos de defesa a fim de evitar ou "compensar" experiências e sentimentos dolorosos ou ameaçadores.

Enquanto *eu*, *inconscientemente*, me sentir inferior, ameaçado ou não amado, em última análise permaneço prisioneiro da dinâmica de uma preocupação por mim mesmo. À medida que consigo descobrir essa dinâmica, liberam-se em mim forças que me ajudam a superar a mim mesmo para ir rumo a Deus e rumo aos outros, com maior consistência. Desse modo, sou continuamente desafiado a sintonizar o que faço realmente com o que quero e devo fazer como pessoa chamada à comunhão com Deus. Isso acontece em três dimensões do *Self*: aquela na qual escolho de modo cônscio entre virtude e pecado; aquela em que o influxo das dinâmicas inconscientes e não patológicas me leva a escolher o bem real ou o bem aparente; aquela que compreende o *continuum* entre normalidade e patologia.

Em cada uma dessas dimensões têm sua importância as necessidades e as emoções, os valores e os aspectos cognitivos, bem como o inconsciente, que exercita seu maior ou menor influxo.

L. M. Rulla quer representar a dialética da estrutura e a função do *Self* no âmbito da vocação cristã e pressupõe a existência de um *Self* relativamente estruturado. F. Imoda, ao contrário, leva em consideração, acima de tudo, o desenvolvimento do *Self*, ou seja, as condições e as variáveis desse desenvolvimento. É disso que se fala na próxima seção.

O desenvolvimento do Self *segundo F. Imoda*[22]

A pergunta de partida é: que é o ser humano? Como o concebo? Meu *Self* realiza-se à medida que me torno sempre mais o que sou, o que posso e que desejo ser nas condições da história evolutiva de minha vida. No início deste desenvolvimento existem as primeiras imagens do *Self* que *nor-*

---

[22] Cf., a propósito, *SvU*, p. 353-431 passim.

malmente depois se combinam para formar um *eu* sempre mais complexo. O *Self*, que mantém unidos a vivência e o comportamento humanos, recolhe componentes cognitivos, conativos, afetivos, interpessoais e de integração. O curso ulterior deste desenvolvimento do *Self* depende de como eu me confronto com a realidade que está diante de mim (alteridade), sem perder a mim mesmo; de como equilibro as imagens que me fiz de mim mesmo e do mundo com novas imagens e representações (temporalidade) e de quanto consigo integrar as novas imagens com a antigas (estádios do desenvolvimento).

Nesse desenvolvimento, o *Self*, em *todos* os seus componentes, e confrontado com problemas éticos e morais, mas também com a pergunta acerca do sentido da vida. *Eu* posso encontrar verdadeiramente a mim mesmo somente se me coloco a questão religiosa em minha história pessoal e em minha realidade, na qual me experimento como *uno* e sempre de novo *unido* nas inúmeras situações da minha vida. Eu compreendo o mistério do meu *Self* somente se compreendo *toda* a minha vida como revelação do mistério divino nas condições concretas de minha vida. De fato, somente a dimensão religiosa pode abraçar toda a "altura e o comprimento, a extensão e a profundidade" (cf. Ef 3,18) do mistério de Deus, que se reflete e se encarna no mistério de meu *Self*. Portanto, a única antropologia digna do ser humano é a que vê o fundamento do ser humano na orientação para Deus e para os valores do Evangelho, e na possibilidade de realizá-los.

Toda psicologia que exclui *a priori* esse horizonte corre o risco de pensar o *Self* do ser humano de modo excessivamente pequeno, excessivamente determinado ou excessivamente egoístico. *Eu* possuo, de fato, uma liberdade *essencial* com a qual me decido por Deus e pelo bem real. A liberdade *efetiva*, porém, é sempre uma liberdade limitada, a partir do momento em que — mais ou menos conscientemente — não escolho somente o bem. Dado que o ser humano, porém, não tem somente uma dimensão biológica, filogenética, mas é também dotado de consciência e liberdade, é chamado a escolher, a decidir e a agir. Nos estágios da vida, torno-me *eu* mesmo somente se meu desenvolvimento psicológico, por um lado, e meu desenvolvimento religioso, por outro, permanecem unidos entre si e se estimulam reciprocamente.

O sentido do método narrativo, ou seja, do contar a própria história, está no fato de que eu descubro a mim mesmo como "sujeito autêntico", para além de reducionismos deterministicos ou moralisticos e espiritualizantes. Isso é possível à medida que olho meu passado e meu presente com vistas ao futuro; presto atenção aos aspectos cognitivos, conativos, motivacionais e instintuais-emotivos, e incluo minha relação com Deus e com os outros. O meu *Self* torna-se sempre mais meu, ainda que, em sua enigmaticidade, também se me escape. Maturidade humana não significa, portanto, chegar, no curso da vida, a um ponto no qual não experimento mais tensões e conflitos.

Amadurecer significa, antes, buscar aceitar e gerir a luta psicológica e espiritual entre a minha realidade consciente e Deus; entre os meus desejos e necessidades (também inconscientes) e os meus ideais. Isso significa que me será possível crescer e não me bloquear na tensão *constante* entre os dois polos: perder-se e encontrar-se, o *Self* e o outro, finito e infinito. Na história única de minha transcendência e de minha vulnerabilidade, forma-se minha identidade concreta, *eu* me torno *eu mesmo*, meu *Self torna-se*.

A contribuição da psicologia e da psicoterapia consiste no fato de que o desenvolvimento concreto de meu *Self* é levado em consideração de modo mais preciso. Indaga-se acerca dos modos pelos quais me tornei o que sou agora, com todas as minhas potencialidades — biológicas, psíquicas, sociais e espirituais — e com todos os meus limites e minhas resistências. O desenvolvimento de meu *Self* não faz desaparecer nada do que é pequeno, "primitivo" ou material, a fim de ceder espaço ao que é grande, elevado e racional. A concretude de minha história, minhas reações físicas e minhas necessidades e sentimentos pertencem ao material que forma a totalidade do meu *Self*. Por conseguinte, nada se perde do que é meu.

Contudo, lá onde, no curso do desenvolvimento do meu *Self*, houve feridas e insuficiências, a preocupação "por si mesmo" deve ser compreendida e interpretada.

Somente depois o conflito entre busca de si e dom de si pode perder sua intensidade, e o *Self* pode encontrar a liberdade rumo a novo crescimento. O *Self* é uma realidade concreta e complexa, que não se pode compreender dentro de uma visão do ser humano mecanicista, racionalista ou niilista. O desenvolvimento do *Self* não é, com efeito, um teatro que, em seguida, não tem nenhum efeito, ou uma luta conduzida somente para chamar a atenção, mas o desenvolvimento daquilo que o ser humano é, *ou* a rejeição daquilo que pode ser e tornar-se. Só é possível aproximar-se do *Self* com admiração. Com outras palavras, pode-se falar do ser humano e do seu *Self* apenas em chave de "mistério". Isso não vale somente para uma antropologia estritamente *cristã*, mas também para toda psicologia que não queira cair no reducionismo e que aceita que a transcendência religiosa do ser humano possa encontrar seu cumprimento.

A dimensão teológica ensina-me, de modo explícito, a ver a mim *mesmo* nos inúmeros eventos alegres e tristes de minha vida como mistério chamado a deixar-se transformar pelo mistério. A visão cristã do ser humano, de fato, permite-me experimentar a mim mesmo justamente nos limites físicos e temporais de minha vida como "lugar" no qual, mediante o Espírito de Deus, realiza-se o que é grande e incondicionado. O desenvolvimento do *Self* pode conduzir a dois resultados: ou ao crescimento contínuo na realidade dinâmica e paradoxal do encontrar-se porque primeiramente alguém pôde perder-se, ou à rejeição dessa verdade estimulante.

Na sociedade moderna, parece que se tornou mais difícil experimentar o *Self* como centro que integra e dá orientação a minha pessoa; no entanto, visto que o ser humano, em todos os seus processos e mudanças, permanece mistério para si mesmo, o *Self* pode tornar-se, também hoje, lugar de encontro com o mistério do meu *Self*, que se funda, em última análise, no mistério de Deus.

Complementaridade das abordagens de Rulla e Imoda

As abordagens de Rulla e de Imoda podem ser inseridas no quadro geral das teorias psicológicas acerca dos *conteúdos* do *Self*. Esses refletem ambos os polos que se encontram na recente psicologia do *Self*: o acento sobre a estabilidade e sobre a estrutura, por um lado, e a ênfase do desenvolvimento e da inaferrabilidade do *Self*, por outro. Sou de opinião que Rulla e Imoda, em suas concepções de *Self*, não devem ser lidos como opostos, mas como complementares. Sem a ligação com a estrutura e com a função do *Self*, a concepção de Imoda poderia parecer elevada, demasiado complicada e excessivamente pouco estável. Sem o acento no necessário e contínuo desenvolvimento do *Self* rumo a uma sempre maior consistência, a teoria de Rulla sobre o *Self* correria o risco de ser considerada dualista, fundamentalista e rígida.

Enquanto Imoda, com sua abordagem pedagógica, considera o desenvolvimento do *Self* a partir de seus estágios primitivos até os mais evoluídos, Rulla parte de uma estrutura de *Self* já formada, que conhece identidade e vocação. Os conceitos rullianos de *eu*-ideal e *eu*-atual, na psicologia do desenvolvimento de Imoda, já estão em um estágio relativamente avançado. Para poder compreender sua origem e para mudar seu efeito sobre o presente, devo procurar atingir os estágios precedentes do desenvolvimento do *Self* através da compreensão da interpretação psicológica e psicoterapêutica. Porque somente se aprendo a descobrir, aceitar e assim desfazer os bloqueios e as resistências no desenvolvimento do *Self* é que esses perdem sua força e sua importância.

O SELF: O MISTÉRIO DO SER HUMANO NO MISTÉRIO DE DEUS

A sociedade moderna encontra-se diante de um dilema. De um lado, empurra para a individualização e para a desestruturação; de outro, é evidente uma busca elementar e existencial de sentido e de comunhão, que parece promover um novo movimento de busca de alternativas à individualização e ao agir conforme o momento. O *pathos* com que é anunciado o adeus a um *Self* estável e integrado impede ver a dor e a perda da qualidade da vida que vão *pari passu* com o "anything goes" ["qualquer coisa serve"]. Em um primeiro momento, parece uma perspectiva alentadora ou libertadora poder mudar "livremente" o parceiro, os amigos, a profissão, a religião e outras coisas mais.

Em muitos, porém – sobretudo quando se trata de vida de casal, do sacerdócio ou da vida consagrada —, permanecem feridas profundas quando demasiado facilmente se desligam de seus laços. No fundo, no fundo, secretamente, a maior parte das pessoas deseja uma identidade estável, mas se sente sempre menos capaz de desenvolver um *Self* assim tão sólido, e experimentar como desafio exigente a realização de um *Self* coeso, que deve ser "reelaborado" de novo.

A psicologia do *Self* ajuda a compreender tal situação complexa e a reagir de modo adequado, se se leem as suas diversas correntes não como polos opostos, mas antes como perspectivas que se completam reciprocamente. Com efeito, o *Self*, hoje, não é mais visto como uma unidade "monolítica", que se "tem" uma vez por todas. Ao contrário, conquista-se o *Self* mediante um processo de integração permanente, que une conjuntamente aspectos cognitivos, afetivos e conativos. Se os conteúdos do *Self* são considerados em sua unidade dinâmica, então, de um lado, esclarece-se a polaridade insuprimível entre tornar-se e ser; de outro lado, é também possível compreender o *Self* como tal, como mistério insondável, do qual se podem definir a estrutura e a função, e do qual se pode descrever o desenvolvimento, mas cuja liberdade e significado para o ser humano permanecem sempre algo a "mais" e "mais amplo".

Isso se torna claro quando se consideram ambos os polos das diversas teorias: experiências boas e más (Lichtenberg), impotência e onipotência (Ausubel), impulso e controle (Gedo-Goldberg), o *eu* grandioso e os ideais parentais (Kohut), o *Self* que se transcende e o *Self* que permanece fechado em si mesmo (Lonergan), o *eu*-ideal e o *eu*-atual (Rulla).

Lá onde uma pessoa consegue aceitar e integrar de modo adequado ambos os polos, crescerá um *Self* estável e são. Na ótica cristã, isto acontece lá onde os variados aspectos individuais do meu *Self* são mantidos juntos e são unidos e propensos a um objetivo. Com outras palavras, a atitude correta em relação ao mistério do *Self* é alcançada somente se se considera a constante tensão dialética do *Self* em uma perspectiva que não exclui a pergunta acerca do "para onde" do todo, ou seja, também do *Self*. A meta final da transcendência humana encontra-se, assim, com o horizonte da relação com Deus ou, pelo menos, de um fundamento religioso significativo. Portanto, o fazer a dimensão religiosa entrar em diálogo não faz parte só constitutivamente da estrutura

PARTE I – A PESSOA HUMANA E AS LINHAS ATUAIS DA PSICOLOGIA DO PROFUNDO

transcendental do *Self*, mas é também necessário para uma *autêntica* realização de si.[23]

Isso é particularmente importante para o modo segundo o qual, hoje, muitas pessoas percebem e experimentam a si mesmas. Antes de mais nada, devem aprender a amar-se verdadeiramente, de modo a serem suficientemente livres para amar também a Deus e aos outros. Se, porém, ensina-se-lhes somente a amar a si mesmas, permanecerão prisioneiras de um *Self* fechado e medroso, que se recusa a crescer. Por essa razão a psicologia e a psicoterapia devem, acima de tudo, ajudar as pessoas a desenvolver um *Self* no qual possam confiar, lá onde ainda não está presente. Por isso, antes deve ser possível, através de uma atitude "suficientemente acolhedora, tolerante e especular" do terapeuta (cf. Winnicott), recuperar os passos rumo à maturidade do *Self*, passos que se perderam ou foram bloqueados. Porém a terapia deve oferecer, também, suficiente frustração e desafio, de modo que o *Self* do cliente possa tornar-se verdadeiramente *seu Self*, e que a relação com o terapeuta não se torne fim em si mesma.

Considerar o *Self* como "mistério" permite ler a vicissitude humana em sua totalidade. O conceito completo de *Self* permite, desse modo, também o acesso à dimensão religiosa, à visão mais ampla possível que se pode ter do ser humano. Isso acontece em uma psicologia que reconhece como tal o mistério do *Self* e justamente *por isso* o confronta com valores e objetivos. Minha liberdade de formar um *Self próprio* demonstra-se em minha capacidade de ir não somente além de mim mesmo, mas também rumo ao que é diferente, rumo aos outros e ao Outro. Dessarte, aprendo a ler minha vida como mistério e como lugar da manifestação do mistério de Deus.

---

[23] Hoje, isto não somente é reconhecido por muitos psicólogos e psicoterapeutas clínicos e estudiosos como dado de fato, como assume plena dignidade em seus feitos positivos. Cf., a propósito, por exemplo: UTSCH, M. *Religiöse Fragen in der Psychotherapie.* Stuttgart: Kohlhammer, 2005.

106

Capítulo 4

RELAÇÃO. INTERSUBJETIVIDADE. ALTERIDADE
MUDANÇA NOS PARADIGMAS DA PSICANÁLISE ATUAL E SEU SIGNIFICADO PARA A ANTROPOLOGIA CRISTÃ

Andreas Tapken[*]

INTRODUÇÃO

Esta contribuição trata de um deslocamento de interesse verificado no âmbito da teoria psicanalítica nos últimos vinte-trinta anos.[1] A psicanálise e as várias escolas psicoterapêuticas que se desenvolveram a partir dela sempre foram caracterizadas, já desde seus começos, que remontam, em todo caso, há cem anos, por um claro paradigma antropológi-

---

[*] Alemão, nascido em 1965, doutor em Psicologia e laureado em Filosofia e Teologia, é reitor do Seminário da Diocese de Münster (Alemanha).

[1] O termo *psicanálise*, neste contributo, é usado de modo amplo. Com esta palavra, entendemos, aqui, as escolas e as correntes de pesquisa em psicologia que se orientam para a psicologia do profundo — portanto, a tradição psicanalítica em sentido estrito —, mas também as tendências terapêuticas que de certa forma lhe fazem alguma referência.

PARTE I – A PESSOA HUMANA E AS LINHAS ATUAIS DA PSICOLOGIA DO PROFUNDO

co e, consequentemente, também epistemológico. Com isso se entende a visão do ser humano que caracteriza o Ocidente moderno: a pessoa como sujeito que possui a si mesmo de modo livre e racional. O escopo da psicanálise era, portanto, ajudar o ser humano a libertar-se da rede das dependências alienantes na qual se encontra desde o nascimento, a fim de alcançar, assim, sua autonomia mediante complexos processos de desligamento, delimitação e tomada de consciência.

Freud não somente retomou essa visão moderna do ser humano, mas também contribuiu para seu aprofundamento e para sua difusão: a psicanálise, concentrando-se no mundo interior do indivíduo, no decurso do século XX, começou a fazer parte da compreensão que a sociedade ocidental tem de si mesma. Termos tais como autorrealização, desenvolvimento da personalidade e individuação já fazem parte do patrimônio cultural comum da sociedade ocidental.

Contudo, atualmente se pode constatar que na concepção teórica psicanalítica — e processos semelhantes se verificam também em outras ciências, como, por exemplo, na filosofia, na teologia e na sociologia —, novos paradigmas substituem ou pelo menos vão completar os modelos teóricos conceituais de antigamente (sujeito, pessoa, *eu*, indivíduo). Estes novos paradigmas são: *relação — intersubjetividade — alteridade*.

Esta contribuição procura apresentar primeiramente alguns âmbitos da pesquisa psicológica e psicanalítica nos quais se desenvolveram esses novos conceitos teóricos para, a seguir, colocar em diálogo crítico os resultados dessa pesquisa com a *Antropologia da vocação cristã*.[2]

---

[2] Com este título, resumo aqui toda a produção científica nascida nos últimos 35 anos no Instituto de Psicologia da Pontifícia Universidade Gregoriana. A base deste comentário é a tentativa de formular uma antropologia que saiba integrar as descobertas da psicologia moderna e o saber da filosofia cristã e da teologia sobre a vocação do ser humano. O desenvolvimento humano é interpretado no âmago (no horizonte) de sua relação como o mistério infinito que é Deus.

108

UMA TEORIA EM TRANSIÇÃO. NOVAS PERSPECTIVAS NA PSICANÁLISE

Revisão do conceito de narcisismo

A teoria clássica acerca do narcisismo considera-o como uma fase do processo de desenvolvimento rumo a um amor objetal maduro. Nesta fase, a libido ainda está totalmente direcionada para a própria pessoa. Foi mérito de Heinz Kohut ter introduzido uma nova interpretação global do conceito psicanalítico de narcisismo.[3] Kohut interpreta de modo novo a dificuldade relacional, a egocentricidade e a agressividade que caracterizam os distúrbios narcisistas de personalidade. Nesses, reconhece uma vulnerabilidade narcisista, que não é tanto índice de uma falta de relações e de objetos, mas antes de um desejo profundo de relações capazes de oferecer segurança.

O *Self* fragmentado, que corre o risco do despedaçamento interior e, portanto, dobra-se em si mesmo, mantém sua coesão graças à aceitação benévola e ao reconhecimento da parte dos outros.[4] O narcisismo é, portanto, um grito dirigido ao outro. O narcisismo arcaico e infantil normalmente se

---

Cf. RULLA, L. M. *Antropologia della vocazione cristiana*. 2. ed. Bologna: EDB, 1987. v. 1: Basi interdisciplinari (de agora em diante, *AVC I*). RULLA, L. M.; IMODA, F.; RIDICK, J. *Antropologia della vocazione cristiana*. 2. ed. Bologna: EDB, 2001. v. 2: Conferme esistenziali (de agora em diante, *AVC II*). RULLA, L. M. (ed.). *Antropologia della vocazione cristiana*. Bologna: EDB, 1997. v. 3: Aspetti interpersonali (de agora em diante, *AVC III*).

[3] KOHUT, H. Forme e trasformazioni del narcisismo. In: *La ricerca del sé*. Torino: Bollati Borginhieri, 1982. p. 82-110. *Narcisismo e analisi del sé*. Torino: Bollati Boringhieri, 1976. Cf., a este respeito: TAPKEN, A. *Der notwendige Andre. Eine interdisziplinäre Studie im Dialog mit Heinz Kohut und Edith Stein*. Mainz: Grünewald, 2003.

[4] Servindo-se do exemplo do assim chamado "transfert speculare", Kohut explica a necessidade de poder experimentar-se grande e digno de estima aos olhos do outro.

desenvolve até alcançar uma forma madura e mais adulta de narcisismo. Para Kohut, porém, permanece decisivo o fato de que também em sua forma madura o *Self* depende sempre de objetos-*Self* sustentadores, portanto de experiências relacionais que o protegem da fragmentação. Com sua revisão do conceito de narcisismo, Kohut demonstrou quão profundamente a estrutura psíquica da pessoa está marcada pela experiência do outro.

O *Self* não pode ser pensando separadamente dos objetos--*Self* que o sustentam. Não se deve esquecer de que tal concepção se sobrepõe a alguns aspectos da teoria das relações objetais, por exemplo: ao conceito de Klein de "objeto interno",[5] ou ao conceito de "objeto transicional"[6] de Winnicott. Essas relações objetais são justamente distintas entre si por seu caráter transitório. Kohut, ao contrário, consegue demonstrar de modo convincente que o *Self*, para existir, deve necessariamente, durante toda a vida, ter objetos-*Self* aos quais referir--se e dos quais depender. Sua compreensão da dependência de uma pessoa do outro perde a conotação de imaturidade ou de necessidade arcaica de fusão simbiótica com o objeto primitivo, e é fundamentalmente positiva: *o outro é o outro necessariamente presente;* através de sua presença sustentadora, o outro é que torna possível e mantém a identidade pessoal.

O desenvolvimento do *Self* é mediado pelo outro. O narcisismo, portanto, não é, de forma alguma, sem objeto, mas é, antes, uma luta incônscia "para o reconhecimento"[7] através

---

[5] Cf., por exemplo: KLEIN, M. The Oedipus complex in the light of early anxieties. In: *Love, Guilt and Reparation and Other Works 1921-1945*. New York: The Free Press, 1984. p. 370-419.

[6] Cf. WINNICOTT, D. W. Transitional objects and transitional phenomena. A study of the first not-me possession. *International Journal of Psychoanalysis* 34 (1953) 89-97.

[7] Cf. ALTMEYER, M.Narzissmus, Intersubjektiviät und Anerkennung. *Psyche* 54 (2000) 143-170.

do objeto e, portanto, compreensível somente no horizonte do paradigma da intersubjetividade.

Pesquisa sobre recém-nascidos

O paradigma da intersubjetividade constitui também o ponto de partida da pesquisa mais recente acerca dos recém--nascidos. Esta fala de uma "matriz intersubjetiva" na qual o neonato cresce e se desenvolve. Nisso se distingue também da concepção das primeiras experiências do recém-nascido, típicas das teorias psicanalíticas clássicas. Simplificando, essas últimas podem ser descritas assim: o recém-nascido vive de modo primário e narcisístico no mundo de seu *eu*, no qual está contido o mundo externo de modo ainda não diferenciado. A estrutura psíquica ainda não está também diferenciada: processo primário e secundário, *eu* e *id*, representações de *Self* e do objeto são ainda um todo uno. Vive em uma fusão simbiótica com a mãe, de quem se deve posteriormente separar penosa e dolorosamente, a fim de que as funções psíquicas garantidas pela mãe possam tornar-se funções autônoma do *eu*.

Nas teorias clássicas, o estágio primitivo no qual se encontra o neonato é uma fusão indiferenciada e narcisística, ou simbiose, com um objeto de amor primário. O desenvolvimento de um senso do *Self*, a diferenciação de *Self* e do objeto e a formação da autonomia são processos secundários que acontecem através das várias fases de um fatigoso processo de desenvolvimento. Representantes importantes da atual pesquisa acerca dos recém-nascidos como Stern, Trevarthen, Meltzoff, Lichtenberg, Braten, Dornes e Beebe se afastam claramente deste conceito clássico. Stern resume assim os seus resultados:

> Os recém-nascidos começam a experimentar o senso de um *Self* emergente desde o nascimento; eles estão predispostos a ser conscientes dos processos de auto-organização. Não ex-

PARTE I – A PESSOA HUMANA E AS LINHAS ATUAIS DA PSICOLOGIA DO PROFUNDO

perimentam jamais um período de total indiferenciação entre o *Self* e o outro. Não há confusão entre o *Self* e o outro, nem no nascimento nem durante a primeira infância. Os recém--nascidos são também predispostos a responder seletivamente a eventos externos de caráter social, e não experimentam jamais algo semelhante a uma fase autística. [...] Não existe algo como uma fase simbiótica, De fato, as experiências subjetivas de união com um outro podem dar-se somente *depois* que se tenha instaurado o senso de um *Self* nuclear e de um "outro" nuclear.[8]

Com suas pesquisas, Stern everte a teoria clássica: no início, não há união simbiótica com a mãe, da qual lentamente a criança se separa, aprendendo, assim, a separar *Self* e objeto. No começo, existe muito mais um *senso de separação* que tornará possíveis experiências de comunhão com os outros. A criança desenvolve um senso de *Self* e do outro já bem antes de quanto se pensava até agora. Daqui nasce, evidentemente, uma importante reavaliação do tema da relação. Stern considera que, com base na formação precoce do senso de um *Self* nuclear e de um outro nuclear, é preciso conceber "as experiências de 'ser com um outro' como modalidades ativas de integração, em vez de insucessos, passivos, da diferenciação".[9]

De modo análogo, Lichtenberg parte do pressuposto de que o neonato vive e reage "dentro de uma matriz interacional de qualidade afetiva, constituída por si mesmo e pela figura materna".[10] Stern também fala, nesse contexto, de sintonização dos afetos (*affect attunement*) e de modos de ser-com (*schemas*

---

[8] STERN, D.N. *Il mondo interpersonale del bambino*. Torino: Bollati Boringhieri, 1987. p. 27.

[9] Ibid., p. 113.

[10] LICHTENBERG, J. D. *La psicoanalisi e l'osservazione del bambino*. Roma: Astrolabio, 1988. p. 67.

112

4. RELAÇÃO. INTERSUBJETIVIDADE. ALTERIDADE

of being-with),[11] dando a entender com isso a contínua busca recíproca de sintonização entre mãe e filho. No contexto dessa referência inter-racional de qualidade afetiva e endereçado à ação, o senso inicial e nascente de um *Self* e de um outro se desenvolve posteriormente rumo a um *"Self* subjetivo",[12] ou seja, um ser como totalidade.[13] As representações de *Self* e do objeto que se formaram neste processo possibilitam, agora, falar de uma referência intersubjetiva e não apenas inter-racional da criança com as pessoas de referência.

Nesse contexto tem uma importância central o fato de que o desenvolvimento das representações de *Self* e do objeto seja compreendido como resultado intrapsíquico da relação diádica precedente ou como interação internalizada.[14] Stern descreve essa dinâmica falando de "representações de interações que foram generalizadas" (= RIG).[15] As RIG constituem a unidade de base das representações do *Self* nuclear e do outro nuclear.

Enquanto Stern reserva o termo "intersubjetividade" para uma fase do desenvolvimento que se percorre por volta do fim do primeiro ano de vida, outros, como Trevarthen, Braten e Meltzoff avançam mais além e falam de uma intersubjetividade originária, dada biologicamente. Meltzoff, com base em experimentos sobre a imitação, demonstrou

---

[11] Cf. STERN, D. N. The early development of schemas of *Self*, other, and *"Self with Other"*. In: LICHTENBERG, J. D.; KAPLAN, S. (ed.). *Reflections on Self Psycoanalysis*. Hillsdale-NJ: The Analytic Press, 1983. p. 49-84. *La costellazione materna;* il trattamento psicoterapeutico della coppia madre-bambino. Torino: Bollati Boringhieri, 1995.

[12] Cf. STERN, D. N. *Il mondo interpersonale del bambino*, cit., p.147-168.

[13] Cf. LICHTENBERG, J. D. *La psicoanalisi e l'osservazione del bambino*, cit., p. 114-120.

[14] Assim, por exemplo: BEEBE, B.; LACHMANN, F. M. Mother-infant mutual influence and precursors of psychic structure. In: GOLDBERG, A. (ed.). *Frontier of Self Psychology*. Hillsdale-NJ: The Analytic Press, 1988. p. 3-25. Cf. também: ERAZO, N. *Entwicklung des Selbstempfindens. Verschmelzung, Identität und Wir-Erleben*. Stuttgart: Kohlhammer, 1997. p. 104ss.

[15] Cf. STERN, D. N. *Il mondo interpersonale del bambino*, cit., p. 121-129.

PARTE I – A PESSOA HUMANA E AS LINHAS ATUAIS DA PSICOLOGIA DO PROFUNDO

que os recém-nascidos estão preparados biologicamente para perceber correspondências transmodais entre o que veem no rosto do parceiro e o que sentem no nível proprioceptivo em seus rostos. A percepção que a criança tem da correspondência entre seu comportamento e o de seu parceiro lhe fornece uma conexão fundamental entre si mesmo e o outro.[16]

Para Trevarthen, a pesquisa acerca da imitação nos recém--nascidos constitui a base para uma "teoria da intersubjetividade inata".[17] Nisso faz referência à ideia de Braten do "outro virtual" com quem a criança vem ao mundo e que tornará possível a interação com um outro real. O outro externo e real entra, por assim dizer, em um espaço psíquico que já lhe havia sido preparado pelo outro virtual.

Pesquisadores como Braten, Trevarthen e também Dornes desenvolvem, portanto, uma teoria dialógica, na qual o recém--nascido é pensado como predisposto a uma comunicação a dois já desde os primeiros momentos de sua existência. O protodiálogo não verbal entre filho e mãe, a recíproca sintonização dos afetos e outros fenômenos de reciprocidade fazem deduzir a existência de um fundamento ontogênico que Trevarthen toma como base para falar de uma "intersubjetividade primária".[18]

---

[16] BEEBE, B. et al. Forms of intersubjectivity in infant research and adult treatment: a systems view. In: BEEBE, B.; KNOBLAUCH, S., RUSTIN, J.; SORTER, D. (ed.). *Forms of Intersubjectivity in Infant Research and Adult Treatment*. New York: Other Press, 2005. p. 30. Cf. também: MELTZOFF, A.; MOORE, M. Infant intersubjectivity: Broadening the dialogue to include imitation, identity and intention. In: BRATEN, S. (ed.). *Intersubjective Communication and Emotion in Early Ontogeny*. Cambridge: Cambridge University Press, 1998. p. 47-62.

[17] TREVARTHEN, C. The concept and foundations of infant intersubjectivity. In: BRATEN, S. (ed.). *Intersubjective Communication and Emotion in Early Ontogeny*, cit., p. 15-46; aqui, p. 16.

[18] Cf. TREVARTHEN, C. The concept and foundations of infant intersubjectivity, cit. Cf. a respeito: CAVALERI, P. A.; TAPKEN, A. La relazione di reciprocità e l'altro nella psicologia contemporanea. *Nuova Umanità* 26 (2004) 196-216.

114

Evidência neurobiológica

Os resultados de Trevarthen, Braten, Sterns e Meltzoff correspondem notavelmente à descoberta dos "neurônios-espelhos" na neurologia e neurobiologia moderna.[19]

Esses mecanismos neurobiológicos podem ajudar-nos a compreender uma série de fenômenos: como lemos os estados mentais dos outros, sobretudo as intenções; como entramos em ressonância com suas emoções; como fazemos a experiência de suas experiências; como conseguimos empatizar com outros e estabelecer um contato intersubjetivo. Os neurônios-espelhos são adjacentes aos neurônios-motores e se ativam quando o sujeito se limita a observar o comportamento de outra pessoa (que, por exemplo, estende a mão para pegar um copo). O esquema de excitação induzido no observador imita exatamente o esquema motor que ele próprio ativaria para alcançar o copo. Com outras palavras, as informações visíveis que recebemos quando observamos as ações dos outros são esquematizadas, em nosso cérebro, em representações motoras equivalentes, graças à atividade desses neurônios-espelhos.[20]

A este ponto, não é mais válida a interpretação da psicologia da idade evolutiva que parte do pressuposto de que natureza (*nature*) e cultura (*nurture*) se excluem mutuamente. Parece que as relações interpessoais influenciam de modo significativo sobre o desenvolvimento da estrutura cerebral durante toda a vida, mas sobretudo na primeira infância,

---

[19]　Cf. RIZZOLATTI, G.; ARBIB, M. A. Language within our grasp. *Trends in Neuroscience* 21 (1998) 188-194. RIZZOLATTI, G.; FOGASSI, L.; GALLESE, V. Neurophysiological mechanisms underlying the understanding and imitation of action. *Nature Reviews Neuroscience* (2001) 661-670. DAMASIO, A. *L'errore di Cartesio.* Milano: Adelphi, 1994. *Emozione e coscienza.* Milano: Adelphi, 2003. FONAGY, P.; GERGELY, G.; JURIST, E. L.; TARGET, M. *Regolazione affettiva, mentalizzazione e sviluppo del sé.* Milano: Raffaello Cortina, 2005.

[20]　STERN, D. N. *Il momento presente in psicoterapia e nella vita quotidiana.* Milano: Raffaello Cortina, 2005. p. 66.

PARTE I – A PESSOA HUMANA E AS LINHAS ATUAIS DA PSICOLOGIA DO PROFUNDO

provocando a ativação de determinados circuitos, consolidando coligações preexistentes e induzindo à criação de novas sinapses. Ao contrário, a ausência de experiência pode levar a fenômenos de morte celular, com base no que foi definido como processo de "podadura" (*pruning*), que favorece a eliminação dos elementos que não são utilizados: o desenvolvimento do cérebro é, portanto, um processo "experiência-dependente".[21]

Siegel fala, nesse contexto, de uma "mente relacional" e de uma "neurobiologia interpessoal".

Intersubjetividade e psicoterapia

Baseando-se em Kohut, mas também em Sullivan e Winnicott, nos últimos decênios assistimos a uma passagem, dentro das psicoterapias, para uma orientação psicanalítica que, às vezes, foi definida como a passagem de uma psicologia monopessoal para uma psicologia bipessoal.[22] Depois de a interpretação da vivência e da narrativa do paciente ter permanecido por muito tempo no centro da terapia, agora parece que a atenção está muito mais voltada para a relação entre o paciente e o terapeuta. Meissner fala de uma "passagem da interpretação à relação".[23] Trata-se de uma tendência global que não pode ser apresentada, aqui, em toda a sua amplitude. Por conseguinte, concentrar-nos-emos em duas correntes que se prestaram de modo especial à reelaboração teórica desse deslocamento de acento dentro da terapia psicanalítica.

---

[21] SIEGEL, D. J. *La mente relazionale*. Milano: Raffaello Cortina, 2001. p. 13.

[22] Cf. GILL, M. M. *Psicanalisi in transizione*. Milano: Raffaello Cortina, 1996. MITCHELL, S. A. *Gli orientamenti relazionali in psicoanalisi;* per un modello integrato. Torino: Bollati Boringhieri, 1988. *Il modello relazionale. Dall'attaccamento all'intersoggettività*. Milano: Raffaello Cortina, 2000.

[23] MEISSNER, W. W. *What is Effective in Psychoanalytic Therapy. The Move from Interpretation to Relation*. Northvale: Jason Aronson, 1991.

116

"Teorias intersubjetivas"

Em sua forma mais geral, nossa tese [...] é que a psicanálise busca iluminar fenômenos que emergem dentro de um campo psicológico específico, constituído pela interseção de duas subjetividades — a do paciente e a do analista. Nessa conceituação, a psicanálise não é vista como uma ciência do intrapsíquico, centrada em eventos que se presume se passam dentro de um "aparato mental" isolado. [...] A psicanálise é apresentada, aqui, muito mais como uma ciência do *intersubjetivo*, centrada no intercâmbio entre os mundos subjetivos do observador e do observado, que são organizados de maneira diversa.[24]

A partir dessas palavras, é claro o motivo pelo qual Stolorow, Atwood, Brandchaft e Orange chamam sua teoria de "teoria intersubjetiva". O foco da atenção deles está voltada para o *campo intersubjetivo*, ou seja, para o espaço intermediário que se cria no encontro entre duas subjetividades. Nesse sentido, concebem sua abordagem também no contexto da teoria do campo ou da teoria sistemática.[25] Eles, portanto, esforçam-se por estudar esse campo intersubjetivo. O pressuposto é que a subjetividade nasce e se modifica sempre e exclusivamente de modo relacional, e que o outro, em sua subjetividade, não pode ser alcançado como tal, mas somente à medida que interage com uma subjetividade diferente no campo intersubjetivo.[26]

---

[24] ATWOOD, G. E.; STOLOROW, R. D. *Structures of Subjectivity. Explorations in Psychoanalytic Phenomenology.* Hillsdale-NJ: The Analytic Press, 1984. p. 41.

[25] Cf. GALLIANO AULETTA, C. G. La continuità dell'evoluzione teorico-clinica in psicoanalisi vista da una prospettiva di condivisione dell'esperienza. In: STOLOROW, R. D.; ATWOOD, G. E.; BRANDCHAFT, B. (ed.). *La prospettiva intersoggettiva.* Roma: Borla, 1996. p. 9-29.

[26] Cf. ORANGE, D.; ATWOOD, G. E.; STOLOROW, R. D. *Intersoggettività e lavoro clinico. Il contestualismo nella pratica psicoanalitica.* Milano: Raffaello Cortina, 1999. p. 5s. STOLOROW, R. D.; ATWOOD, G. E. *I contesti dell'essere;* le basi intersoggettive della vita psichica. Torino: Bollati Boringhieri, 1995.

Portanto a psicoterapia não se interessa pela subjetividade como tal, mas indaga acerca do que acontece atualmente no campo intersubjetivo.

A partir da perspectiva da fenomenologia psicanalítica, fenômenos clínicos como transferência e contratransferência, reações terapêuticas negativas, psicopatologia em geral e a ação terapêutica da psicanálise não podem ser compreendidas prescindindo-se do contexto intersubjetivo no qual eles tomam forma.[27]

Os teóricos que se referem a esta corrente, portanto, retomam de Kohut a ideia de uma dependência fundamental e duradoura da pessoa, implícita para ele no conceito de objeto-*Self*. Eles, porém, modificam de modo radical sua concepção, substituindo os conceitos psicológicos de *Self* e de objeto-*Self* com os termos mais filosóficos de subjetividade e intersubjetividade. O foco não é mais a vivência intrapsíquica da relação, ou seja, do outro, mas a dinâmica intersubjetiva como tal. Stolorow e seus colegas evitam falar de uma estrutura psíquica, mas se concentram quase exclusivamente na natureza da experiência intersubjetiva.

Certamente, a pessoa busca organizar essas experiências a partir de um ponto de vista psíquico, mas a teoria intersubjetiva, em vez de uma estrutura psíquica, fala antes de princípios organizativos. O mérito destes teóricos — ou seja, o de haver deslocado radicalmente a atenção para a centralidade de quanto acontece em nível intersubjetivo no processo terapêutico — mostra também o limite da abordagem deles: não conseguem indicar claramente como estão organizadas dentro da vida psíquica as experiências intersubjetivas e como nasce a estrutura psíquica.[28]

---

[27] ATWOOD, G. E.; STOLOROW, R. D. *Structures of Subjectivity*, cit., p. 64.

[28] Para um confronto crítico mais completo com esta abordagem, cf.: TAPKEN, A. *Der notwendige Andere*, p. 100-103.

Resultados da pesquisa acerca dos recém-nascidos para a terapia dos adultos

As reflexões acerca de como são reelaboradas e como se estruturam as vivências interpessoais derivam principalmente da pesquisa sobre os neonatos. Nesse contexto, é importante perguntar quais são as consequências que derivam dos resultados dessa pesquisa para o trabalho terapêutico com os adultos.[29] Indicações úteis, nesse sentido, vêm das descobertas de Stern e do *Boston Process of Change Study Group* ["Grupo de Estudos do Processo de Mudança de Boston"], criado por ele, que une diversos psicólogos do desenvolvimento e psicanalistas.

Já em *Il mondo interpersonale del bambino* [*O mundo interpessoal da criança*], Stern havia alegado que "o 'sistema' mãe-filho e o 'sistema' terapeuta-paciente parecem apresentar paralelismos".[30] Stern, porém, não havia desenvolvido esse conceito. As reflexões mais significativas sobre esse ponto ele as apresentou em 1998, numa contribuição do *Boston Process of Change Study Group*.[31] O grupo pergunta-se sobre o que opera verdadeiramente uma mudança no processo terapêutico.

Antes de mais nada, explica de modo exaustivo como acontece a mudança na relação mãe-filho, e nisso se refere substancialmente às já conhecidas reflexões de Stern, e traça, a seguir, um procedimento paralelo para a relação terapeuta-

---

[29] Um olhar sobre o estado atual da pesquisa a esse respeito pode ser encontrado in B. BEEBE et al., *Forms of intersubjectivity in infant research and adult treatment*, cit.

[30] STERN, D. N. *Il mondo interpersonale del bambino*, cit., p. 233.

[31] Cf. STERN, D. N. Non-interpretive mechanisms in psychoanalytic therapy: the "something more" than interpretation. *International Journal of Psychoanalysis* 78 (1998) 903-921. Um aprofundamento completo e detalhado das teses deste artigo encontra-se em D. N. STERN, *Il momento presente in psicoterapia e nella vita quotidiana* (Milano: Rafaello Cortina, 2005).

PARTE I – A PESSOA HUMANA E AS LINHAS ATUAIS DA PSICOLOGIA DO PROFUNDO

-paciente. Com base nisso, cada um dos parceiros da relação terapêutica possui um conhecer relacional implícito (*implicit relational knowing*), para o mais incônscio, que contém "scripts" relacionais internalizados semelhantes às RIGs e aos *schemas of being-with* de Stern.[32] Terapeuta e paciente, em seu trabalho, movem-se ao longo de uma cadeia de momentos presentes (*present moments*), que são marcados pelo conhecer relacional implícito de ambos e que constituem, ao mesmo tempo, um modelo próprio de relação e de interação implícita partilhada (*shared implicit relationship*).

Criam-se, ocasionalmente, momentos-agora (*now moments*) particulares, instantes particulares, como uma sintonia afetiva forte, uma interpretação apropriada, um mal-entendido etc., que são emotivamente carregados e que levam a um tipo de abertura instável e criativa no modelo relacional. Tanto o conhecer relacional implícito dos parceiros individualmente quanto a relação implícita partilhada (*shared implicit relationship*) são plasmáveis em um *momento-agora* e devem ser reestruturados.

Os momentos-agora mais interessantes surgem quando o paciente faz algo que é difícil de categorizar, algo que exige uma resposta diversa e nova, com um toque pessoal que partilha o estado subjetivo do analista (afeto, fantasia, experiência real etc.) com o paciente. Se isso acontece, eles entram em um autêntico "momento de encontro". Neste "momento de encontro" estabelecer-se-á entre eles um novo contato intersubjetivo, novo no sentido de que se cria uma alteração na "relação implícita partilhada".[33]

---

[32] Cf. STERN, D. N. Non-interpretive mechanisms in psychoanalytic therapy: the "something more" than Interpretation, cit., p. 905.

[33] Ibid., p. 912s. Em minha opinião, o conceito de Stern de "now moments" corresponde, em muitos aspectos, ao que Imoda chama de "experiências de transformações": experiências nas quais os modelos relacionais, cognitivos e emotivos até agora utilizados são transformados em modelos mais maduros

A tese de Stern e de seus colaboradores gira em torno do conceito de momentos de encontro (*moment of meeting*). Se o analista consegue colher a abertura destes *momentos-agora* e reagir de modo apropriado ao paciente, o *momento-agora* torna-se um autêntico *moment of meeting* e se desenvolve em novo estado intersubjetivo entre os dois, que se reflete em um conhecimento relacional implícito diferente e mais complexo. Se, ao contrário, falta tal reação ou se esta não é apropriada, o conhecimento relacional implícito se reforça em um nível imaturo. Para os autores, a interpretação não é a única e a principal via rumo à mudança na terapia; eles desenvolvem, de modo particular, a importância dos momentos de encontro intersubjetivo entre terapeuta e paciente (*moments of meeting*). Pode-se supor que, amiúde, as interpretações são eficazes somente porque inseridas em tais momentos. Stern resume, assim, o processo terapêutico.

> Uma sessão terapêutica (ou todo e qualquer diálogo dentro de uma relação profunda) é composta por uma série de momentos presentes, movidos pelo desejo de um contato intersubjetivo e por um alargamento do campo intersubjetivo partilhado. Neste processo, a intersubjetividade é, portanto, uma motivação primária. Com o avançar da díade e o suceder-se dos diversos momentos presentes, novos modos de relacionar-se podem revelar-se a cada passo ao longo do percurso. Essas novas experiências começam a fazer parte da consciência, mas não necessariamente geram consciência, e confluem para a esfera do conhecer implícito. Esse processo acontece em escala microtemporal.
> Uma série de momentos, com duração de poucos segundos, acumula-se e predispõe à mudança terapêutica, de modo lento, progressivo e silencioso. Outras vezes, mais raramente, esses movimentos relacionais favorecem o surgimento de um momento presente particular, o *momento-agora*, que é uma propriedade emergente do processo de avanço terapêutico. A

---

e mais complexos através de novas interpretações ou experiências novas de relação que tocam a pessoa em sua profundidade.

PARTE I – A PESSOA HUMANA E AS LINHAS ATUAIS DA PSICOLOGIA DO PROFUNDO

partir de nossa perspectiva, a terapia é um processo dinâmico conriado, imprevisível e aproximativo — um ambiente ideal para a irrupção de propriedades emergentes. O momento-agora manifesta-se inopinadamente, ameaçando o *status* da relação e colocando em questão o campo intersubjetivo até agora conhecido. Nesse momento de *kairós*, a modalidade de intervenção do terapeuta e a própria terapia são colocadas diante de uma crise que necessita de algum tipo de solução. Esta se dá em outro momento presente particular, o *momento de encontro*. Em condições ideais, o momento de encontro representa uma resposta autêntica e voltada para a crise criada pelo momento-agora. O campo intersubjetivo reorganiza-se implicitamente em direção de maior coesão, e os membros da díade percebem uma "abertura" em sua relação, o que lhes consente explorar juntos novas áreas de conhecimento explícito ou implícito. Não é preciso que o momento de encontro seja verbalizado a fim de levar a uma mudança. Um momento-agora, seguido de um momento de encontro, é um acontecimento nodal, que pode mudar drasticamente uma relação ou o curso de uma terapia.[34]

RELAÇÃO, INTERSUBJETIVIDADE E ALTERIDADE: CONCEITOS IMPORTANTES DE UMA ANTROPOLOGIA DA VOCAÇÃO CRISTÃ

Nos parágrafos precedentes, buscou-se apresentar como na psicanálise dos últimos decênios e nos campos de estudos ligados a ela — por exemplo, na pesquisa em torno dos recém-nascidos —, os conceitos relacionais assumiram importância central. Trata-se de uma apresentação incompleta, que deveria ser aprofundada criticamente em alguns pontos. Apesar disso, pode-se usar tranquilamente a expressão às vezes empregada de forma abusiva de mudança de paradigmas: um modelo científico abre espaço para outro, novos conceitos-chave se

---

[34] STERN, D. N. *Il momento presente in psicoterapia e nella vita quotidiana*, cit., p. 181s.

122

impõem para a formação de uma nova teoria. Os conceitos centrais desse novo modelo são intersubjetividade, alteridade, relação. A pessoa não é concebida tanto como sujeito individual, separada de um contexto, mas antes, como um ser em relação com outras pessoas e, portanto, em um contexto intersubjetivo.

Naturalmente, essa interpretação relacional existia também anteriormente e, obviamente, o modelo não anula simplesmente todos os esquemas de interpretação pessoal e orientados para o sujeito. Trata-se muito mais de deslocamentos de acento, os quais, porém, devem ser esclarecidos como tais.

Agora se trata de colocar em diálogo esses novos modelos conceituais com a *Antropologia da vocação cristã*. A atenção estará voltada para duas direções diversas: antes de mais nada, perguntar-nos-emos o que a antropologia da vocação cristã pode aprender entrando em diálogo com as mais recentes correntes da psicologia do profundo de corte relacional. Com efeito, cremos que alguns dos conceitos relacionais aos quais acenamos acima podem ser instrumentos úteis para elaborar uma crítica e completar, de modo significativo, a antropologia da vocação cristã. Em um segundo passo, faremos a pergunta no sentido oposto: onde a antropologia da vocação cristã, em contrapartida, coloca às claras unilateralidade e limites da psicanálise de corte intersubjetivo, e onde pode, eventualmente, contribuir para libertá-la de sua visão limitada?

Perguntas feitas à antropologia da vocação cristã

No centro da *antropologia da vocação cristã* encontra-se o conceito de *autotranscendência*.[35] A autorrealização dá-se através da autotranscendência. Somente quem está disposto

---

[35] Cf. *AVC I*.

a perder-se, a superar a si mesmo e a doar-se realiza-se a si mesmo em plenitude. Rulla, com Mondin, distingue três formas de autotranscendência: egocêntrica, filantrópico-social e teocêntrica.[36] Dessarte, de sua posição em defesa de uma antropologia cristã Rulla avalia de modo crítico aquelas teorias psicológicas de cunho psicanalítico e humanístico nas quais está presente o elemento de autotranscendência, mas o objeto da transcendência não é Deus. A explicação de Rulla parece, efetivamente, necessária: existe uma diferença substancial entre um ato transcendente que tem a Deus como objeto e o que se volta para outra pessoa, para a natureza ou para um objeto cultural.

Do ponto de vista de uma antropologia cristã, só se pode constatar que o verdadeiro sentido último da existência humana tem seu fundamento em Deus, e que o ser humano se realiza e alcança sua autenticidade à medida que se transcende em Deus. De um lado, pode-se dizer que, com a ideia da autotranscendência, temos já um conceito relacional colocado claramente no centro da antropologia da vocação cristã. Por outro lado, porém, parece possível (e necessário) ampliar o desejo de autotranscendência teocêntrica em duas direções. Na realidade, tal ampliação baseia-se mais em premissas teológicas do que em afirmações psicológicas. Contudo, justamente uma correção nas premissas teológicas permitiria tornar ainda mais frutuosos os resultados de uma abordagem psicológica de tendência relacional para uma antropologia da vocação cristã.

Autotranscendência como expropriação

A autotranscendência filantrópico-social e a teocêntrica distinguem-se por seu *objeto*. No entanto, é preciso prestar atenção a fim de não destruir a unidade dessas duas formas

---

[36] Cf. *AVC I*, p. 145-148.

4. RELAÇÃO. INTERSUBJETIVIDADE. ALTERIDADE

de autotranscendência mediante uma ênfase excessiva em suas diversidades. Esta unidade consiste na intencionalidade interior do *ato* da autotranscendência. Se considerarmos o ato de autotranscendência autêntica para com outra pessoa do ponto de vista de sua intencionalidade, pode-se dizer que é um ato sincero e incondicionado de superação de si mesmo, e que seu horizonte de realização, ao menos implicitamente, está aberto à Alteridade absoluta.[37]

Um ato de autêntica autotranscendência feito com amor para com outra pessoa, um ato de doação autêntica, portanto, tem o mesmo direcionamento interior (ainda que não o mesmo objeto temático) de um ato de transcendência teocêntrica. Rahner esclarece isso quando define a dedicação de amor para com outra pessoa *ato fundamental*, ato que compreende e que dá sentido e direção a tudo o que pertence à definição apriorística de base da pessoa.[38]

Nesse sentido, para ele a autotranscendência para com o outro é o primeiro passo, essencial e irrenunciável, para alcançar a autotranscendência para com Deus.

O ser humano chega realmente a si mesmo em uma autorrealização genuína somente quando coloca radicalmente em jogo a si mesmo pelos outros. Quando ele faz isso, colhe (velada ou explicitamente) o que entendemos por Deus como horizonte,

---

[37] Em minha opinião, esta abertura intencional e a remessa da experiência da alteridade do outro à do totalmente Outro seguem a mesma linha de argumentação que, no fundo, está na base da análise que Imoda faz da alteridade. Cf. IMODA, F. *SvU*. Lo sviluppo della relazione come contributo al discernimento. In: *AVC III*. p. 111-153.

[38] Cf. RAHNER, K. Unità dell'amore di Dio e del prossimo. In: *Nuovi saggi*. Roma: Edizioni Paoline, 1969. v. I, p. 385-412. Nesse sentido, de um ponto de vista filosófico-fenomenológico, cf.: RICOEUR, P. *Sé come un altro*. Milano: Jaca Book, 1993. MARION, J.-L. *Dato che;* saggio per una fenomenologia della donazione. Torino: Società Editrice Internazionale, 2001. GILBERT, P.; PETROSINO, S. *Il dono. Un'interpretazione filosofica*. Genova: Il Melangolo, 2001.

PARTE I – A PESSOA HUMANA E AS LINHAS ATUAIS DA PSICOLOGIA DO PROFUNDO

garantia e radicalidade de tal amor, (Deus) que na autocomunicação (existentiva e histórica) torna-se espaço da possibilidade de tal amor.[39]

Com razão, Galimberti chama a atenção para o fato de que o amor por outra pessoa, se é verdadeiro amor, significa "expropriação da subjetividade".[40] O amor, no sentido de abandono em outra pessoa, implica sempre expropriação e *superação do limite*; mas precisamente nesta superação se abre um horizonte que vai além de nós mesmos:

> [...] amor não pode ser a busca de si que passa através da instrumentalização do outro, mas deve ser um *entrega incondicionada de si à alteridade* que fende nossa identidade, não para fugir de nossa solidão, nem para fundir-se com a identidade do outro, mas para abri-la ao que não somos, ao *nada de nós*.[41]

O ato da autotranscendência no amor para com outra pessoa é uma superação à medida que no outro já está compreendido um totalmente Outro, explícita ou implicitamente. De um lado, isso significa que "o ser humano, naquela autotranscendência existencial que acontece no ato do *amor ao próximo*, ao menos implicitamente, faz uma *experiência de Deus*".[42] No dom feito de si mesmo se abre o horizonte infinito de Deus como totalmente Outro. Por outro lado, porém, é também verdade que a plenitude que uma pessoa espera encontrar em outro é sempre algo mais do que o outro pode dar. Cada pessoa tem, ou melhor, *é* um pedido de totalidade e de plenitude, que se dirige antes de tudo ao próprio semelhante. O outro responde a esse pedido, mas não totalmente. Assim, o pedido, que é o ser humano, reenvia a um

---

[39]   RAHNER, K. *Corso fondamentale sulla fede*. Roma: Edizioni Paoline, 1977. p. 578.

[40]   GALIMBERTI, U. *Le cose dell'amore*. Milano: Feltrinelli, 2004. p. 15.

[41]   Ibid.

[42]   RAHNER, K. *Corso fondamental sulla fede*, cit., p. 578 (grifo do autor).

126

totalmente Outro, a um horizonte de resposta infinita, sem limites. Bento XVI aprofundou tal confluência e tal interdependência recíproca do amor de Deus e do amor ao próximo, do eros e do ágape em sua encíclica *Deus Caritas Est*. Aqui se diz que o amor entre as pessoas é "êxodo permanente do *eu* fechado em si mesmo para sua libertação no dom de si e, precisamente dessa forma, para o reencontro de si, mais ainda, para a descoberta de Deus".[43] A necessidade humana do outro, a busca amorosa de outra pessoa é, portanto, um dado pressuposto e conservado, mas, ao mesmo tempo, lá onde entra em diálogo com a mensagem cristã, aperfeiçoa-se e se transforma em nova forma mais elevada de amor.

Experiência comunitária de Deus

A partir de um ponto de vista teológico, a antropologia da vocação cristã visa a introduzir a pessoa naquela liberdade interior que a torna capaz de aderir verdadeiramente a Deus e de responder ao seu chamado. Em seu procedimento argumentativo, parece-me que Rulla se move no quadro da tradição inaciana, ou seja, sua atenção está voltada para o indivíduo e para sua relação pessoal com Deus. A acessibilidade do ser humano a Deus encontra seu fundamento na abertura transcendente do espírito. Posto que a experiência de Deus tenha sempre, naturalmente, um caráter pessoal, evidencia-se aqui certo fechamento individualista ou, com outros termos, uma insuficiente atenção ao caráter comunitário e eclesial da experiência de Deus.

Acerca deste ponto, em minha opinião, seria necessária uma revisão das premissas teológicas da antropologia da vocação cristã, que poderia convergir de modo interessante com as tendências intersubjetivas da psicologia a que se acenou precedentemente. Indícios nessa direção já se encontram em

---

[43] BENTO XVI. Encíclica *Deus Caritas Est* (25.12.2005), n. 6.

PARTE I – A PESSOA HUMANA E AS LINHAS ATUAIS DA PSICOLOGIA DO PROFUNDO

Imoda, sobretudo ali onde fala do pano de fundo trinitário presente em toda relação.[44]

A teologia trinitária dos últimos três ou quatro decênios conduziu efetivamente a um deslocamento substancial de acento. Ela não se interessa mais tanto pela analogia intrapsíquica, ou seja, intrapessoal da dinâmica trinitária, estudada pelos Padres da Igreja e pela escolástica, que haviam esclarecido, por exemplo, a analogia existente entre as três pessoas divinas. Ao contrário, o interesse está voltado para a analogia interpessoal-social das relações no interior da Trindade. A pergunta a ser colocada nesse contexto seria: como nasce a comunhão a partir da essência da pessoa e, ao mesmo tempo, como pode a comunhão fazer amadurecer a personalidade, como pode constituir a unidade não somente entre as pessoas, mas também da pessoa mesma?[45]

Walter Kasper resume assim o interesse da nova teologia trinitária:

> O mistério do amor, que a revelação estabelece como critério máximo, determina, por sua vez, outros critérios para reinterpretar e aprofundar a realidade. A unidade-*comunhão* trinitária, concebida por via analógica, revela-se *modelo de compreensão cristã da realidade*. Desenvolver a doutrina trinitária significa desenvolver uma concepção do real já dominada pelo primado da substância e da essência rumo a uma concepção sob o primado da pessoa e da relação. Aqui, a realidade última não é mais a substância em si, mas a pessoa que não é pensável senão na relacionalidade do dar e do receber. Poderíamos também dizer que o sentido do ser é o amor desinteressado.[46]

---

[44] Cf. IMODA, F. Sviluppo umano, luogo di mistero e i colloqui di crescita. In: (ed.). *Antropologia interdisciplinare e formazione*. Bologna: EDB, 1997. p. 159-216; aqui, p. 207.

[45] HEMMERLE, K. *Partire dall'unità. La trinità come stile di vita e forma di pensiero*. Roma: Città Nuova, 1998. p. 65.

[46] KASPER, W. *Il Dio di Gesù Cristo*. Brescia: Queriniana, 1984. p. 412. Para um estudo mais completo, cf.: GRESHAKE, G. *Il Dio unitrino. Teologia trinitaria*.

128

Não é possível, neste espaço, desenvolver ulteriormente tal aspecto. A esta altura, porém, deveria estar claro que a reflexão teológica se move para uma ontologia e uma antropologia trinitária. Ela tenta, no rastro de Mt 18,20 e Lc 24,13-25, pensar na presença de Cristo que se manifesta entre aqueles que estão reunidos em seu nome. A experiência de transcendência não acontece, portanto, somente na abertura do indivíduo ao mistério de Deus, mas também na abertura de uns para os outros, na qual se torna presente o Cristo ressuscitado.[47]

Uma tarefa para a antropologia da vocação cristã poderia ser justamente esta: colocar novamente em diálogo as novas influências da psicanálise contemporânea com a teologia cristã, com base em uma reflexão aprofundada da dimensão intersubjetiva da relacionalidade humana.

Sugestões da antropologia da vocação cristã às correntes intersubjetivas da psicanálise

Podemos, agora, voltar a atenção para a direção oposta. À antropologia da vocação cristã diz respeito também uma função crítica no diálogo interdisciplinar. Sua tarefa será a de verificar se as teorias e os modelos psicológicos são verdadei-

---

Brescia: Queriniana, 2000. CAMBON, E. *Trinità. Modello sociale.* 2. ed. Roma: Città Nuova, 2005.

[47] "[...] a pericoreticidade 'vertical', em Cristo, entre o *Abba* e o Filho/os filhos, nele é instauradora da pericoreticidade horizontal dos filhos no único Filho. [...] Em uma palavra: o Cristo não é somente o acesso singular e permanente à relação com o Pai, mas também a relação *entre* os seres humanos; aliás, é-o plenamente em relação ao Pai, quando os seres humanos se dispõem a reunir--se nele, tornando-se, assim, trinitariamente, 'um na distinção': porque então, sendo corpo de Cristo, também cada um deles é mais plenamente revestido do único Cristo, é Filho no Filho, unido aos outros e distinto deles na liberdade do Espírito" (CODA, P. Sul concetto e il luogo di un'antropologia trinitaria. In: CODA, P.; ZAK, L. [ed.]. *Abitando la trinità. Per un rinnovamento dell'ontologia.* Roma: Città Nuova, 1998. p. 127s).

PARTE I – A PESSOA HUMANA E AS LINHAS ATUAIS DA PSICOLOGIA DO PROFUNDO

ramente compatíveis com uma visão cristã da pessoa. Nisso ela pode servir-se de seu saber teológico e filosófico sobre a pessoa, a fim de mostrar à psicologia suas eventuais zonas obscuras ou distorções conteudísticas. Quais poderiam ser essas sugestões para as correntes intersubjetivas-relacionais que estão ganhando corpo dentro da psicanálise?

Metafísica da pessoa

Conforme vimos anteriormente, nas recentes teorias psicanalíticas impuseram-se novas abordagens de cunho intersubjetivo-relacional. Tal mudança nos paradigmas explica-se, antes de mais nada, com o fato de que uma abordagem orientada para o outro e para a relação reflete mais experiência humana do que consegue obter uma abordagem orientada para o sujeito. Nesse sentido, poderá produzir fruto para uma antropologia cristã.

Ao contrário, porém, uma reflexão cristã filosófico-teológica sobre a pessoa pode mostrar um aspecto problemático que não é evidente nas diversas teorias psicanalíticas de orientação intersubjetiva: a falta de um conceito ontológico forte de pessoa. Com efeito, muitas das teorias intersubjetivas acima descritas nascem em um contexto vizinho a ideias sistêmicas e construtivistas, características do discurso Pós-Moderno. Contudo, nesse contexto, no final, o indivíduo é definido como produto de relações, influxos externos e condições sempre mutáveis. Não se consegue mais conceber a pessoa em sua essência.

No diálogo com as novas teorias psicanalíticas intersubjetivas, a antropologia cristã pode trazer um conceito forte de pessoa, que é determinado por conceitos como imagem e semelhança com Deus, dignidade, liberdade, razão e unicidade.[48]

---

[48] Talvez aí se possam compreender algumas das recentes afirmações de Jürgen Habermas. Cf. HABERMAS, J.; RATZINGER, J. *Die Dialektik der Säkularisierung. Über Vernunft und Religion.* Freiburg: Herder, 2005.

130

Desse modo, porém, encontramo-nos diante de duas concepções profundamente diversas de pessoa que, num primeiro momento, parecem não poder ir juntas: uma que define a pessoa com base em sua relacionalidade, e outra que a concebe como ser que possui a si mesmo de modo livre e inteligente. Com razão, Imoda demonstra como a antropologia cristã indica a via de saída desta inevitável contradição entre dois conceitos opostos.[49]

De fato, à medida que a ontologia e a antropologia cristãs são ontologia e cristologia *trinitárias*, também os conceitos de pessoa e relação são determinados de modo trinitário, conceitos como relacionalidade e individualidade, relacionalidade e ipseidade, dependência do outro e liberdade não se excluem reciprocamente de todo, mas encontram, um no outro, seu fundamento e sua explicação.[50]

Abertura ao totalmente Outro

Na tradição cristã, já se tornou um hábito, referindo-se a Rudolf Otto,[51] falar de Deus como do totalmente Outro. Com isso se quer indicar, por um lado, que não podemos dispor de Deus e que ele permanece fundamentalmente mistério. Por outro lado, porém, esta expressão serve também para traçar um elo entre a experiência do outro e a experiência de Deus como do totalmente Outro. Que haja este nexo não é mais algo de estranho, nem mesmo para a psicanálise, pelo menos a partir do estudo de Ana-María Rizzuto *La nascita del Dio vivente*.[52]

---

[49]   Cf. IMODA, F. Sviluppo umano, luogo del mistero e i colloqui di crescita, cit., p. 207.

[50]   Cf. TAPKEN, A. *Der notwendige Andere*, cit., p. 268-273.

[51]   Cf. OTTO, R. *Il sacro. L'irrazionale nell'idea del divino e la sua relazione al razionale*. Milano: Feltrinelli, 1966.

[52]   RIZZUTO, A.-M. *La nascita del Dio vivente. Studio psicoanalitico*. Roma: Borla, 1994.

No quadro da questão tratada aqui, qual seja: como uma antropologia cristã pode oferecer seu apoio corretivo às abordagens relacionais e intersubjetivas da psicanálise, é significativa a sugestão da abertura ao totalmente Outro.

Sobretudo no contexto do debate acerca do narcisismo, introduzido recentemente por Kohut, foi esclarecido quanto é importante para o ser humano seu ser em relação ao outro para toda a vida e, portanto, que o narcisismo maduro não é, em nenhum caso, sem objeto, mas representa antes uma busca inconsciente de ser reconhecido e amado. Se se relacionam tais reflexões com a análise da dinâmica teleológica do incônscio, como o fez Paul Ricoeur,[53] é evidente que a exigência de ser reconhecido e amado que se volta para o outro ultrapassa este outro rumo ao infinito horizonte de resposta do totalmente Outro.

A exigência voltada inicialmente para as figuras primárias de referência é, em sua estrutura, uma pergunta aberta acerca do infinito, que se volta a um anônimo alhures. Mas o ser humano crê e espera que este alhures exista verdadeiramente, dado que somente essa esperança o faz viver. Portanto, a contribuição da antropologia cristã para o diálogo com a psicanálise atual será seu conhecimento do *cor inquietum*.[54] A pergunta acerca do outro, acerca de sua relacionalidade intersubjetiva, como é descrita pela psicologia, mais uma vez ultrapassa o horizonte puramente psicológico rumo a um horizonte no qual se encontram a origem e o futuro último da pessoa.

---

[53]   RICOEUR, P. *Della interpretazione. Saggio su Freud.* Milano: Il Saggiatore, 1966.

[54]   AGOSTINHO. *Confessiones*, I, 1: "[...] quia fecisti nos ad te et inquietum est cor nostrum, donec requiescat in te [...]" ["(...) fizeste-nos para ti e inquieto está nosso coração enquanto não repousa em ti (...)"].

PARTE II

A PROPOSTA PSICOLÓGICA: UMA CONTRIBUIÇÃO PARA A FILOSOFIA E PARA A TEOLOGIA

Capítulo 1

REIVINDICAÇÕES DE VERDADE E DE OBJETIVIDADE EM UM MUNDO PÓS-MODERNO?
A PROPOSTA DOS "VALORES OBJETIVOS" DA VOCAÇÃO CRISTÃ NO INÍCIO DO SÉCULO XXI

Klaus Baumann[*]

"'Para isto é que nasci e para isto vim ao mundo:
para dar testemunho da verdade.
Quem é da verdade, escuta minha voz'.
Disse-lhe Pilatos: 'Que é a verdade?'"
(Jo 18,37b-38)

INTRODUÇÃO

A pergunta de Pilatos dá voz ao ceticismo de cada época ou de cada indivíduo diante da reivindicação substancial da verdade. Algumas teses da verdade fazem parte, aliás,

---

[*] Alemão, nascido em 1963, mestre em Psicologia, doutor em Teologia, é psicoterapeuta e professor na Faculdade de Teologia da Universidade Albert-Ludwig, de Freiburg (Alemanha).

PARTE II – A PROPOSTA PSICOLÓGICA: UMA CONTRIBUIÇÃO PARA A FILOSOFIA E PARA A TEOLOGIA

do mesmo ceticismo. A avaliação é parte indispensável da escolha, da decisão e da ação humana. Não existe um agir humano neutral.[1] Perguntamo-nos: existem valores e códigos de comportamento a serem considerados, de modo legítimo, universalmente válidos (e que constituiriam o fundamento de tal reivindicação)? O ensino da teologia moral católica não deixa nenhuma dúvida quanto ao fato de que existam atos que não deveriam, de forma alguma, ser cometidos (*intrinsece malum*);[2] a tradição cristã do discernimento dos espíritos distingue explicitamente em uma situação específica de escolha o que é bem do que é mal e, num segundo momento, o que é um bem real do que é apenas um bem aparente.[3]

Em nítido contraste, no início do século XXI, encontramo-nos diante de uma crise difusa (quando não de uma negação) da verdade e da objetividade,[4] sobretudo nos âmbitos da vida

---

[1]   O agir humano é definido como ação de um sujeito na qual a razão e a vontade do agente estão envolvidas ativamente. A respeito da concepção clássica do agir humano e de sua complexa interpretação, seja na melhor tradição escolástica, seja também à luz de um diálogo interdisciplinar com os resultados da psicologia do profundo, cf.: BAUMANN, K. *Das Unbewußte in der Freiheit*. Roma: Editrice PUG, 1996. The concept of human acts revisited. *Gregorianum* 80 (1999) 147-171.

[2]   Cf. JOÃO PAULO II. Carta encíclica *Veritatis Splendor* (6.8.1993). [5. ed. São Paulo: Paulinas, 2000. Col. A voz do papa, n. 130.]

[3]   RULLA, L. M. *Psicologia del profondo e vocazione;* le persone. Torino: Marietti, 1975 (de agora em diante, *PPV I*). *Psicologia del profondo e vocazione;* le istituzioni. Torino: Marietti, 1976 (de agora em diante, *PPV II*). RULLA, L. M.; IMODA, F.; RIDICK, J. *Struttura psicologica e vocazione. Motivazioni di entrata e di abbandono.* Torino: Marietti, 1977 (de agora em diante, *SPV*). RULLA, L. M. *Antropologia della vocazione cristiana.* 2. ed. Bologna: EDB, 1987. v. 1: Basi interdisciplinari (de agora em diante, *AVC I.*). RULLA, L. M.; IMODA, F.; RIDICK, J. *Antropologia della vocazione cristiana.* 2. ed. Bologna: EDB, 2001. v. 2: Conferme esistenziali (de agora em diante, *AVC II*). RULLA, L. M. (ed.). *Antropologia della vocazione cristiana.* Bologna: EDB, 1997. v. 3: Aspetti interpersonali (de agora em diante, *AVC III*). Os leitores que possuem familiaridade com *AVC I* reconhecerão a tradução das categorias tomistas e inacianas, respectivamente, na lógica da primeira e da segunda dimensão.

[4]   Os termos "objetivo" e "subjetivo" podem ter significados muito diversos. Em nosso contexto, assumem a conotação de universalmente válido ou verdadeiro.

moderna, da ética e dos valores; um fenômeno amiúde indicado como relativismo, uma característica típica do mundo Pós-Moderno (secularizado) ocidental. Tal crise da verdade e da objetividade dos valores situa-se em diversos níveis, que vão do filosófico ao ético, prático e antropológico. De que modo a fé e a vocação cristãs podem ser razoavelmente conservadas e propostas como verdadeiras no contexto Pós-Moderno — nos debates públicos, bem como, de modo mais específico, no encontro pessoal próprio do processo psicoterapêutico? As reflexões que se seguem pretendem propor uma resposta razoável à pergunta e oferecer um estímulo para uma reflexão e uma discussão ulteriores do tema.

Em primeiro lugar, lançamos um olhar mais preciso aos significados de "Pós-Moderno". Em um segundo momento, propor-se-á a vocação cristã como realidade antropológica, e será confrontada com as tendências Pós-Modernas. Por fim, o processo do crescimento rumo à própria verdade pessoal, mediante a psicoterapia, será enfrentado e articulado à luz de diversas teorias da verdade e de reflexões da psicologia do profundo.

TRAÇOS CARACTERÍSTICOS DO PÓS-MODERNO

Antes de mais nada, gostaria de delinear brevemente as características do Pós-Moderno através de alguns de seus traços específicos do ponto de vista filosófico, ético, prático e antropológico.

Na perspectiva *filosófica*, o Pós-Moderno apresenta-se como uma reflexão crítica sobre a *Modernidade*, o projeto

---

São, portanto, mais amplos do que a acepção de "objetividade" das ciências empíricas (conforme Karl R. Popper) — embora a incluam —, nas quais "objetivo" coincide com o que pode ser verificado e concordado de modo intersubjetivo. Cf. BRUGGER, W. (ed.). *Philosophisches Wörterbuch*. 17. ed. Freiburg: Herder, 1985. p. 272s. Quanto aos "valores objetivos", na acepção de L. M. Rulla, veja-se o que se segue.

137

PARTE II – A PROPOSTA PSICOLÓGICA: UMA CONTRIBUIÇÃO PARA A FILOSOFIA E PARA A TEOLOGIA

filosófico do Iluminismo; um projeto centrado no sujeito, que reduzia o ser humano a pensamento racional e do qual derivava uma antropologia unitária, que penalizava a pluralidade e as diferenças individuais. Criticando essa redução abstrata, a filosofia Pós-Moderna enfatiza a pluralidade e a diferença, rejeita a perspectiva de uma fundação e de uma origem última, de uma meta final do ser e de um sujeito autônomo ou livre. Os autores Pós-Modernos (por exemplo: Lyotard, Lacan, Foucault, Derrida) falam de um "fim das grandes narrativas" que, anteriormente, haviam garantido sentido (culturalmente construído) e unidade, e que foram colocadas a serviço das posições de poder; os filósofos Pós-Modernos, ao contrário, dão prioridade à diferença, à pluralidade e à "alteridade".

No que toca à *ética*, a perspectiva Pós-Moderna rejeita "a abordagem tipicamente moderna das questões morais (ou seja, responder aos desafios morais com uma regulamentação normativa e coercitiva na prática política e, na vertente teórica, com a busca filosófica dos absolutos, dos universais e das fundações)".[5] Baseados em uma antropologia que reduzia a pessoa humana à racionalidade, "o pensamento e o agir moral da Modernidade eram animados pela fé na possibilidade de um código ético não ambivalente e não aporético".[6]

Analogamente à filosofia, a ética Pós-Moderna não visa mais a individuar uma fórmula de vida onicompreensiva, global e última, livre de ambiguidade, risco, perigo e erro, e nutre uma profunda suspeita em relação a qualquer perspectiva que prometa isso.[7] A ética Pós-Moderna considera que o ser humano é ambivalente do ponto de vista moral e que os fenômenos morais são intrinsecamente não racionais e

---

[5] BAUMAN, Z. *Postmodern Ethics*. Oxford (UK)/Cambridge (USA): Blackwell, 1993. p. 4.

[6] Ibid., p. 9.

[7] Ibid., p. 245.

138

aporéticos. A moralidade não é, portanto, universalizável e, "a partir da perspectiva da 'ordem racional', a moral é e está relegada a permanecer não racional".[8]

De qualquer maneira, isso não deveria significar o fim da moralidade. Ao contrário. Em seu estudo sobre a ética Pós--Moderna, Zygmunt Baumann afirma: "Deve-se supor que a responsabilidade moral — ser *para* o Outro, antes de poder ser *com* o Outro — seja a primeira realidade do *Self*, um ponto de partida, antes que um produto da sociedade".[9] Portanto — continua o autor — "a visão Pós-Moderna dos fenômenos morais *não revela o relativismo* da moralidade. Nem — diante da pluralidade aparentemente irredutível dos códigos éticos — deve apelar ou recomendar o desencorajador 'não se pode fazer nada'. O contrário é que é mais verdadeiro".[10] Baumann considera que o niilismo moral — vale dizer, a perda da capacidade moral[11] — seja a conclusão da longa marcha da "razão iluminada", enquanto a sabedoria Pós-Moderna do *Self* moral poderia tornar aquele *Self* "um pouco mais moral".[12]

Essas afirmações são necessariamente devidas ao fato de contrastar diversos traços *práticos* ou características *culturais* do Pós-Moderno. Tais traços são — entre os demais — a indivi-dualização, a proliferação das possibilidades de escolha, o plu-ralismo dos estilos de vida, a redução e a perda de segurança, de normas partilhadas e de laços institucionais. Os indivíduos Pós-Modernos veem-se constrangidos a encontrar o próprio caminho e a construir o próprio modo de viver, escolhendo e decidindo continuamente, e os resultados podem ser postos em discussão e revistos a qualquer momento. Com efeito, na

---

[8] Ibid., p. 13.

[9] Ibid., p. 13.

[10] Ibid., p. 14 (grifo no original).

[11] Ibid., p. 248.

[12] Ibid., p. 15.

sociedade Pós-Moderna, parece prevalecer um relativismo pragmático de moralidade, uma multiplicidade irredutível de códigos éticos e modalidades de conduta, mas também variadas atitudes do "não se pode fazer nada".

Do ponto de vista *antropológico*, tais características e opiniões do Pós-Moderno comportam consequências importantes e ambivalentes, que é bom não ignorar. A crítica *filosófica* da redução moderna do ser humano à razão favorece a recuperação do que não é racional, mas biográfico, corpóreo, sensível, emotivo e simbólico, em vista de uma antropologia mais integral. Sob outro ângulo, o ceticismo Pós-Moderno, que duvida ou nega até mesmo a capacidade do espírito humano de conhecer a verdade somente porque a pessoa está intrinsecamente condicionada pela própria realidade espaciotemporal, está destinado a definir como vão o desejo humano de conhecimento e de verdade. Ao mesmo tempo e ironicamente, esse mesmo ceticismo não pode pretender ser verdadeiro.[13]

Para a *ética* Pós-Moderna, a moralidade é muito mais e bastante diferente da razão prática: "O que torna o *Self* moral [é] o desejo infundado, irracional, indiscutível, indesculpável e incalculável de estender-se, acariciar, ser e viver para o outro, não importa o que aconteça".[14] Isso implica, por um lado, a firme convicção de que em cada pessoa *existe* um "deverias" inato e comporta, por outro lado, que as sensações somáticas, as emoções pré-cônscias e incônscias, as recordações e as representações, bem como as relações autotranscendentes no agir humano deveriam ser considerados pelo papel e pela contribuição dada à ação humana.

Cada dia *o estilo de vida e a cultura Pós-Moderna* — com as opções múltiplas, a fragmentação e a insegurança que os

---

[13] Cf. COTTIER, G. La crise de la vérité. *Revue Thomiste* 104 (2004) 11-26.

[14] BAUMAN, Z. *Postmodern Ethics*, cit., p. 247.

caracterizam — implicam uma proliferação de alternativas e exigem a libertação das coerções. Em contrapartida, existe uma considerável redução da estabilidade psicossocial externa e interna. Surgem perguntas crescentes em termos de custos e consequências das escolhas pessoais, coisa que implica um aumento do nível médio do estresse psicológico e condições menos favoráveis para o desenvolvimento de estruturas psíquicas maduras (por exemplo, uma identidade integrada).

A vida Pós-Moderna favorece uma síndrome subclínica de uma estável instabilidade, que vê um número sempre maior de pessoas oscilar entre muitas opções e propender para compromissos éticos ou interpessoais de curto prazo. Ao mesmo tempo, entre os valores proclamados e desejados pelos adolescentes e pelo mundo juvenil, os laços familiares estáveis e a fidelidade interpessoal estão ganhando uma atenção prioritária, em confirmação da precariedade proposta pela estável instabilidade da existência Pós-Moderna.

FALAR DA VOCAÇÃO CRISTÃ COMO REALIDADE ANTROPOLÓGICA: ANACRONISMO OU AFIRMAÇÃO DE IDENTIDADE?

O Concílio Vaticano II intitulou a primeira parte da constituição pastoral sobre a Igreja no mundo moderno "A Igreja e a vocação do ser humano", e examinou, acima de tudo, a pergunta: "Que pensa a Igreja a respeito do ser humano?" (*GS*, n. 11). No primeiro capítulo, a *Gaudium et Spes* apresenta a visão cristã da dignidade da pessoa, com a qual está intrinsecamente associado o conceito de "chamada" ou "vocação":

A razão principal da dignidade humana consiste na vocação do ser humano para a comunhão com Deus. Já desde sua origem o ser humano é convidado ao diálogo com Deus. Pois o ser humano, se existe, é somente porque Deus o criou, e isso por

141

PARTE II – A PROPOSTA PSICOLÓGICA: UMA CONTRIBUIÇÃO PARA A FILOSOFIA E PARA A TEOLOGIA

amor. Por amor é sempre conservado. E não vive plenamente segundo a verdade, a não ser que reconheça livremente aquele amor e se entregue ao seu Criador (*GS*, n. 19).

A visão cristã de toda pessoa humana chamada à comunhão com Deus a partir do primeiro momento da existência foi afirmada pelo Concílio diante das diversas expressões do ateísmo moderno, que nega — do ponto de vista filosófico ou prático — a verdade do Deus vivo e, consequentemente, a "união íntima e vital com Deus" (*GS*, n. 19) de cada ser humano.

A partir da década de 1960, até a década de 1990, as afirmações do Concílio podem ter parecido anacrônicas a muitos críticos. Entrementes, também os filósofos agnósticos e "pós-metafísicos", que por muito tempo haviam esperado o desaparecimento da Igreja e da religião em um mundo moderno (iluminado), admitem agora o desvio devastador da *Modernidade* do vigésimo século, e começam a apreciar, no contexto da fragmentação, da insegurança e do ceticismo Pós-Modernos, a sensibilidade analítica da fé cristã no descrever estilos de vida errôneos, patologias sociais, a falência de projetos individuais, bem como deformação das biografias.[15]

A relação clara e explícita entre cada ser humano e Deus, tal como expresso pelas noções de ser "criado à imagem de Deus" (*GS*, n.12) e de ser chamado a uma comunhão de amor com ele, não é somente uma afirmação da identidade e do credo cristão, mas também uma mensagem profética para os tempos Pós-Modernos e pós-seculares. Afirma-se como realidade antropológica universalmente válida o fato de que cada ser humano, homem ou mulher, é criado à imagem de Deus, com um dinamismo intrínseco em relação a Jesus Cristo, que é a imagem *perfeita* de Deus, no qual, somente, "o mistério do ser humano se torna claro verdadeiramente" (*GS*, n. 22).

---

[15] Cf. HABERMAS, J. *Zwischen Naturalismus und Religion. Philosophische Aufsätze*. Frankfurt: Suhrkamp, 2005.

142

Após as primeiras pesquisas empíricas acerca dos diversos processos motivacionais das pessoas que entram, deixam ou perseveram em uma escolha de vida cristã (o que lhe proporcionou o doutorado em 1968), e depois da sistematização e da interpretação psicológica de dados posteriores da pequisa,[16] Luigi M. Rulla pôde superar o limite da abordagem indutiva adotada somente graças a uma compreensão peculiarmente teológica da vocação cristã.[17] Assumiu como própria a mensagem antropológica fundamental da fé cristã e elaborou-lhe uma mediação interdisciplinar sobre base filosófica, a fim de favorecer uma compreensão *mais profunda* dos diversos processos psicodinâmicos (definidos como consistências e inconsistências) entre as estruturas intrapsíquicas do *eu*-ideal e do *eu*-atual.

A dificuldade inicial era devida à falta de uma referência "objetiva" do que é consistente e inconsistente, *não somente* do ponto de vista subjetivo ou psicossocial, mas também em referência à verdade do que é e a que é chamada a ser a pessoa humana. Dessa forma, Rulla traduziu de modo operativo o impulso humano fundamental para a autotranscendência teocêntrica — como realidade teleológica *e* axiológica do ser humano criado à imagem de Deus — ativada pelo encontro com a realidade.[18] Para a mediação filosófica, reportou-se particularmente à distinção de Joseph de Finance entre valores naturais e valores autotranscendentes (éticos e religiosos).

---

[16] Cf. RULLA, L. M. *PPV I* e *PPV II*. RULLA, L. M.; RIDICK, J.; IMODA, F. *SPV.*

[17] Cf. BAUMAN, K. Interdisciplinary dialogue between theology and psychology: principles and promising steps. *Melita Theologica* 52 (2001) 135-153; aqui, p. 147-150.

[18] FRIEDMAN, L. Why is reality a troubling concept? *The Journal of the American Psychoanalytic Association* 47 (1999) 401-425. À pergunta relativa ao "que significa afirmar que alguém é realista em relação ao mundo dos valores, dos papéis e das relações humanas" (p. 401), Lawrence Friedman responde de modo interessante: "Não há dúvida de que os significados referem-se a um mundo real e que os significados 'humanos' remetam a um mundo 'humano' objetivamente real. Com efeito, os significados humanos fazem parte do mundo objetivamente real" (p. 422).

PARTE II – A PROPOSTA PSICOLÓGICA: UMA CONTRIBUIÇÃO PARA A FILOSOFIA E PARA A TEOLOGIA

O encontro da pessoa com a realidade comporta sempre um confronto com os valores naturais e autotranscendentes que lhe são inerentes. Os valores podem ser, ademais, realidade intrapsíquica da pessoa, ou seja, valores *subjetivos*. Nas palavras do próprio Rulla,

> os valores podem ser considerados em seus dois aspectos, objetivo e subjetivo. Os valores *objetivos* são os aspectos das coisas ou das pessoas que, por sua importância intrínseca, agem como objetos da resposta humana; por isso não são os aspectos produzidos pelo pensamento humano. Os valores *subjetivos* são as normas de comportamento mais ou menos internalizadas por meio das quais o ser humano, em seus julgamentos e em suas ações, responde à importância intrínseca dos objetos, das pessoas ou das coisas.[19]

Rulla sublinha a correlação desses valores objetivos apresentados pela e inerente à realidade psíquica da pessoa e com diferentes modalidades de autotranscendência. Como resposta da pessoa aos valores objetivos, os valores subjetivos e as necessidades diferem de modo significativo: "Os valores são a tendência inata a responder aos objetos à medida que são importantes em si mesmos; as necessidades, ao contrário, são tendências inatas que dizem respeito aos objetos à medida que são importantes para a pessoa".[20]

O laço específico entre valores objetivos e valores subjetivos correspondentes é a *liberdade* da pessoa de *transcender a si mesma para o valor objetivo*, ou seja, para a importância intrínseca da realidade encontrada.

Portanto, o valor autotranscendente *objetivo* implica em sua noção um relacionamento com a liberdade do sujeito; de fato,

---

[19] *AVC I.* p. 150. Cf. a distinção entre subjetividade e objetividade de H. F. SMITH (Subjectivity and objectivity in analytic listening. *The Journal of the American Psychoanalytic Association* 47 [1999] 465-484).

[20] *AVC I,* p. 125.

144

o dito valor torna-se *subjetivo* pelo simples fato de que o sujeito reveste-se dele escolhendo-o livremente . [...] os valores auto-transcendentes objetivos, que estão nas coisas, recebem sua determinação *última* de valores autotranscendentes do fato que a liberdade da pessoa encontra neles a norma, o "deverias" da própria autotranscendência teocêntrica.[21]

O conceito da liberdade de transcender a si mesmo de modo teocêntrico não é uma questão de tudo ou nada (a liberdade essencial), mas de graus e limitações, de mais ou menos, de crescimento ou de diminuição ocorrida no curso da experiência pessoal biográfica, corpórea e relacional, e no exercício da liberdade (efetiva) pessoal. Com outras palavras, a liberdade efetiva da pessoa de transcender a si mesma para os valores objetivos está limitada, de modo significativo, por sua dinâmica psicológica incônscia, que exerce influência sobre a percepção, sobre a compreensão, sobre a avaliação e sobre a decisão do agir.[22]

Essas limitações podem produzir — e muitas vezes é este o caso — distorções significativas dos valores objetivos e até mesmo seu progressivo esquecimento ou negação. Isso constitui a preocupação central da *Antropologia da vocação cristã* de Rulla, que, desde o início, observa a presença de

"esquecimentos" [dos quais] se poderiam trazer diversos exemplos concretos. [...] A autotranscendência teocêntrica, que compromete a pessoa humana para um "deverias" viver os valores morais e religiosos objetivos, é muitas vezes substituída pelo fato de que o indivíduo se arroga o direito de determinar aprioristicamente valores e normas, de estabelecer o que é o bem e o que é o mal. Os valores objetivos são subjetivados e se tornam puras projeções de necessidades mais ou menos conscientes do indivíduo.[23]

---

[21] *AVC I*, p. 179.

[22] *AVC I*, p. 185, fig. 1.

[23] *AVC I*, p. 7.

A fim de religar-nos a quanto exposto anteriormente, duas considerações se fazem necessárias. Em primeiro lugar, o conceito filosófico de valores objetivos da autotranscendência teocêntrica estaria compreendido e pode ser substituído, do ponto de vista teológico, pela pessoa de Jesus Cristo ou pela vida de comunhão com a Trindade. O Deus vivo, no modo pelo qual se revelou, é o valor objetivo último; a ele corresponde o impulso da autotranscendência teocêntrica inata em cada pessoa, seja do ponto de vista teleológico, seja axiológico. Trata-se da reivindicação de verdade intrínseca no compreender cada ser humano como criado à imagem de Deus, que é Jesus Cristo.

Em segundo lugar, tal compreensão da pessoa e da liberdade humana é, em muitos aspectos, compatível com o pensamento Pós-Moderno — com a fundamental exceção de quando tal pensamento é cético e nega uma meta última e a reivindicação da verdade.[24] Do ponto de vista *filosófico* (e psicológico), ambas as posições criticam a redução "moderna" da pessoa humana ao pensamento e à vontade racionais. A *Antropologia da vocação cristã* e o respeito pelo mistério do *Desenvolvimento humano*[25] evidenciam a pluralidade, a diferença e a "alteridade" dos indivíduos, sem, contudo, negar a dignidade da liberdade e da autonomia humana, não obstante suas múltiplas limitações efetivas.

Do ponto de vista *antropológico* — à equivalência da Pós-Modernidade — Rulla e Imoda reabilitam o que não é racional, mas biográfico, corpóreo, sensível, emotivo, rela-

---

[24] Isto implica uma versão mais forte do "realismo Pós-Moderno" de Kirshner. Cf. KIRSHNER, L. A. Toward a postmodern realism for psychoanalysis. *The Journal of the American Psychoanalytic Association* 47 (1999) 445-463.

[25] IMODA, F. *Sviluppo umano, psicologia e mistero*. 2. ed. Bologna: EDB, 2005. Dignos de nota são, sobretudo, a elaboração e o uso sistemático dos três parâmetros da alteridade, da temporalidade e dos estádios (c. 3) e a consideração evolutiva da vicissitude humana e da vocação cristã em sua globalidade.

cional e simbólico, em nome de uma visão mais integral do ser humano. Todavia, não negam a capacidade do espírito humano de conhecer a verdade somente porque a pessoa é intrinsecamente codeterminada pela própria biografia e pela condição espaciotemporal.

Do ponto de vista *ético*, analogamente à ética Pós-Moderna, recordam a ambivalência e a ambiguidade do fator moral e enfatizam que as sensações corpóreas, as emoções pré-cônscias e incônscias, as lembranças e as representações, bem como as relações autotranscendentes, deveriam ser levadas em conta por causa de seu papel e contribuição no agir humano.

Ademais, compartilham com a ética Pós-Moderna a firme convicção de que em toda pessoa humana existe um "deverias" inato; mas certamente ultrapassam a perspectiva Pós-Moderna ao conferir ao "deverias" um fundamento e uma especificidade teocêntrica (não somente egocêntrica ou filantrópica).

A fé cristã e, em sua tradição, o trabalho interdisciplinar de Rulla e de Imoda são, portanto, um auxílio tanto existencial quanto científico no contexto das múltiplas reduções *culturais* Pós-Modernas da estabilidade psicossocial, externa e interna, da experiência dos indivíduos, das famílias e dos grupos. Buscam favorecer e catalisar o crescimento em compromissos estáveis e dinâmicos na lógica de uma liberdade para o amor autotranscendente dos indivíduos e dos grupos, modelado no Evangelho como meta última da vicissitude humana. Com esse fim, Rulla e Imoda repropuseram e modificaram de modo peculiar a utilização de métodos pedagógicos e psicoterapêuticos para favorecer e estimular, com o auxílio de Deus, um crescimento mais estável e significativo da liberdade e do amor autotranscendente.

Nessa perspectiva, os processos psicoterapêuticos podem transformar-se em itinerários para a "verdade objetiva" do ser criado à imagem de Deus, que é Jesus Cristo.

147

PARTE II – A PROPOSTA PSICOLÓGICA: UMA CONTRIBUIÇÃO PARA A FILOSOFIA E PARA A TEOLOGIA

No parágrafo a seguir, procurarei esboçar a lógica desse percurso para a verdade (a qual coincide definitivamente com a pessoa de Jesus Cristo), em um diálogo constante tanto com as teorias filosóficas da verdade quanto com a psicoterapia secular e com a psicanálise.

CRESCER PARA A VERDADE DE SI EM PSICOTERAPIA

Teorias filosóficas da verdade

De acordo com Lorenz B. Puntel,[26] o debate da filosofia contemporânea acerca das teorias da verdade é caracterizado por dois aspectos: por uma parte, são propostas diferentes teorias da verdade; por outra, tais teorias podem ser subdivididas nas duas categorias fundamentais das teorias substanciais e das inflacionistas ou minimalistas. Para boa parte das teorias substanciais, a verdade possui um conteúdo conceitual positivo. A concepção de ser humano como imagem de Deus detém uma reivindicação de verdade teológico-antropológica em sentido substancial. Tal pretensão não é *absolutamente* minimalista, como, por exemplo, no caso de uma não contradição puramente semântica ou em um sentido formalmente lógico ou discursivo-processual.

Nos parágrafos que se seguem, recorrer-se-á a algumas teorias substanciais da verdade para descrever vários aspectos dinâmicos entre si, correlatos ao crescimento rumo à verdade pessoal em psicoterapia.

---

[26] PUNTEL, L. B. Verità. In: KRINGS, H.; BAUMGARTNER, H. M.; WILD, C. (ed.). *Concetti fondamentali di filosofia*. Brescia: Queriniana, 1982. 3 vv.; aqui, v. III, p. 2316-2336. *Wahrheitstheorien in der neueren Philosophie*. Darmstadt: Wissenschaftliche Buchgesellschaft, 1993. Wahrheit I. Begriff. In: *Lexikon für Theologie und Kirche*. 3. Aufl. Freiburg i. B. et al.: Herder, 2001. 11 vv.; aqui, v. X, p. 926-929.

148

Trata-se da teoria da correspondência, da teoria da consistência e da teoria hermenêutica da verdade, que serão colocadas em diálogo com a perspectiva psicanalítica.

Considerações psicanalíticas sobre a verdade

Em um ensaio de crítica da religião, o psicanalista alemão Heinz Henseler coloca em oposição recíproca significado e verdade, e define uma "calamidade da religiosidade" o fato de que a compreensão do significado deva estar conexa "com a reivindicação da verdade, ou melhor, com a pretensão do conhecimento de uma realidade que existe fora de nós mesmos".[27] Para Henseler, a compreensão do significado exige antes o abandono da reivindicação da verdade e o reconhecimento das noções religiosas como "puros modelos de pensamento, imagens virtuais, emoções vagas, jogos de possibilidades, pensamentos soltos de atribuição de significado e esperança [...] ideias e experiências para a quais não vale a pena lutar, porque claramente podem também estar erradas".[28] Conforme suas palavras, isso constituiria, portanto, uma escola de sapiência prática, mas não uma religião.

Essa oposição entre verdade e significado, que é ao um tempo singular e bastante comum ao pensamento Pós-Moderno, não teria sido partilhada por Wolfgang Loch, predecessor de Henseler na cátedra de psicanálise da Universidade de Tübingen.[29]

---

[27] HENSELER, H. *Religion – Illusion?* Göttingen: Steidl, 1995. p. 141.

[28] Id. Gedanken zum Fundamentalismus. In: BASSLER, M. (Hrsg.). *Psychoanalyse und Religion. Versuch einer Vermittlung.* Stuttgart et al.: Kohlhammer, 2000. p. 17-31; aqui, p. 30.

[29] Com efeito, o próprio Sigmund Freud não teria aceitado renunciar à busca da verdade. Rachel Blass critica esta renúncia que se nota em diversos diálogos interdisciplinares entre psicanálise e teologia. Cf. BLASS, R. Beyond illusion: psychoanalysis and the question of religious truth. *International Journal of Psychoanalysis* 85 (2004) 615-634.

149

PARTE II – A PROPOSTA PSICOLÓGICA: UMA CONTRIBUIÇÃO PARA A FILOSOFIA E PARA A TEOLOGIA

Na contribuição *Psicanálise e verdade*,[30] Loch distingue duas acepções de verdade: a verdade teórico-científica e a verdade existencial. A primeira seria "compreendida como correspondência ao objeto, como fato histórico, pelo qual se pressupõe que uma verdade semelhante existisse já há muito tempo, desde sempre; era preciso apenas expressá-la".[31] A verdade existencial seria, ao contrário,

> a verdade como sentido, ou seja, como algo que emerge enquanto o processo de interação assume uma configuração, verdade que, uma vez formada, consentirá contar com ela e prosseguir a própria vida como sujeito dentro desse sentido vital encontrado [...]. A verdade, aqui, é entendida "substancialmente" como "rocha"; é o terreno sobre o qual o indivíduo pode suster-se. Neste sentido, pode-se falar de uma verdade que "sustenta" a existência".[32]

Loch concebe a verdade de significado como um existencial do *Dasein* (ser-aí), a serviço do qual a terapia psicanalítica procura colocar-se.

Agora nos perguntemos: as considerações psicanalíticas de Loch estão em condições de "salvar" a *verdade da fé* como *verdade de significado* com uma pretensão de validade, diante da crítica de Henseler? E que dizer da tese de Sigmund Freud acerca da religião como ilusão, nada mais que expressão de um desejo infantil?

O médico e psicanalista católico Albert Görres mostra claramente como também na vida de fé podem estar presentes

---

[30] LOCH, W. *Psicoanalisi e verità. Prospettive psicoanalitiche.* Roma: Borla, 1996. p. 147-184.

[31] Ibid., p. 151.

[32] Ibid. Cf. DE VRIES, J.; PUNTEL, L. B. Wahrheit. In: BRUGGER, W. (Hrsg.). *Philosophisches Wörterbuch.* 17. Aufl. Freiburg: Herder, 1985. p. 447-450, especialmente p. 448: a liberdade de significado é verdade livre.

150

fortes motivações inconscientes.[33] Todavia não concorda com a conclusão de Henseler, segundo a qual um desejo atual com possíveis raízes infantis exclua de per si a existência de um objeto correspondente ao desejo — ainda que fosse sob forma muito diversa de quanto desejado. Mas essa é outra questão. Do ponto de vista metafísico, a negação da existência de Deus é tão problemática quanto sua afirmação. A afirmação não pode ser nem provada, nem desmentida do ponto de vista filosófico.

A metapsicologia psicanalítica apresenta-se, portanto, como uma forma de metafísica com a pretensão da verdade. Aqui, são necessários alguns esclarecimentos. A crítica à religião, feita pela psicologia do profundo, contém algo de verdadeiro e de bom, que deveria ser conservado — também e precisamente quando não compartilhamos a negação metafísica de Deus de alguns, mas, ao contrário, opomo-nos fortemente a essa opinião. A questão de Deus e a do "sim" da fé apelam para a liberdade da pessoa humana — justamente como os valores apelam à liberdade humana. A *verdade de significado é verdade livre*. Um conceito expresso de modo incisivo pelo papa João Paulo II em sua mensagem durante a celebração da Jornada Mundial pela Paz, de 1º de janeiro de 2002:

> Mas a verdade, uma vez alcançada — e isso se verifica sempre de forma limitada e imperfeita — jamais pode ser imposta. O respeito pela consciência alheia, na qual se reflete a mesma imagem de Deus (cf. Gn 1,26-27), permite apenas propor a verdade ao outro, a quem compete depois acolhê-la responsavelmente. Pretender impor aos outros com violência aquela que se presume ser a verdade significa violar a dignidade do

---

[33] Cf. GÖRRES, A. *Kennt die Psychologie den Menschen? Fragen zwischen Psychotherapie, Anthropologie und Christentum*. Überarbeitete Neuausgabe. 2. Aufl. München: Piper, 1986. p. 109ss.

ser humano e, em última instância, ultrajar a Deus, de quem aquele ele é imagem. Por isso o fanatismo fundamentalista é um comportamento radicalmente contrário à fé em Deus. Visto de outro modo, *o terrorismo instrumentaliza não somente o ser humano, mas também Deus*, acabando por fazer dele um ídolo de que se serve para os seus próprios fins.[34]

Essas afirmações de João Paulo II podem ser facilmente aplicadas ao contexto da psicoterapia, onde assumem um significado peculiar para o terapeuta que poderia supor conhecer o que seja verdadeiro para o próprio cliente. Ao examinar a questão da descoberta e da reivindicação da verdade no contexto da dinâmica psicoterapêutica, em primeiro lugar examinemos um aspecto fundamental e uma premissa que diz respeito tanto ao terapeuta quanto ao cliente.

O percurso dinâmico rumo à verdade no processo psicoterapêutico

Premissa: o amor pela verdade

Antes de estar habilitado para a prática terapêutica, o terapeuta deve submeter-se, ele próprio, a um processo analítico. Tal prática corresponde à inscrição do templo de Apolo em Delfos: "Conhece a ti mesmo". No que diz respeito ao conhecimento de si, permanece ainda válida a formulação epistemológica das *Quaestiones De veritate* de Tomás de Aquino: *Intelligo quia volo (De ver.* 6) — compreendo porque o quero. Se alguém *não quer* submeter-se a um processo (didático-)terapêutico a fim de melhorar o conhecimento da própria psique e do próprio comportamento, não fará muitos progressos no crescimento de sua verdade pessoal.

---

[34] JOÃO PAULO II. Mensagem *Não há paz sem justiça, não há justiça sem perdão*, para o XXXV Dia Mundial da Paz (8.12.2001), *EV* 20/2301.

Certa vez, foi solicitado a Anna Freud — a filha de Sigmund que aplicou a teoria psicanalítica ao tratamento da infância — que expressasse uma opinião acerca de um jovem de 14 anos que lhe havia escrito. Estava indeciso quanto a tornar-se psicanalista como o pai. Anna Freud respondeu-lhe:

Caro John [...],

você me perguntou quais seriam, em minha opinião, as qualidades pessoais essenciais em um futuro psicanalista. A resposta é relativamente simples. Se você quer ser um verdadeiro psicanalista, deve ter um grande amor pela verdade, seja pela verdade científica, seja pela verdade pessoal, e deve colocar tal apreço pela verdade acima de todo incômodo que se pode experimentar ao deparar-se com fatos desagradáveis, quer estes pertençam ao mundo externo, quer à interioridade de sua pessoa. Ademais, penso que um psicanalista deveria ter [...] interesses [...] que ultrapassam o limite do campo médico, [...] no que pertence à sociologia, à religião, à literatura (e) à história, (do contrário) seu olhar [...] sobre o paciente permanecerá demasiado restrito.[35]

"Deve ter um grande amor pela verdade" — seja no sentido da verdade científica, seja da verdade pessoal, quer seja conveniente, quer não. Esse amor pela verdade atrai não somente os que desejam tornar-se psicanalistas — basta apenas pensar na filósofa e freira Edith Stein —, mas é essencial para todo terapeuta e para todos os que desejam conhecer-se melhor mediante um processo psicoterapêutico. Wilfred R. Bion, um psicanalista sensível do ponto de vista filosófico e religioso, escrevia: "Por definição e por tradição de disciplina científica, o movimento psicanalítico está empenhado na

---

[35] Citado em: KOHUT, H. The evaluation of applicants for psychoanalytic training. *International Journal of Psychoanalysis* 49 (1968) 548-553; aqui, p. 553.

153

busca da verdade como seu escopo central";[36] e Loch faz-lhe eco: "A verdade: meta da investigação psicanalítica".[37]

A verdade como reconhecimento de um fato (a teoria da correspondência da verdade): o inconsciente dinâmico e o princípio da função múltipla

Todas as tentativas sucessivas de definir a verdade fazem referência à teoria da correspondência da verdade, cuja formulação clássica é devida a Tomás de Aquino: *veritas est adaequatio rei et intellectus* ["a verdade é a correspondência da realidade ao conhecimento"].[38] Essa fórmula de correspondência (*adaequatio*) tem um valor prático para a existência: a verdade está essencialmente relacionada com a *realidade*. Se as coisas são verdadeiramente como são apresentadas ou explicadas, pode-se confiar nelas e pode-se — e dever-se-ia — orientar, consequentemente, o próprio modo de pensar e de agir, pondo nelas a confiança e levando-as em conta.

A verdade, segundo a teoria da correspondência (ou *adaequatio*) "não exige que o pensamento reflita o ser em todos os seus aspectos e, nesse sentido, constitui um *conhecimento adequado*; um conhecimento *inadequado* é suficiente se somente aqueles aspectos que são pensados e expressos devem ser reencontrados naquilo que é".[39]

Neste primeiro passo do emprego das teorias filosóficas da verdade para descrever as características do percursos

---

[36] BION, W. R. *Attention and Interpretation*. London, 1970. p. 99. Citado em: LOCH, W. *Psicoanalisi e verità*, cit., p. 154.

[37] LOCH, W. *Psicoanalisi e verità*, cit., p. 153s.

[38] TOMÁS DE AQUINO. *De veritate*, q. 1, a. 1. Cf. PUNTEL, L. B. Verità, cit., v. III, p. 2318. KOBUSCH, T. Adaequatio rei et intellectus. Die Erläuterung der Korrespondenztheorie der Wahrheit in der Zeit nach Thomas von Aquin. In: ENDERS, M.; SZAIF, J. (Hrsg.). *Die Geschichte des philosophischen Begriffs der Wahrheit*. Berlin/New York: De Gruyter, 2006. p. 149-166.

[39] DE VRIES, J.; PUNTEL, L. B. Wahrheit, cit., p. 448.

dinâmicos para a verdade no processo terapêutico estamos interessados em conhecer as características de um ser ou de uma pessoa, e as relativas expressões existenciais no sentido da verdade científica.[40] Ao mesmo tempo, estamos interessados nessas características no sentido de uma verdade pessoal existencial à medida que se tornam parte do autoconhecimento do indivíduo no contexto do processo psicoterapêutico do profundo: trata-se do "conteúdo da verdade"[41] da teoria da remoção e do inconsciente dinâmico, uma coluna sustentadora da psicologia do profundo.

Mais precisamente, este primeiro passo visa ao reconhecimento científico e existencial desse "conhecimento psicológico do profundo" como correspondente à realidade.

Uma tese basilar comum à psicologia do profundo (não somente à psicanálise) pode ser formulada como segue: "Os processos emotivos inconscientes, que refletem as experiências somáticas e relacionais da vida de um indivíduo, *co*-determinam sempre pensamentos, sentimentos e comportamentos em múltiplos modos *não necessariamente* *patológicos*".[42] Essa tese fundamental diz respeito ao assim chamado *princípio da função múltipla*,[43] segundo o qual todo ato cônscio representa sempre uma tentativa de levar simultaneamente a cabo tarefas diferentes. Tais tarefas são exigidas

---

[40] A verdade científica é acessível a quem quer que tenha recebido a formação necessária. Cf. DE VRIES, J.; PUNTEL, L. B. Wahrheit, cit., p. 448. Isso, não obstante, se pode recusar a aceitar e — sob o ímpeto de razões não racionais — racionalizar.

[41] Cf. LOCH, W. *Psicoanalisi e verità*, cit., p. 154-160.

[42] BAUMANN, K. Psyche. In: FRANZ, A.; BAUM, W.; KREUTZER, K. (Hrsg.). *Lexikon philosophischer Grundbegriffe der Theologie*. Freiburg: Herder, 2003. p. 331-333; aqui, p. 332.

[43] WAELDER, R. The principle of multiple function: observations on overdetermination. *Psychoanalytic Quarterly* 5 (1936). No original alemão de 1930, a primeira formulação clássica deste princípio utiliza a terminologia do modelo estrutural freudiano.

— de forma cônscia e incônscia — pela estrutura psíquica da pessoa e por seu contexto sempre novo e diferente, e neles a pessoa responde — sempre de modo cônscio e incônscio — às exigências tanto estruturais quanto contextuais.

Com outras palavras, no comportamento cônscio a pessoa procura simultaneamente, de modo incônscio, conseguir por si um ou mais objetivos. Tais motivações estão presentes, de modo que o reconhecê-las conscientemente como próprias resultaria bastante desagradável ou inaceitável para a pessoa.

Alguns exemplos podem ajudar a esclarecer o assunto. Uma obsessão pela limpeza pode ser *co*-determinada pela tentativa de evitar o desejo de intimidade; um distúrbio alimentar, como a anorexia em uma adolescente, pode *também* representar inconscientemente uma tentativa de autodestruição, de modo a não ter de exprimir aberta ou diretamente a própria agressividade contra a mãe e o seu ser mulher. A obediência submissa à autoridade da Igreja pode ser *co*-motivada inconscientemente pelo temor do próprio desejo de autonomia. Um primeiro objetivo da psicoterapia dinâmica consiste no ajudar a pessoa a reconhecer passo a passo esses elementos inconscientes, de forma a torná-los (em sua maioria) tratáveis. Os primeiros dois exemplos referem-se principalmente à área dos conflitos neuróticos e dos distúrbios psicopatológicos (da "terceira dimensão"); o exemplo relativo à obediência pertence, na maioria das vezes, ao âmbito das consistências e das inconsistências psicossociais (próprias da "segunda dimensão") que podem coexistir tanto com a saúde quanto com a patologia psíquica.

Albert Görres soube reconhecer, sem dificuldade alguma, a dinâmica da função múltipla em relação à própria fé cristã, quando reconhecia que Freud tinha razão: "Olhando para mim mesmo e para meus clientes, devo admitir que intensos impulsos e desejos inconscientes, as formas de apego aos pais e os mecanismos psicodinâmicos muitas vezes favorecem a fé".[44]

---

[44] GÖRRES, A. *Kennt die Psychologie den Menschen?*, cit., p. 109.

Mas admitia também a condição complementar, que não é certamente menos verdadeira: "Todos esses aspectos podem também agir com grande força contra a fé".[45] Como se disse, nenhuma dessas afirmações diz alguma coisa da verdade da fé. Nesse contexto, Görres pensa sobretudo na *fides quae creditur*, no conteúdo da fé cristã.

Ademais, Görres concorda com Freud em outro ponto: "A psicanálise pode mostrar que, para muitos crentes, depois da libertação analítica das motivações [inconscientes] infantis e libídicas da fé, não permanece nada de sólido".[46] Aqui, Görres parece referir-se à *fides qua creditur*, a fé que dá estabilidade e que, privada das gratificações precedentes *inconscientes e defensivas,* pode desviar grande parte do vigor e do valor existencial para a pessoa. Muito de quanto anteriormente parecia coerente e verdadeiro pode aparecer, a seguir, altamente discutível.

Demos, agora, um passo além na linha das "teorias da verdade".

A verdade como interpretação e contexto (a teoria da coerência da verdade)

Conforme Puntel, a coerência deve ser compreendida como algo "mais que a simples consistência (não contradição). [...] Uma cognição coerente é uma cognição na qual cada juízo implica todo o sistema e é implicado por todo o sistema".[47] Segundo a teoria da coerência, a verdade nada mais é do que uma correlação adequada (coerência) das observações ou das opções no contexto geral do que se considera verdadeiro.[48]

---

[45] Ibid.

[46] Ibid., p. 110.

[47] PUNTEL, L. B. *Wahrheitstheorien in der neueren Philosophie*, cit., p. 191.

[48] Cf. KETTNER, M. Wahrheit (der psychoanalytischen Erkenntnis). In: MERTENS, W.; WALDVOGEL, B. (Hrsg.). *Handbuch psychoanalytischer Grundbegriffe*. 2. Aufl. Stuttgart et al.: Kohlhammer, 2002. p. 793-797; aqui, p. 794s.

Cada um dos indivíduos dos exemplos precedentes (a compulsão pela limpeza, o distúrbio alimentar e a submissão) havia buscado uma coerência em seu sistema psíquico, recorrendo à remoção, às defesas incônscias ou ao desenvolvimento sintomático, até que o sofrimento, tornado excessivo, levou a pessoa a empreender uma psicoterapia. Se o *insight* na psicodinâmica pessoal for bem-sucedido, quem é obcecado pela limpeza poderia descobrir, de maneira totalmente nova, sua necessidade de uma relação íntima; a anoréxica poderia entrar em contato com a própria cólera destrutiva em relação à mãe, sempre removida a fim de não decepcionar a mãe ou também para não perdê-la. Esses processos terapêuticos podem modificar de modo significativo os sistemas internos e relacionais da pessoa. Ela se encontra com exigências, desenvolvimentos e decisões que podem resultar bastante novos — e ao mesmo tempo, modificar sua carga de sofrimento, promovendo até mesmo uma condição de alegria e de crescente aceitação e responsabilidade por si. A pessoa sentir-se-á induzida a buscar nova coerência, mais importante e mais segura, onde o que até agora foi reprimido de modo sistemático e, no final, doloroso, pode, agora, ser aceito como algo que é e permanece verdadeiro. Essa mudança pode, por sua vez, gerar novamente temores e resistências, em si mesmo e no outro. Poder-se-ia perguntar se pode ser verdadeiro o que até agora não havia sido — se o amor pela verdade é maior do que o defender-se daqueles "fatos desagradáveis" que Anna Freud recorda em sua carta ao jovem John.

Esses processos, que desafiam a coerência precedente e procuram alterá-la, acontecem também em referência aos compromissos duradouros e às decisões da vida cristã.

Assim, é possível que um homem deseje inconscientemente que a mulher controle seus desejos ambivalentes de independência, agindo de modo dominante, como o fez sua mãe. Com a vinda dos filhos, sente-se sempre mais colocado à prova; para ele, tudo se torna excessivo e se descobre regularmente irritado com a mulher. Em psicoterapia, o homem toma consciência de quanto, de modo inconsciente, tende a perceber na mulher a própria mãe — e a questão, agora, é o que permanece: não pretende ser dependente como uma criança, mas sim adulto e independente. A mulher precisa de sua colaboração para educar os filhos e, a esse respeito, nutre desejos e expectativas próprias. Não está, de fato, pronta a subordinar todos os próprios desejos aos do marido. Põe-se o problema quanto a permanecer fiel à promessa matrimonial e que valor possa ter para ele. A crise matrimonial pode gerar uma crise de identidade; é uma questão aberta se esse homem está em condições de construir uma identidade elaborada de modo mais coerente do que a precedente[49] para tornar-se um marido e um pai melhor.

Situação análoga é a do sacerdote que, após a morte da mãe, enamora-se pela primeira vez de uma coetânea. Em psicoterapia, pode entrar em contato com a verdade de como, de modo intenso e inconsciente, tenha ouvido os desejos maternos, buscando ser um bom rapaz e um bom sacerdote, de quem ela podia andar orgulhosa. Ademais, dá-se conta de que a mãe, de modo sublimado, contava com tudo isso como condição para a própria aprovação. A esse ponto poder-se-ia apresentar uma situação particularmente frustrante no ministério pastoral. Talvez a verdade recentemente descoberta agrave a crise do sistema precedente mais do que a própria paixão. Aquilo que até agora concebeu como a própria vocação aparece, agora, igualmente discutível como atividade profissional. Que acontecerá? Saberá encontrar ou construir uma nova coerência no manter fé na própria decisão de vida, ou mudá-la-á e abandoná-la-á em favor de uma nova coerência e de um novo significado de vida considerado agora como mais verdadeiro?[50]

---

[49] Cf. MARCIA, J. E. Common processes underlying ego identity, cognitive/moral development, and individuation. In: LAPSLEY, D. K.; POWER, F. C. (ed.). *Self, Ego, and Identity. Integrative Approaches.* New York/Berlin et al.: Springer, 1988. p. 211-225. MARCIA, J. E.; WATERMAN, A. S.; MATTESON, D. R.; ARCHER, S. L.; ORLOFSKY, J. L. *Ego Identity. A Handbook for Psycho-Social Research.* New York: Springer, 1993. Marcia denomina *preclusão* o caso de um indivíduo esforçado, mas que quase não empreendeu alguma exploração dos valores; o estado de aquisição da identidade reflete, ao contrário, o caso de um indivíduo esforçado, cujo esforço é precedido da experimentação dos valores.

[50] Para uma aplicação do conceito de Marcia de "estados de identidade" à maturação da identidade vocacional, cf.: BAUMANN, K. Priesterliche "Identi-

Nesses exemplos é evidente como, na situação existencial, os fatores emotivos e cognitivos estão estreitamente ligados. Por acréscimo, vêm à luz os dois objetivos da psicoterapia psicodinâmica que W. Loch formulou: "A busca da verdade histórica e o desenvolvimento do sentido — no qual este último é compreendido como verdade *da* existência e *para* a existência".[51] Ambos os objetivos deveriam estar "estreitamente ligados a uma solução", vale dizer, a solução das tentativas de coerência precedentes que, no entanto, resultavam psiquicamente inautênticas e conflituosas por causa da remoção da história pessoal das verdades fundamentais desagradáveis.

A verdade no encontro (a teoria hermenêutica da verdade)

As situações que analisamos a respeito da descoberta da verdade pessoal em adequados contextos psicoterapêuticos estão claramente relacionadas às decisões e aos valores. Nisso os valores e as atitudes do terapeuta desempenham um papel importante, sem dano à pretensa neutralidade ou à regra de abstinência terapêutica. Um fator decisivo da psicoterapia é a relação que inevitavelmente se desenvolve entre terapeuta e cliente. A comunicação terapêutica — como, de resto, qualquer relação interpessoal — acontece tanto no nível consciente quanto no inconsciente. E como qualquer outra relação, o que o cliente diz provoca sempre no terapeuta reações emotivas e racionais que implicam julgamento que — no nível consciente e/ou inconsciente — significam assentimento ou desaprovação.

---

tätszustände" [...] auf dem Weg, wie Christus gesinnt zu werden. In: MARX, R.; SCHALLENBERG, P. (Hrsg.). *Wir haben Christi Sinn". Heilige als Vorbilder priesterlicher Spiritualität.* Paderborn: Bonifatius, 2002. p. 163-181. BAUMANN, K. Persönliche Erfüllung im Dienen? Motivations- und identitätspsychologische Überlegungen zum beruflichen Engagement in helfende Berufen. *Zeitschrift für medizinische Ethik* 49 (2003) 29-42.

[51] LOCH, W. *Psicoanalisi e verità*, cit., p. 153.

É importante reconhecer ao menos duas importantes diferenças nas relações interpessoais quotidianas entre adultos: em primeiro lugar, a relação no palco terapêutico é estruturalmente assimétrica e, secundariamente, o terapeuta deveria saber como tratar de modo profissional os elementos inconscientes da relação (da transferência e da contratransferência) e colocá-los a serviço dos objetivos do tratamento. Portanto, o terapeuta não deveria explorar a própria posição de poder para fins pessoais, nem exercitar uma influência disfarçada ou indireta, mediante a manipulação ou a sugestão.

O trabalho psicoterapêutico compreendido como "busca da verdade histórica e do desenvolvimento do sentido"[52] acontece necessariamente dentro de um encontro e de uma relação. A verdade buscada emerge e se desenvolve na relação terapêutica. Por conseguinte, muito depende da "zona intermédia" (*between*) entre cliente e terapeuta e do sistema valorativo deste último. Sobre esse ponto, temos vontade de subscrever a opinião de J. Rattner: "O psicólogo, no decurso de uma terapia, deveria explicitar o próprio sistema valorativo, de modo tal que o cliente possa confrontar-se com ele. Dessa forma, nenhum juízo de valor é contrabandeado para dentro de sua vida interior".[53]

Para o cliente, poderia ser até mesmo mais desejável que as linhas gerais do sistema de valores do terapeuta fossem apresentadas desde o momento do encargo. Por exemplo, para muitas pessoas, o limiar a ser ultrapassado antes de entrar em contato comigo como psicoterapeuta se abaixa quando chegam a saber que sou sacerdote católico. Para outras, o umbral aumenta. Normalmente, o primeiro grupo pode confiar não somente no fato de que eu possa compreender

---

[52] Ibid.

[53] RATTNER, J. *Tugend und Laster. Tiefenpsychologie als angewandte Ethik*. Frankfurt: Fischer, 1991. p. 91.

PARTE II – A PROPOSTA PSICOLÓGICA: UMA CONTRIBUIÇÃO PARA A FILOSOFIA E PARA A TEOLOGIA

sua fé, mas que eu próprio tente viver e proclamar a fé cristã. Em mais de trinta anos de prática psicanalítica, H. Henseler deteve-se longamente sobre o fato de que os clientes que se professavam religiosos raramente falassem da própria fé e que, quando o faziam, fossem decididamente sóbrios.

Henseler pergunta-se se isso poderia estar relacionado com o temor do cliente de ser ridicularizado ou não ser levado verdadeiramente a sério por um analista não crente.[54] Ainda que Henseler a rejeite, essa hipótese foi confirmada empiricamente pela pesquisa conduzida na década de 1990 nos EUA.[55] Tais estudos provam, entre outras coisas, que a afinidade das crenças religiosas do terapeuta e do cliente era a única variável que permitia previsões significativas do êxito terapêutico. Isso[56] não altera o fato de que amor à verdade seja a base da relação terapêutica e que aquele amor seja colocado à prova, como afirmava o próprio pai de Anna Freud: "[...] enfim, não se deve esquecer de que a relação analítica está fundada no amor à verdade, ou seja, no reconhecimento da realidade, e que tal relação não tolera nem fingimento nem engano".[57]

Esses processos de busca e de desenvolvimento de uma "verdade *da* existência e *para* a existência",[58] em minha opinião, são sempre devidos à livre ação de Deus, que utiliza justamente aquelas leis que ele mesmo inscreveu na pessoa humana e em sua psique.

---

54 Cf. HENSELER, H. *Religion–Illusion?*, cit., p. 125s.

55 Cf. JONES, S. L. A constructive relationship for religion with the science and profession of psychology. Perhaps the boldest model yet. *American Psychologist* 49 (1994) 184-199; aqui, p. 196s.

56 No que diz respeito ao influxo da *Weltanschauung* e da visão antropológica sobre a prática psicanalítica, confiram-se também as contribuições em P. KUTTER, R. RÁRAMO-ORTEGA e T. MÜLLER [(Hersg.), *Weltanschauung und Menschenbild. Einflüsse auf die psychoanalytische Praxis*. Göttting: Vandenhoeck & Ruprecht, 1998].

57 Citado em: LOCH, W. *Psicoanalisi e verità*, cit., p. 154.

58 Ibid., p. 153.

162

O acontecimento psicoterapêutico dá-se num espaço que o terapeuta deve descerrar e garantir ao outro: uma dimensão espaciotemporal que, pela ótica cônscia e pré-cônscia da fé, é mais ou menos explicitamente aberta ao Deus vivo como a um "Terceiro"[59] — também para os clientes. Em tal espaço e tempo, graças à presença estável do terapeuta, são garantidos ao outro segurança e aceitação suficientes para que ele possa buscar e descobrir a maior verdade possível de sua vida; uma côngrua-segurança permite ao cliente articular, tolerar e elaborar inseguranças, temores, novas descobertas dolorosas, feridas caladas e perguntas abertas — de modo a prosseguir na elaboração por conta própria, depois de tê-lo feito nas sessões na presença do terapeuta. Nesse espaço e tempo cresce a confiança em que a verdade possa tornar livres e dar orientação a fim de encontrar, colocar à prova e experimentar na vida *maiores* e *novas* coerência e autenticidade.

Tudo isso parece corresponder à teoria hermenêutica da verdade de H. G. Gadamer: no espaço mental dilatado graças à terapia, o cliente — em uma modalidade simultaneamente lúdica e comprometida — abre-se a uma nova compreensão, descobrindo-se enriquecido pelo processo.[60] Ao mesmo tempo, tal espaço e tal estabilidade, tal credibilidade e presença contrastam com os fenômenos Pós-Modernos das relações instáveis e de uma pluralidade e fragmentação desestabilizantes.

---

[59] Quanto ao papel da "terceira pessoa" e à importância para o espaço psíquico deste "tri-ângulo", vejam-se as contribuições em "The Third in psychoanalysis", número especial de *The Psychoanalytic Quarterly* 73 (2004) 1.

[60] Cf. MÜLLER, K.; WERBICK, J. Wahrheit. II. Philosophie- u. Theologiegeschichtlich. IV. Systematisch-theologisch. In: *Lexikon für Theologie und Kirche*. 3. Aufl. Freiburg i. B. et al.: Herder, 2001. 11 vv. v. X, p. 929-933; 935-938; aqui, p. 937. MÜLLER, K. Wahrheit. In: FRANZ, A.; BAUM, W.; KREUTZER, K. (Hrsg.). *Lexikon philosophischer Grundbegriffe der Theologie*. Freiburg i.B.; Herder, 2003. p. 434-438; aqui, p. 437.

PARTE II – A PROPOSTA PSICOLÓGICA: UMA CONTRIBUIÇÃO PARA A FILOSOFIA E PARA A TEOLOGIA

A proposta da verdade do Evangelho e dos valores cristãos no contexto psicoterapêutico

> Se permanecerdes em minha palavra,
> sereis verdadeiramente meus discípulos,
> e conhecereis a verdade,
> e a verdade vos tornará livres.
> (Jo 8,31-b-32)

A fé em Deus ou a relação com Deus entram apenas de modo implícito e não verbal no espaço mental do processo psicoterapêutico descrito há pouco? Graças à abertura ao Deus vivo como a um "Terceiro", a responsabilidade do terapeuta de não impor valores ou atitudes é ainda mais evidente. Ao mesmo tempo, esse espaço triangular com o Deus vivo como "Terceiro" comporta um testemunho silencioso ou muitas vezes efetivamente *também* um ponto de referência comum (quase) externo, explicitamente pressuposto, objetivo e transcendente. Supondo-se que o mesmo terapeuta seja suficientemente livre para internalizar os valores e Jesus Cristo *mais* do que distorcê-los, esse ponto de referência comum oferece ao terapeuta a oportunidade de propor ao cliente, no momento oportuno, os valores da fé importantes para a situação, os quais até agora o cliente evitou ou distorceu conscientemente.

O emprego de semelhantes sugestões,[61] de modo comedido, transparente e apropriado, pode ser vivido pelo cliente como surpresa ou confronto, alívio ou desafio. De modo particular, à medida que reflete sobre eles e, consequentemente, escuta, lê e aprofunda a Palavra do Evangelho de maneira nova e mais pessoal, pode experimentar tais reenvios como

---

[61] Para maiores detalhes acerca da questão no contexto específico da utilização do método psicoterapêutico na formação ao sacerdócio e à vida religiosa, veja-se: L. M. RULLA (*AVC I*, p. 360-366 e a fig. 4, p. 364).

164

libertadores.[62] Isso é de importância capital, considerando-se que os acenos do terapeuta constituem também um testemunho com um impacto emotivo e podem despertar tendências defensivas na direção da complacência.

A reelaboração dos novos *insights*, por parte do cliente, pode ser considerada livre e eficaz somente quando os concretiza em uma escolha deliberada e *duradoura* de um novo comportamento, promovendo com isso uma crescente coerência e autenticidade das ações, das relações e da vida. Quando o cliente considera integrar sempre mais no próprio agir a verdade de Jesus Cristo e permanecer em sua palavra, essa coerência e essa autenticidade assumirão e buscarão a pessoa mesma de Jesus Cristo como medida e critério de verdade. Ao cliente permanece a promessa de que tal verdade (que é uma pessoa), a despeito da sua ambivalência, torná-lo-á livre para amar mais "com os fatos e na verdade" (1Jo 3,18), segundo o exemplo de Jesus Cristo (cf. Jo 13,15) e de viver em Jesus Cristo em Deus (cf. Rm 6,11) — em meio ao Povo de Deus peregrino e de um mundo Pós-Moderno enganador.

---

[62] Para o contexto pastoral, cf. *Les évêques de France. Proposer la foi dans la société actuelle. Lettre aux catholiques de France* (9.11.1996).

Capítulo 2

A DIALÉTICA DE BASE NA PERSPECTIVA DA ANTROPOLOGIA TEOLÓGICA.
QUESTÕES CRÍTICAS E SUGESTÕES PARA UMA RETOMADA

Daniele Moretto*

A obra de Rulla, inspirada em uma perspectiva interdisciplinar, contribuiu indubitavelmente para a reavaliação da instrumentação psicológica na formação cristã, acima de tudo graças ao primeiro volume de *Antropologia da vocação cristã*, sua obra principal do ponto de vista teórico.[1]

Em minha opinião, alguns tópicos de sua teoria permanecem como pontos firmes para qualquer proposta de inte-

---

* Italiano, nasceu em 1968, doutor em Teologia, diplomado no Instituto Superior para Formadores, é docente de Teologia Sistemática no Centro Teológico Interdiocesano de Reggio Emilia (Itália).

[1] RULLA, L. M. *Antropologia della vocazione cristiana*. 2. ed. Bologna: EDB, 1987. v. 1: Basi interdisciplinari. (de agora em diante, *AVC I*). [Trad. bras. de Frei José Carlos Pedroso. *Antropologia da vocação cristã*. São Paulo: Paulinas, 1987.] Cf. também RULLA, L. M.; IMODA, F.; RIDICK, J. *Antropologia della vocazione cristiana*. 2. ed. Bologna: EDB, 2001. v. 2: Conferme esistenziali. RULLA, L. M. (ed.). *Antropologia della vocazione cristiana*. Bologna: EDB, 1997 (de agora em diante, *AVC III*).

gração entre psicologia e visão cristã. De fato, tal integração deve levar em conta, em primeiro lugar, o fato de que "uma psicologia sem pressupostos filosóficos é simplesmente um mito" (*AVC I*, p. 46), pelo que "uma antropologia da vocação cristã não pode tomar emprestado outras antropologias sem uma apropriada análise crítica de suas posições de base e de suas diferenças dialéticas de horizonte acerca da pessoa humana, mesmo que essas não sejam evidentes" (*AVC I*, p. 13).

Em segundo lugar, essa integração deve falar de um ser humano constituído ontologicamente por um dinamismo de autotranscendência — que psicologicamente assume a forma de uma dialética de base entre *eu* atual e *eu* ideal (*AVC I*, p. 142) — razão pela qual o fundamento das atitudes não pode ser reduzível apenas às necessidades sem levar em consideração também os valores (*AVC I*, p. 147-154), nem a autotranscendência egocêntrica ou filantrópica (*AVC I*, p. 135-142).

Nesse quadro se coloca a proposta original de Rulla, definida pela instrumentação conceitual das três dimensões. A dialética de base estratificar-se-ia não somente em relação à capacidade efetiva do indivíduo de autotranscender-se (normalidade ou patologia: terceira dimensão) e à escolha deliberada em relação ao fim (virtude ou pecado: primeira dimensão), mas também acerca da vertente da segunda dimensão, respeitante ao bem real e ao bem aparente (*AVC I*, p. 164-178). A dificuldade na segunda dimensão (inconsistência) não seria, portanto, um pecado — visto que não coincide com um ato individual de decisão dependente da livre escolha consciente (*AVC I*, p. 159; 185) —, nem uma patologia que indica a capacidade de tomar decisões livres, mas pode, indiretamente, fazer tender ao pecado, agindo sobre o estado que predispõe à decisão.

O específico da intervenção educativa com competências psicológicas não consistiria, portanto, no esclarecimento dos valores explícitos (primeira dimensão), nem na individuação de patologias (terceira dimensão), mas na explicitação das motivações inconsistentes que animam inconscientemente a pessoa (segunda dimensão), a fim de que esta possa aumentar o espaço efetivo da própria liberdade.[2]

Minha contribuição, porém, não se deterá no valor global da proposta de Rulla, que considero válida, em si, mas, antes, em alguns pontos específicos de tipo teórico, que deveriam ser reelaborados em relação à renovação da antropologia teológica, esclarecendo assim, também, alguns pontos críticos. Esboçarei, portanto, algumas instâncias fundamentais da antropologia teológica atual, confrontando-as, a seguir, com o pensamento de Rulla acerca do relacionamento teologia-filosofia-psicologia, sobre o fim último do dinamismo humano e sobre a relação entre autotranscendência e liberdade, propondo, a cada vez, alguns tópicos para um desenvolvimento ulterior da teoria rulliana. Concluirei com uma consideração sobre o último Rulla.

---

[2] Por conseguinte, não procede a crítica de G. MAZZOCATO (Psicologia e pastorale. Urgenze e questioni teoriche. *Teologia* 21 [1996] 177-214). Assim se exprime o autor: "Colocado nestes termos, o inconsciente assume o significado de limitar as pretensões do moralista; de afirmar uma área da vida psíquica subtraída ao juízo moral" (p. 191). E ainda: "[A tendência de Rulla] é, efetivamente, a de deter-se nos aspectos patológicos, que são de determinação mais fácil e podem usufruir do saber psicológico moderno, fundamentalmente 'clínico'" (p. 210). E mais adiante: "Fora de tal referência clínica, a prática terapêutica fica exposta àquela confusão com a formação que é deletéria para esta última" (p. 212). Mazzocato compreende a segunda dimensão no sentido da terceira: ela diz respeito aos "aspectos patológicos" e é "uma área da vida psíquica" subtraída ao moralista. Mas, para Rulla, as inconsistências em segunda são apenas predisponentes à escolha pecaminosa: não tolhem a capacidade de deliberação e a responsabilidade moral (primeira), como, ao contrário, o faz a patologia. A impostação de Mazzocato — em primeiro lugar, o terapeuta verifica se existe uma patologia na terceira dimensão e, a seguir, deixa o campo ao formador cristão, o único habilitado a oferecer orientações de vida espiritual em segunda — tem justamente o limite de descuidar a contribuição mais estimulante de Rulla, que ao contrário exigia que o educador cristão tivesse competências não somente no campo formativo-espiritual, mas também psicológico, podendo, assim, dar uma educação integral ao longo de todo o caminho.

AS INSTÂNCIAS DA ANTROPOLOGIA TEOLÓGICA ATUAL

A escolástica moderna (século XVI-XVII) e a neoescolástica (século XIX-XX) haviam impostado a relação entre natureza e graça (e entre filosofia e teologia) em torno dos seguintes aspectos: uma natureza humana capaz de alcançar um próprio fim proporcionado ("natureza pura"), sem possuir nenhum desejo íntimo de ver Deus face a face; um ato divino gratuito, logicamente sucessivo em relação à criação, com a qual a natureza era elevada a tender ao fim sobrenatural (a visão beatífica); uma graça como meio para alcançar o fim sobrenatural. Pretendia-se, assim, preservar a gratuidade da graça em relação às exigências da natureza, mas, dessa forma, emergiram pesados contragolpes: extrinsecismo de uma natureza indiferente à graça, redução racionalista da visão cristã sobre o ser humano, carência de fundamentos cristológicos em antropologia teológica, a apologética como forma de regular as relações entre filosofia e teologia (a verdade da revelação deve primeiramente ser verificada pela filosofia e somente em seguida pela teologia).

Contudo, no século XX, a proposta encontrou dificuldades sempre maiores: a redescoberta do pensamento original de Tomás repropôs um desejo *natural* da visão beatífica e, por conseguinte, um único fim com a graça como cumprimento íntimo da natureza; os estudos acerca da Escritura e sobre os Padres repropuseram o tema de um ser humano à imagem de Deus — aliás, de Cristo — chamado, portanto, a conformar-se ao protótipo do Verbo encarnado. A apologética mesma entrou em um beco sem saída: malogrando, criava um insanável dualismo entre fé e razão; sendo bem-sucedida na própria tarefa, dava à razão a possibilidade de demonstrar (e de destruir) a fé.

Assim, o Concílio Vaticano II afirmou que "a vocação última do ser humano é, efetivamente, uma só, a divina" (*GS*, n. 22), no capítulo concentrado no "Cristo ser humano novo",

170

recolhendo, assim, a reconsideração da teologia católica do século XX acerca da relação natureza-graça.[3] Entrementes, a antropologia teológica fez escolhas análogas: contra o extrinsecismo neoescolástico entre humano e cristão, o específico cristológico entrou, desde o início, na definição cristã de ser humano; contra um Cristo somente redentor e uma graça como mero remédio para o pecado, Cristo agora é o protótipo originário e cumprimento ao qual todo ser humano tende, também para além do problema do pecado; o único fim do ser humano é a participação na vida divina do Deus Trino, ao passo que tudo o mais não está em condições de saciar; a apologética, agora, foi substituída pela teologia fundamental, que não pretende mais passar da razão à fé, mas parte da lógica de fé e se ocupa das questões de fronteira com a razão.[4]

AS RELAÇÕES ENTRE TEOLOGIA, FILOSOFIA E PSICOLOGIA

Para compreender a posição de Rulla, convém recordar aqui seus estudos e, portanto, o horizonte de pensamento que lhe é correspondente: uma sólida formação científica, devida

---

[3] LADARIA, L. L'uomo alla luce di Cristo nel Vaticano II. In: LATOURELLE, R. (ed.). *Vaticano II. Bilancio e prospettive venticinque ani dopo (1962-1987)*. Assisi: Cittadella, 1987. 2 vv. Aqui, v. II, p. 939-951. CODA, P. L'uomo nel mistero di Cristo e della Trinità. L'antropologia della *Gaudium et Spes. Lateranum* 54 (1988) 164-194). RIVA, A. Attualità della *Gaudium et Spes. La Rivista del Clero Italiano* 33 (2002) 342-358.

[4] PANNENBERG, W. Il fondamento cristologico dell'antropologia cristiana. *Concilium* 9 (1973) 1073-1098. SERENTHÀ, L. Problemi di metodo nel rinnovamento dell'antropologia teologica. *Teologia* 1 (1976) 150-184. LADARIA, L. L'uomo creatura di Dio chiamata alla vita divina. La questione del soprannaturale. *Antropologia teologica*. Casale Monferrato (AL): Piemme, 1995. p. 174-202. COLZANI, G. Il problema dell'antropologia teologica. In: *Antropologia teologica. L'uomo; paradosso e mistero*. 2. ed. Bologna: EDB, 1997. p. 254-273. BRAMBILLA, F. G. Antropologia teologica. In: CANOBBIO, G.; CODA, P. (ed.). *La teologia del XX secolo; un bilancio. Prospettive sistematiche*. Roma: Città Nuova, 2003. 3 vv. Aqui, v. II, p. 175-286.

171

PARTE II – A PROPOSTA PSICOLÓGICA: UMA CONTRIBUIÇÃO PARA A FILOSOFIA E PARA A TEOLOGIA

seja à profissão de cirurgião precedente à entrada nos jesuítas, seja à especialização em psiquiatria e psicologia obtida em Chicago, após a profissão religiosa; uma formação filosófica (Gallarate) e teológica (Maryland) de tipo escolástico. Sua primeira obra,[5] de 1971, acerca das relações entre psicologia e vocação, foi de tipo experimental, com um pequeno capítulo de apenas seis páginas de premissas teológicas: "Meus primeiros esforços para estudar a vocação foram feitos seguindo um método indutivo-empírico ou indutivo-existencial" (*AVC I*, p. 284).

A virada aconteceu com *AVC I*, onde, ao contrário, "procede-se segundo uma ordem que se poderia chamar dedutiva: de considerações gerais de metafísica da pessoa e de antropologia teológica passa-se aos modos específicos de agir dos casos individuais" (*AVC I*, p. 284). O motivo da mudança pode ser remontado à vontade de propor, a partir dos dados empíricos, uma teoria psicológica compatível com a visão cristã, fazendo entrar, portanto, de modo mais explícito, os temas teológicos e uma antropologia filosófica que exerça o papel de ligação entre a antropologia teológica e a psicologia.

A

Mas por onde começar o diálogo? Da teologia, para preservar o específico da vocação cristã? Ou da filosofia, a fim de fazer um discurso acessível também aos não crentes? Rulla escolheu a segunda modalidade, desenvolvendo a sequência filosofia-teologia-psicologia (*AVC I*, p. 218) com uma abordagem de tipo apologético, portanto: "A antropologia filosófica é preâmbulo de fé" (*AVC I*, p. 34).[6]

---

[5] RULLA, L. M. *Psicologia del profondo e vocazione*. Casale Monferrato (AL): Piemme, 1989.

[6] "Encontramo-nos diante do esquema da velha apologética, para a qual o sobrenatural se une a um natural já compreendido em sua ordem" (MAZZOCATO, G. Psicologia e pastorale.., cit., p. 184, nota 24).

172

Em primeiro lugar, é necessária uma antropologia natural. Com efeito, todo esforço educativo que busca formar todo o ser humano deve ter como preâmbulo inevitável uma resposta à pergunta: que é o ser humano? Na discussão que se segue, a resposta a essa pergunta comportará dois aspectos: o exame dos fenômenos das atividades humanas e uma correspondente interpretação que visa a descobrir as raízes, as razões mais profundas de tais fenômenos (sem, contudo, chegar a uma discussão acerca das "essências" do ser humano, como, por exemplo, sua alma) [...] serão feitas a observação e a análise tanto fenomenológica quanto empírico-existencial de dados reais e de pensamentos concretos da pessoa humana; num segundo momento, proceder-se-á indutivamente a partir desses dados e desses pensamentos até as suas causas, as suas raízes, ou seja, ao que eles supõem e implicam [...]. Em segundo lugar, é necessária uma antropologia teológica. De fato, o ser humano não atinge sua perfeição senão sobrenaturalmente. Por isso a concepção antropológica natural deve ter seus fundamentos em uma antropologia teológica e sua convergência para ela (*AVC I*, p. 19).

Há, portanto, uma noção filosófica de ser humano que prescinde do fim sobrenatural, ainda que, a seguir, "o ser humano não atinja sua perfeição senão sobrenaturalmente" e a mesma antropologia filosófica "deva ter seus fundamentos" na antropologia teológica. Mas se a antropologia filosófica se fundamenta na antropologia teológica, por que partir da antropologia filosófica? Partindo da antropologia filosófica, a "convergência" não corre o risco de ser um forçamento, visto que a antropologia filosófica não poderá jamais dizer o que diz a antropologia teológica?

Ademais, o ponto de partida real parece ser não a antropologia filosófica, mas uma psicologia experimental com competências que se estendem até a antropologia filosófica: de fato, a antropologia "natural" não se desenvolve tanto tratando das "essências", mas partindo dos "fenômenos" e dos "dados" (objeto das ciências empíricas), com um método "empírico-existencial" que, no entanto, chega até a recolher "raízes", "causas" e "razões mais profundas do real". Assim, a filosofia tende a ser o resultado da indução científica.[7]

> Com efeito, as antropologias das ciências particulares são limitadas em sua natureza e em seu método; elas podem oferecer ideias de significativos aspectos parciais do ser humano, mas devem ser integradas na totalidade para tornar-se fecundas em vista de uma compreensão global do ser humano. Por isso elas não podem suplantar uma antropologia filosófica, cujo método é justamente o de colher e pensar o ser humano em sua inteireza. [...] Se é verdade que o pensar filosófico é distinto do saber científico, é também verdade que o pensar filosófico parte do saber científico; e isso seja porque do saber científico provêm indicações que podem atenuar ou modificar alguns aspectos de certas interpretações do real, seja porque estas últimas devem, então, ser traduzidas em fatos existenciais próprios de indivíduos concretos; e essa tradução deve respeitar as estruturas ou leis fenomênicas que somente a ciência está em condições de esclarecer. [...] Uma coisa é que a filosofia tenha suas próprias exigências de método, que são distintas das de outras ciências, mas [...] outra é não subordinar justamente a ideia de método ao conceito mais fundamental da relação de verdade com as coisas e com as pessoas (*AVC I*, p. 45s).

Note-se como a diferença entre filosofia e ciências particulares não está tanto no *objeto formal* — todo o real para a filosofia; o que do real é mensurável para as ciências — quanto no fato de que a filosofia é a soma das partes dadas pelas ciências particulares (fornecem "significativos aspectos parciais").

---

[7] Rulla propende a redimensionar o valor da razão filosófica em favor da empírica: "empírico" é sinônimo de "existencial" e de "racional" (*AVC I*, p. 23), ao passo que "abstrato", em sentido depreciativo, é sinônimo de "metafísico" (*AVC I*, p. 24). O objeto das ciências empíricas encerra, talvez, todo o real? Qual fenomenologia permanecerá ao alcance da filosofia, se a única fenomenologia tida como verdadeira é a da indução empírica?

Assim, a filosofia reduz-se a ser a resultante das ciências: "O pensamento filosófico parte do saber científico", ao passo que este último é o modelo de pensamento concreto e ligado ao real, à medida que tem a prerrogativa exclusiva de colher as leis e as estruturas do real ("a relação de verdade com as coisas e com as pessoas"). Tudo isso pode ser definido como semi-empirismo: o único verdadeiro conhecimento do real é o das ciências empíricas, ao passo que a mente se limita a recolher e organizar os dados empíricos, de modo que as afirmações filosóficas, na maioria das hipóteses, é que devem ser, em todo caso, confirmadas pelos dados certos das ciências, e falta uma clara distinção entre teoria científica e afirmação filosófica.[8]

B

No entanto, a apologética nas relações teologia-filosofia e o semiempirismo nas relações filosofia-psicologia criam algumas dificuldades para Rulla. Antes de mais nada, a virada de *AVC I* corre o risco de ficar comprometida: se a antropologia filosófica vem antes da antropologia teológica, e se a mesma antropologia filosófica depende dos resultados da psicologia, a abordagem é, de qualquer maneira, empírica.

Ademais, querendo passar, desse modo, da psicologia à teologia, os termos tendem a tornar-se equívocos: a no-

---

[8] Para Rulla, a única teoria concreta é a científica: "Aqui, o termo 'teoria' deve ser tomado em sentido científico, por isso como contributo que não está em oposição mas em relação com a práxis" (*AVC I*, p. 286), com se uma teoria filosófica ou uma teologia devessem estar, forçosamente, em oposição à práxis concreta. Nisso a crítica de Mazzocato acerta o alvo: "Certamente nada tenho contra o trabalho interdisciplinar: não penso, porém, que possa ser adequadamente realizado reduzindo-se a teologia a puro e simples esquema teórico de referência ou creditar às ciências empíricas, pelo fato de serem empíricas, a prerrogativa da concretitude [...] A ideia prevalente de 'teoria' em Rulla é a positivista, segundo a qual a teoria é explicação ou suporte interpretativo, sempre hipotético, dos dados empíricos" (MAZZOCATO, G. Risposta a Rulla. *Teologia* 23 (1998) 186-195. Aqui, p. 187, nota 5).

175

PARTE II – A PROPOSTA PSICOLÓGICA: UMA CONTRIBUIÇÃO PARA A FILOSOFIA E PARA A TEOLOGIA

ção de "pessoa" é considerada sinônimo de *"Self"* (*AVC I*, p. 267), de *"eu"* (*AVC I*, p. 152), de "personalidade" (*AVC I*, p. 5). Mas, se para a antropologia teológica a pessoa é o sujeito que funda sua identidade única sobre a relação com o Deus Trino, como podem seus conteúdos coincidir com uma subjetividade cônscia que se desenvolve com o tempo (como o *Self* ou o *eu*) ou com uma configuração resultante da indagação psicológica (como a personalidade)? Não se finda por sobredeterminar as noções psicológicas ou por subdeterminar as teológicas?

Em terceiro lugar, apesar da vontade de Rulla de preservar o primado da graça na análise da vocação cristã, a verdade da vocação corre o risco de depender da psicologia, se "não se trata de passar da fé à dúvida, mas da fé à verdade 'pensada', a uma verdade que nos faz livres, porque nos permite viver a vocação cristã sem fingimentos táticos e sem atormentadas interrogações e inquietudes mais ou menos conscientes" (*AVC I*, p. 34). Como pode uma "verdade pensada" tornar-se garante da fé? Como podem leis de tipo estatístico-nomotético (*AVC I*, p. 39) tornar-se fiadoras da verdade de um fato transcendente? Pode-se, portanto, viver a vocação "sem fingimentos táticos" somente passando pela psicologia?

É a incerteza de Rulla: é preciso que sejamos indutivos (ligados às conclusões das ciências) para sermos concretos? Mas então, como se faz para preservar o primado da graça, se ela comporta uma abordagem dedutiva (que parece ser índice de abstração e de pouco rigor)? A aparente solução é servir-se do isomorfismo das estruturas cognitivas de Lonergan, uma abordagem de per si correta — visto que é sempre a única mente humana a fazer teologia, filosofia e psicologia —, mas aqui interpretada de modo semiempirista: o método transcendental de Lonergan "pode servir como meio para unir, ordenar os elementos antropológicos e para colocá-los em relação com a teologia" (*AVC I*, p. 51).

176

Se se pensa que, para Rulla, os "elementos antropológicos" são, aqui, os resultados da psicologia, então o método de Lonergan tem, para ele, a função de recolher os dados das ciências, quando Lonergan, ao contrário, queria demonstrar que cada uma das três disciplinas — ciência empírica, filosofia, teologia — pode reivindicar uma rigorosidade de método própria, para além da irredutível diversidade de seu objeto formal.[9]

C

Por conseguinte, a impostação parece carecer de integrações, à medida que é "antropologia da vocação *cristã*". Antes de mais nada, a salvaguarda do primado da graça (*AVC I*, p. 288) não pode consistir somente em pôr de lado esta última e começar com a antropologia filosófica, porque a graça exige ser um elemento que a própria interdisciplinaridade deve levar em conta:[10] se fosse assim, evitar-se-ia aquele extrinsecismo que põe em primeiro lugar uma antropologia filosófica indiferente à vocação cristã e, a seguir, apela à vontade divina para justificar a existência da antropologia teológica.[11]

---

[9] LONERGAN, B. J. Le funzioni del metodo trascendentale. In: *Il metodo in teologia*. Roma: Città Nuova, 2001. p. 51-56. Veja-se também a releitura de Rulla a respeito de Wojtyla (*AVC I*, p. 46-49), onde a *filosofia* fenomenológica é compreendida como abordagem *psicológica*.

[10] Isto não significa que a psicologia e a antropologia filosófica devam aceitar a existência da graça. Antes, devem levar em conta o fato de que, para a antropologia teológica, a graça é elemento central: poderão fazer dela abstração *precisiva* (não me ocupo dela, portanto, nem a nego nem a afirmo), mas não *exclusiva* (não podendo afirmar, nego-a). Com efeito, a antropologia teológica não poderá jamais aceitar um diálogo interdisciplinar com as posições que negam *por princípio* a graça, como o positivismo ou o cientismo nas ciências empíricas, e o iluminismo ou o racionalismo na filosofia.

[11] "É Deus que indica ao ser humano como ele deve ser a fim de que possa entrar em diálogo com ele [Deus]" (*AVC I*, p. 218). Mas o ser humano é chamado a entrar em diálogo íntimo com Deus somente porque ele [ser humano] decidiu assim (extrinsecismo) ou também, e acima de tudo, porque isso está inscrito

Em segundo lugar, ter-se-ia prosseguido o esforço de delimitar os limites entre antropologia filosófica e psicologia, especificando-se que aquela ciência empírica moderna, que é a psicologia, não é a única a ocupar-se do real e do concreto — embora ocupando-se de modo específico daquilo que do real é descritível empiricamente —, e que os termos que ela usa mudam de significado em relação à sua utilização teológica ou filosófica.

O FIM ÚLTIMO DO DINAMISMO HUMANO

Se no ser humano há um dinamismo teocêntrico, a que ele se inclina? Ao Deus Trino, com o necessário concurso da graça (desejo natural da visão beatífica), ou a outra coisa qualquer, com as próprias forças (natureza pura)?

Para os Padres (Clemente de Alexandria, Gregório de Nissa, Agostinho) e para os escolásticos (como Tomás e Boaventura), o conceito de ser humano como imagem de Deus (*imago Dei*) indica ao ser humano uma abertura para Deus e lhe dá a possibilidade de encontrar-se com Deus. Contudo, no presente estudo, não se pretende aprofundar tal conceito bíblico que comporta muitos elos com a metafísica exemplarística de Platão e dos neoplatônicos, pelo menos no pensamento dos Padres (*AVC I*, p. 219).

Portanto, diversos autores fundamentais da Tradição, reportando-se à noção bíblica do ser humano imagem de Deus, afirmaram um dinamismo que tende até Deus em si ("a possibilidade de encontrar-se com ele"), mas para os estudos

---

no coração humano? Se está inscrito, então isso deveria ser visto já no ser humano como tal.

178

neoescolásticos de Rulla, centrados na natureza pura, tender equivale a atingir de modo necessário, e isso comportaria a necessidade da concessão da graça. Por isso Rulla não leva em consideração esta afirmação, e a considera como uma influência platônica.

Se, porém, o dinamismo humano não pode tender a Deus em si, a que coisa tende então? Às vezes, Rulla defende uma genérica tensão rumo ao Absoluto — "há, portanto, na natureza espiritual e, por conseguinte, na natureza humana, um elemento de infinitude e de absolutez que lhe é comunicado pelo Objeto, ao qual está aberta" (*AVC I*, p. 141)[12] —, outras vezes admite uma tendência natural, mas não uma sobrenatural — "o ser humano tem um poder de autotranscender-se, mas não na linha da vida sobrenatural, e sim naquela de Deus como Criador e Providente" (*AVC I*, p. 66) — outras vezes, ainda, distingue entre capacidade ativa e capacidade passiva: "Trata-se de duas capacidades do ser humano: a capacidade ativa de conhecer Deus e a capacidade passiva de receber a vida divina, que é dom gratuito e trancendente" (*AVC I*, p. 218). Em todo caso, falta a ideia de uma revelação em *Cristo* como cumprimento íntimo do *único* dinamismo.

B

Não sendo claro o termo último do dinamismo, fica, então, difícil explicar o que impede, por princípio, o dinamismo criatural de atingir a meta: é a mesma criaturalidade, jamais em condições de alcançar, somente com as próprias forças, a visão beatífica, ou é o pecado? No primeiro caso, a dialética de base permanece também sem pecado, ao passo

---

[12] A generalidade existe também quando este "Objeto" é equiparado ao "Tudo" e a "Deus" (*AVC I*, p. 142): é um absoluto impessoal de tipo panteísta, é um Deus pessoal enquanto Criador — que mantém uma distância abissal em relação à sua criatura — ou é o Deus Trino que doa a si mesmo?

PARTE II – A PROPOSTA PSICOLÓGICA: UMA CONTRIBUIÇÃO PARA A FILOSOFIA E PARA A TEOLOGIA

que, no segundo, surge somente com a desarmonia que se segue ao pecado. Rulla prefere a segunda solução porque, para ele, tender equivale a poder alcançar com as próprias forças e, portanto, sem o fardo do pecado, a dialética de base desapareceria.

Essa dialética é ontológica, é inerente ao ser humano, ao seu ser. É importante sublinhar que a supracitada dialética favorece o surgir do inconsciente através da repressão [...]. Por sua vez, o inconsciente — limitando "a autotranscendência que é a conquista da intencionalidade cônscia" (Lonergan) — mantém ou aumenta a oposição dialética; assim, o sujeito é ainda mais obstaculizado em seu processo ilimitado de autotranscendência (*AVC I*, p. 142s).

Dessarte, a "dialética ontológica inerente ao ser humano", concernente à criaturalidade como tal, termina por fazer aparecer a inconsistência que "obstaculiza a autotranscendência". Mas é a dialética *como tal* que obsta à transcendência? Se assim fosse, Deus teria criado uma natureza humana com desarmonias estruturais que impedem o desdobrar-se efetivo da autotranscedência e um dos efeitos disso seria a inconsistência na segunda dimensão, "uma das expressões da concupiscência" de tipo teológico (*AVC I,* p. 276). E assim, Deus correria também o risco de ser responsável pelos efeitos do pecado original.

C

Em minha opinião, são oportunas, portanto, outras integrações. Em primeiro lugar, um dinamismo autotranscendente que tenda constitutivamente a encontrar o Deus de Jesus Cristo face a face: justamente por isso, a mesma antropologia filosófica pode colher no ser humano uma tensão insaciável.[13]

---

[13]   TOMÁS DE AQUINO. *Summa contra Gentiles* III, cc. 24-63. Ou, em outros termos, a pessoa humana é uma liberdade finita, união paradoxal de infinito (liberdade) e de limite (finitude), que tem o Deus Trino, enquanto liberdade infinita, como

2. A DIALÉTICA DE BASE NA PERSPECTIVA DA ANTROPOLOGIA TEOLÓGICA

Assim, de qualquer maneira, haveria a tensão entre *eu*-atual e *eu*-ideal, também sem o pecado original e seus efeitos, porque o ser humano (contrariamente ao Deus Trino) deve transcender-se para poder realizar-se, em tensão dialética entre ser e dever-ser, entre dom e tarefa.

Consequentemente, poder-se-iam, pois, fazer as seguintes afirmações: no projeto originário de Deus Pai em Cristo, o ser humano foi chamado a transcender-se livremente para ele, a fim de que, com a ajuda da graça, possa alcançar o próprio fim de tipo sobrenatural. Por outro lado, a tentação apoiou--se na dialética entre ser e dever ser, a fim de perturbar o sentido da oferta divina: a divinização não mais como dom a ser acolhido, mas como objeto desejado a ser arrancado, desconfiando-se da oferta de Deus ("O ser humano, tentado pelo Maligno, desde os inícios da história abusou da sua liberdade, erigindo-se contra Deus e exigindo conseguir o próprio fim fora de Deus" – *GS*, n. 13).

Assim, depois do pecado, a dialética de base se complicou: o *eu*-atual, na origem somente o ponto de partida da transcendência, não é mais reconhecido como dom de Deus, mas tornou-se fim em si mesmo (o *eu* como Deus), ao passo que o *eu*-ideal começou a adquirir conteúdos disformes em relação ao próprio fim; ademais, agora o projeto divino é visto como concorrente da própria felicidade, e Deus, como um obstáculo a ela ("Ouvi teu passo no jardim: tive medo [...] e me escondi" – Gn 3,10).[14] Somente agora a busca do próprio bem se torna egocentrismo e o para-mim torna-se alternativo ao em-si, ainda que, de per si, eles não o fossem.

---

próprio fundamento (de-onde) e cumprimento (para-onde). BALTHASAR, H. U. von. *Teodrammatica. Le persone del dramma. L'uomo in Dio*. Milano: Jaca Book, 1992. 5 vv. Aqui, v. II, p. 298-316.

[14] Com Von Balthasar, o ser humano pecador rejeita o "de-onde" e o "para-onde" de Deus e se define antes como "de-si" e "para-si". Portanto, agora o ser humano é um "self-made man", que faz o que lhe dá na telha.

Em segundo lugar, seria bom distinguir a dialética de base e a dialética da segunda dimensão (bem real e aparente) da inconsistência da segunda dimensão, porque umas são constitutivas da autotranscendência, ao passo que a outra apenas existe de fato, mas não deveria existir, à medida que obstrui a autotranscendência. Com efeito, a segunda dimensão, como tal, havia também antes do pecado original (em harmonia com a primeira), enquanto agora tende a instrumentalizar a primeira em favor do bem aparente (portanto, pode favorecer o pecado) e os traços da personalidade tendem a enrijecer-se. Assim, também o inconsciente existia antes do pecado original — e ainda possui uma função positiva no processo de simbolização da experiência religiosa —, mas agora pode simbolizar até em modo regressivo.

Em terceiro lugar, a inconsistência da terceira dimensão não coincide com os efeitos do pecado original ou da concupiscência, porque, se fosse assim, as pessoas "consistentes" não padeceriam os efeitos negativos do pecado original e não teriam necessidade da graça sanativa: a inconsistência na segunda dimensão é, portanto, *somente um dos eventuais efeitos*, empiricamente perceptíveis, do pecado original. Isso, então, consentiria também distinguir melhor entre plano teológico e plano psicológico.

Como contraprova dessas observações, existe o mistério da pessoa de Cristo, onde a liberdade finita não tem as complicações do pecado, visto que Jesus, Verbo feito carne, "foi provado em tudo como nós, com exceção do pecado" (Hb 4,15). Ele, em tudo obediente ao Pai, exercitou de maneira completamente humana a própria liberdade "aprendendo a obediência pelo sofrimento" (Hb 5,8), com uma verdadeira transcendência, ainda que sem pecado, com um efetivo sair de si, mesmo se não de tipo egocêntrico ("Meu alimento é fazer a vontade daquele que me enviou" (Jo 4,34), com uma dialética na segunda dimensão entre bem real e aparente —

sua missão era ser o messias glorioso, vindo ao encontro das expectativas do tempo (as tentações : Mt 4,1-11; Lc 4,1-13), ou era ser o Filho do homem sofredor? —, ainda que vivida harmonicamente em relação à primeira dimensão.[15]

A RELAÇÃO ENTRE AUTOTRANSCENDÊNCIA E LIBERDADE

A

Outra consequência do malogrado esclarecimento do termo concreto do dinamismo vê-se na relação entre auto-transcendência e a possibilidade de realizar escolhas livres, onde Rulla defende o primado temporal da liberdade diante do dinamismo, razão pela qual, antes de surgir a capacidade de deliberação, não há nenhum desejo de Deus. Portanto, no início, a natureza humana é indiferente em relação ao próprio fim:

> O ser humano tem a possibilidade, a capacidade de autotrans-cender-se teocentricamente; esta capacidade tem seu funda-mento último na liberdade [...] a autrotranscendência teocên-trica sustenta e orienta a liberdade; por sua vez, a liberdade está primária e inevitavelmente voltada à autotranscendência para Deus, de que é o fundamento (*AVC I*, p. 224).

> Os valores considerados até aqui dizem respeito à natureza, sensível e espiritual, e não à pessoa, o sujeito mesmo como tal; por isso os supramencionados valores podem ser chama-dos naturais, justamente porque concernem à natureza do ser humano. Ao contrário, os valores que serão discutidos a seguir

---

[15] SESBOÜÉ, B. Dalla affermazione patristica dell'unione ipostatica al problema della coscienza di sé in Gesù. In: PIROLA, G.; COPPELLOTTI, F. (ed.). *Il Gesù storico. Problema della modernità*. Casale Monferrato (AL): Piemme, 1988. p. 65-94. DUPUIS, J. *Introduzione alla cristologia*. Casale Monferrato (AL): Piemme, 1993. p. 75-79, 199-205.

183

tocam a pessoa humana mesma, seu "EU", à medida que comportam o exercício de sua liberdade e responsabilidade de autotranscender-se. Por isso estes últimos valores podem ser chamados de autotranscendentes, a fim de distingui-los dos naturais (*AVC I*, p. 152).

Note-se como na primeira citação repete-se que a liberdade é que fundamenta a autotranscendência, ao passo que esta, no máximo, "sustenta e orienta" uma liberdade já existente. A seguir, na segunda citação, evidencia-se que a autotranscendência se dá somente quando está "implicada a liberdade", ou seja, quando emergem no sujeito valores autotranscendentes, morais e religiosos. Aqui reside a dificuldade: antes do desenvolvimento moral-religioso, o ser humano não se autotranscenderia; a autotranscendência, portanto, não pode ser um elemento constitutivo de *eu* ser; além do mais, a natureza é apresentada de modo estático e está desligada da liberdade, como se esta não se radicasse na natureza; por fim, se existem valores "naturais", distintos dos "autotranscendentes", então os primeiros não comportam nenhuma transcendência.

Rulla percebe tudo isso, porque em outra parte tenta remediar, dinamizando mais a natureza.

No início de sua vida, o ser humano desenvolve a disposição do *Self*, que tem a liberdade mais ou menos grande de transcender-se, para encontrar os valores próprios da natureza humana, sensível ou espiritual, os valores naturais. Essa disposição do *eu* corresponde à autotranscendência egocêntrica ou social-filantrópica. Mas existe no ser humano a capacidade de desenvolver, com o tempo, uma disposição do *Self* que busca os valores autotranscendentes, isto é, os valores morais e religiosos, em que — no horizonte da liberdade — se busca, se aspira implícita (valores morais) ou explicitamente (valores religiosos) ao Absoluto, a Deus (*AVC I*, p. 207-208 [p. 166 no original italiano]).

184

Ora, existe a autotranscendência também antes de uma consciência moral, mas as dificuldades foram apenas deslocadas: se é a liberdade que fundamenta a autotranscendência, temos, então, uma estranha "liberdade mais ou menos grande", que precede o desenvolvimento moral. Em todo caso, antes de um desenvolvimento moral não há dinamismo *para Deus*, mas uma autotranscendência egocêntrica ou filantrópica, e os valores naturais silenciam acerca do fim último.[16] Observe-se que essa dificuldade é agravada pela abordagem empírica: esta pode tratar do dinamismo humano somente como fenômeno (ou seja, efeito perceptível somente ao despontar da autoconsciência do sujeito) e não como estrutura ontológica (fundamento presente também antes do surgimento da autoconsciência livre).

B

Da mesma maneira, as necessidades (enquanto pré-racionais) correm o risco de não dizer nada a respeito do fim do ser humano, ao passo que os valores (apreendidos com o tempo) terminam por tornar-se presentes antecipadamente. Com efeito, as necessidades são "tendência à ação derivante de um déficit do organismo ou de potencialidades naturais inerentes ao ser humano que buscam atualização" (*AVC I*, p. 442) — portanto os valores são "os ideais duradouros de uma pessoa" (*AVC I*, p. 451) — e ambos são

> tendências inatas para a avaliação, para a ação. Mas não de tendências sentidas, ou seja, tais que urjam ou atraiam para a avaliação [...]. Trata-se, ao contrário, de tendências conaturais ao ser humano, inatas, feitas para orientá-lo e dirigi-lo para dar

---

[16] Retorna também, ao fim da citação, o problema apologético: se o valor religioso tende *diretamente* para o Absoluto-Deus, então o valor deveria falar de Cristo, e o Absoluto a que se refere deveria ser o Pai de Cristo. Mas uma antropologia filosófica ou uma psicologia podem dizer tudo isso?

resposta a duas categorias de importância, em vez de a uma só e, em segundo lugar, a duas categorias especificadas pela gratificação para mim ou pela seleção de objetos (pessoas ou coisas) por amor dos quais o ser humano se transcende (*AVC I*, p. 125).

Aqui, existe uma tensão irresoluta: se se mostra — como é justo — que os valores, sendo "ideais duradouros de uma pessoa", são fruto da interação cônscia com o ambiente moral e religioso, então as necessidades são estranhas à autotranscendência cônscia, sendo devidos somente a um "déficit do organismo" ou a "potencialidades que buscam realização" (e assim a natureza fica indiferente ao fim último). Se, ao contrário, as necessidades e os valores são compreendidos como instrumentos para alcançar o único fim, os valores tornam-se propulsores da natureza humana. Mas assim eles se tornam "tendências inatas", "não sentidas", capazes de "orientar e dirigir o ser humano, selecionando objetos": contudo, como pode um valor ser inato e estar em condições de selecionar inconscientemente entre o em-si e o para-mim?[17]

C

Por fim, se é a liberdade que funda a autotranscendência, a graça deve depender da liberdade não somente no sentido (ortodoxo) de que a graça respeita a liberdade, mas também no sentido (mais dúbio) de que a graça pode agir somente nos atos livres do ser humano: "A graça age através da liberdade humana e a respeita: a graça age, de modo 'incônscio', por meio da atividade livre do *Self* cônscio do ser humano" (*AVC I*, p. 241). É, portanto, uma graça que espera o ato livre do ser

---

[17] De fato, neste caso, o valor é uma pura predisposição sem conteúdos específicos: "Os valores são a tendência inata para responder aos objetos enquanto são importantes em si mesmos" (*AVC I*, p. 155 [no original, p. 125]). Mas justamente isso não é o que nós costumamos chamar de "valor".

humano (não é preveniente) e que descuida os dinamismos pré-conscientes e subconscientes (não toca as dimensões segunda e terceira), além de ser inexequível, a partir do momento em que age somente através de eventos íntimos (e não também com eventos externos e relações interpessoais).

Do lado oposto, a mesma apreensão dos valores morais corre o risco de depender da concessão da graça, se com esta

> o ser humano não somente tem uma apreensão dos valores naturais, mas também dos autotranscendentes, ou seja, ele experimenta que sua tendência, sua capacidade iluminada para a autotranscendência é realizada, satisfeita. O ser humano entrou em um novo estado dinâmico e consciente de amor (*AVC I*, p. 243).

Somente agora, por graça, o ser humano está em condições de apreender os valores autotranscendentes, pode amar de modo cônscio e experimentar a tendência para Deus. Portanto, antes — sem a graça — havia uma natureza estática, achatada sobre valores naturais e incapaz de viver o amor de modo cônscio?

D

Também aqui podemos propor algumas sugestões para esclarecer as dificuldades apontadas. Antes de mais nada, não é a liberdade que funda a autotranscendência, mas é esta que torna possível a liberdade: justamente porque o ser humano é inclinado intimamente a encontrar Deus face a face, não se sacia com nenhum bem finito e está em condições de distanciar-se deles.[18]

Em segundo lugar, a natureza seria *toda dinamizada* para Deus: com efeito, a autotranscendência teocêntrica existe

---

[18]   TOMÁS DE AQUINO. *Quaestiones disputatae de malo*. Q. 6, ad. 7.

bem antes de um sistema valorativo formado ou de uma capacidade efetiva de escolhas deliberadas; o ser humano tende para Deus também com a segunda e a terceira dimensão — "em todas as três dimensões há um *eu*-ideal, ou seja, a pessoa [...] à medida que se transcende nos valores" (*AVC I*, p. 267) —, ainda que, a seguir, o fim último exija que, com o desenvolvimento da pessoa, a segunda e a terceira se subordinem à primeira dimensão; os mesmos valores "naturais" são autotranscendentes;[19] o ser humano tende para Deus também com suas necessidades, ainda que essas sejam integradas e subordinadas aos valores, porque as necessidades de um ser aberto à transcendência teocêntrica têm, de qualquer maneira, características peculiares em relação às de um animal. Em uma humanidade toda dinamizada para Deus, não seria mais necessário, então, supor improváveis valores *inatos*, porque, antes da apreensão cônscia dos valores, havia, de alguma forma, o dinamismo natural que busca, tateantemente, a fonte do próprio desejo.

Por fim, conviria pôr uma graça que age sobre todo o dinamismo — e não apenas sobre a liberdade humana ou sobre a primeira dimensão —, que age também e sobretudo por meio de eventos externos ao sujeito e que é oferecida também antes da primeira tomada de posição da liberdade.[20]

---

[19] Neste sentido, propomos eliminar a distinção entre autotranscendentes e naturais, porque todos os valores são próprios da natureza e a impulsionam a transcender-se: a diferença, como dizia De Finance, está somente no fato de que os primeiros tocam diretamente — e os segundos, indiretamente — o uso da liberdade (*AVC I*, p. 152s).

[20] Isto implicaria também um esclarecimento sobre a relação entre ajuda psicológica e graça: não haveria uma sucessão cronológica seca entre uma prévia intervenção terapêutica "natural", que habilita a liberdade efetiva, e uma sucessiva concessão da graça — estaríamos ainda na apologética: primeiramente a natureza, a seguir, a graça —, mas há uma graça preveniente, que sana a liberdade também com o auxílio psicológico (que, portanto, não é apenas técnica, mas é também evento de graça).

188

O ÚLTIMO RULLA

A fim de confirmar que nossas observações não são estranhas ao pensamento de Rulla, convém dar uma olhadela em sua última contribuição,[21] escrita 12 anos depois de *AVC I*. Acerca de diversos pontos temos um desenvolvimento, a partir de uma estrutura baseada numa ampla seção bíblico-teológica (seção II), que precede a abordagem interdisciplinar (seção IV).

Quanto ao método, nos dois livros precedentes (especialmente no volume I), discutiu-se a orientação teológica da antropologia, mostrando como a pessoa humana está, por natureza, orientada para Deus em Cristo. Na presente contribuição, ao contrário, deseja-se considerar a orientação antropológica da teologia, ou seja, quer-se sublinhar o fato de que Deus, em Cristo, está orientado para a pessoa humana (*AVC III*, p. 229).

Agora o ponto de partida é francamente teológico e enfatiza-se que a relação entre Deus e o ser humano é *em Cristo*.

A

Percebe-se a mudança também em outra parte: inicia-se com um texto de antropologia neotestamentária de Chesterton, concentra-se a perspectiva bíblica sobre o papel de Cristo na Carta aos Hebreus, propõe-se uma seção de teologia patrística para mostrar que o fim da revelação cristã é a divinização do ser humano, fala-se de Rahner e da graça como autocomunicação.

O cristocentrismo manifesta-se também na recuperação dos Padres sobre o tema do ser humano criado à imagem de Deus e chamado à divinização em Cristo, justamente o tema descuidado em *AVC I*.

---

[21] RULLA, L. M. Grazia e realizzazione di sé. In: *AVC III*, p. 227-487.

PARTE II – A PROPOSTA PSICOLÓGICA: UMA CONTRIBUIÇÃO PARA A FILOSOFIA E PARA A TEOLOGIA

Em primeiro lugar, os Padres gregos e latinos apresentam, ainda que de modo diverso, o tema da encarnação do Verbo e da divinização da pessoa humana. O ser humano, criado à imagem de Deus, é chamado a reproduzir a imagem de Cristo ressuscitado e, por conseguinte, à relação com Deus e à participação em sua vida, ou seja, à "divinização" da pessoa humana. Note-se que para os Padres "divinizar" a pessoa é "humanizá-la", isto é, fazer com que ela atinja sua vocação definitiva. Quem não alcança tal "divinização" permanece frustrado no ser de sua pessoa (*AVC III*, p. 301).

A teologia patrística não considerou a graça exclusivamente como libertação do pecado, mas pôs em relevo seu caráter divinizante [...] "Cristo fez-se aquilo que somos a fim de que pudéssemos tornar-nos o que ele é." Esse pensamento de santo Irineu encontra eco em muitos outros autores. Pode-se dizer que isso, ao menos implicitamente, é um chamado da pessoa humana à santidade não apenas na ordem do ser, mas também na do desenvolvimento do ser para a perfeição (*AVC III*, p. 317).

Aqui estão presentes diversos desenvolvimentos em relação a *AVC I* — a centralidade da encarnação de Cristo, a recepção do tema da imagem, a unidade de um fim claramente sobrenatural, a graça não mais definida somente como remédio para o pecado —, mas acima de tudo sobressai o esforço de não nominar a "natureza" ("ser de sua pessoa", "ordem do ser") para não levar a pensar na "natureza pura" neoescolástica.

Ademais, Rulla pretende delimitar mais precisamente os âmbitos: para ele, existe a "oportunidade, a necessidade de manter distintos metodologicamente [...] os elementos antropológicos dos teológicos, para indicar que não existe uma complementaridade entre eles, em princípio, e entre filosofia natural e teologia em espécie" (*AVC III*, p. 375).[22] Dessarte,

---

[22] Note-se, porém, como a expressão ainda não é segura: não se esclarece se é questão de "oportunidade" ou de "necessidade", e se define a não coincidência das abordagens como "não complementaridade".

190

Rulla veio refinando um diálogo interdisciplinar que inicia, do ponto de vista teológico um explícito primado da graça, Cristo como ponto de referência para a antropologia teológica, a rejeição de uma natureza indiferente em relação à graça.

B

Por outro lado, esta nova abordagem não é sempre coerentemente prosseguida, sobretudo na seção interdisciplinar: às vezes retorna certo concordismo — "a antropologia filosófica e a antropologia teológica coincidem acerca do chamado à vocação cristã" (*AVC III*, p. 370) — e reaparece uma natureza indiferente ao fim sobrenatural: os "ideais objetivos naturais [...] não têm a Deus como fim último" (*AVC III*, p. 361). Sobretudo falta uma reflexão protológica sobre a centralidade de Cristo — com efeito, Adão deveria ser definido à luz de Cristo, e não vice-versa — e uma clara afirmação de que a graça deve ser definida antes de tudo como ingresso na vida divina e só acidentalmente, por causa das escolhas históricas do ser humano, como remédio ao pecado.[23]

Assim, temos rasgos que dinamizam a natureza (*AVC III*, p. 370; 441) e todas as três dimensões rumo à vida divina (*AVC III*, p. 360), mas fica a impressão de que esta tendência surja somente com a chegada da graça, ou seja, de Cristo.

Era preciso que à inocência se unisse um dinamismo espiritual totalmente positivo, ou seja, uma força de amor capaz de superar todos os obstáculos; e um dinamismo tal não podia brotar senão de uma união íntima com Deus. Mas, antes do Cristo, nenhuma das pessoas humanas podia apresentar essas duas qualidades (*AVC III*, p. 259).

---

[23] Com efeito, materialmente, em Rulla há também esta afirmação (*AVC III*, p. 304-307), mas, a seguir, é omitida no momento em que se faz o resumo dos conceitos patrísticos mais importantes (*AVC III*, 308-309).

PARTE II – A PROPOSTA PSICOLÓGICA: UMA CONTRIBUIÇÃO PARA A FILOSOFIA E PARA A TEOLOGIA

Visto que o núcleo de sua própria identidade pessoal era simplesmente a hipóstase divina mesma, ele, de fato, era simultaneamente humano e divino. Daí a contínua autotranscendência da humanidade de Cristo na hipóstase, no projeto divino (*AVC III*, p. 321).

Aqui, parece que o dinamismo teocêntrico surge somente com o Verbo encarnado; é quase como se, antes de Cristo, a natureza humana não tendesse para Deus. Vê-se a questão: com uma "natureza pura", haveria uma criação indiferente em relação à graça, e uma graça definida em função do pecado, a qual, sanando, insere um novo fim; ao contrário, em uma criação desde sempre cristocêntrica, o pecado seria uma realidade acidental, e a graça seria, antes de mais nada, cumprimento da criatura. Assim, pois, no que diz respeito a Cristo, por um lado, haveria um Salvador que, enquanto salva do pecado, transforma as criaturas em algo diferente, ao passo que, de outro lado, teríamos um Chefe — veja-se o tema bíblico-patrístico da recapitulação em Cristo — que, justamente porque vindo para cumprir, pode ser também Salvador do pecado.

> Jesus não era o perfeito mediador entre Deus e os seres humanos desde o primeiro momento de sua existência terrestre, quando unia em sua pessoa a natureza divina e a natureza humana. Com efeito, entre a natureza humana de Jesus e sua filiação divina existia, desde o início, uma tensão que Jesus teve de superar num devir doloroso, a fim de realizar a redenção das pessoas humanas [...]. Cristo é o sumo sacerdote da "aliança melhor", a nova aliança como mediação perfeita entre Deus e as pessoas humanas, aliança que "anula os pecados do povo" (*AVC III*, p. 296-298).

Rulla, mesmo conservando a centralidade de Cristo, não tratou todas as consequências acerca da noção de natureza: de fato, aqui não se diz apenas, como na Carta aos Hebreus, que

192

a encarnação devia ser levada à perfeição em um dinamismo teocêntrico realmente humano (em uma obediência plena ao Pai, a qualquer custo), mas se diz também, contra os Padres, que, na encarnação, Cristo não era ainda mediador. E isso porque a natureza de que se fala não é a patrística (anelante pela plenitude de Cristo), mas é uma natureza pura, ferida pelo pecado: assim, Rulla fala de uma "tensão a ser superada em um devir doloroso", no qual Cristo tem, acima de tudo, a tarefa de sanar o pecado ("a aliança que anula os pecados do povo") e somente em segundo lugar, tendo a "filiação divina", está também em condições de instilar no ser humano o desejo de Deus.

C

No entanto, no âmbito pastoral, o primado da graça tornou-se verdadeiramente uma meta operativa, favorecendo uma integração entre natureza e graça: a colaboração humana funda-se na oração e na frequência aos sacramentos (*AVC III*, p. 9-10), também nos diálogos de crescimento (*AVC III*, p. 446-455), com uma graça que age de modo mediato (*AVC III*, p. 234; 340), também por mérito de colóquios que não são redutíveis a uma psicoterapia (*AVC III*, p. 475-477).

Ademais, embora reiterando a importância para o formador de saber individuar as inconsistências, Rulla afirma agora que "a graça divina é onipotente, se se verificam as condições necessárias, especialmente o assentimento da pessoa humana ao convite divino", que "ela é onipresente no processo de crescimento vocacional" (*AVC III*, p. 446), e que o formador, portanto, deve saber chamar a atenção do candidato para a ação da graça nele (*AVC III*, p. 455). Por fim, não obstante continuando a recordar que a graça age *ordinariamente* na primeira dimensão, admite que "a graça é útil ao crescimento ascético não somente nas pessoas com inconsistências cônscias da primeira dimensão (de virtude ou de pecado), mas também nas pessoas com inconsistências incônscias da segunda dimensão" (*AVC III*, p. 467).

Considero, portanto, que a proposta rulliana de uma antropologia da vocação cristã que integre psicologia, filosofia e teologia pode ser frutuosamente relançada, também à luz destes esclarecimentos, em um diálogo interdisciplinar de que se experimenta sempre mais a necessidade.

Capítulo 3

O PARÂMETRO DA ALTERIDADE E SUA IMPORTÂNCIA PARA A TEOLOGIA DOGMÁTICA

Francesco Scanziani[*]

PREMISSA: O MISTÉRIO DA PESSOA

Não tendo em si a razão de seu ser — o que aparece muito claramente nas características de temporalidade da vida humana, bem como na busca, na dor, na solidão — o ser humano, que é mistério para si mesmo, se conhece e se deseja em função do mundo, da realidade que está fora dele. Ele conhece a si mesmo conhecendo a realidade deste mundo [...]. Ele é, como recorda Santo Tomás, "quodammodo omnia".[1]

Para Imoda, a alteridade é um dos três parâmetros que declinam o mistério da pessoa. Mas, bem antes, o mon-

---

[*] Italiano, nascido em 1968, doutor em Teologia, é docente de Antropologia Teológica na Faculdade Teológica da Itália setentrional – Seção do Seminário Arquidiocesano de Milão (Itália).

[1] IMODA, F. *Sviluppo umano, psicologia e mistero*. Bologna: EDB, 2005. p. 55 (de agora em diante, *SvU*).

PARTE II – A PROPOSTA PSICOLÓGICA: UMA CONTRIBUIÇÃO PARA A FILOSOFIA E PARA A TEOLOGIA

tante de mistério é que se revela decisivo para sua reflexão, visto que constitui a luz para interpretar o desenvolvimento humano ou, de modo mais geral, o horizonte antropológico dentro do qual mover-se.

> Para o ser humano, ser mistério significa saber *e* não saber. Se a vida e a realidade humana fossem totalmente transparentes, e a resposta a cada pergunta estivesse sempre presente, se, pois, se soubessem já exaustivamente todas as coisas, não haveria insatisfação, nem aquele aspecto penoso de ausência, aquele impulso a explorar, percorrendo, no tempo, o universo das várias esferas da experiência humana. Não haveria nem curiosidade nem busca. Por outro lado, nem mesmo haveria inquietude, vontade de experimentar etc., se já não existisse também certo conhecimento, certo saber [...]. Assim como o ser humano, que é mistério, se conhece e não se conhece, e não pode cessar de ser mistério, não pode cessar de colocar-se, admirado, a pergunta acerca de si e de seu mundo.[2]

Retesado entre finito e infinito, anélito contínuo que o leva para fora de si e para além de si, o ser humano aparece como um mistério inexaurível, do qual aproximar-se com estupor e com respeito, sem reduzir-lhe nenhuma antinomia. É inquietude que não encontra paz e aplacação, sob pena da destruição do mesmo *eu*.

A alteridade deve ser compreendida dentro da visão antropológica mais global que guia o discurso, e como seu momento, embora parcial. Para isso, querendo investigá-la sob a perspectiva própria da teologia dogmática, consideramos indispensável partir, antes de tudo, da compreensão de ser humano que a antropologia teológica oferece para indagar como emerge, e evidenciar-lhe, a seguir, num segundo momento, algumas implicações ou possíveis desenvolvimentos.

---

[2] *SvU*, p. 53s.

O SER HUMANO: PARADOXO E MISTÉRIO. ELEMENTOS DE UMA ANTROPOLOGIA CRISTÃ

A pergunta acerca do mistério do ser humano

Do mistério do ser humano nasce a pergunta,[3] uma interrogação universal e inalienável. É a questão radical na qual o interrogante é objeto mesmo da indagação; por isso o ser humano é mistério para si mesmo.

O Concílio Vaticano II, nas poucas mas densas páginas diretamente dedicadas à visão cristão do ser humano,[4] com a constituição pastoral *Gaudium et Spes*, pretendeu proclamar "a vocação altíssima do ser humano e, afirmando existir nele uma semente divina, o sacrossanto Concílio oferece ao gênero humano a colaboração sincera da Igreja para o estabelecimento de uma fraternidade universal que corresponda a esta vocação" (*GS*, n. 3).

Para realizar isso, assumiu diretamente tal busca, colocando-se em sintonia com o ser humano:

As alegrias e as esperanças, as tristezas e as angústias dos seres humanos de hoje, sobretudo dos pobres e de todos os que sofrem, são também as alegrias e as esperanças, as tristezas e as angústias dos discípulos de Cristo. Não se encontra nada verdadeiramente humano que não lhes ressoe no coração. [...]

---

[3] Cf. *SvU*, p. 53-58.

[4] Apesar de o Concílio não ter um documento especificamente dedicado à antropologia cristã orgânica, a constituição pastoral *Gaudium et Spes* declara, desde o início, que "*o ser humano* considerado em sua unidade e totalidade, corpo e alma, coração e consciência, inteligência e vontade, *será o eixo de toda a nossa explanação*" (n. 3). Ladaria reconhece a autoridade do Concílio à medida que "a visão do ser humano que nos é oferecida nos primeiros capítulos da *Gaudium et Spes* constitui o tratado mais exaustivo que encontramos sobre este ponto nos documentos conciliares": LADARIA, L. L'uomo alla luce di Cristo nel Vaticano II. In: LATOURELLE, R. (ed.). *Vaticano II*: bilancio e prospettive. Venticinque anni dopo: 1962-1987. Assisi: Cittadella, 1987. 2 vv. v. II, p. 939-951. Aqui, p. 939.

PARTE II – A PROPOSTA PSICOLÓGICA: UMA CONTRIBUIÇÃO PARA A FILOSOFIA E PARA A TEOLOGIA

Por isso (a Igreja) se sente verdadeiramente solidária com o gênero humano e com sua história (*GS*, n. 1).

Essa abordagem, através de uma escuta atenta da situação hodierna, na poliedricidade de luzes e de sombras, de recursos e de temores, leva a fazer ecoar as interrogações radicais da alma humana:

> Contudo, diante da evolução atual do mundo, cada dia são mais numerosos os que formulam perguntas primordialmente fundamentais ou as percebem com nova acuidade. Que é o ser humano? Qual é o significado da dor, do mal, da morte que, apesar de tanto progresso conseguido, continuam a subsistir? Para que aquelas vitórias adquiridas a tanto custo? Que pode o homem trazer para a sociedade e dela esperar? Que se seguirá depois da vida terrestre? (*GS*, n. 10).

Nesse sentido — mesmo se agora, num nível inicial — o ser humano se revela mistério: um mistério irredutível e fascinante, que alimenta constantemente a busca, a tal ponto que não se deve dizer somente que é a pergunta acerca do ser humano, mas ainda mais radicalmente que o ser humano é uma indagação para si mesmo!

Jesus Cristo: resposta ao ser humano

À indagação bíblica: "Que é o ser humano para dele te lembrares?" (Sl 8,5), a antropologia teológica responde, em sua forma crítica e reflexa, anunciando que o ser humano se compreende plenamente à luz de Jesus Cristo.

O caminho da *Gaudium et Spes*, de fato, não somente assumiu a indagação, mas indicou-lhe a via de resposta, naquela passagem ao vértice da seção introdutória, e que constitui o "texto programático" do documento.[5]

---

[5] LADARIA, L. L'uomo alla luce di Cristo nel Vaticano II, cit., p. 940.

3. O PARÂMETRO DA ALTERIDADE E SUA IMPORTÂNCIA PARA A TEOLOGIA DOGMÁTICA

A Igreja, porém, acredita que Jesus Cristo, morto e ressuscitado para todos, pode oferecer ao ser humano, por seu Espírito, a luz e as forças que lhe permitirão corresponder à sua vocação suprema. Ela crê que não foi dado aos seres humanos sob o céu outro nome no qual seja preciso salvarem-se. Acredita igualmente que a chave, o centro e o fim de toda a história humana se encontram no seu Senhor e Mestre. Afirma a Igreja, além disso, que sob todas as transformações permanecem muitas coisas imutáveis, que têm seu fundamento último em Cristo, o mesmo ontem, hoje e por toda a eternidade. Portanto, sob a luz de Cristo, Imagem de Deus invisível e Primogênito de todas as criaturas, o Concílio pretende falar a todos, para esclarecer o mistério do ser humano e cooperar na descoberta da solução dos principais problemas do nosso tempo (*GS*, n. 10).

Eis a resposta ao desejo do ser humano, a chave interpretativa de seu mistério, cuja solução é entregue ainda mais claramente na conhecida passagem da *Gaudium et Spes*, n. 22, ápice do primeiro capítulo da constituição, dedicado à análise da pessoa humana: uma página de alta reflexão teológica.[6]

---

[6]   Acerca da antropologia da *Gaudium et Spes*, confiram-se: COLOMBO, G. La teologia della "Gaudium et Spes" e l'esercizio del magistero ecclesiastico. *La Scuola Cattolica* 98 (1970) 477-511. LADARIA, L. L'uomo alla luce di Cristo nel Vaticano II, cit., v. II, p. 939-951. BRAMBILLA, F. G. Il Concilio Vaticano II e l'antropologia teologica. *La Scuola Cattolica* 114 (1986) 663-676. COLZANI, G. Cristocentrismo e umanesimo cristiano nella "Gaudium et Spes". *La Rivista del Clero Italiano* 75 (1994) 339-354. SCANZIANI, F. La Chiesa nel mondo. Attualità di alcuni principi ispiratori della "Gaudium et Spes". *La Rivista del Clero Italiano* 84 (2003) 701-722. Agora, podemos prescindir do "conflito das interpretações" que circundou a constituição pastoral, também do ponto de vista da antropologia. No que nos diz respeito, basta recordar a novidade e a determinação do critério cristológico imposto, embora em uma execução ainda incompleta, visto que a ligação entre Cristo e o ser humano é prevalentemente desenvolvida em relação à história, à redenção e ao cumprimento escatológico (Cristo "chave, centro e fim" da história, mas não seu "início"), mas ainda debilmente (se não totalmente ausente) em referência às origens. É preciso, portanto, levar em conta o inevitável débito que a reflexão do tempo paga à consolidada tradição escolástica que chegou compacta até o Concílio, reconhecendo a bondade das críticas feitas por G. Colombo, que denuncia um tipo de compromisso na antropologia emergente do texto, porque, para além das declarações de princípio, aí

PARTE II – A PROPOSTA PSICOLÓGICA: UMA CONTRIBUIÇÃO PARA A FILOSOFIA E PARA A TEOLOGIA

Na realidade, o mistério do ser humano só se torna claro verdadeiramente no mistério do Verbo encarnado. Com efeito, Adão, o primeiro ser humano, era figura daquele que haveria de vir, isto é, de Cristo Senhor. Novo Adão, na mesma revelação do mistério do Pai e de seu amor, Cristo manifesta plenamente o ser humano ao próprio ser humano e lhe descobre a sua altíssima vocação. Não é, portanto, de admirar que em Cristo tais verdades encontrem sua fonte e atinjam seu ápice. [...] Tal e tamanho é o mistério do ser humano que pela Revelação cristã brilha para os fiéis. Por Cristo e em Cristo, portanto, ilumina-se o enigma da dor e da morte, que fora de seu Evangelho nos esmaga. Cristo ressuscitou, com sua morte destruiu a morte e concedeu-nos a vida, para que, filhos no Filho, clamemos no Espírito: *Abba*, Pai! (*GS*, n. 22).

Portanto, na pessoa de Jesus de Nazaré aparece a verdade do ser humano: é ele quem revela o mistério do espírito humano, sua vocação e o sentido da existência. O mistério do ser humano, pois, não está destinado a permanecer um "enigma", uma fatigosa busca sem êxito, mas encontrou luz e paz.

Eis a novidade da *Gaudium et Spes*: este originário nexo cristologia-antropologia, eficazmente recuperado como marco miliário da reflexão dogmática pós-conciliar, propõe-se coerentemente como ponto de partida da antropologia cristã e critério hermenêutico para enfrentar qualquer outra questão regional.[7]

---

se vê ainda proposta, mais uma vez, sem superá-la, a antropologia dos manuais. Mas, em nossa opinião, o contexto histórico e os objetivos reais do documento magisterial podem justificar tal acerbidade (talvez inevitável), sem diminuir a novidade da intuição, postulando-lhe, antes, o necessário desenvolvimento, confiado à teologia pós-conciliar. É necessário, portanto, radicalizar o laço entre Cristo e o ser humano, conduzindo-o até seu fundamento, ou seja, à criação em Cristo (Cl 1) e ao projeto originário de Deus. É precisamente a contribuição que se pretende oferecer, partindo-se do primado da tese da predestinação de todos os seres humanos em Cristo.

[7] A esse respeito, já coincide a reflexão dogmática pós-conciliar e se impostam os principais tratados de antropologia teológica.

Coerentemente, o êxito do percurso implica uma inversão de rota, à medida que "todas as verdades acima expostas encontram nele sua fonte e seu vértice", ou seja, as questões antropológicas até ali enfrentadas (pecado, intelecto, consciência, liberdade, morte) devem ser relidas sob nova ótica.[8] Da pessoa de Cristo (*DV*, n. 2) é que se deve partir. Nele o mistério do ser humano encontra plena luz e compreensão.

De fato, para a revelação cristã, a categoria mistério não indica um enigma ou o desconhecido. Ou pelo menos não mais.[9] Efetivamente, como anuncia Paulo, "o mistério escondido desde os séculos e desde as gerações" é "agora manifestado aos seus santos. A estes quis Deus tornar conhecida qual é entre os gentios a riqueza da glória deste mistério, que é Cristo em vós, a esperança da glória" (Cl 1,26s; cf. também Ef 3,1-12).

Por este caminho, a antropologia teológica responde à pergunta inicial, afirmando, com a Escritura, que todo ser humano foi criado em Cristo, "predestinado a ser conforme à imagem do Filho, a fim de ser ele o primogênito entre muitos irmãos" (Rm 8,29). É a tese paulina da predestinação de Cristo e de todos os seres humanos nele, que se propõe como verdade do humano.[10]

---

[8] Uma mudança inicial da abordagem das questões antropológicas já era timidamente insinuada na *Gaudium et Spes*, n. 12, que, diversamente da abordagem "desde baixo", da introdução, parte da revelação. Com efeito, porém, permanece ainda, mais uma vez, a constatação de que a referência cristológica, ainda que declarada, apareça, de fato, somente em um segundo momento, no parágrafo final do capítulo (como também acontecerá para os capítulos sucessivos), deixando a suspeita de uma linha ainda "de compromisso". O próprio Ladaria, prudentemente, conclui: "Malgrado tudo isso, não se vê com clareza por que, toda vez que a resposta conciliar expressamente se funda na revelação divina, se deixe para o fim a referência a Jesus" (LADARIA, L. L'uomo alla luce dei Cristo nel Vaticano II, cit.,v. II, p. 942).

[9] A categoria *mysterion* é assumida por Paulo da literatura apocalíptica e indica o plano divino, o desígnio secreto de Deus, revelado em Jesus. Cf. Rm 16,25; 1Cor 2,7; Ef 1,9; 3,3; 4,9; 6,19; Cl 1,26.

[10] Para aprofundamento exegético: ELWELL, W. A. Elezione e predestinazione. In: *Dizionario di Paolo e delle sue lettere*. A cura di JAWTHORE, G. F., MARTIN, R. P.;

PARTE II – A PROPOSTA PSICOLÓGICA: UMA CONTRIBUIÇÃO PARA A FILOSOFIA E PARA A TEOLOGIA

O conteúdo do mistério divino, que revela o humano, identifica-se com o chamado universal à filiação divina (cf. *GS*, n. 22). Eis aquilo por que foi criado, a que está inclinado o homem. A relação do ser humano com Deus encontra-se, assim, qualificada cristologicamente desde a origem, ou seja, plasmada segundo a *forma Christi*. O ser humano, criado por Deus-Trindade, é chamado a entrar em comunhão com ele e naquela comunhão que é a mesma relação de Jesus com o Pai: uma comunhão de tipo filial.

Por isso não basta uma definição de ser humano que o reconduza à dimensão natural ou biológica apenas; nem mesmo à sua identidade criatural ou, genericamente, a uma vocação sobrenatural. Não se trata de uma simples relação entre criatura e Criador, nem de um parceiro qualquer dentro de um pacto de amizade: o ser humano não é criado e, a seguir (em um hipotético "segundo"momento), elevado a uma relação de amizade particular com Deus. Muito menos é suficiente dizer que é genericamente chamado à divinização, a "tornar-se como Deus", mas antes a ser seu filho adotivo. Mais precisamente, "Deus quer estabelecer a relação de paternidade com todos"[11] no Filho, pelo Espírito Santo: este é o plano de Deus. A filiação, portanto, é o caráter próprio,

---

REIDE, D. G. Cinisello Balsamo (MI): San Paolo, 1999. p. 522-528. E os clássicos BORNKAMM, G. *"Mysterion"*. In: *Grande lessico del Nuovo Testamento*. Brescia: Paideia, 1971. 16 vv. v. VII, p. 645-716. BOUBLIK, V. *La predestinazione. S. Paolo e s. Agostino*. Roma: Libreria PUL, 1961. Acerca da doutrina da predestinação, do ponto de vista teológico, vejam-se os textos já clássicos de M. J. SCHEEBEN (*I misteri del cristianesimo*. Brescia: Morcelliana, 1960. p. 697-735); K. BARTH (*La dottrina dell'elezione divina. Dalla dogmatica ecclesiastica*. Torino: Utet, 1983); M. LÖHRER (Azione della grazia di Dio come elezione dell'uomo. In: *Mysterium salutis*. Brescia: Queriniana, 1975. 12 vv., v. IX, 225-295); L. SERENTHÀ (Predestinazione. In: *Dizionario teologico interdisciplinare*. Torino: Marietti, 1977. 3. vv., v. II, p. 775-790); F. G. BRAMBILLA (*Antropologia teologica. Chi è l'uomo perché te ne curi?*. Brescia: Queriniana, 2005. p. 157-213).

[11] LADARIA, L. *Introduzione all'antropologia teologica*. Casale Monferrato (AL): Piemme, 1992. p. 11. Assim se exprime o autor: "A filiação de Jesus é o modelo a partir do qual nós podemos ser considerados filhos; sua filiação é o fundamento

específico da relação cristã com Deus, o Pai. Nessa linha, compreende-se por que a via de realização para a liberdade encontra-se na *sequela Christi*, ou, como exprime eficazmente o Concílio: "Todo aquele que segue Jesus, o ser humano perfeito, torna-se ele também mais ser humano" (*GS*, n. 41).

Aqui é que se desvela o mistério do ser humano, que toma corpo seu anélito de infinito, o desejo de vida, o único apaziguamento daquela inquietude que lhe é constitutiva (cf. Santo Agostinho), o sentido daquela abertura que o define *capax Dei* ["apto para Deus"].

Definitivamente, falar do mistério do ser humano não é fazer alusão a uma questão intelectual nem a uma sua não compreensão; ao contrário, é conservar e desvelar a verdade da pessoa.

Contudo, tal relação cristológica e filial é a primeira vertente da intenção de Deus. Exatamente essa originária relação a Cristo traz em si uma outra: Deus nos quer filhos "a fim de que ele [Jesus] seja o primogênito entre muitos irmãos" (Rm 8,29). Com outras palavras, na vontade originária de Deus, o objeto não é jamais somente o indivíduo, mas sim cada um é visto desde sempre como irmão em relação a Cristo e, contemporaneamente, também em relação a todos os outros seres humanos. Daí se conclui, coerentemente, que na relação com Cristo se funda imediatamente a relação com os outros, particularizada em sua qualidade fraterna.

Tal relação não deve ser pensada como extrínseca e adicional à identidade do ser humano, mas pertence ao projeto de Deus e, portanto, à nossa própria identidade. Isso revela a tensão fomentada no mistério que é o ser humano: de um lado, a filiação divina (para indicar a relação Deus-seres hu-

---

da nossa. [...] A vida dos filhos de Deus consiste em participar da relação que Jesus tem com o Pai" (p. 417).

PARTE II – A PROPOSTA PSICOLÓGICA: UMA CONTRIBUIÇÃO PARA A FILOSOFIA E PARA A TEOLOGIA

manos) e, do outro, a fraternidade universal ou solidariedade em Cristo (para afirmar a relação "horizontal" entre os seres humanos). Aqui, coerentemente, funda-se uma antropologia relacional. Isso é o que funda a irredutibilidade última da pessoa, e revela seu mistério, embora sem anulá-lo.

A ALTERIDADE: DIMENSÃO ORIGINÁRIA CONSTITUTIVA DA ANTROPOLOGIA CRISTÃ

Nesse horizonte é que se coloca constitutivamente o mistério do ser humano na dúplice relação com Deus e com os outros e que, para a antropologia cristã, torna possível compreender novamente também o parâmetro da alteridade. Antes de mais nada, reconhecendo-lhe a relativa novidade do ponto de vista da antropologia teológica: não tanto pelo tema em si, mas por sua explícita colocação em pauta também em campo teológico e por sua valorização na reflexão recente.

A esse respeito, mereceriam uma atenção específica várias abordagens que contribuíram para tal redescoberta. Pensamos particularmente nos contributos da moderna filosofia do diálogo (M. Buber, E. Lévinas, J. Derrida e P. Ricoeur, não por acaso nomes emergentes da raiz hebraica comum); em campo estritamente teológico, com H. de Lubac, M. de Certeau, e, no âmbito italiano, A. Rizzi, G. Ruggieri e C. Di Sante,[12] ou ainda as cotas que a exegese traz, sob diversos aspectos, para a compreensão da antropologia.

Neste horizonte, levando em conta também a referência feita por Imoda, consideramos uma pista fecunda aquela que explora o progressivo surgir de uma visão relacional da

---

[12] Para uma referência bibliográfica inicial, cf.: ALIOTTA, M. Il tema dell'altro in teologia. Differenza e alterità sessuale nella riflessione teologica. *Itinerarium* 5 (1997) 23-41. MARTINI, M. *La filosofia del dialogo, da Buber a Lévinas*. Assisi: Cittadella, 1995.

204

antropologia a partir de G. Marcel e de seu prosseguimento em De Lubac — como bem indaga um estudo recente.[13] O primeiro — músico, dramaturgo e filósofo — reage ao fechamento do subjetivismo moderno que relega o sujeito aos restritos espaços do individualismo, parte do ser humano concreto, chegando a definir a pessoa como intersubjetividade originária, como ser-com, graça àquele *tu* absoluto que lhe serve de fundamento. Tal estrutura antropológica o leva a reconhecer até que ponto o corpo místico está radicado no ser humano e, coerentemente, se proponha como meta da inquietude humana. Analogamente, De Lubac, do ponto de vista teológico, age para a superação da hipótese da natureza pura em favor de uma autêntica visão teológica. O ser humano, criado à imagem de Deus, desde sempre é chamado a formar o corpo de Cristo: "Os seres humanos não são mônadas ou ilhas [...]. A vocação à comunhão com Deus é simultaneamente chamado à comunhão com os seres humanos".[14]

Para os limites da presente pesquisa, pretendemos sugerir algumas passagens bíblicas a serem investigadas.

O ser humano imago Dei: parceiro de Deus na dialética sexual

Um primeiro contexto no qual a antropologia teológica recupera como próprio o tema da alteridade e lhe reconhece o fundamento é oferecido pelos relatos genesíacos da criação. No Gênesis, emerge através da chave da *imago Dei*.

---

[13] A respeito da interpretação destes dois autores e como guia precioso que conduz à descoberta de uma antropologia relacional, à luz da contribuição filosófica de Marcel e do contributo teológico de De Lubac, veja-se a síntese de R. Repole, *Chiesa, pienezza dell'uomo. Oltre la postmodernità;* G. Marcel e H. de Lubac (Milano: Glossa, 2002).

[14] REPOLE, R. *Chiesa, pienezza dell'uomo*, cit., p. 276.

Deus disse: "Façamos o ser humano à nossa imagem, à nossa semelhança, e que ele domine sobre os peixes do mar, as aves do céu, os animais domésticos, todas as feras e todos os répteis que rastejam sobre a terra". Deus criou o ser humano à sua imagem, à imagem de Deus ele o criou, homem e mulher ele os criou" (Gn 1,26s).

O ser humano é criado por Deus à sua imagem e semelhança: e isso na dialética sexual! Nesta intimidade particular com Deus, que o diferencia de todas as outras criaturas, Westermann afirma que o ser humano é colocado como o *tu* de Deus, o parceiro do Totalmente outro:

O que Deus decide criar deve ter uma relação com ele. A criação do ser humano à imagem de Deus tem como meta um evento entre Deus e o ser humano. O Criador cria uma criatura que lhe é conforme, à qual possa falar e que o possa escutar [...] a humanidade é criada como parceira (*Gegenüber*) de Deus.[15]

Portanto, desde a origem, é colocado como relação ao Outro: esta é a um tempo sua fonte e sua meta. E isso não somente em relação a Deus, mas ao mesmo tempo em relação ao outro ser humano: macho e fêmea. Ali onde se desvela a identidade radical do ser humano, sua beleza e dignidade, a pessoa é colocada como que em dúplice entrelaçamento: vertical — poderíamos dizer —, que o liga a Deus; simultaneamente, porém, em uma relação horizontal com o outro, por si, emblematicamente sintetizado na duplicidade de macho e fêmea.

Essa trama de relações identifica-o desde a origem, coloca--o em estado de desvelamento da qualidade intrinsecamente relacional de seu mistério. Eis por que o coração humano não repousa em si mesmo; não se aplaca até que não repouse

---

[15] WESTERMANN, C. *Creazione*. 2. ed. Brescia: Queriniana, 1984. p. 99. Cf. *Genesi*. Casale Monferrato (AL): Piemme, 1995. p. 25ss.

em Deus, como invoca Santo Agostinho. A relação, definitivamente, é-lhe originária e constitutiva.

Proveniente do pó e do sopro divino

Analogamente, embora com linguagem diferente, o segundo relato genesíaco (Gn 2,4-25) descreve a criação do homem, plasmado com o pó do solo e a partir do sopro de Deus, colocado no jardim do Éden, até o dom da mulher: tirada de sua costela, ou seja, diferente dele, no entanto pertencente a ele, um auxílio símile a ele, isto é, autêntico parceiro de vida. Evidentemente, o desenvolvimento narrativo do texto distende temporalmente os vários momentos da criação, mas esses relacionamentos não devem ser compreendidos como sucessivos e separados uns dos outros, e sim interdependentes, aliás, como dimensões convergentes que declinam a complexidade da criação.

Com tal introdução — explicitam os estudiosos —, o ser humano é apresentado em suas relações constitutivas: com Deus, com o próprio corpo, com o mundo e com a mulher. "A antropologia bíblica vê constitutivamente o ser do ser humano não apenas em sua relação com Deus, mas nestas relações que articulam historicamente aquela vinculação fundamental."[16] A capacidade evocativa da narrativa, portanto, exprime a verdade do ser humano não o fixando em sua definição teórica ou abstrata, mas sim descrevendo-o em suas relações constitutivas. O ser humano é dado por elas. Não é pensado como uma realidade autônoma, que somente em um segundo momento se coloca em relação com o outro, que lhe está diante, ou com o mundo que encontraria simplesmente

---

[16] BRAMBILLA, F. G. *Antropologia teológica...*, cit., p. 319. Semelhantemente: SANNA, I. *Chiamati per nome. Antropologia teológica*. Cinisello Balsamo (MI): San Paolo, 1994. p. 119.

PARTE II – A PROPOSTA PSICOLÓGICA: UMA CONTRIBUIÇÃO PARA A FILOSOFIA E PARA A TEOLOGIA

fora de si. Ao contrário, desde o início, o outro (seja ele Deus, o mundo ou o irmão) me diz respeito, diz algo de mim.

Mesmo em suas especificidades, definitivamente, também esse segundo relato converge no afirmar a originalidade da perspectiva antropológica escriturística. Radicalizando, deveríamos chegar a dizer não somente que o ser humano, segundo a Bíblia, "tem" relações, mas sim que ele mesmo "é" relação. Colhe-se aqui, por exemplo, a singularidade em relação à definição que herdamos da filosofia grega, que descreve o ser humano como alma e corpo. Tal visão dicotômica apresenta o ser humano através de seus componentes constitutivos, que têm, no entanto, consistência autonomamente e que geraram constantemente a velha discussão acerca de sua possível unidade.

A antropologia bíblica, em contrapartida, não conhece tal esquema. Ao dualismo alma e corpo o léxico veterotestamentário opõe outras categorias bem diferentes: *nefeš*, *bāsàr*, ou *rûªḥ*, mas também *leb* (*lebāb*) etc. (de modo que não se possa, nem mesmo cair na suspeita de uma tricotomia ou similares).[17] Cada uma dessas exprime um ponto de vista sintético diferente a respeito da realidade da pessoa, mantendo, com eficácia, a radical unidade do ser humano, mesmo na irredutível multiplicidade de seus aspectos. A síntese encontra-se antes e constitui o fundamento mesmo de toda distinção ulterior.

A linguagem sobre o ser humano [...] é assunto prevalentemente da cultura ambiente semítica, mas a originalidade de seu uso está no ser colocada a serviço da peculiar relação que o ser humano entretém com Deus, como seu aliado, como sua "imagem". Somente dentro do componente relacional do ser humano pode ser desenvolvida a análise de seus elementos

---

[17] Cf. a análise de: WOLFF, H. W. *Antropologia dell'Antico Testamento*. Brescia: Queriniana, 1975. p. 13-108.

208

constitutivos, ou melhor, das modalidades com que o semita exprime a unitotalidade do ser humano sob diversos perfis.[18]

O ser humano em Cristo

Em relação a esses traços da antropologia veterotestamentária — embora apenas acenados — a revelação cristã leva a cabo o conhecimento do mistério humano. Com efeito, criado como "filho no Filho", o ser humano não somente sabe "que" é querido em relação a Deus e aos demais, mas desvela também "como" o é, ou seja, a que tipo de relação é chamado. Assim, Jesus Cristo conduz até a profundidade inesperada o conhecimento do ser humano acerca de si, chamado a entrar em intimidade com Deus não simplesmente em uma relação de criatura a Criador, nem apenas de comunhão genérica, mas verdadeiramente num relacionamento filial. Mais precisamente, naquela mesma relação de amor que o Filho Jesus Cristo tem com o Pai, através do dom do Espírito Santo.

Não se deve esquecer de que justamente tal relação funda imediatamente o laço com os outros seres humanos, naquela solidariedade em Cristo, definível analogamente em termos fraternos.

Eis por que e até que ponto a alteridade constitui uma dimensão intrínseca e originária da liberdade humana.

POSSÍVEIS IMPLICAÇÕES ANTROPOLÓGICAS DA ALTERIDADE

A perspectiva antropológica introduzida revela-se grávida de desenvolvimentos a respeito do parâmetro da alteridade: evidentemente, a relativa novidade exige ainda tempo para

---

[18] BRAMBILLA, F. G. *Antropologia teológica...*, cit., p. 326s.

uma adequada assimilação e para uma interação mais eficaz com os outros campos.

Nesse sentido, podem-se recolher algumas — ainda que iniciais — provocações. De tal tese sintética consideramos que pode ser útil trazer a lume alguns desdobramentos possíveis.

O ser humano: de indivíduo a pessoa

Em primeiro lugar, uma visão relacional da antropologia convida a superar o individualismo moderno, o solipsismo, no qual o ser humano é único, "indivíduo" e "não pessoa", como estigmatiza O. Clément.[19] O ser humano tornou-se uma ilha e a sociedade, ainda mais, constitui um arquipélago.

Para a antropologia cristã, ao contrário, há uma intersubjetividade originária que coloca o ser humano imediatamente em relação com os outros. A relação, então, não é um momento segundo relativamente à liberdade e à identidade de cada um. O ser humano é à medida de seu ser-com: e sua liberdade, sua singularidade e sua pessoa crescem à medida de seu abrir-se a outros que são, também eles, "sujeitos". Tal impostação se propõe como crítica e correção ao subjetivismo moderno que impõe uma visão abstrata do ser humano, relegando-o aos restritos espaços do individualismo, em uma visão autonomística da vida, que a teologia mesma herdou — acriticamente — da cultura moderna.

Em semelhante paisagem, a relação com o outro (seja ele o Transcendente, o outro ser humano, o mundo, seja até mesmo o próprio corpo) tenderia a resumir-se a apenas um momento secundário sucessivo da liberdade. Ultimamente, até o ponto de torná-lo facultativo ou, seja como for, não decisivo. Essa visão de um ser humano *solus et unus* — já

---

[19] Cf. CLÉMENT, O. *Riflessioni sull'uomo.* Milano: Jaca Book, 1990. p. 45-48. *Il volto interiore.* Milano: Jaca Book, 1978.

denunciada por Marcel — introduz uma visão abstrata e anistórica de ser humano. A alteridade não é banalmente algo ou alguém que está "fora de mim", de que se possa dizer "não me diz respeito", com a pretensão de que não tenha recaído sobre a própria autocompreensão. Ao contrário, a relação com o outro é intrínseca a cada um e essencial para definir-se, para compreender-se.

Teologia e psicologia: da separação à necessária articulação

Em segundo lugar, a consciência fundamental de que o ser humano é ele mesmo relação, ou que a relação lhe é originária e constitutiva, implica que a alteridade não pode ser pensada como uma abertura genérica e opcional para o ser humano. Antes, ela o define essencialmente e é lugar de sua identidade e realização.

O ponto de partida cristológico leva a recuperar *a originária* unidade do ser humano, mesmo dentro da pluralidade irredutível de suas dimensões. Isso implica, antes de tudo, a superação do modelo antropológico pré-conciliar, com as tradicionais divisões (ou melhor, separações) entre natureza e sobrenatureza, entre o humano e o cristão.

Tal separação tem um conhecido débito histórico e sua funcionalidade, em determinado contexto cultural, já foi amplamente discutida, bem como sua problematicidade.[20] Com

---

[20] Cf., entre outros estudos recentes: RIVA, A. Attualità della "Gaudium et Spes". *La Rivista del Clero Italiano* 83 (2002) 342-358. Aqui, p. 346, que relembra o mérito, de tipo apologético, fomentado neste modelo, eficaz e funcional perante o contexto cultural: "Abria-se uma via para o diálogo com o mundo moderno: com efeito, se o sobrenatural era o específico cristão-eclesial, a ordem da natureza parecia aparentar profundamente a Igreja ao ser humano moderno, leigo, racional, aconfessional. Em outras palavras: se se podia intuir uma visão do ser humano natural e racional [...] daí brotava um modelo de

211

PARTE II – A PROPOSTA PSICOLÓGICA: UMA CONTRIBUIÇÃO PARA A FILOSOFIA E PARA A TEOLOGIA

efeito, tal dualismo conduziu a inevitáveis simplificações de algumas dimensões do mistério, operando aí radicais cisões e contraposições, incapazes de criar diálogo, reduzindo-lhe a polaridade, em vez de manter-lhe a tensão.

Ao contrário, a consciência de que cada ser humano é criado em Cristo e que este é o único e originário projeto divino, implica imediatamente que toda a existência concreta já foi pensada em Cristo, que o antropológico já deve ser compreendido à luz do cristológico. A reflexão teológica contemporânea — fazendo frutificar e prolongando as reflexões de H. de Lubac — já superou concordemente o dualismo natureza-sobrenatureza, recuperando a unidade originária da ordem cristã que, objetivamente, é a única ordem real.[21]

Visto que tal cisão teve um evidente reflexo também no plano das disciplinas científicas, condicionando-lhes as relações (pense-se na nítida separação, se não contraposição, entre teologia e filosofia, mas também a suspeita com que a teologia manteve a devida distância das assim chamadas ciências humanas: veja-se a lentidão na assunção dos métodos de análises do texto em exegese, como o diálogo com as ciências, com o evolucionismo, ou com a psicologia, mesmo na diversidade de suas abordagens), perguntamo-nos se o supracitado aprofundamento da antropologia teológica com a recuperada unidade não possa trazer uma influência benéfica também para a correta impostação da relação entre ciências humanas e teologia, entre psicologia e espiritualidade etc.

Precisamente na linha de tal superação, Imoda considera que a psicologia deva ser vista "como aliada", até mesmo como "parte indispensável da antropologia", porque "pode

---

articulação entre humano e cristão, entre leigo e eclesial, capaz de garantir, ao menos presumivelmente, a 'consistência' autônoma do humano e o papel, de qualquer modo relevante, do cristão".

[21] COLOMBO, G. *L'ordine cristiano*. Milano: Glossa, 1993.

212

contribuir de modo insubstituível para introduzir o pesquisador da alma humana, e ainda mais o educador, em um âmbito relativamente negligenciado".[22] Tal pano de fundo não se propõe, talvez, como horizonte unitário e harmônico para superar cercas prejudiciais que ainda separam o psicológico do espiritual, ou pior, colocando-os equivocadamente em contraposição?

Evidentemente, abre-se aqui um campo ulterior de investigação, que enfrenta atentamente as necessárias reflexões epistemológicas e as devidas mediações. Com efeito, a consciência da unitariedade do mistério do ser humano nos parece que implica coerentemente a fundamental relação existente entre as dimensões do humano, que permanece, antes de tudo uma unidade, ainda que analisável e compreendida efetivamente a partir de diversos pontos de vista. A unidade, seja como for, vem primeiro e lhe é constitutiva. Se não outra coisa, pelo menos isso deveria precaver-nos diante das separações e dos preconceitos entre as diversas abordagens e disciplinas da investigação. Não tanto para induzir a uma assunção ingênua, mas para impostar criticamente o diálogo.[23]

Conforme o caso, dever-se-á submeter ao juízo crítico a efetiva execução destes ou daqueles pressupostos sobre os quais alguns modelos possam ser impostados. De modo particular, é preciso evitar a possível ingenuidade da pretensa neutralidade das ciências humanas, exigindo-se, antes, o esforço de tematizar o horizonte antropológico de referência, ainda que somente implícito,[24] sem dá-lo por descontado.

Resta, talvez, ainda, perguntar quanto a separação sofrida entre teologia e psicologia (ou outras disciplinas) não

---

[22] *SvU*, p. 51.

[23] Cf. a proposta de: FORTE, B. La sfida dell'autotrascendenza: resistenza, indifferenza, resa o integrazione? In: IMODA, F. (ed.). *Antropologia interdisciplinare e formazione*. Bologna: EDB, 1997. p. 75-96.

[24] Cf. *SvU*, p. 49.

seja devedora do contexto histórico-cultural contemporâneo e, portanto, em linha de princípio, seja superável e a ser superada. Um estudo atento da gênese moderna de certa impostação da relação e uma reflexão que lhe questione os pressupostos, aceitos demasiado acriticamente, não poderia ajudar a superar algumas paliçadas? Isto contribuiria para evitar o risco indicado por Guardini, segundo o qual a teologia,

> para justificar-se diante de uma consciência científica orientada em sentido puramente profano, construiu uma apologética que, com um verdadeiro trabalho de Sísifo, tenta lançar uma ponte, sem se perguntar se verdadeiramente existem os abismos sobre os quais esta deveria estender-se.[25]

Por fim, nesta linha, à busca de uma correta inter-relação, perguntamo-nos também quanto não se poderia encontrar, no tesouro da tradição cristã, de síntese já dada entre uma escuta atenta da vivência psicológica e sua releitura dentro do caminho espiritual, com os olhos da fé. Antes de dever recriá-la artificialmente, partindo da suposta separação, como a reflexão cristã do passado poderia instruir acerca de uma possível articulação? Pense-se, por exemplo, na ampla pesquisa conduzida por Santo Inácio sobre o espírito humano, ou nos textos dos monges dos primeiros séculos, com sua minuciosa descrição dos "pensamentos".

Uma relação originária e constitutiva

Em terceiro lugar, a consciência da antropologia cristã merece recuperar a convicção de que a dimensão relacional, a relação com a alteridade (seja esta o corpo, o mundo, o outro, ou o Totalmente outro) é *originária e constitutiva*. *Originária*: à medida que está antes de toda distinção. Aliás, é isso que a encerra. A alteridade não deve ser pensada como algo secun-

---

[25] GUARDINI, R. *Libertà, grazia, destino*. 3. ed. Brescia: Morcelliana, 2000. p. 8-9.

214

dário, muito menos sucessivo. Como se o ser humano fosse definível em si e por si, prescindindo dos outros, de todo o resto, e só num segundo momento, uma vez dado, em seus componentes, ele se abrisse para a realidade — que está, em todo caso, fora de si —, ao mundo, a Deus, aos outros, e que até aquele momento não teriam tido nada a ver com ele, e que não lhe diziam respeito.

Nesse "imaginário" sobre o ser humano, a alteridade resultaria algo que o ser humano encontra apenas num segundo momento pela rua, extrínseco a ele e substancialmente acidental, ou uma tarefa a ser realizada. Somente no momento em que advém tal encontro ou "descoberta" da alteridade colocar-se-ia o problema de como pôr-se em relação ou — até mesmo — do "se" deve fazê-lo ou não. Obviamente, o ser humano é pensado aqui como uma mônada, um indivíduo sem relações, *ab-solutus*, literalmente livre de qualquer relação e definível prescindindo delas. Tal visão antropológica, para a supramencionada perspectiva cristã, mostra-se evidentemente abstrata e anistórica, porque não capta quanto a relação com o outro, por si, é intrínseca e constitutiva para a pessoa, desde sua origem.

Antes, abre à complexidade inexaurível do mistério da pessoa: subtraindo-o à enigmaticidade, mas insinuando-lhe a vastidão dos espaços, permite intuir a inquietude que move constantemente o ser humano rumo a sua plenitude e, juntamente, o entrelaçamento imprevisível do qual cada um surge.

Ademais, reconhecer a relacionalidade como traço *constitutivo* qualifica-lhe simultaneamente a insuperabilidade. Não é acidental, para que caracterize o ser humano apenas em um segundo momento. "A alteridade não pode ser eliminada da experiência humana sem — se fosse possível — eliminar-lhe a própria realidade."[26]

---

[26] *SvU*, p. 101.

PARTE II – A PROPOSTA PSICOLÓGICA: UMA CONTRIBUIÇÃO PARA A FILOSOFIA E PARA A TEOLOGIA

A alteridade não é algo superável, nem que se deva superar. Não é obstáculo, mas *oportunidade*; uma dimensão intrínseca da verdade da pessoa. A questão torna-se, quando muito, *como* realizar tal relação. Nem fusão (ou pior, confusão), nem separação ou contraposição.

Essa convicção tem, portanto, uma implicação antes de tudo sobre a identidade da pessoa, cuja realização ou menos passa através da assunção e da interpretação da alteridade. Mas sobretudo do ponto de vista da laboriosidade, visto que a relação se revela, em definitivo, como a via de realização da pessoa. Aqui, porém, o campo abrir-se-ia desmesuradamente a ulteriores pesquisas e aprofundamentos, nas várias disciplinas.

A RELAÇÃO COM O OUTRO: CAMINHO DE GRAÇA E DE PERDIÇÃO

O percurso aqui delineado, evidentemente, constitui mais uma proposta inicial do que a conclusão de uma tese. Pretendeu perscrutar a visão contemporânea da antropologia teológica, deixando ainda aberto o aprofundamento das argumentações (que poderiam ser prevalentemente bíblicas ou em diálogo com alguns teólogos contemporâneos) e o desenvolvimento das possíveis aplicações.

Da real consistência da tese até aqui exposta muito poderia dizer a psicologia mesma, a partir da relação de ajuda. Mas até a reflexão teológica argumenta a consistência de tal visão antropológica, exemplificando-a (sem exauri-la) em dois casos: a estrutura do pecado e a *communio sanctorum*, dois exemplos nos quais se experimentam os extremos opostos da relação com o outro. Ambos, porém, são ocasiões que trazem à luz a estrutura da liberdade criada e o seu funcionamento histórico.

216

Pensemos, por exemplo, na tradição teológica relativa ao tema do pecado e, de modo especial, do pecado original. Tal doutrina leva a evidenciar a multidimensionalidade do ato pecaminoso e a redescobrir concretamente a estrutura da liberdade que se dá constitutivamente na relação com os outros, a tal ponto que não se pode falar de uma condição neutra (Pelágio), tampouco inicial, da liberdade humana, mas já qualificada pela "solidariedade" com Adão, ou seja, com os seres humanos.[27] A doutrina do pecado original, em outros termos, torna-se "caso concreto", no qual a dimensão da relação da antropologia encontra um banco de prova. Poderíamos dizer que é um "caso-limite" que desvela a estrutura da liberdade criada e seu funcionamento histórico.

Evidentemente, o discurso pode e deve ser cumprido também (e acima de tudo) pela vertente positiva: a da teologia da graça e da *communio sanctorum* (sobre a qual, porém, a teologia ocidental desconta ainda o próprio atraso), abrindo o campo ao aprofundamento da mediação antropológica da graça.

Também do ponto de vista teológico, definitivamente, maior aprofundamento de uma antropologia relacional seria desejável e fecundo: "Não se permanece o mesmo no contato com os outros [...]. 'O ferro se aguça com o ferro, e o ser humano se aguça com a presença do seu próximo'" (Pr 27,17).[28]

---

[27] Veja-se a original apresentação do dogma em: BRAMBILLA, F. G. *Antropologia teológica...*, cit., p. 537-549.

[28] *SvU*, p. 17.

Capítulo 4

O PARÂMETRO DA TEMPORALIDADE E SUA IMPORTÂNCIA PARA A TEOLOGIA MORAL

Aristide Fumagalli*

INTRODUÇÃO

A sociedade Pós-Moderna enfrenta os problemas morais desconfiando de todas as verdades absolutas e universais, sejam elas as leis de um único Deus, eclipsado pelo pluralismo e pelo relativismo religiosos, sejam elas os princípios da razão prática, demasiado formais e abstratos para individuar o bem nas complexas e variadas circunstâncias concretas. Não mais vinculado a uma verdade objetiva, o bem torna-se prerrogativa unicamente da liberdade subjetiva.

O extravio da verdade objetiva do bem submete a moral a uma dupla deriva. Na vida privada, vige o emotivismo, pelo

---

* Italiano, nascido em 1962, doutor em Teologia Moral, é professor de Teologia Moral na Faculdade Teológica da Itália setentrional – Seção do Seminário Arquidiocesano de Milão (Itália).

PARTE II – A PROPOSTA PSICOLÓGICA: UMA CONTRIBUIÇÃO PARA A FILOSOFIA E PARA A TEOLOGIA

que cada um escolhe as próprias regras morais, a ponto de criá-las; na vida pública, impera o contratualismo, pelo que cada um tolera as regras de uma moral estabelecida por convenção. Por uma parte, reina o subjetivismo libertário que, desviando-se da questão sobre a verdade do bem, faz do arbítrio da liberdade o critério do agir pessoal; por outra, domina o objetivismo legalista, que, embora furtando-se à pergunta sobre a verdade do bem, faz da lei convencional o critério da convivência social.

A uma moral da consciência subjetiva se contrapõe uma moral da lei objetiva. Ambas reivindicam o direito de determinar o bem moral, a primeira afirmando que o bem estabelecido, a prescindir da subjetividade, torna-se imposição arbitrária; a segunda, em resposta, diz que o bem, privado de objetividade, cai na rede do arbítrio subjetivo. Daí resulta uma dupla moral, na qual a autonomia da consciência se justapõe à heteronomia da lei objetiva.

A fim de remediar o desdobramento da moral em duas esferas separadas e contrapostas, dever-se-ia evitar, na esfera da consciência, "a Cila do polo exclusivamente subjetivo" e, na esfera da lei, "o Caríbdis do polo exclusivamente objetivo",[1] mostrando como "a objetividade do que é verdadeiro e do bem é atingida, não 'apesar', mas 'através' da subjetividade da pessoa".[2] Para isso, porém, é necessário superar uma concepção estática da verdade do bem e da liberdade da pessoa que se enfrentam como dois rochedos opostos, para alcançar uma concepção dinâmica do agir moral, no qual elas estejam reciprocamente integradas. Com vistas a esse objetivo, a teologia moral pode servir-se do diálogo interdisciplinar com a psicologia do desenvolvi-

---

[1]   IMODA, F. *Sviluppo umano, psicologia e mistero*. Bologna: EDB, 2005. p. 454 (de agora em diante, *SvU*).

[2]   *SvU*, p. 146.

220

mento e, decididamente, do assim chamado "parâmetro da temporalidade".[3]

A presente contribuição gostaria de oferecer um ensaio desse diálogo.

A MORALIDADE DO TEMPO

Uma concepção dinâmica do agir moral exige que seja compreendido em função do tempo. A sugestão, porém, deve ser imediatamente esclarecida no sentido de que o tempo não é o fluxo exterior dentro do qual a pessoa cumpre as ações, que — diz-se — ocupariam "certo período de tempo", mas o fluxo interior do qual as ações da pessoa são constituídas. "A pessoa, com efeito, encontra-se no tempo e não pode subtrair-se a esta condição de fluxo que a constitui."[4] O ser temporal da pessoa ou, dito de outra maneira, o tempo como modo de ser para o mundo do ser humano, é o ensinamento que a filosofia contemporânea aprendeu na escola de Martin Heidegger, o qual definiu a "temporalidade como o ser-aí" (*Dasein*)".[5]

Desenvolvendo criticamente a herança heideggeriana, Paul Ricoeur elaborou uma concepção da temporalidade que, do nível ontológico do existir, passa ao plano histórico do agir.[6] O tempo propriamente histórico — segundo o filósofo francês — se constrói na transição do futuro a ser projetado

---

[3]   O "parâmetro da temporalidade" é o segundo dos três parâmetros propostos por Franco Imoda para interpretar o desenvolvimento humano à luz do mistério do ser humano. O primeiro é o "parâmetro da alteridade" que, em combinação com o "parâmetro da temporalidade", constitui o terceiro, o "parâmetro dos estágios": cf. *SvU*, p. 99-179.

[4]   *SvU*, p. 41.

[5]   HEIDEGGER, M. *Essere e tempo*. 5. ed. Milano: Longanesi & C., 1976. p. 35.

[6]   JERVOLINO, D. Ricoeur e il problema del tempo. *Filosofia e Teologia* 14 (2000) 1, p. 77-90. Para o confronto com Heidegger: ATKINS, K. Ricoeur's "Human time" as a response to the problem of closure in heideggerian temporality. *Philosophy Today* 44 (2000) 108-122.

221

no passado ao qual estamos sujeitos. O passado, se referido ao futuro, libera suas potencialidades ainda não realizadas, fugindo de um destino já totalmente decidido; o futuro, se referido ao passado, encontra raízes e memória, evitando esvair-se no desconhecido absolutamente imprevisível. O futuro a ser projetado e o passado ao qual estamos sujeitos — a inovação e a tradição — transitam no presente da iniciativa.

"No trânsito do futuro ao passado, o presente [é] o tempo da iniciativa, ou seja, o tempo no qual o peso da história já feita é deposto, suspenso, interrompido, e no qual o sonho da história ainda por fazer é transposto em decisão responsável."[7] Na interpretação de Ricoeur, a importância essencial atribuída à iniciativa da liberdade mostra uma concepção da temporalidade em função do agir moral.

A filigrana da filosofia de Ricoeur pode ser reencontrada no que a psicologia do desenvolvimento chama "parâmetro da temporalidade". De fato, "a questão que este parâmetro suscita no âmbito do desenvolvimento diz respeito à contribuição do passado, do presente e do futuro para a compreensão e para a realização da pessoa, que, situada no tempo, torna-se".[8]

A TRÍPLICE MODULAÇÃO DA TEMPORALIDADE

A fim de compreender melhor a tríplice modulação da temporalidade, da qual é entretecido o agir moral, é preciso entrar *in medias res*, ou seja, transferir o centro de observação para a ação, porque ali transcorre a tensão entre passado, presente e futuro. Para tal fim, permanece preciso ainda hoje

---

[7] RICOEUR, P. *Tempo e racconto. Il tempo raccontato*. Milano: Jaca Book, 1988. p. 318.

[8] *SvU*, p. 110. A definição da temporalidade como "parâmetro", termo com o qual se entende "uma constante, dentro da qual existe variabilidade" (p. 99), quer significar que, no desenvolvimento humano, "a tensão entre passado, presente e futuro não é eliminável" (p. 112).

o estudo de Maurice Blondel, dedicado à individuação do "princípio elementar de uma lógica da vida moral".[9] Nisso o célebre filósofo de *L'action* mostra como a temporalidade, em seu tríplice ritmo de passado, presente e futuro, deriva do agir. "Uma criança, brincando, quebra um raminho: gostaria de recolocá-lo. É impossível: é contraditório que aquele galho tenha sido e não tenha sido quebrado, contraditório que esteja partido e intacto."[10]

À medida que a criança quer fazer uma escolha diferente daquela efetuada, descobre a irreversibilidade do passado. Na deliberação sucessiva, alternativa à precedente, surge a noção do passado como irrecuperável e irreparável. A deliberação sucessiva, porém, é possível somente porque se reconhece que a ação precedente podia ser outra, a de manter intacto o galho. A possibilidade de uma ação gera a noção de futuro. Aproveitando a análise blondeliana, podemos concluir, então, que o tempo é função da "nossa ação de dois gumes (*double tranchant*)".[11]

O duplo corte produzido pela ação no presente indica à temporalidade a dupla direção do passado e do futuro. Como derivante do agir, "o próprio passado, o próprio presente e o próprio futuro são mais do que 'fatos' puros, objetos de mensuração e de análise, são 'experiências'".[12] A qualidade moral de tais experiências é descrita pelas três atitudes fundamentais da pessoa: a "aceitação" do passado, o "projeto" sobre o futuro e a "responsabilidade" no presente.[13]

---

[9]   BLONDEL, M. *Princípio di una logica della vita morale*. A cura di PIOVANI, P. 2. ed. Napoli: Guida, 1990.

[10]   Ibid., p. 19.

[11]   Ibid.

[12]   *SvU*, p. 138.

[13]   A escolha dos termos modifica a proposta de Imoda, que fala de "aceitação" para o passado, de "responsabilidade" para o futuro e de "chamado" para o presente. Embora concordando com os conceitos expressos, diferentemente de

"A primeira atitude fundamental refere-se, de modo especial, ao passado da pessoa, como ao que constitui o 'dado', o 'fato' irredutível, e é o respeito, no sentido de uma capacidade fundamental de *aceitação*."[14] A aceitação, ou consenso, é a atitude de uma liberdade que "concorda com uma situação que é marcada pela interioridade e convida a considerar as causas que forçam, por trás, e não os fins que impulsionam para frente".[15]

Diferentemente da aceitação, voltada para o passado, o projeto dirige-se ao futuro. "O projeto é lançado para frente, ou seja, eu decido por um tempo por-vir, por mais que seja considerado próximo e iminente. [...] O projeto é a determinação prática do que será."[16]

Enquanto a aceitação poderia suscitar a impressão, apenas parcialmente justificada, de passividade com que se pode receber e talvez suportar uma influência externa, [o projeto] introduz o aspecto de empenho pessoal, ativo, com o que se toma a iniciativa de assumir, de ir à realidade, de empenhar-se, de dedicar-se também a uma transformação das realidades presentes, rumo a certa criação de estados e situações novas.[17]

Aceitação do passo e projeto sobre o futuro não são duas atitudes distinguíveis da ação presente, mas subsistem nela. A terceira atitude, respeitante ao presente, pode ser designada como "responsabilidade".

Imoda, preferimos — pelas razões que aparecerão no texto — reservar o termo "responsabilidade" para o presente e mutuar, de Ricoeur, o termo "projeto" para o futuro. Ater-nos-emos a essa modificação também quando citarmos os textos de Imoda.

[14] *SvU*, p. 113.

[15] RICOEUR, P. *Filosofia della volontà. Il volontario e l'involontario*. Genova: Marietti, 1990. p. 341s. Cf. "O consentimento é aquele movimento da liberdade para a natureza a fim de juntar-se à sua necessidade e convertê-la em si mesma" (p. 343).

[16] RICOEUR, P. *Filosofia della volontà...*, cit., p. 52.

[17] *SvU*, p. 114.

224

A atitude de fundo consegue reconciliar, aqui, o momento de aceitação com o de [projeto]. O presente vem, pois, assumir o "dado" e toda a espessura do passado; é enriquecido por seus significados e pelo peso da história, mas a liberdade pode assumir tal passado como elemento de uma chamada que realiza o desejo de autorrealização e de transcendência, rumo a um futuro não só através de um ato solitário, de suprema autonomia, mas como livre resposta a um chamado.[18]

A REDUÇÃO DA TEMPORALIDADE

A tensão entre passado e futuro que transcorre no presente é ineludível: toda ação do ser humano está atravessada e constituída por ele. Isso não elimina o risco e a tentação de eliminar a tensão, reduzindo a temporalidade a um ou a outro de seus três aspectos. A consideração só do futuro conduziria, então, a uma visão "utopística" do agir; a do passado somente, a uma visão "determinista"; a do presente, unicamente, a uma visão "emotivista".

A visão utopística comporta uma atitude moral de cunho "pelagiano" que, censurando os condicionamentos do passado, julga logo praticável toda possibilidade futura sobre a única base do próprio agir. Ao contrário, a visão determinista suscita a atitude moral "quietista", que, enfatizando os condicionamentos do passado, reputa impossível toda livre escolha no futuro. A visão só do presente, enfim, alimenta a atitude moral "emotivista", que, removendo o passado e eliminando o futuro, dissolve o agir no momento fugaz da emoção.

As três distintas atitudes de estilo — pelagiana, quietista e emotivista — convergem, todas, no impedimento de uma concepção do agir moral como dinamismo histórico que amadurece em função do tempo.

---

[18] *SvU*, p. 115.

PARTE II – A PROPOSTA PSICOLÓGICA: UMA CONTRIBUIÇÃO PARA A FILOSOFIA E PARA A TEOLOGIA

A figura de imaturidade representada por quem, prisioneiro da impulsividade imediata, não sabe esperar, pretendendo ter tudo aqui e agora, assim como a figura de quem, fechado no passado dos próprios costumes, rejeita toda novidade, ou de quem quer anular o tempo na droga ou sai do tempo no sonho da fantasia, são figuras que contrastam com a figura de maturidade de quem sabe esperar os acontecimentos com paciência; de quem pode empenhar-se irrevogavelmente no presente, com todo o próprio passado, para um futuro parcialmente incerto; de quem, como o "escriba que se tornou discípulo do Reino dos céus [...] tira do seu tesouro coisas novas e antigas" (Mt 13,52).[19]

TEMPORALIDADE E ALTERIDADE

A atitude de responsabilidade no presente, à medida que integra a aceitação do passado e o projeto sobre o futuro, confronta a pessoa com o diferente de si. A teologia convida a reconhecer a alteridade com que o *eu* entra em relação não somente com o outro humano, mas também com o Outro divino. A teologia moral, em particular, estuda a relação que se interpõe entre o agir humano e o agir divino.[20] Considerando a revelação do mistério trinitário de Deus na forma humana de Jesus Cristo, a teologia moral cristã reconhece o agir divino na atração do Espírito Santo, que, operando na liberdade do ser humano, plasma seu agir na forma cristã, de modo que ele, em Cristo, entre em comunhão com Deus.

A atração do Espírito e a ação da liberdade são as duas variáveis que, interagindo em medida e modalidades diversas, constituem a estrutura fundamental de cada momento do agir moral. A distinção entre atração do Espírito e ação

---

[19] *SvU*, p. 113.

[20] "*A colaboração do agir humano e do agir divino na realização plena do ser humano*: este é justamente o problema subjacente em toda a moral cristã" (RATZINGER, J. Genesi e contenuti essenziali dell'enciclica *Veritatis Splendor*. In: *La via della fede. Le ragioni dell'etica nell'epoca presente*. Milano: Ares, 1996. p. 96).

da liberdade não se refere a duas operações disjuntas de dois sujeitos diferentes — respectivamente Deus e o ser humano —, mas indica antes dois momentos do único agir moral, devido à recíproca colaboração de Deus e do ser humano, momentos que Hans Urs von Balthasar exprime com a expressão sintética de "receptividade ativa".[21]

O dinamismo do agir é constituído por

> um ritmo de caráter temporal, marcado pela sequência do receber e do dar. Sem certa receptividade e, portanto, certa passividade, não pode haver verdadeira experiência, assim como sem atividade e iniciativa não pode haver aquela subjetividade, aquela interioridade que transcende o puro devir.[22]

Para imaginar a interação do Espírito com a liberdade, Von Balthasar sugeriu, ademais, o termo *Verflüssigung*, cujo significado principal — liquefação — remete ao dissolver-se da existência pessoal de Cristo na dos seres humanos de todo tempo e lugar. O mesmo termo, suportando, porém, também o significado de "condensação", indica igualmente o efeito pelo qual o Espírito não apenas infunde (como um líquido) a vida de Cristo, mas condensa a vida do ser humano em forma cristã. A teologia balthasariana do Espírito Santo consente extrair três importantes sugestões para a teologia moral.

Em primeiro lugar, o Espírito Santo faz da existência pessoal de Cristo a norma universal da ética cristã, de modo que "a pessoa do Cristo e sua obra são atualizadas em todos os tempos e são atuais em nós, assim como para ele [= o Espírito] nós nos encontramos a estar sempre presentes no

---

[21] "A ideia de receptividade ativa (*active receptivity*) é uma chave da compreensão balthasariana do agir humano" (STECK, C. W. *The Ethical Thought of Hans Urs von Balthasar*. New York: The Crossroad Publisher, 2001. p. 22).

[22] *SvU*, p. 477.

PARTE II – A PROPOSTA PSICOLÓGICA: UMA CONTRIBUIÇÃO PARA A FILOSOFIA E PARA A TEOLOGIA

Cristo".[23] O Espírito Santo realiza a contemporaneidade do cristão e de Cristo.[24]

Em segundo lugar, o Espírito Santo, como *dynamis*, força dinâmica, confere à forma de Cristo a "profundidade plástica" e a "potência vital" que lhe permitem imprimir-se e plasmar a vida cristã. "As duas são uma única coisa: a plasticidade da forma do 'Jesus histórico' e sua força de imprimir-se na forma do 'Cristo da fé'."[25]

Em terceiro lugar, a impressão caracterizadora do Espírito realiza a "afinação" entre a existência de Cristo e a vida do cristão. Esta última tornar-se-á "uma existência afinada como instrumento pelo Espírito, que (como harpa eólica) ressoará de modo entoado sob o sopro do Espírito. Trata-se de um ser-afinado, como concordância com o ritmo de Deus mesmo e, portanto, adesão não só a seu ser, mas também à sua vontade livre".[26]

A interpretação teológica da transformação da pessoa sob a atração do Espírito impede reduzir o desenvolvimento moral

a uma simples operação psíquica que tem origem e fim no âmbito da psique humana. O mistério cristão oferece à pessoa a possibilidade de transformação que responde ao convite de São Paulo em Fl 2,5: "Tende em vós a mesma mente (*phroné*, os mesmos sentimentos) que foi a de Jesus Cristo".[27]

---

23 Cf. BALTHASAR, H. U. von. Principi di morale cristiana. Le nove tesi per un'etica cristiana. *EV* 5/1009-1062.

24 BABINI, E. Lo Spirito Santo come universalizzatore dell'esistenza di Cristo e fonte dell'agire morale. In: *Quale dimora per l'agire? Dimensioni ecclesiologiche della morale.* A cura de MELINA, L.; ZANOR, P. Roma: PUL-Mursia, 2000. p. 185-192.

25 BALTHASAR, H. U. von. *Gloria. Un'estetica teologica. La percezione della forma.* Milano: Jaca Book, 1971. 3 vv. v. I, p. 460.

26 Ibid., p. 232.

27 *SvU*, p. 175.

228

O DESENVOLVIMENTO MORAL DA PESSOA

Interagindo com o Espírito, a liberdade fica sujeita a uma contínua transformação: cada ação transforma uma possibilidade futura em realidade do passado.[28]

A passagem do futuro possível ao passado necessário, operado na ação presente, pode ser explicada retomando-se os conceitos aristotélicos de "aquisição (*éxis*)" e de "privação (*stéresis*)".[29] Mediante suas inevitáveis decisões, o ser humano adquire a posse daquilo que ele escolheu e, ao mesmo tempo, priva-se do que não escolheu. Esse incessante processo de aquisição e de privação, devido ao inevitável dinamismo do agir humano, é o que se entende por "desenvolvimento da pessoa".

No desenvolvimento da pessoa, decisivo não é apenas o que ela adquire, mas também aquilo de que se priva e que continua a fazer sentir todo o peso de sua ausência: "Nós somos sempre mais ou menos o que é nossa ação; o que nós fazemos faz-nos por sua vez; o que não fazemos contribui igualmente para definir-nos".[30] O desenvolvimento da pessoa é sempre síntese de uma situação de "presença" e de uma situação de "ausência": presença é a situação de "autoposse e de aquisição progressiva"[31] de si por parte da pessoa; ausência é, ao contrário, a situação pessoal marcada pelo "não ter, não ser, pela falta".[32]

O desenvolvimento moral da pessoa pode ser captado em profundidade somente se se considera sua qualidade teológica ulterior. Para tal fim, a teologia moral dispõe da

---

[28] Cf. BUZZI, F. La coscienza in azione. In: BORGHI, E.; BUZZI, F. *La coscienza di essere umani. Percorsi biblici e filosofici per un agire etico.* Milano: Àncora, 2001. p. 61-175. Aqui, p. 89.

[29] BLONDEL, M. *Principio de una logica della vita morale*, cit., p. 26.

[30] Ibid.

[31] *SvU*, p. 173.

[32] *SvU*, p. 170.

tradição escolástica, de recente retomada ao sabor da onda da descoberta da "ética das virtudes".[33] Referindo-se explicitamente à filosofia aristotélica da *éxis*, Tomás de Aquino falou de *habitus*, ou seja, da "disposição segundo a qual alguém é situado bem ou mal, ou em si mesmo ou em relação ao outro".[34] Integrando a filosofia de Aristóteles com a teologia cristã que remonta sobretudo a Agostinho, Tomás concebeu a virtude, além disso, como a disposição para o bem que o ser humano adquire (tradição aristotélica), graças, porém, ao dom de Deus (tradição agostiniana). A definição que se tornou clássica na doutrina cristã, aquela da virtude como *habitus infusus*, indica justamente esta particularidade: o ser humano "tem" a virtude porque o Espírito Santo lha "infunde".

A definição da virtude como *habitus infusus*, válida acima de tudo para as três "virtudes teologais" — fé, esperança e caridade —, não lhes é exclusiva, mas diz respeito a todas as outras virtudes da vida moral, a partir das quatro "virtudes cardeais" — prudência, justiça, fortaleza e temperança —, para chegar até as inúmeras virtudes (irredutíveis a uma ordem e número precisos: Tomás enumera, dentre elas, 44), que o Espírito Santo infunde nas mínimas especificações do agir humano.[35] A única origem da graça do Espírito explica como o termo, em vez de plural — "as" virtudes —, deva ser compreendido no singular — "a" virtude. As numerosas e variadas virtudes cristãs são, de fato, comparáveis às múltiplas ramificações de uma árvore perpassada pela única linfa do Espírito Santo.

---

[33] COZZOLI, M. *Per una teologia morale delle virtù e della vita buona*. Roma: Lateran UP, 2002.

[34] *STh* I-II, q. 49, a. 1,c.

[35] Cf. GOFFI, T. Virtù nello Spirito. In: *Virtù dell'uomo e responsabilità storica. Originalità, nodi critici e prospettive attuali della ricerca etica della virtù*. A cura di COMPAGNONI, F.; LORENZETTI, L. Cinisello Balsamo (MI): San Paolo, 1998. p. 7-14.

OS ESTÁGIOS DE DESENVOLVIMENTO

O desenvolvimento moral da pessoa se dá de acordo com uma multiplicidade de mediações concretas, correspondentes aos vários níveis da realidade humana: físico, psíquico (afetivo, cognitivo, interpessoal) e espiritual (ético-eligioso). A configuração assumida por cada uma dessas mediações é uma das várias "estruturas"[36] das quais a pessoa assume a forma.[37] O desenvolvimento moral da pessoa pode ser definido, então, como "aquisição de novas estruturas ou mudança de uma estrutura a outra",[38] o que implica uma transformação global da pessoa, "um surgir de novas formas e uma perda de formas precedentes".[39]

A transformação integral da pessoa "não se dá, porém, de modo homogêneo e, sobretudo, não é um dado ou uma aquisição alcançada uma vez por todas".[40] Ela acontece através "dos estágios que são como passos sucessivos".[41] "Esses estágios ou passos são passos da pessoa, na pessoa e pela

---

[36] A "estrutura (configurações dinâmicas) significa a regra fundamental das relações entre elementos" (*SvU*, p. 140). Para o conceito de "estrutura" em relação ao agir humano, permito-me remeter a A. FUMAGALLI, *Azione e tempo. Il dinamismo dell'agire morale alla luce di Tommaso d'Aquino* (Assisi: Cittadella, 2002. p. 216-219).

[37] "Se é verdade que nenhuma dessas estruturas, dessas configurações é verdadeiramente a pessoa em sua unidade e totalidade, permanece também verdadeiro que, sem nenhuma dessas configurações, a pessoa não pode ser ela mesma" (*SvU*, p. 124).

[38] *SvU*, p. 140.

[39] *SvU*, p. 174.

[40] *SvU*, p. 122.

[41] *SvU*, p. 123. "Todo estágio, de algum modo, implica a consideração de um momento do processo, um parar o movimento para conceitualizar a realidade [...] O estágio é, em termos de desenvolvimento, a tentativa de conceitualizar uma realidade complexa e em movimento" (p. 128). "O conceito de estágio implica, por fim, não só a noção de um antes e de um depois, mas também de um menos e de um mais, no sentido de uma determinada ordem e escala de valores em relação à qual é possível avaliar a posição de cada estágio" (p. 135).

PARTE II – A PROPOSTA PSICOLÓGICA: UMA CONTRIBUIÇÃO PARA A FILOSOFIA E PARA A TEOLOGIA

pessoa que se desenvolve, mas não são necessariamente sempre abrangentes de toda a pessoa, no sentido de envolver, na ótica da mudança, todas as áreas de potencialidade da pessoa mesma."[42]

Das múltiplas áreas de potencialidade da pessoa, a psicologia traz especialmente a lume a "área da afetividade, da emoção e dos sentimentos".[43] A importância desta área é devida à sua colocação intermédia entre a pura força vital — a necessidade (*epithumía*) — e o puro desejo de natureza racional (*éros*). Nesta área intermédia, "o espírito encontra, interiorizando-o, o componente corpóreo [e] aquele a que, bastante impropriamente no caso do ser humano, se chama instinto, assume uma dimensão humana".[44]

Até o advento da psicologia moderna, essa área fazia parte integrante de uma teoria do agir moral.[45] Em consequência da oposição surgida com o advento da Modernidade entre razão e paixões, estas últimas, consideradas irracionais, foram deixadas de lado pela reflexão propriamente moral, tornando-se prerrogativa da ciência psicológica. A recente antropologia filosófica e teológica, orientada a reencontrar a personalidade do corpo ou a corporeidade da pessoa, solicita a integração das paixões dentro de uma teoria das ações humanas. Teologia moral e psicologia, desenvolvendo-se separadamente, são conclamadas ao "diálogo mútuo".[46]

---

[42] *SvU*, p. 123.

[43] *SvU*, p. 79

[44] *SvU*, p. 82.

[45] Como se demonstra, para citar o exemplo excelente da *Suma teológica* de Tomás de Aquino, que, embora distinguindo as *actiones* das *passiones*, integra estas últimas no tratado sobre atos humanos. A propósito, confira-se: BAUMANN, K. Freedom and the unconscious in Thomas Aquinas. *Melita Theologica* 51 (2000) 99-116.

[46] *SvU*, p. 96. A título puramente indicativo, assinalamos: KIELY, B. *Psicologia e teologia morale. Linee di convergenza*. Casale Monferrato (AL): Marietti, 1982.

232

AS LEIS DO DESENVOLVIMENTO

Por mais frutuosa que se possa imaginar a colaboração entre teologia moral e psicologia,

o empreendimento de elaborar uma teoria que possa dar conta do evolver-se da pessoa humana, em todos os seus aspectos e componentes, permanece, no entanto, provavelmente, uma utopia. Isso é particularmente verdadeiro se a teoria não quiser limitar-se a descrever alguns estágios fundamentais, mas quiser formular algumas conexões básicas entre os estágios, como leis de transformação e de declínio.[47]

A impossibilidade de fixar uma teoria do desenvolvimento da pessoa não exclui a possibilidade de traçar algumas linhas de força ao longo das quais ele acontece. Sem, portanto, a pretensão de antecipar o tipo de desenvolvimento da pessoa, é possível ao menos indicar as leis que, de qualquer maneira, regulam-no?

LEI DA GRADATIVIDADE

A recuperação de uma visão dinâmica do agir moral pode, hoje, servir-se da categoria de "lei da gradatividade". Se a novidade da perspectiva explica-lhe mais ou menos a quase nula incidência sobre a teologia moral,[48] "a lei da gradatividade, que se poderia chamar também de lei da pro-

---

BAUMANN, K. Handlung – Freiheit – Menschenbild: für eine konstruktive tiefenpsychologische Informierung der theologischen Handlungstheorie. In: ARNZT, K.; SCHALLENBERG, P. (Hrsg.). *Ethik zwischen Anspruch und Zuspruch:* Gottesfrage und Menschenbild in der katholischen Moraltheologie. Festschrift für Klaus Demmer zum fünfundsechzigsten Geburtstag. Freiburg/Wien: Freiburg Universitätsverlag-Herder, 1996. p. 188-225. O caderno *Teologia* 28 (2003) 3.

[47] *SvU*, p. 132.

[48] Pelo que nos consta, o primeiro estudo sobre este assunto é o texto de A. YOU, *La loi de gradualité;* une nouveauté en morale? (Paris: Lethielleux, 1991), fruto da

gressão ou da progressividade, aparece como uma chave de grande importância na arte do acompanhamento espiritual e pastoral hoje".[49]

A "lei da gradatividade" encontra apoio no recente magistério moral da Igreja, expresso na exortação apostólica *Familiaris consortio*.[50] Nela, evidencia-se a essencial historicidade do ser humano: "Mas o ser humano, chamado a viver responsavelmente o plano sapiente e amoroso de Deus, é um ser histórico, que se constrói, dia a dia, com numerosas decisões livres: por isso ele conhece, ama e cumpre o bem moral segundo etapas de crescimento" (n. 34).

O "ser histórico" do ser humano motiva o caráter propriamente dinâmico da vida moral, a qual exige

uma conversão contínua, permanente, que, embora exigindo o afastamento interior de todo o mal e a adesão ao bem na sua plenitude, atua concretamente em passos que conduzem sempre para além dela. Desenvolve-se, assim, um processo dinâmico, que avança gradualmente com a progressiva integração dos dons de Deus e das exigências do seu amor definitivo e absoluto em toda a vida pessoal e social do ser humano (*FC*, n. 9).

O dinamismo gradual do agir humano, elevado ao nível teológico-moral, é apoiado pela psicologia do desenvolvimento, quando observa que:

A experiência religiosa, entendida como dom inicial, deve ser "cultivada", e esta "cultura" se exprime progressivamente nas mais variadas formas, nas configurações motivacionais a que

---

ampliação da tese de mestrado do autor em Teologia Moral pela Universidade Gregoriana de Roma, sob a direção de S. Majorano.

[49] HAMEL, É. Prefazione. In: YOU, A. *La loi de gradualité...*, cit., p. 7.

[50] JOÃO PAULO II. Exortação apostólica *Familiaris Consortio* (22.11.1981). [São Paulo: Paulinas, 1981. Col. A voz do papa, n. 100.]

se fez referência, configurações que devem respeitar a lei de desenvolvimento que os estágios representam.[51]

A gradação do desenvolvimento exprime, portanto, em termos psicológicos, o que sobre o plano mais global da vida moral de uma pessoa é "a exigência de uma lei da gradatividade".[52]

A respeito do agir propriamente moral, a lei da gradatividade está sujeita às vicissitudes da liberdade pessoal e, como tal, não afirma propriamente que a vida moral progride no bem, mas que ela progride por graus. Com isso não está excluído, portanto, que

> a história do desenvolvimento do *eu*, história que normalmente deveria ser marcada pelos êxitos de novas aquisições, pelo alargamento progressivo de horizonte e do controle sempre mais livre, "moral" da ação [...] pode também estar marcada por paradas, por fixações, por retornos a esquemas mais primitivos, mais infantis, egocêntricos, hedonistas, às vezes sem nenhuma referência ao bem e ao Bem.[53]

Dito mais sinteticamente, a lei moral da gradatividade não censura a eventualidade psicológica da regressão. Essa eventualidade, por outro lado, não legitima uma isenção da referência ao bem para quem tivesse regredido no caminho moral. "A assim chamada 'lei da gradatividade', ou caminho gradual, não pode identificar-se com a 'gradatividade da lei', como se houvesse vários graus e várias formas de preceito da lei divina para seres humanos e situações diversas" (*FC*, n. 34). A correta interpretação e aplicação da lei da gradatividade não exime da constante referência ao bem não alcançado ainda e do empenho de criar as condições necessárias para adquiri-lo.

---

[51] *SvU*, p. 140.

[52] *SvU*, p. 468.

[53] *SvU*, p. 379.

A lei da gradatividade subtrai a lei moral a uma concepção estática, indicando, ao contrário, o dinamismo que a anima. Sua ulterior elaboração poderia utilmente especificá-la qual lei da evolução, da integração e da personalização.[54]

LEI DA EVOLUÇÃO

A lei da gradatividade, recordando que o ser humano progride no bem gradualmente, convida a reconhecer que

o sujeito humano não nasce como ser moral já "aperfeiçoado", que age segundo princípios de moralidade abstratos, universais e autotranscendentes, mas é, antes, um ser que inicia o caminho agindo de acordo com obrigações que derivam e estão ligadas à satisfação de desejos e de necessidades imediatas.[55]

O primitivo estágio moral no qual o ser humano vem a encontrar-se está determinado pela anarquia das múltiplas potências naturais (polizoísmo) e atitudes mentais (polipsiquismo). Sua sensibilidade e razão são a-morfas e suscetíveis das mais diversas formas: é o caos (alogismo). O estágio caótico inicial, em virtude do concurso das várias estruturas físicas, psíquicas e espirituais, tende a constituir-se em uma ordem, sem que para isso se torne predeterminado ou único (polilogismo).

A contribuição das várias estruturas ao desenvolvimento de uma ordem pessoal, por um lado, exclui que o desenvolvimento gradual do caráter moral aconteça "exclusivamente

---

[54] Para esta tríplice especificação, inspiramo-nos em algumas das leis de uma lógica da vida moral apenas esboçadas (infelizmente) por M. Blondel, rebatizando, porém, a "lei do alogismo inicial e do polilogismo espontâneo" como "lei da evolução"; a "lei da solidariedade das forças discordantes" como "lei da integração"; a "lei das compensações" como "lei da personalização" (cf. BLONDEL, M. *Principio de una logica della vita morale*, cit., p. 27-30).

[55] *SvU*, p. 379.

sobre o plano cognitivo e abstrato", ou por "obra de uma espécie de modificação mecânica de forças instintivo-emotivas, ou exclusivamente de forças de vontade",[56] e, por outro lado, faz com que "coabitem em nós e se compenetrem estados que, diante da reflexão, são incompatíveis e que revelam sua presença muito tempo depois que o raciocínio ou a vontade tentaram ou até mesmo presumiram reduzi-los, domá-los ou absorvê-los".[57]

Cada ser humano, à medida de seu padecer (físico e psíquico) e agir (racional e voluntário), chega, de todo modo, a "cristalizar-se" em um equilíbrio singularíssimo e continuamente redefinido no curso da vida, em um processo incansável de inibição de algumas tendências e de promoção de outras.

LEI DA INTEGRAÇÃO

A cristalização dinâmica do caráter moral não é fruto somente do processo de aquisição do bem por parte da pessoa, mas também é resultado das inevitáveis privações que toda ação comporta. Tais privações incidem sobre o caráter moral da pessoa quais estigmas daquilo que, tendo sido cortado, deixa traços de sua ausência. O desenvolvimento moral evolui seja pela contribuição do que adquirimos, seja pela extirpação daquilo de que nos privamos. O que falta caracteriza a pessoa tanto quanto o que ela possui. Privação e aquisição não se eliminam reciprocamente, de acordo com a lógica do *aut-aut* [ou-ou], mas se compõem consoante a lógica do *et-et* [e-e].

"As tendências reprimidas permanecem para indicar a direção, para determinar o preço, para alimentar a vida das triunfadoras; de modo que nada parece inibido e excluído

---

[56]   *SvU*, p. 378.

[57]   BLONDEL, M. *Principio de una logica della vita morale*, cit., p. 28.

PARTE II – A PROPOSTA PSICOLÓGICA: UMA CONTRIBUIÇÃO PARA A FILOSOFIA E PARA A TEOLOGIA

de nós sem ser incluído e empregado".[58] Aquilo de que se fica privado contribui para reforçar, para enfraquecer, para modificar quanto se adquiriu. Importante, certamente, é a incidência que estruturas psíquicas restantes, ligadas a estágios precedentes de desenvolvimento, possam ter sobre o caráter moral da pessoa: "Posto que a pessoa seja, de fato, una, nem todos os aspectos ou níveis do desenvolvimento se movem em sintonia".[59] O desenvolvimento moral, por causa do concurso discordante de todas as estruturas da pessoa, poderá ser indicado mediante a regra do paralelogramo, segundo a qual a direção é dada pela diagonal de todas as forças divergentes.

Levando em conta esse andamento, em muitos caos, a fim de que a pessoa possa amadurecer na direção do bem moral, "pode ser necessário 'voltar' a recuperar aspectos dinâmicos, motivações da pessoa que, ao menos sob alguns aspectos, permaneceram ligados a estágios precedentes, a formas mais imaturas".[60] A arte pedagógico-moral consistirá em "mirar onde é oportuno para levar exatamente em conta as resistências e as compensações que determinarão a orientação da diagonal, do mesmo modo que, para alcançar o fim, mira-se mais acima do alvo distante".[61]

LEI DA PERSONALIZAÇÃO

A possibilidade de individuar a exata trajetória da vida moral depende do levar em conta todos os elementos que determinam resistência ou produzem compensações no desenvolvimento da pessoa. Sendo os elementos determinantes, o desenvolvimento próprio de cada pessoa, a maturação do

---

[58] Ibid., p. 28-29.

[59] *SvU*, p. 132.

[60] *SvU*, p. 134.

[61] BLONDEL, M. *Principio de una logica della vita morale*, cit., p. 29.

238

caráter moral deverá ser personalizada: "A ciência do tiro moral supõe uma balística apropriada a cada vocação, a cada caráter, a cada ocasião".[62] E sendo o equilíbrio personalíssimo, será preciso abandonar uma "casuística objetiva e *omnibus*, cujas abstrações e aproximações perigosas tendiam a fazer acreditar que nós todos temos as mesmas obrigações, as mesmas luzes, as mesmas forças, as mesmas desculpas".[63] Dever-se-á, antes, desenvolver em cada um o sentido de seu "destino original" e de sua "incomparável responsabilidade". Sem isso, "corremos o risco de sepultar a vida moral no *fato (tout fait)*, no hábito e na generalidade, no subterfúgio, nas escapatórias jurídicas".[64]

A personalização do desenvolvimento moral não poderá prescindir, ao contrário, deverá levar em conta o mal feito no passado e operante no presente da pessoa. A exclusão dele arriscaria comprometer gravemente a individuação da trajetória moral em vista do futuro bem a ser realizado.

É assim que podemos contribuir para o bem, por meio de todo o mal que existe em nós, ao preço do sacrifício de tendências que parecem radicalmente eliminadas, e das quais não compreendemos, senão em seguida, que seu suco vital nutriu nossa ação e que elas são simplesmente transfiguradas e convertidas, mediante a privação de um prazer passageiro, em uma alegria duradoura.[65]

CONCLUSÃO

Na sociedade Pós-Moderna atual, o bem aparece duplicado em duas esferas separadas e contrapostas: a esfera da vida

---

[62] Ibid.

[63] Ibid.

[64] Ibid.

[65] Ibid., p. 30.

privada, reino exclusivo da consciência autônoma, e a esfera da vida pública, domínio da lei heterônoma. A possibilidade de superar a dissociação do bem em subjetivo e objetivo, para poder chegar a determinar o "verdadeiro bem", capaz de integrar ambos os aspectos, provém de uma concepção dinâmica da moral, que esteja em condições de captar as duas variáveis da consciência subjetiva e da lei objetiva em função da variável "tempo".

A integração do tempo na concepção do agir moral permite considerar o desenvolvimento da pessoa, ou seja, seu caminhar solene e majestoso, na aquisição gradual do bem. O ganho de uma concepção dinâmica do agir moral pode ser descrito pela afirmação, aparentemente contraditória, segundo a qual a moral *é* e *não é* igual para todos.

A moral é igual para todos

A obrigação de fazer o bem, que em termos cristãos se especifica como "obrigação de produzir fruto na caridade para a vida do mundo" até "a altura da vocação dos fiéis em Cristo",[66] é universal. A caridade de Cristo é a "norma concreta universal"[67] que o Espírito Santo inscreve no coração de todo ser humano, a fim de que todas as suas ações correspondam ao mandamento novo: "Como eu vos amei, assim amai-vos também uns aos outros" (Jo 13,34; cf. 15,12.17; 1Jo 3,23).

A moral não é igual para todos

A obrigação universal de corresponder ao mandamento novo do amor impede que a vida moral vagueie no relativis-

---

[66] *Optatam Totius*, n. 16.

[67] BALTHASAR, H. U. von. *Principi di morale cristiana*. *EV* 5/1016-1020.

mo ético. "Derramado nos [...] corações por meio do Espírito Santo" (Rm 5,5), "o amor de Cristo [...] compele" (2Cor 5,14) o ser humano não a qualquer comportamento, mas a amar "como" ele amou. O grau diferente de desenvolvimento moral alcançado por cada pessoa, devido ao diferente estágio de cristalização e de interação de suas estruturas biológicas, psíquicas e espirituais, faz com que o impulso do Espírito possa e deva ser correspondido diferentemente. Por conseguinte, os passos das diversas pessoas, na única direção do amor cristão, podem não ser iguais em quantidade e em qualidade moral.

O passo subjetivo, porém, não contradiz a objetividade do caminho. Para quem marcha pelo caminho, o "objetivo" não é imediatamente a meta que ainda não pode atingir, mas o passo que *hinc et nunc* está em condições de cumprir. Existe, pois, um "objetivo subjetivo" que, embora não coincidindo com o ideal objetivo (desvinculado da subjetividade), muito menos se resolve no arbítrio subjetivo (desvinculado, portanto, da objetividade), mas é o passo que o sujeito pode e deve dar na direção objetivamente exigida pela meta. Reformulando a relação entre instância objetiva e instância subjetiva em outros termos, poder-se-ia dizer que a lei objetiva indica a direção do bem moral ao qual tender e a consciência subjetiva dita o ritmo para consegui-lo.

241

Capítulo 5

PSICOLOGIA E MISTÉRIO: UMA RELAÇÃO INÉDITA E FECUNDA

Amedeo Cencini*

Há um dado anagráfico muito importante para compreender a natureza e a finalidade do Instituto de Psicologia da Universidade gregoriana: o fato de ter nascido em 1971, na estação do pleno fervor pós-conciliar. Poderíamos considerar o Instituto fundado por Luigi M. Rulla um *fruto do Concílio Vaticano II* e daquele período tão fecundo que se lhe seguiu, ainda que atravessado por incertezas e temores.

De tal estação falou recentemente o secretário da CEI [Conferência Episcopal Italiana), Dom Betori, em uma reflexão sobre a herança do Concílio, consistente — em suas palavras — em

> duas aquisições conciliares irrenunciáveis: a redescoberta da Palavra de Deus como evento-palavra fundamento da fé, tendo

---

* Italiano, nascido em 1948, doutor em Psicologia, mestre em Ciências da Educação e especialista em Psicoterapia, é professor de Psicologia no Centro Teológico San Zeno, de Verona, na Pontifícia Universidade Urbaniana, na Pontifícia Universidade Salesiana de Roma, e diretor dos clérigos no Instituto dos padres Canossianos em Verona (Itália).

243

ao centro o evento do Verbo feito ser humano, e a reconquista do espaço do humano como lugar de uma história de salvação mediante a soldagem entre cristologia e antropologia, superando todo moralismo.[1]

É evidente, parece-me, a correlação entre as duas aquisições, como as chama Betori, marcadas por um mesmo dinamismo ou pelo mesmo mistério: a encarnação do Verbo, o movimento humanizador de Deus, que se torna Palavra e, a seguir, ser vivente, em tudo semelhante a um ser humano, que amou com coração humano, pensou com mente humana, agiu com vontade humana..., dando lugar em si mesmo a um encontro total entre Deus e ser humano, e recuperando o espaço humano, de tudo o que é humano, como lugar de uma história de salvação, espaço plenamente coabitado por Deus e pelo ser humano. Pensando bem, dali parte também todo projeto de integração entre graça e natureza, entre espírito e psique..., como desígnio que traduz e torna humanamente visível o mesmo movimento da encarnação.

Graças a isso, sublinha Betori, é superado todo moralismo; e não só todo moralismo, poderíamos especificar, mas também todo enrijecimento das partes ou das polaridades que não querem entrar neste dinamismo integrativo, autor-relegando-se, de tal modo, aos lados extremos da realidade, ou seja, colocando-se fora dela, e condenando-se, assim, à típica insignificância narcisista e autocentralizada: é o caso dos vários dogmatismos ou espiritualismos ou fideísmos, de um lado, ou dos igualmente conhecidos e perigosos psicologismos, positivismos, pansexualismos, por outro... Todos são expressões de percepção míope da realidade, falsamente simplificadoras da complexidade e ingenuamente redutivas do mistério. Ou verdadeiramente fora da lógica do mistério.

---

[1] BETORI, G. *Il mondo e noi;* ripensare il Vaticano II a partire dalla *Gaudium et Spes*. Cf. GRIENTI, V. Ricercatori, indagare sia un servizio all'uomo. *Avvenire* 29.10.2005, p. 18.

Daquele mistério que constitui um pouco a chave de leitura da obra maior de Franco Imoda,[2] aliás, que ainda primeiramente parece representar seu modo original de ler a realidade, toda a realidade, não apenas o transcendente ou o incompreensível, o divino e o obscuro, mas também o pequeno e o cotidiano, o que aparece descontado e imediato, qualquer ânsia e pergunta, explícita ou jamais expressa...

Gostaria, neste escrito, de tentar captar alguns elementos desse modo original de ler a realidade, sob o plano teórico--conceitual (o sentido do mistério) e, a seguir, prático-pedagógico (do mistério à pedagogia da integração).

O SENTIDO PSICOLÓGICO DO MISTÉRIO[3]

Não é uma novidade o uso do termo "mistério" em psicologia, especialmente nos últimos tempos. Com as mais diversas acepções, porém. Há quem o use quando fala do inconsciente para significar aquela parte do próprio inconsciente que parece destinada a permanecer desconhecida e impenetrável;[4] há quem dele se sirva, ao contrário, para indicar aquela zona não bem definida do nosso psiquismo onde a dimensão espiritual se abre ao transcendente. É um pouco como se o mistério, segundo essas interpretações verdadeiramente sugestivas, habitasse a profundidade e também a altura do *eu*.

Mas existe também quem, sempre no âmbito psicológico, fale demais dele, quase aplicando o termo a... tudo, do mistério do *eu* ao do *tu*, do mistério do amor ao da sexualidade...,

---

[2] IMODA, F. *Sviluppo umano, psicologia e mistero*. Bologna: EDB, 2005 (de agora em diante, *SvU*). [Trad. bras. de Adalto Luiz Chitolina e Matthias J. A. Ham. *Psicologia e mistério. O desenvolvimento humano*. São Paulo: Paulinas, 1996.]

[3] Para este primeiro parágrafo, sinto-me devedor a Alessandro Manenti por algumas sugestões dele recebidas.

[4] Seria, para entender-nos, o famoso "sarrabulho do coração humano" de memória manzoniana.

às vezes dando a impressão de que a palavra corra o risco até mesmo da inflação, ou se tenha tornado um recipiente qualquer, mais do que um conteúdo preciso, ou termo útil para deixar algo indefinido, mas circundando-o de uma auréola quase mágico-mística, ou para falar de algo de que não se conhece grande coisa, mas convencido de suscitar a impressão contrária.

E ainda: há quem, não só entre os psicólogos, tenha do mistério a velha, clássica ideia de que seja algo obscuro e inacessível para as nossas limitadas faculdades mentais, talvez também um pouco hostil e metálico, frio e fechado em si mesmo, algo que suscita somente ou sobretudo silêncio, espera, senso da própria inferioridade, por vezes temor, aquele temor que se experimenta diante do desconhecido e do incognoscível.

Em suma, o mistério como incônscio, ou como algo indefinido, ou como enigma... Uma bela confusão!

Dois significados

O sentido que Imoda dá ao mistério é muito exato, e podemos sintetizá-lo em torno de dois conceitos, como dois aspectos ou dois significados do *eu*. Mistério é

a) a realidade mais íntima do *eu*, o que o constitui "pessoa", não simplesmente algo que é parte do aparato psíquico, mas algo que é perceptível nas operações psíquicas, da mais simples à mais complexa.

b) a abertura do mesmo *eu* para um horizonte transcendente-religioso que lhe fornece o sentido último de si e do real.

As duas coisas, evidentemente, são correlatas entre si, mas são distintas.

A segunda acepção é bastante conhecida e partilhada por certa psicologia, especialmente por psicólogos crentes ou que se reconhecem de certa fé religiosa, mas não somente. Tal psicologia, na famosa diatribe sobre a origem e natureza da dimensão religiosa (é cultural ou natural, inata ou adquirida?) considera que o ser humano é, de per si, religioso e se abre espontaneamente ao fenômeno religioso; e não tem dificuldade em demonstrar que tal abertura religiosa está estreitamente entretecida com as outras dimensões do *eu*, desenvolvendo-se com ele e através dele, e contribuindo para manifestar a unicidade-singularidade-irrepetibilidade da pessoa.[5]

A primeira acepção, ao contrário, normalmente não é compreendida em seu sentido mais profundo, segundo a qual o *eu* "é" mistério! Sobretudo, não é compreendido o fato de que o ser humano seja mistério *em si mesmo, intrinsecamente,* e não esteja simplesmente *aberto* ao mistério, quase como se essa abertura fosse uma possível consequência, um eventual epifenômeno, um tipo de derivado, em si opinável, mas certamente não tão central.

Mistério como categoria psicológica

O problema é fundamentalmente este, parece-nos: o ser humano é e aparece como mistério já no nível de um levantamento psicológico, ou então é tal somente em força de uma

---

[5] Com efeito, hoje assistimos a uma mudança de atitude da parte da psicanálise, em geral, para a experiência religiosa, quase como se tivéssemos entrado em uma nova fase de frutuosa conciliação e colaboração (cf. a recensão crítica da literatura a respeito de R. B. Blass, Beyond illusion: psychoanalysis and the question of religious truth", *International Journal of Psychoanalysis* 85 [2004] 615-634). De qualquer maneira, comenta Ciotti, isso parece ligado ao clima cultural Pós-Moderno, com a renúncia, em particular, à "determinação da questão da verdade objetiva das afirmações religiosas e psicanalíticas", que leva, por sua vez, "a confinar a ciência (e talvez a religião) aos demasiados restritos limites da subjetividade" (CIOTTI, P.; DIANA, M. *Psicologia e religione. Modelli, problemi e prospettive.* Bologna: EDB, 2005. p. 64).

PARTE II – A PROPOSTA PSICOLÓGICA: UMA CONTRIBUIÇÃO PARA A FILOSOFIA E PARA A TEOLOGIA

leitura ulterior, de tipo metafísico, por exemplo, ou ligada, de qualquer maneira, à visão antropológica do observador (ou à sua fé)?

Não é diferença de pouca monta. Se é verdadeira a primeira hipótese, então abre-se a estrada para uma leitura do ser humano, de seu ser e agir, amar e sofrer..., de per si aberto a um significado ulterior e superior, ao transcendente, com tudo o que isso significa no nível psicológico, e através de operações observáveis em tal nível, e chegam a cair diversas leituras minimalistas ou reducionistas (do instintualismo ao psicologismo, mas também do espiritualismo ao angelismo). Se prevalece a segunda hipótese, o termo mistério perde muito de seu significado no nível psicológico (ou é confundido com o inconsciente ou com o enigma), mas também o ser e o agir do ser humano, qual objeto da análise psicológica, perde profundidade e perspectiva, como se fosse privado de um ponto de referência preciso, que o relança constantemente para além de si mesmo.

Ora, a sensação é que, amiúde, também da parte do psicólogo crente ou de qualquer modo sensível a certos valores, existe a tendência a dar do mistério uma interpretação mais filosófica do que psicológica, como se "mistério" fosse mais uma qualidade da realidade a ser investigada do que uma capacidade ou recurso do sujeito que perscruta a realidade, e que justamente através desse recurso manifesta a própria natureza.

No fundo, não é grande novidade dizer que *a realidade é misteriosa,* ao passo que poderia ser não tão evidente assim afirmar que *o ser humano é mistério,* que traz dentro de si o mistério, que não pode fazer nada sem, de algum modo, "dizer" o mistério que o habita, sem que fragmentos dele venham, em todo caso, à luz em seu fazer e em seu dizer, também além de sua consciência, tanto em suas aspirações quanto em suas tentações, no que o atrai instintivamente e

248

no que teme, em sua virtude e em seu pecado, nos sinais da sua maturidade como nos sintomas de sua imaturidade... e em tudo quanto, enfim, pode cair sob o olhar analítico do operador psíquico. Que não poderá não levar em conta em sua leitura.

Ou temos a sensação de que salta imediata ou consequentemente de tal leitura "filosófica" a interpretação *religiosa* do mistério mesmo, como um conteúdo deste recipiente "misterioso", ou uma dimensão que é possível entrever, a partir de algumas premissas (a visão antropológica do observador, por exemplo, o seu ser crente); algo, enfim, que é legítimo colher, mas cuja presença deve ser *demonstrada*, mais ou menos fatigosamente; como hoje muitos louvavelmente fazem, mas não sempre se demonstrando verdadeiramente convincentes, ou dando sempre a impressão de que tal dimensão constitua um *opcional*, não algo de universalmente presente.

Em outras palavras, colocado o mistério no mundo abstrato-metafísico (quase, poderíamos dizer, no mundo das ideias), para reconduzi-lo ao plano psicológico-existencial é preciso legitimar e demonstrar a presença no *eu* da dimensão religiosa (entre outras coisas, esquecendo-se de que dizer mistério não é sinônimo de dimensão religiosa!), gerando a dúvida de que toda a argumentação seja um pouco apriorística, ou seja, guiada por uma pré-compreensão de fundo, com consequentes problemas de compreensão com outras "psicologias" e com o risco de fazer do problema religioso uma opção ligada exclusiva ou prevalentemente à ideologia de partida do psicólogo individualmente.

Mistério e dimensão religiosa

Parece-nos que a visão de Imoda não põe o problema nesses termos e, portanto, não tenta nem tem a necessidade de demonstrar a presença, no ser humano, da dimensão religiosa. Por dois motivos, ao menos.

PARTE II – A PROPOSTA PSICOLÓGICA: UMA CONTRIBUIÇÃO PARA A FILOSOFIA E PARA A TEOLOGIA

Antes de mais nada, porque enfrenta tal dimensão não diretamente, em si mesma (não teria, como psicólogo, os instrumentos para tal), mas através da categoria do mistério, aquela categoria que abraça todo o ser humano e toda a vida, portanto nas tensões humanas, relações, perguntas, lutas, expectativas, aspirações... E porque, passo ulterior, entrevê a dimensão religiosa como o vértice extremo do buscar humano, como resposta àquelas perguntas, lutas...., o ponto final para o qual está inclinada a aventura humana, ou pelo menos como aquilo para o que o ser humano está aberto, mesmo que não saiba, em tudo o que faz, em cada operação psíquica. Por conseguinte, observa-o no psicológico, mas, em todo caso, sem reduzi-lo ao psicológico.

É um aspecto relevante do pensamento imodiano, que nos permite chegar a duas conclusões, ou corroborar quanto vimos no início, mas especificando-o posteriormente:

a) o termo mistério, aplicado ao ser humano, não se refere somente ao incognoscível (ao aspecto filosófico) ou a uma dimensão particular do ser humano (como a dimensão religiosa), mas a tudo o que o define como pessoa. Por isso é também observável empiricamente, e não é necessário demonstrar-lhe a presença. Porque pode ser colhido continuamente, e é importante aprender a fazê--lo (dado que é bem outra coisa que operação evidente), assim como não há necessidade de "demonstrar" que o ser humano é dotado de razão ou é um ser que ama, mas apenas se constata o fato. Se o ser humano é mistério, então não há necessidade de "demonstrar" que está aberto para Deus: basta descrever aquele ser humano, ou aprender a lê-lo em sua integridade. Quem o nega, vê somente uma parte do *eu*!

b) o *eu* como mistério é, portanto, também o que comumente se define como o *"eu* psicológico" (pensante, amante e querente, com sua própria sensibilidade emotiva, com seu inconsciente etc.), mas não pode ser reduzido só ao psicológico. É algo mais. O *eu* como mistério é sempre o mesmo *eu*, mas *mais ampla e totalmente definido*. Naquela maior amplitude e totalidade está contida também a abertura ao Transcendente e à dimensão religiosa.

Se habitar o mistério é o horizonte do ser humano, então podemos dizer, creio, que o trabalho do padre Imoda se coloca verdadeiramente dentro do esforço geral que desde sempre o Instituto de Psicologia leva adiante: *reconduzir o problema Deus no horizonte do ser humano!* E mais em particular, dentro do horizonte das ciências humanas.

DO MISTÉRIO À PEDAGOGIA DA INTEGRAÇÃO

Outra contribuição importante do labor de Imoda é aquela relativa ao aspecto pedagógico-evolutivo, não somente porque da teoria soube deduzir sugestões práticas, mas porque, no aspecto pedagógico, está convencido de poder captar e assinalar o cumprimento do mistério.

Mais particularmente, parece-me central e importante, em seu arcabouço teórico, o conceito de maturidade ou consistência, relevante também pelo contributo de novidade que o aprofundamento de Imoda dá à teoria a esse respeito. Não certamente no sentido de uma mudança na ideia de fundo, mas no sentido de uma especificação que pode resultar esclarecedora, sob o plano teórico, e eficaz, sob o pedagógico, do caminho para a maturidade mesma.

Se, para Rulla, a ideia da maturidade era representada concretamente pela pessoa capaz de *internalizar* os valores, ou seja, livre no coração e na mente para aderir a um plano de valores objetivos, e movida, no ser e no agir, unicamente pelo desejo de reconhecer-se naqueles valores e fazê-los próprios (portanto, pessoa consistente), a reflexão de Imoda consente formular com precisão o caminho que conduz a esse objetivo, como *caminho de integração, e de integração a partir do Mistério e em torno dele*. É uma contribuição significativa, que, de qualquer modo, torna mais pedagógico o quadro ideal, e até mais dinâmico o conceito mesmo de consistência, deixando entrever o percurso que a ele conduz.

Conceito de integração

Integração é realidade complexa: pode significar uma notável variedade de operações: completar, acrescentar, realizar definitivamente, preencher, sintetizar, manter unido, colocar em relação... Hoje se usa muito este termo e em âmbitos diversos. A ele se recorre, por exemplo, para falar do cansativo processo de inserção dos imigrantes em terra estrangeira, mas também para indicar uma boa provisão de cores ou de sons, ou até mesmo de ingredientes de uma receita. Imoda não fala disso, frequentemente, de modo explícito,[6] mas, na realidade, é o conceito subentendido em sua proposta de modelo evolutivo que inspira a ideia de mistério, no qual dá a entender sobretudo a possibilidade surpreendente e sempre inédita de "manter dinâmica e paradoxalmente unidos os polos opostos, do perder-se e do encontrar-se, do *Self* e do outro, do limite e do infinito",[7] e, poderíamos continuar, da graça e da natureza, do desejo aplacado e do insatisfeito, da diferenciação e da pertença...

Como *psicólogo*, Imoda capta no ser humano a realidade do mistério, colhe-a naquilo que o ser humano *é*, como abertura e recurso precioso de vida, e sempre como psicólogo delineia aquela que lhe parece a melhor modalidade existencial

---

6   Cf., por exemplo, *SvU*, p. 383.

7   *SvU*, p. 431.

252

que consente acolher o mistério e responder a ele, vivendo-o. Mas o termo "integração" tem, em todo caso, uma sua pregnância e raiz *filosófica*, talvez remotamente reconhecível no esquema dialético hegeliano, e proximamente, sem dúvida, melhor reconhecível na teoria da "oposição polar" de Guardini (que supera claramente o esquema hegeliano), de acordo com a qual a vida se experimenta como uma incessante e fecunda passagem de um polo a outro, enquanto a oposição polar representaria concretamente não um modo, mas o único modo de viver a vida humana.

Esses polos opostos são identificados pelo teólogo ítalo-alemão em alguns casais, como dinamismo-estaticidade, espontaneidade-disciplina, unidade-pluralidade, igualdade-diversidade, individualidade-totalidade etc.[8] Um polo não pode existir sem o outro, aliás, existe no outro e por meio do outro; é sempre tanto um quanto o outro, no entanto permanecem divididos. Se, portanto,

> damo-nos conta claramente de que todos os relacionamentos de polaridade se desenvolvem no ser vivente — continua Guardini — veremos imediatamente qual a riqueza de tensões que nasce daí; e como a unidade vital mesma é o resultado de sempre novos deslocamentos de energia, ameaçada por crises sempre novas, e que deve ser conservada por continuamente renovadas superações de crises.[9]

Como se vê, já na intuição de Guardini o conceito manifesta imediatamente uma interessante vertente existencial, deixando entrever uma possível saída psicopedagógica, mesmo se o conhecido filósofo-teólogo não elabore o discurso em tais termos.

---

[8] Mais exatamente, Guardini distingue entre oposições categoriais e oposições transcendentais (cf. GUARDINI, R. *L'opposizione polare*. Brescia: Morcelliana, 1998).

[9] Ibid., p. 158.

PARTE II – A PROPOSTA PSICOLÓGICA: UMA CONTRIBUIÇÃO PARA A FILOSOFIA E PARA A TEOLOGIA

Isso é o que, ao contrário, faz Imoda, cuja originalidade é também ou antes de mais nada esta: a capacidade de ligar a leitura intrapsíquica do complexo mundo interior humano com a indicação fundamental pedagógica. E com uma indicação pedagógica que não permanece externa àquela leitura, como se fosse uma técnica puramente aplicativa, talvez baseada em um sistema de reforços, mas, ao contrário, é como uma concretização disso, que a torna visível no sujeito e, com o tempo, gozável pelo próprio sujeito que, naquela leitura, finalmente traduzida e vivida na vida concreta, encontra sua plena realização existencial.

E isso porque, como já acenado, Imoda faz uma leitura rigorosamente psicológica do ser humano como mistério, como habitado pelas polaridades aparentemente contrapostas e constituído no ser da realidade ambivalente, portanto percebendo a exigência de propor imediatamente e no mesmo nível um caminho que leve em conta tal realidade ontológica, a fim de torná-la ocasião de crescimento, não obstáculo do qual se defender ou negatividade a ser anulada.

Não é pouca vantagem isso, na dinâmica educativa, onde ainda muito frequentemente visões antropológicas, embora corretas, não encontram adequada tradução pedagógica, onde continuamos a sofrer perigosas esquizofrenias entre a teoria e o método, ou a formar pessoas incapazes de deixar-se formar pela vida. Voltaremos mais adiante a este aspecto.

Elementos de novidade

Vejamos, então, mais de perto essa aplicação pedagógica. Voltando à definição descritiva do conceito, nele podemos distinguir e sublinhar estes quatro elementos importantes sob o plano do modelo tipicamente educativo:

* o *dinamismo educativo* consiste em aprender a ter e a manter juntas as polaridades aparentemente contrapos-

tas do mundo psíquico e espiritual humano, fazendo-as interagir entre si;

- o *lugar educativo-evolutivo* é a vida mesma, em cada momento seu e perante toda situação, são só em circunstâncias particulares, muito menos exclusivamente em algumas idades privilegiadas, mas também até o momento da morte;

- o *centro ou ponto de referência* do processo educativo é aquele mistério em condições de conferir sentido àquela polaridade, de desfazer aquelas contradições ou, pelo menos, de colocá-las em diálogo entre si, de qualquer maneira atraindo-as a si, a este centro vital e significativo;

- os *parâmetros* do desenvolvimento, ou áreas, critérios e fatores de crescimento são a alteridade, a temporalidade e a evolutividade (ou o progresso por estágios), que se tornarão, de fato, ocasião de crescimento através de situações precisas e correspondentes de desenvolvimento.

A meta deste estudo, recordamos, não é tanto apresentar por extenso o pensamento de padre Imoda, mas sublinhar algumas linhas originais, teóricas e práticas que emergem de seus escritos. Parece-me, então, que os quatro elementos indicados podem utilmente evidenciar algumas dessas sugestões mais significativas e novas no panorama da moderna psicologia.

Dinamismo educativo

Aquilo a que chamamos de *dinamismo educativo* representa realmente uma interpretação original do caminho que conduz à maturidade e, talvez, da maturidade mesma. No mesmo conceito de consistência de nossa teoria, acenado anteriormente, é central a ideia de maturidade como *purificação das motivações,* como identificação do que no sujeito é menos autêntico e não integrável com os valores, para tentar, progressivamente, eliminá-lo. Isso permanece verdadeiro como objetivo de fundo que visa, em essência, à liberdade interior da pessoa.

Da estratégia da exclusão à estratégia da inclusão

Porém Imoda indica o modo de tender a este ponto de chegada, não somente sublinhando, com muito realismo, a presença de realidades destinadas a enfrentar-se constantemente na vida do indivíduo (amor por si e pelo outro, força e fraqueza, aspirações e limites...), mas, sobretudo, provocando o sujeito a colher aquela parte de verdade que está em cada uma das polaridades que se contrapõem entre si, e a ser assim inteligente e livre a ponto de não perder aquela verdade, mas — ao contrário — de colocá-la em diálogo, deixando que os fragmentos veritativos de uma parte e de outra se iluminem reciprocamente, de algum modo se busquem e se encontrem, para compor e recompor uma verdade sempre maior e crível, uma verdade "total", por assim dizer, e no entanto visível na medida pequena e limitada da própria existência...

É essa verdade, pensando bem, a melhor purificação das motivações de uma pessoa, porque é verdade que atrai, muito mais de quanto pode atrair, e seduzir, uma verdade "parcial", como pode ser a verdade de um instinto em busca de gratificação, mas também de um ideal buscado, de modo mais ou menos inconsciente, para a própria realização. Ou, se quisermos, a verdade parcial fomenta uma ideia de purificação que leva à estratégia da exclusão. A verdade total, ao contrário, abre a uma ideia de purificação que privilegia uma pedagogia da *inclusão*, embora com todo o discernimento e a ascese que isso comporta.

Esse é um pouco o *Leitmotiv* em toda a obra de Imoda, que não se cansa de recomendar essa visão de conjunto da realidade, da psicológica à espiritual, precavendo contra maniqueísmos e visões unilaterais, moralismos, mas também psicologismos vários, perfeccionismos e tensões obsessivo--compulsivas...

O orgulho na fraqueza

Bastaria reler quanto diz a respeito da relação polar entre ausência e presença,[10] em que reavalia, de modo crítico, o ditado psicológico, sem dúvida clássico e tradicional, mas na realidade um pouco ingênuo e de sentido único, sobre a presumida importância da gratificação afetiva, da relação satisfatória..., mas incapaz, então, de colher o recurso educativo contido na carência, na descoberta do limite do outro, na desilusão — verdadeiramente — para o malogrado apaziguamento relacional.[11]

Por fim, identifica o ponto de chamada final na síntese entre as duas polaridades, na capacidade de viver a presença na ausência e a ausência na presença. Os dois momentos, então, se ligam entre si e padecem como que uma "transformação" que lhes transfigura o sentido.[12] É, na realidade, o sentido cristão — e não só cristão — da vida e da morte, do perder a vida para encontrá-la, do degustar a plenitude no vazio, a subida na queda, a beatitude no malogro humano, até a possibilidade de "orgulhar-se" da própria debilidade (cf. 2Cor 12,7-10).[13] Grande mistério!

---

[10] Cf. *SvU*, p. 167-176.

[11] Interessante, a esse respeito, a análise coincidente de Bonhoeffer, que, não obstante, parte de um ponto de vista totalmente diferente (cf. BONHOEFFER, D. *La vita comune*. Brescia: Queriniana, 1993. p. 86s).

[12] Cf. *SvU*, p. 172-176.

[13] De um ponto de vista rigorosamente teológico, Rahner chega às mesmas conclusões quando fala da autêntica experiência de Deus (cf. RAHNER, K. Sull'esperienza della grazia. In: *La fede in mezzo al mondo*. Alba: Edizioni Paoline, 1963. p. 69-76.

Estamos bem além não só daquela certa psicologia de sentido único, mas também ultrapassamos a simples teoria freudiana da *optimal frustration*, pura técnica psicoterapêutica, como também além da ideia da integração, como a interpreta Kernberg, ligada a um fatigoso e precário equilíbrio entre satisfação e privação.[14]

Aqui, há um modo de ser, não apenas técnica psicanalítica nem incerta eventualidade existencial, ligada a demasiados fatores a fim de que seja a história de sempre. Aqui, há um modo de ser radicado no mistério, que é o único modo normal de viver para o ser humano, e que abre progressivamente ao mistério. Em tal sentido, a visão de Imoda é tanto mais realista e objetiva.

Lugar educativo-evolutivo

No imaginário coletivo, também naquele de matriz cristã, o mistério habita uma dimensão ultraterrena, que não intercepta a vida de cada dia e suas instáveis e às vezes desconcertantes vicissitudes. São medida demasiado pequena para hospedar o mistério. Eventualmente, poder-se-ia derivar daí luz para adquirir estabilidade e orientação.

No pensamento de Imoda, não existe essa ulterior dicotomia ou fratura de planos. Ou, se quisermos, se planos e níveis diversos existem, tal polaridade também torna-se componível. Mas o princípio soa claríssimo: *é a vida o lugar do mistério*, é verdadeiramente o desenvolvimento humano, onde ele, "misteriosamente", se realiza (mas onde também poderia, dramaticamente, deter-se).

Não é afirmação gratuita nem puramente teórica. Merece atenção.

---

[14] Cf. KERNBERG, O. F. *Sindromi marginali e narcisismo patologico*. Torino: Bollati Boringhieri, 1978.

258

Não há *pathos* sem *logos*

Na base dessa declaração, existe uma intuição de natureza *filosófica*: *no fenômeno está presente a essência*. Somente graças a esse nexo é possível, para nós, em geral, ter acesso à verdade profunda do ser humano e de seu mistério. Para além de todo idealismo e realismo exasperados. Se, ao contrário, não existe nenhuma conexão entre fato e natureza, tudo se torna subjetivo e sem fundamento, e o mesmo pensar humano é constrangido a girar no vazio, privado de todo contato com o real.

Mas tal intuição tem também uma vertente *psicológica*: *fenômeno e essência são níveis diversos, mas incindíveis, da mesma realidade psíquica*: um remete ao outro. O agir humano, do amar ao padecer, com suas dúvidas e suas contradições, e a humanidade essencial do indivíduo, com suas estruturas e seus dinamismos, se compenetram, e seu ponto de encontro é exatamente a psicodinâmica subjetiva. Em concreto, observando o comportamento de uma pessoa, as ciências humanas, marcadamente a psicologia, remontam à sua psicodinâmica, que explica aquele comportamento, mas não só, nela reconhecem também aquela humanidade essencial que caracteriza toda pessoa. Aliás, essa humanidade essencial resplende *verdadeira e somente* nas operações concretas. *Não há* pathos *sem* logos!

Em outras palavras, a investigação acerca do *fazer* também é indagação sobre o *ser* do ser humano. As operações psíquicas falam de algo que não é tão somente psíquico, mas contêm o indício de um nível ontológico, que, todavia, jamais se esgota nele.[15] Nesse sentido, não existem comportamentos, ou conflitos, ou questões insignificantes, ou demasiado mesquinhas, ou mudas, mas,

---

[15] Cf. MANENTI, A. *Il pensare psicologico. Pretese e prospettive*. Bologna: EDB, 1996. p. 26s.

PARTE II – A PROPOSTA PSICOLÓGICA: UMA CONTRIBUIÇÃO PARA A FILOSOFIA E PARA A TEOLOGIA

em cada pergunta, em cada luta e em cada ânsia estão contidas, como em uma semente, a pergunta, a luta e a ânsia fundamentais e radicais do mistério; e [...] as questões, os medos, os conflitos específicos e talvez ocultos devem ser vistos e interpretados como o assumir forma, o manifestar-se mais ou menos adequado de uma busca, de um desejo, de um confronto que, em última análise, é a busca, o desejo e confronto do Mistério,[16]

ali onde o mistério remete justamente à dimensão ontológica do ser humano, portanto religiosa. Ainda mais uma vez, mistério diante de mistério! Ou, nos termos sempre de Imoda, *luta psicológica* que reenvia à *luta religiosa*, com Deus.[17]

É o caso de perguntar-se quantas vezes, na relação interpessoal, principalmente naquela de ajuda, existe a capacidade de captar a verdadeira questão, aquela que tão amiúde está escondida e parece não emergir, mas que representa o que a pessoa, na realidade, espera, mesmo que não saiba, aquele *Deus absconditus*, oculto não só no alto dos céus, mas também nas humaníssimas tensões e conflitos, instintos e expectativas.

Verdadeira relação de crescimento é aquela na qual acontece essa decifração da pergunta verdadeira, esse tipo de hermenêutica que lhe é aplicada, de recuperação de suas raízes religiosas.[18] É uma perspectiva interessante no âmbito

---

[16] *SvU*, p. 441.

[17] Cf. *SvU*, p. 470.

[18] Mas que não parece aquela que comumente é colocada em ação. Observa, de fato, com particular eficácia, o mesmo Imoda: "Quantos projetos de direção espiritual, quantas permutas pedagógicas que pretendem enfrentar o encontro e a luta religiosos, evocam a imagem de uma conferência espiritual no terraço da casa, ao passo que, nos planos inferiores, os "inquilinos" se confrontam ou se desentendem acerca de "problemas" de ordem bem diversa, mais pragmática e "mundana", mesmo assim, porém, importantes e talvez indispensáveis para a vida. Quão frequentemente a religiosidade deve encontrar "saídas", por assim dizer, externas, em atividades, em organizações ou em lutas que terminam por permanecer exteriores à conversão do coração!" (*SvU*, p. 471).

cultural hodierno, dominado por um laicismo que deveria desmentir aquelas raízes, e que a psicologia poderia ajudar a redescobrir através de uma via inédita e estritamente personalizada.

Dessa preciosa intuição filosófica, com imediata correspondência psicológica, deriva uma consequência *pedagógica* que diz respeito bem de perto à formação, à formação de qualquer um, de modo particular do crente chamado a uma vocação especial de consagração.

Formação permanente

Se a vida é lugar do mistério e o mistério se realiza na vida, então toda situação e circunstância de vida se tornam também lugar de formação, ocasião de crescimento, oportunidade preciosa e desafio exigente. Aliás, justamente na perspectiva crente, ainda antes, a formação não é mais compreendida, em si mesma, qual ação puramente pedagógica e gerida somente segundo a lógica do crescimento humano, mas ação "misteriosa", aberta ao mistério, à obra do Pai que em cada um deseja plasmar os sentimentos do filho por obra do Espírito. Portanto, é dom, ou graça que precede a intervenção humana, como uma fonte escondida, misteriosa também nesse sentido, em cada instante de vida. Em tal sentido, "tudo é graça", é-o porque contém valência e eficácia formativas, ou porque *tudo é formação* e cada momento é pedagógico.[19]

E visto que essa intervenção ou essa oferta de graça é constante, então a formação é *necessariamente contínua*, algo que abraça toda a vida, sem mais pausas ou paradas; e a formação permanente não pode ser mais reduzida a intervenções extemporâneas e excepcionais, em alguns momentos e circunstâncias, mas é quotidiana, e se realiza ali onde se

---

[19] Cf. *SvU*, p. 436.

vive, nas situações normais de vida e com pessoas... normais, santas e pecadoras, pessoas que alguém não escolheu e por quem não foi escolhido;[20] porque se é Deus, o Formador, então toda circunstância e todo indivíduo pode tornar-se, com toda sua imperfeição, mediação misteriosa da ação transformativa do Pai mesmo. O Infinitamente Perfeito "suporta" qualquer imperfeição; é o imperfeito que não as suporta, ou que se deixa frear ou expulsar por ela. Grande mistério!

A intuição de Imoda, então, sobre a vida como lugar do mistério e de seu cumprimento lança uma luz nova sobre a natureza da formação. Põe as bases, ou oferece o motivo de fundo daquela permanente, que culminará na morte; esclarece identidade e finalidade da formação inicial: sua meta não é (e não pode ser) levar a termo o caminho de crescimento do sujeito, mas tornar a pessoa *docibilis,* livre para deixar-se educar-formar pela vida e por toda a vida, ou tão inteligente que possa aprender de todos e de tudo.

Centro e ponto de referência

No conceito de integração, o centro assume uma notável importância estratégica. Ao contrário, a integração é possível somente sob a condição de que haja um centro; acontece por força deste, em torno deste. É graças ao centro que as polaridades podem entrar em diálogo entre si e alcançar aquela síntese transformadora de que falamos.

Todo ser humano tem necessidade de possuir um centro, ou um ponto de referência que, de algum modo, dê orientação à vida, como um valor que lhe consinta manter unidos os "pedaços" do próprio *eu* e de viver como pessoa unificada, e no qual reconhecer a própria identidade. Mas não é fácil nem garantido encontrá-lo, nem sempre é verdade que quando

---

[20] Ibid.

alguém diz "eu", haja realmente alguém presente para sustentar o pronome que pronunciou.[21]

De modo geral, toda corrente psicológica corrobora, mesmo se de modos diferentes, a importância de termos um centro, para que não nos tornemos *ex-cêntricos* (sem centro), imersos em um tanto-faz desorientador, vazio e insignificante; ao mesmo tempo, porém, adverte do perigo de tornar-nos *ego-cêntricos* (narcisistas), sem outro deus além do *eu*. É a questão dos valores e dos valores transcendentes, a que a teoria da consistência autotranscendente dedica muita atenção e que resolve em uma direção bem precisa (evidente em seu nome).

O modelo psicopedagógico de Imoda parece-me que, aqui, também pode dar certa contribuição para tentar esclarecer um termo, *a autotranscendência*, e sua relação com as dimensões da objetividade e da subjetividade.

Autotranscendência e objetividade-subjetividade

Muitas vezes esta dúplice relação se torna problemática, porque, embora clara na teoria (os valores são objetivos, verdadeiramente revelados no caso da fé cristã), não é sempre igualmente clara na prática, no caminho concreto de crescimento cotidiano, a ligação com a liberdade do indivíduo que a ela adere, ou o papel reservado à sua própria subjetividade e, afinal, à liberdade. A intuição de Imoda pode ajudar neste esclarecimento, porque poderíamos, aqui, aplicar ainda a lógica do mistério com sua pedagogia da integração. Com efeito, objetividade e subjetividade dos valores são, no fundo, outras duas polaridades, aparentemente contrapostas, mas que podem e devem encontrar um ponto de convergência e permanecer unidas.

---

[21] Cf. MERTON, T. *L'esperienza interiore. Note sulla contemplazione*. Cinisello Balsamo (MI): Edizioni Paoline, 2005.

Se, de fato, de um lado, o Mistério é Deus, em última análise, o *Radicaliter Aliter* [o Radicalmente Outro], o máximo da objetividade e o vértice da transcendência, *aquele* que ninguém pode ver e permanecer vivo, por outro lado, o Mistério de que fala Imoda é *algo-alguém* que se deixa tocar e vislumbrar, que propõe uma relação a ponto de deveras deixar-se amar, e que, portanto, se pode aprender a amar. Mistério, na interpretação aqui verdadeiramente original de Imoda, não é o tenebroso, o inacessível, o inefável, como amiúde fomos induzidos a pensar, ou aquilo que, no máximo, se pode apenas contemplar, devotamente, ou perante o qual se deve, forçosamente, permanecer a distância, muito humildemente..., mas é o luminoso, aliás, o luminosíssimo, tão pleno de luz que o nosso olho não o pode fixar diretamente; por este e somente por este excesso de luz não é possível aferrá-lo ou compreendê-lo imediatamente.

Mas não está distante de nós; ao contrário, está perto, íntimo a cada um de nós, mais íntimo ainda que nosso *eu*, como dizia Agostinho. Consequentemente, tal mistério não é frio e hostil, solitário em sua autossuficiência e inatingível em sua enigmaticidade, mas é caloroso, amigo e vital, é o que a mente e o coração não se cansarão de buscar e encontrar como a fonte da própria identidade. O máximo da objetividade e da subjetividade. E, portanto, é o que verdadeiramente pode estar no centro da vida e da própria vida.

Que implica isso no campo da formação ou como a pessoa pode ter acesso a este tipo de relação com o mistério que está no centro da vida?

Centro e horizonte

Não basta fazer uma escolha, mesmo que sincera, de fé; é preciso aprender a viver a *tensão dialética entre centro e horizonte,* compreendendo com este termo ("horizonte") a vida mesma, e colocando no espaço intermédio a própria experiência. Com outras palavras, entre o centro e o horizonte acontece a vida, com toda a sua complexidade e imprevisibilidade, o passado e o hoje, mas está também presente a própria pessoa, com suas aspirações e os projetos, as debilidades e os malogros, os instintos e os sentidos, a santidade e o pecado. É mister que centro e horizonte estejam juntos em uma ativa "tensão dialética", ou em um diálogo onde uma realidade tem necessidade da outra.

Um centro sem horizonte, de fato, corre o risco de tornar-se como uma obsessão vazia, algo que se repete sempre igual a si mesmo, um ideal que permanece longe da vida e, no limite, está privado da vida, uma verdade que não encontra jamais a história (e tanto pior se é verdade de fé), salvação que não se torna jamais alegria de ser salvo, liberdade jamais experimentada como libertação interior, algo por demais transcendente e de uma transcendência, no fim, sufocante... Mas um horizonte carente de centro corre o perigo, por sua vez, da confusão ou do absurdo, da suspensão no vazio ou da indeterminação, quando não da salvação apenas aparente e, afinal, frustrante, ou do desespero. Seria um horizonte sem transcendência, sem perspectiva e sem futuro.

Eis, pois, o exercício que faz crescer na autêntica transcendência e consente integrar objetivo e subjetivo: conectar continuamente (na formação inicial e permanente) centro e horizonte, reconduzir constantemente ao centro, como a uma fonte, o que alguém vive e ama, o que pensa e sente, aquilo pelo que se apaixona e sofre..., para purificá-lo e fazê-lo crescer; mas partir também e sempre dali para voltar à vida, para transmitir a cada fragmento de vida e da própria pessoa, da carne à psique, dos sentidos ao espírito, a pureza daquela fonte, a energia daquela vitalidade.

Mistério e verdade

Tudo isto pode tornar-se importante também a partir de outra perspectiva, sempre em relação com a formação, a perspectiva da busca da verdade, visto que em tal busca, de novo, há um encontro que deve ser o mais equilibrado possível, entre objetividade (da verdade) e subjetividade (de quem busca): a verdade não deve ser tolerada ou imposta, assim como, por outro lado, ninguém pode construir, para si, sua própria verdade.

O centro é, antes de mais nada, aquele mistério que exprime e é a verdade, a verdade da vida (e da morte), do amar e do sofrer, ou aquele sentido que está *já presente*, às vezes misteriosamente, na vida, como um significado oculto nos acontecimentos, passados e presentes, e que deve ser descoberto e trazido à luz. Mas é também isso que permite ao indivíduo ativar sua capacidade pessoal de *dar sentido*, de modo criativo e original, à própria história e à própria pessoa, também ao que já aconteceu, também a quanto parece não ter nenhum sentido ou ter apenas um sentido negativo, ou àquilo que, a seu tempo, foi vivido mal, e até mesmo à própria fraqueza, ao próprio pecado, como também aos próprios impulsos e instintos.

Se o primeiro, o sentido já presente, é *objetivo*, o segundo é expressão de uma operação do sujeito, que dá um sentido; ambas as operações, porém, giram em torno do mistério, daquela única verdade, objetiva (= não criada pelo sujeito) e também subjetiva (= tornada própria pelo sujeito). O ser humano é livre, nesse sentido, a ponto de retomar nas mãos a própria vida e conferir-lhe novo significado, ou substituir-lhe o antigo. Grande mistério!

Dessa forma, é toda a vida e a totalidade da pessoa que são "recolhidas" ao redor desse centro ou que reencontram seu centro. Portanto, sua verdade. E somente a este ponto, creio, o indivíduo vive uma autêntica *relação objetal total*, antes de mais nada consigo mesmo e com a própria história, e coloca as bases para entrar em uma relação objetal total com o outro, aquela relação que abre à acolhida incondicional.

Então, o mistério, que está *no* centro da vida ou que é *o* centro da própria existência, manifesta sua dupla função, por assim dizer: de um lado, é o que consente às várias polaridades dialogar juntas, permanecendo unidas, mas é ele mesmo também fruto dessa relação fecunda. E é luminoso justamente por isso, ainda mais uma vez, graças a essa permuta relacional; e rico de energia porque é como a centelha que dispara ao contato das polaridades que mantém juntas...

Coração do mundo

Como vimos nos parágrafos anteriores, o pensamento de Imoda é um pensamento psicológico com sua própria peculiaridade e autonomia, que, inevitavelmente, entra em contato com outras disciplinas, da filosofia às ciências da formação. Gostaria de concluir este parágrafo com um "contato", talvez inédito e um pouco insólito, especialmente se pensarmos nas relações inquietas entre a "primeira" psicologia e a teologia de então, mas que foi possibilitado e, de algum modo, provocado pela ideia de mistério de Imoda. É o contato com a teologia mística, ou com a teologia dos místicos. Há um nexo evidente, manifesto já na raiz dos termos, entre mistério e mística; mas não é só isso que gostaria de enfatizar e que consente estabelecer uma relação entre as duas perspectivas. É, antes, aquela ideia do centro, como ponto sem extensão, que atrai para si, permitindo manter unidas as polaridades aparentemente opostas da vida e da identidade, que reaparece frequentemente nas páginas dos místicos, confirmando, de alguma forma, a intuição de Imoda.

PARTE II – A PROPOSTA PSICOLÓGICA: UMA CONTRIBUIÇÃO PARA A FILOSOFIA E PARA A TEOLOGIA

Não sendo *eu* um místico, prefiro deixar a palavra a um dentre eles, como Thomas Merton, que assim fala desse centro na vida de todo ser humano:

No cento do nosso ser há um ponto de pura nulidade que não foi contaminado pelo pecado, nem pela ilusão, um ponto de *pura verdade*, um ponto ou centelha que pertence inteiramente a Deus, que não está jamais à nossa disposição, a partir do qual Deus dispõe nossas vidas, e que é inacessível às fantasias da nossa mente e às brutalidades da nossa vontade. Este pequeno ponto de nulidade e de pobreza absoluta é a pura glória de Deus em nós. É, por assim dizer, o seu nome escrito em nós, como nossa pobreza, nossa indigência, como nossa dependência, como nossa filiação. É como um diamante puro que resplende da luz invisível do céu. Está em todos e, se pudéssemos vê-lo, milhares de pontos-luzes semelhantes ao esplendor de um sol fariam desaparecer toda obscuridade e crueldade da vida.[22]

O mesmo monge trapista narra assim sua conversão como descoberta desse centro e experiência de atração para ele:

[...] havia entrado, finalmente, no eterno movimento daquela gravitação que é a vida e o espírito de Deus: a gravitação de Deus para as profundidades de sua natureza infinita, de sua bondade sem limites. E Deus, este centro que está em toda parte, este círculo cuja circunferência não está em nenhum lugar, encontrando-me, através de minha incorporação com o Cristo, incorporado neste imenso e terrível movimento de gravitação que é amor, que é o Espírito Santo, me amava. E me lançava o seu chamado do profundo dos seus infinitos abismos.[23]

---

[22] MERTON, T. *Diario di un testimone colpevole*. Milano: Garzanti, 1968. p. 157. Citado em: HIGGINS, M. W. *Sangue eretico. La geografia spirituale di Thomas Merton*. Milano: Garzanti, 2001. p. 230.

[23] MERTON, T. *La montagna dalle sete balze*. Milano: Garzanti, 1968. p. 269.

268

Há toda a vida e a experiência cristã naquele "eterno movimento de gravitação [...], imenso e terrível".[24] Assim como há todo o mistério divino naquela imagem de Deus como "centro que está em toda parte [...], e círculo cuja circunferência não está em nenhum lugar".[25] Mas há também a maior resposta a uma expectativa totalmente humana e presente em cada psique: a necessidade de um centro, vivo e palpitante!

E há, talvez, por trás, outra expectativa, esta ainda... não correspondida: a de um diálogo mais sistemático e aprofundado entre psicologia e mística.

Parâmetros evolutivos

Por fim, um rápido esclarecimento acerca dos *parâmetros* do desenvolvimento humano, ou a respeito da sugestão pedagógica de áreas, critérios e fatores de crescimento. Imoda identifica três desses fatores, que são a alteridade, a temporalidade e a evolutividade (ou o progresso por estágios).

Não me alongarei na apresentação desses parâmetros, mas simplesmente sublinho alguns elementos que me parecem menos evidentes.

A regra da normalidade

Este breve título pode parecer uma tautologia, que teria emergido ainda mais evidentemente se, em vez de usar o termo "regra", tivesse usado o equivalente "norma". E uma tautologia, claramente, não diz nada, nada de novo. No entanto, queremos dizer, com esta expressão, uma coisa muito importante na abordagem que faz Imoda dos problemas do desenvolvimento, isto é, o fato de que a sua é uma abordagem

---

[24] Ibid.
[25] Ibid.

da normalidade do caminho de desenvolvimento, e não — na linha freudiana — de sua patologia.

Sabemos como tal ponto de partida, no fundador da psicanálise, tem determinado não poucos equívocos no estilo de indagação, na escolha do objeto a ser pesquisado, na interpretação dos resultados mas, sobretudo, na determinação dos indicadores de maturidade: é pelo menos impróprio e parcial estabelecer os critérios de maturidade a partir dos casos de imaturidade, assim como seria o caso, talvez, de perguntar-se se uma análise psicodiagnóstica deva ser necessariamente compreendida (e condensada) em termos de distúrbios da personalidade, ou se não existem outras perspectivas mais capazes de prestar contas do caminho de desenvolvimento ou do mistério da personalidade humana.

A maturidade não é simplesmente ausência de imaturidade! E a liberdade interior não se reduz à liberdade "de" ou à independência; nem a maturidade afetiva pode ser identificada *tout court* com a ausência de egoísmo. Tampouco a santidade com o não ser pecadores... Em todos esses equívocos, parecem reaparecer abordagens unilaterais e superficiais da realidade, achatados sob a dimensão do evidente e do imediatamente perceptível, muito pobres, portanto, sobretudo carentes da dimensão do mistério, daquela dimensão que, ao contrário, permite a Imoda ter uma visão correta da natureza humana, completa e complexa, ou naturalmente inclinada para além de si mesma, ao longo de um caminho entrevisto, cujo objetivo final é a realização que leva ao grau máximo aquela mesma humanidade no cumprimento (e desvelamento) do mistério, e não somente na ausência de imaturidade.

Dentro, portanto, de uma perspectiva que é, ao mesmo tempo, realista e otimista, que se move no âmbito do normal (da natureza universal), mas está imediatamente aberta a perspectivas sempre inéditas e surpreendentes do mistério, inclinadas para o infinito.

É verdadeiramente interessante e paradoxal esta correlação entre normal e maximal através da mediação conceitual do mistério. Com outras palavras, tal ligação é possível, como no caso de Imoda, quando se parte da intuição do mistério como categoria psicológica e dimensão constitutiva do ser humano; é justamente isso que permite ler na normalidade e ordinariedade da vida de cada indivíduo as leis e as ocasiões de crescimento do mistério mesmo, ou de formação permanente, como já mencionado, entrevendo juntamente seja os êxitos positivos, de realização do mistério, seja a possibilidade dos negativos, como inibição e sufocação do mistério mesmo.

Não me alongo sobre este ponto que, certamente, é tratado também em intervenções ulteriores neste livro.

Do outro ao Outro

Gostaria, ao contrário, de sublinhar outro aspecto da teoria de Imoda que me parece trazer uma contribuição muito promissora. Trata-se do primeiro parâmetro, a alteridade, portanto da importância que, em nossa abordagem teórica e prática, se dá ou se poderia dar ao papel do outro, da relação, da comunidade. Penso que, sobre este ponto, as intuições de Imoda podem ser muito significativas e, em parte, também originais.

Dentre elas, assinalo apenas uma: o nexo entre relação interpessoal com o tu humano e relação com o Tu divino. Dir-se-á que não representa uma novidade no âmbito da pesquisa psicológica. Aliás, às vezes, por parte de alguns psicólogos, tal correlação foi interpretada e sublinhada de modo excessivo, fazendo-se uso de uma transposição imediata entre imagem genitorial e imagem de Deus,[26] como se a relação com a figura

---

[26] Cf. VERGOTE, A. *Religione, fede, incredulità. Studio psicologico*. Cinisello Balsamo (MI): Edizioni Paoline, 1985.

PARTE II – A PROPOSTA PSICOLÓGICA: UMA CONTRIBUIÇÃO PARA A FILOSOFIA E PARA A TEOLOGIA

paterna devesse necessariamente reproduzir-se com Deus, sem qualquer possibilidade de revisão ou de verificação da relação mesma.

Imoda conhece perfeitamente este tipo de psicologia e a consistência da interpretação que lê certo tipo de relação entre ontem e hoje, mas se acautela bem do esposar a tese da *relação causal* entre passado e presente (de origem freudiana, o famoso "continuísmo freudiano:), visto que, fundamentalmente, seria tese banal, que terminaria por negar a complexidade dos fatores que influenciam no crescimento humano, aliás, terminaria por negar o mistério.

Sua posição, pois, é não só intermédia entre a *relação causal* e direta entre passado e presente (e, portanto, entre imagem dos genitores e imagem de Deus) e o *nexo plausível*, mas, sobretudo, e ainda outra vez, sua posição é iluminada pela ideia do mistério. O que é importante, para ele, não é tanto a natureza dessa relação ou a entidade do peso que tem a infância no estado adulto, e adulto crente, mas o fato de que haja essa relação, antes de mais nada, como sinal, ela mesma, do mistério, como símbolo do evento humano que é sempre significativo para além de seu acontecimento, que sempre remete a uma realidade ulterior, em um diálogo ininterrupto, no qual o evento humano (a relação, mas também a pergunta, a expectativa, a luta) não somente se torna, no início, o lugar no qual a relação com Deus assume forma e evidência, mas, a seguir, pode também reassumir forma e evidência, talvez sofrida e combatida, até o último dia...

Aqui, diante dessa realidade, o psicólogo não teme exprimir seu senso de admiração crente, de surpresa contemplativa, quase de gratidão comovida. Escutemo-lo em suas próprias palavras e no fascínio de suas imagens:

A existência de referências e de conexões entre as humildes vicissitudes e concomitâncias do desenvolvimento da vida

272

humana e os grandes temas da vida e da morte, pelo que o destino dessas realidades formidáveis pode, de algum modo, "decidir-se" nos estágios originários do desenvolvimento, é, talvez, uma das manifestações mais admiráveis do mistério da pessoa. Que a dignidade humana, a imagem mesma de Deus seja entregue e venha a depender de frágeis relações com outros sujeitos humanos, em que a vulnerabilidade das partes predispõe a ilusões, limitações e abusos; e que, ao mesmo tempo, sejam justamente essas frágeis relações humanas a tornarem-se o canal e a mediação para a constituição, para o ofuscamento ou, amiúde, para a reconstituição dessa dignidade, é algo de maravilhoso e de *tremendum*.[27]

Grande mistério!

E é ainda mais mistério grandioso que a síntese dos dois polos, nessa relação, da debilidade humana e da potência divina, "no extremo, impossível, se considerada em abstrato e deixada às meras forças humanas [possa] advir como dom, como 'graça'".[28] Como Paulo, com sua dramática experiência, nos testemunha (cf. 2Cor 12,7-10). A abertura ao mistério é abertura constante a essa possibilidade e realidade.

---

[27] *SvU*, p. 431.

[28] *SvU*, p. 431.

Parte III

Consequências para a prática educativa e psicoterapêutica

Capítulo 1

PEDAGOGIA GENÉTICA E PRÁTICA PSICOTERAPÊUTICA

Stefano Guarinelli*

INTRODUÇÃO

Considero que uma reflexão sobre a prática psicoterapêutica não pode evitar confrontar-se com aquilo que teria, provavelmente, todos os requisitos para ser considerado como o verdadeiro "pecado original" da psicologia da personalidade: seu débito histórico em relação à psicologia clínica e, por sua vez, a dependência desta última no que toca à psicopatologia. De semelhante dado de partida não parece difícil delinear quantos e quais foram — e ainda o são — os problemas ligados à introdução da psicologia ou da prática psicoterapêutica no campo educativo ou formativo.

O terreno sobre o qual mais evidentemente esta herança se torna visível é o da linguagem psicológica: a terminologia utilizada em sentido descritivo para tentar recolher em torno de alguns construtos dinâmicos os processos psíquicos

---

* Italiano, nascido em 1960, é mestre em Psicologia e em Teologia, especialista em Psicoterapia, laureado em Engenharia. É professor de Psicologia e responsável pela equipe de consultoria psicológica no Seminário da Diocese de Milão (Itália).

277

PARTE III – CONSEQUÊNCIAS PARA A PRÁTICA EDUCATIVA E PSICOTERAPÊUTICA

faz referência ao mundo dos distúrbios de personalidade. E isso vale — que fique claro — também ali onde se trata da personalidade, por assim dizer, normal. Nesse sentido, historicamente se seguiu a abordagem axiomática colocada por Freud, segundo a qual o estudo da normalidade não pode começar senão a partir do exame daquelas condições nas quais a normalidade é exigida até o limite da ruptura: a patologia, justamente. Somente em tal situação, de fato, da normalidade é possível captar o funcionamento interno, além de suas possíveis vulnerabilidades.

A reflexão de Imoda sobre o desenvolvimento humano,[1] embora percorrendo de novo os pontos salientes do traçado da ciência psicológica, nos oferece um duplo ponto prospectivo, que se distancia de modo significativo das impostações difusas, e que daí oferece notáveis consequências sobre o sentido da prática terapêutica e sobre os modos de conduzi-la concretamente.

UMA DUPLA PERSPECTIVA SOBRE O DESENVOLVIMENTO HUMANO

Imoda conhece e utiliza as aquisições da psicologia psicanalítica — ponto de partida da psicologia do profundo[2] — com suas muitas torrentes e com sua preocupação clínica. Do outro lado, pareceria temerário pensar em ignorar a proposta da psicologia psicanalítica, de modo particular justamente lá onde se pretendesse refletir sobre o desenvolvimento humano. Provavelmente, nenhuma entre as teorias da personalidade ou entre as teorias do desenvolvimento psicológico tenha

---

[1] Cf. IMODA, F. *Sviluppo umano, psicologia e mistero*. Bologna: EDB, 2005 (de agora em diante, *SvU*). [Trad. bras. de Adalto Luiz Chitolina e Matthias J. A. Ham. *Psicologia e mistério. O desenvolvimento humano*. São Paulo: Paulinas, 1996.]

[2] Cf. MAGNANI, G. *La crisi della metapsicologia freudiana*. Roma: Studium, 1981. p. 8.

1. PEDAGOGIA GENÉTICA E PRÁTICA PSICOTERAPÊUTICA

evidenciado a questão da gênese da personalidade através do tempo, como o fez a psicanálise. Ao mesmo tempo, porém, Imoda assume com desencanto a infraestrutura teórica da psicanálise. E não, talvez, para deixá-la simplesmente de lado, mas para impedir que o desenvolvimento humano seja reconstruído teoricamente a partir, justamente, da inadaptação e da sua incidência determinística.

A inadaptação freudiana, ademais, é muito mais que a patologia. Ela não fala apenas de um desenvolvimento problemático ou até mesmo malogrado, mas transmite a tese, de fato insidiosa, segundo a qual cultura e civilização são fundamentalmente inimigas do ser humano. Por outro lado, na reflexão teórica sobre a psicologia dentro do contexto cultural hodierno, o determinismo freudiano originário, ligado à sua proveniência clínica, não parece, acima de tudo, constituir o problema. No fundo, uma psicologia que quisesse prescindir de uma reflexão filosófica (e teológica) sobre a pessoa humana, hoje, poderia sentir-se exonerada da necessidade de tematizar uma questão central, como a da liberdade. Em todo caso, esse distanciamento do determinismo freudiano está presente na obra de Imoda.[3]

Todavia, a contribuição original de sua reflexão está acima de tudo na reformulação mesma do sentido, da colocação ontológica, do desenvolvimento humano. Este não é análogo ao simples resultado dos processos de adaptação, os quais, não podendo ser jamais otimais, constringiriam o ser humano a crescer para mudar. Nisso consistiria o desenvolvimento. Imoda evidencia, ao contrário, como a relação que a pessoa humana constrói com o mundo — ou seja, com tudo o que é diferente de si — não pode ser reduzível à única questão de adaptação.

---

[3] Cf. *SvU*, por exemplo, p. 129.

279

PARTE III – CONSEQUÊNCIAS PARA A PRÁTICA EDUCATIVA E PSICOTERAPÊUTICA

A des-patologização da psicologia do profundo

Imoda realiza um amplo reconhecimento das diversas abordagens teóricas — psicanalíticas e não psicanalíticas — do desenvolvimento humano. Poderíamos sintetizar-lhe o objetivo e o ponto prospectivo "adquirido" assumindo de Stern a útil distinção entre *criança clínica e criança observada*:

> No curso da prática clínica [...], as teorias psicanalíticas têm reconstruído uma "criança" diferente da que é observada pelos psicólogos. Essa criança é a criatura produzida conjuntamente por dois indivíduos, dentre os quais um é o adulto, que chegou a ser um paciente psiquiátrico, e o outro é o terapeuta, que tem uma teoria sua a respeito da experiência infantil. É fruto de recordações, de reedições atuais, na transferência, de experiências passadas, e de interpretações inspiradas na teoria. Eu o defino *criança clínica*, que não deve ser confundida com a *criança observada*, cujo comportamento é examinado no momento mesmo em que se produz.[4]

É o mesmo Stern quem adverte para os riscos de uma possível patologização da psicologia do desenvolvimento lá onde se realçasse a criança clínica sem que esta fosse oportunamente integrada pela criança observada. De um lado, somente a criança clínica, embora com seus limites, nos oferece aquele olhar "a partir de dentro" (a experiência subjetiva), sem o qual faltaria aquele elemento decisivo para a reflexão psicológica que é, precisamente, o ponto de vista do sujeito, para além da observação de seu comportamento "a partir de fora" (a descrição objetiva). Por outro lado, porém, o ponto fraco da criança clínica está no fato de que, para ser tal, seu ponto de partida é o de um problema — emerso em um estágio no qual ela não é mais criança — motivo pelo qual pediu para ser ajudado.

---

[4] STERN, D. N. *Il mondo interpersonale del bambino*. Torino: Bollati Boringhieri, 1987. p. 30-31.

280

Daí, por exemplo — seguindo Stern, comparado com Freud —, nasce ou a personalidade oral ou a fálica; ou — seguindo Stern, comparado, desta vez, com Mahler — nasce ou a fase autística normal ou a fase simbiótica normal, e assim por diante. Tal perspectiva — que Stern denomina "retrógrada" — não dá contas do desenvolvimento como tal, mas só da sua reconstrução. Esta é certamente "verdadeira" no sentido clínico ("retrógrado"), ou como paradigma, ou conjunto de paradigmas representativos de uma identidade narrada, mas não quer dizer que o seja em sentido próprio ("ante-rogado"), interpretação de um dinamismo que no curso do tempo tornar-se-á estrutura, estilo de personalidade.

Por isso, portanto, a necessária integração com a criança observada. Em tal modo, uma teoria do desenvolvimento não é reconstruída a partir somente da patologia. Ademais, subtraindo-se à reconstrução patológica, a contribuição da metapsicologia psicanalítica é redimensionada com sua possível conjecturalidade.

O desenvolvimento como lugar do mistério

Criança clínica e criança observada: não uma sem a outra, portanto, diria Stern. A partir da reflexão de Imoda, porém, pode ser evidenciado um segundo ponto perspectivo, que se coloca para além da reflexão estritamente psicológica.

Tudo somado, não são poucas ou de escassa importância as psicologias que se ocuparam da criança observada.[5] Reivindicando, porém, o primado do empírico e circunscrevendo o campo da ciência psicológica, elas omitiram deliberadamente a ligação com a antropologia filosófica. Com outras palavras:

---

[5] Considerem-se, por exemplo, todas aquelas teorias que tomaram como princípio o comportamentismo.

estudaram o comportamento observável, limitando-se a constatar que "se dá" um desenvolvimento.

No entanto, esse é um fato que não pode ser objeto de valor empírico somente, mas que põe a necessidade de uma interrogação filosófica sobre a pessoa humana: se assistimos a um processo de transformação no curso da vida da pessoa — a que chamamos desenvolvimento —, como é possível continuar a referir-se à pessoa como objeto de observação, como se se tratasse, a cada momento, da mesma entidade observável? O fato mesmo de utilizar um termo como *pessoa* remete a uma imutabilidade que se apresenta, em todo caso, em configurações sujeitas a contínuas mudanças.

Imoda não se furta à questão filosófica. Ao lado da polaridade entre mutabilidade e imutabilidade, ele capta um conjunto ulterior de tensões — as "antinomias fundamentais" — que caracterizam a pessoa: finito e infinito, tempo e eternidade, necessidade e possibilidade, ser natureza e ser pessoa...[6] Tudo isso "diz" do ser humano, ao menos tanto quanto as observações empíricas. E mostra como seria necessário ascender a um nível diferente. Imoda denomina *mistério* tal nível. Não se trata, contudo, de um nível "diferente", disjunto daquele das observações empíricas. Ao contrário: as observações empíricas interceptam o espaço no qual o mistério assume forma.

O desenvolvimento é, portanto, *lugar* do mistério. Imoda escreve:

> O desenvolvimento humano, acontecimento absolutamente único para cada indivíduo, é o lugar onde o mistério tomou corpo como série de mediações, de "como", de problemas. É o lugar onde os problemas podem fechar-se sobre seu caráter de problema, colocando-se então, efetivamente, em oposição

---

[6] Cf. *SvU*, p. 88.

282

ao mistério, ou podem tornar-se, dinamicamente, uma encarnação, uma presença transparente do mistério, uma ocasião de crescimento na manifestação da realidade do mistério.[7]

Portanto, introduzir a categoria de mistério não significa assumir uma perspectiva orientada aos fins como única força propulsora do desenvolvimento. Em tal direção, de fato, acabaria por ser descuidada a relação que toda pessoa tem com a própria história. Trata-se de uma história na qual podem consolidar-se, de modo deliberado, alguns laços entre elementos da personalidade, os quais no presente a pessoa experimenta — e que, por isso, influem em seu desenvolvimento — sem poder decidir livremente sobre eles, no todo ou em parte. Nesse sentido, por isso, Imoda — de modo análogo a quanto feito em relação à psicologia psicanalítica — toma distância, embora não as ignore, das contribuições da psicologia humanística.[8]

UM OBJETIVO PEDAGÓGICO

Embora o título da obra fundamental de Imoda faça explícita referência ao desenvolvimento, a atenção final do texto e, globalmente, da reflexão do autor, é a pedagógica. O objetivo de Imoda, portanto, parece ser o de "convidar a pensar criticamente e a buscar definir a tarefa educadora em relação ao processo de desenvolvimento".[9] Nesse sentido, o trabalho educativo se volta para o mistério da pessoa, a fim de que este seja constantemente salvaguardado. E

é aqui que a obra educativa de interpretação quer situar-se, cônscia de que, ficando a contemplar exclusivamente o aspecto

---

[7] *SvU*, p. 13s.

[8] Cf. *SvU*, p. 126.

[9] *SvU*, p. 15.

PARTE III – CONSEQUÊNCIAS PARA A PRÁTICA EDUCATIVA E PSICOTERAPÊUTICA

de infinito do mistério que pertenceria à "consciência pura", como também esgotando-se na análise de seus condicionamentos e de seus limites que pertenceriam ao seu ser "coisa", condenar-se-ia à esterilidade e à irrelevância.[10]

Ocupar-se com os "problemas" de uma pessoa, descuidando o fato de que justamente se trata de uma pessoa, significa reduzir a pessoa à soma de seus processos. E isso abre a estrada à falência educativa. Trata-se de uma falência que poderá permanecer oculta naqueles casos nos quais o problema de partida será resolvido. Trata-se de uma falência que poderá tornar-se manifesta em todas aquelas situações em que o trabalho pedagógico não trará os frutos esperados em relação ao problema de partida. Por isso, nesse sentido, nós, embora continuando a referir-nos à prática psicoterapêutica, devemos evidenciar que o objetivo — ambicioso — da reflexão de Imoda é o de mostrar os eixos de uma prática pedagógica — e também psicoterapêutica — que se distancia desde logo daqueles da psicologia clínica.

Na psicologia clínica, a psicoterapia está endereçada à pessoa concreta e tende a restituir ou a favorecer a harmonia daquela pessoa consigo mesma e com o mundo, agindo sobre aqueles processos e sobre aquelas estruturas psíquicas que *são* a personalidade daquela pessoa. Na perspectiva de Imoda, ao contrário, o colóquio pedagógico está voltado, sim, para a pessoa concreta, mas, embora igualmente preocupado a "resolver" os eventuais problemas de partida, seu objetivo final é o de fazer com que não sejam tais problemas a ocultar o mistério que *é* aquela pessoa concreta. Nessa ótica, um problema resolvido pode ocultar ou trair o mistério; assim como um problema não resolvido, e em definitivo não resolvível, pode tornar-se lugar no qual o mistério assume forma de modo até mesmo mais evidente ou incisivo.

---

[10] *SvU*, p. 14.

284

Tudo isso manifesta-se bastante provocativo, pelo menos para aquela persuasão, difusa no senso comum, que identifica o bom êxito de um percurso psicoterapêutico com o reencontro de certo bem-estar. Na realidade, pode acontecer que o bem-estar reencontrado seja precisamente o que vai ocultar o mistério e não, ao contrário, consentir seu desvelamento. Escreve Imoda:

> Que relação existe entre a luta por este ou por aquele valor, e a luta fundamental que se trava entre a pessoa e Deus? Que relação existe entre as perguntas particulares sobre verdades específicas, sobre natureza de coisas e eventos, sobre a busca de significados determinados e específicos, e a busca de significado último? E que dizer das perguntas que não surgem jamais, das pessoas que conseguem suprimir todo tipo de pergunta fundamental sobre o significado e sobre as verdades últimas? Como se opera a ligação não só sob o plano ontológico, mas também psicológico, entre as formas particulares, concretas, de ânsia, de luta ou de busca, centradas em determinados objetos, e a ânsia, a luta e a busca que têm como interlocutor ou por "objeto" o Deus vivo, já presente, ao menos implicitamente nelas? Eis a pergunta "pedagógica" por excelência.[11]

A PSICOGÊNESE E A QUESTÃO DA VERDADE

Somente com a análise não se chega a nenhuma verdade, ainda que o material descoberto tenha um aspecto assim "realístico". Fracionando o vivente em suas partes, destrói-se a vida. [...] Somente se as raízes da planta estão ocultas sob a terra a copa pode expandir-se salubremente. Pertence, então, à verdade do vivente que uma parte de si mesmo deva permanecer velada. E pertence à verdade do ser livre e espiritual que uma parte de si mesmo deva ser relegada ao esquecimento.[12]

---

[11] *SvU*, p. 13.
[12] BALTHASAR, H. U. von. *Verità del mondo*. Milano: Jaca Book, 1989. p. 120.

A crítica de Von Balthasar à psicanálise e à "maior parte das escolas práticas de psicologia"[13] parece bastante clara.

Por outro lado, a ênfase sobre a psicogênese, que a psicanálise coloca como fundamento da prática clínica, deriva de um pressuposto — apesar de não reflexo — sobre a verdade da pessoa. Daí, deve-se colocar em evidência como a importação de uma prática pedagógica não pode ser feita de modo acrítico, sem que se tenha explicitado e verificado, ou seja, o quadro antropológico de base. Tampouco pode bastar a tentativa de resolver o inevitável conflito epistemológico invocando simplesmente a separação da ciência psicológica, seja esta psicanalítica, seja de outra impostação. E a razão é simples: tal separação pode ser garantida na mente do filósofo, do psicanalista ou do teólogo, mas não na instância da análise e muito menos em um percurso pedagógico.

É precisamente na prática que se pode arriscar a impor uma ideia de verdade cuja problematicidade — assim como estigmatizado por Von Balthasar — não podia estar presente nos inícios da psicanálise freudiana, simplesmente porque demasiado forte era sua ligação com as ciências físicas e biológicas.[14] O modelo pulsional-energético da psicanálise freudiana havia findado por encaminhar a psicanálise para um espaço no qual se considerava ser possível eximir-se da colocação de uma questão antropológica fundamental como a da verdade.

Ou melhor: como ciência, a psicanálise não podia subtrair-se a tal busca, mas sua verdade era a das ciências da natureza e não a das ciências do espírito. Nesse sentido, a crítica de Von Balthasar golpeará a pretensão de que o trabalho psicanalítico ou psicoterapêutico intercepte a questão da verdade,

---

[13] Ibid.

[14] Cf. MAGNANI, G. *La crisi della metapsicologia freudiana*, cit., p. 7-86.

sem a consciência de um deslizamento epistemológico que conduz à tese discutível que diz que a verdade está no desenterramento das raízes da pessoa.

Ao longo destas reflexões, não se pode deixar de corroborar, enfim, o singular percurso teorético da psicanálise. Esta nasce como método, técnica específica, e não primariamente, como teoria da mente. Nessa perspectiva parece correta a abordagem que Ricoeur reserva à leitura de Freud: não se trata de filosofia da ciência, mas de indagar o que seja a interpretação.[15] "O aspecto *decisivo* da contribuição de Freud [...] deve ser buscado antes no desmascaramento de falsas certezas sobre a racionalidade do que na aquisição de uma verdade nova e objetiva ou *científica*."[16]

É inegável, como se disse, que na reflexão de Imoda seja importante a atenção reservada à psicologia do profundo. Ao mesmo tempo, porém, a escavação psicogenética, como tal, não tem aquele objetivo capciosamente veritativo, atribuído à psicanálise e estigmatizado por Von Balthasar. Encontramo-nos, antes — na linha traçada por Ricoeur —, na tentativa de entrar em uma biografia para decifrar os modos através dos quais aquela pessoa construiu o próprio mundo de significados, as próprias representações, de si e do mundo. A operação veritativa não está na vertente da escavação arqueológica, visto que estaria em contradição com a impostação declarada e percorrida por Imoda. De fato, na reflexão do autor, a questão da verdade é colocada no nível do mistério.

Por outro lado, o recurso à categoria de mistério não deve levar a pensar que nos encontramos no universo rarefeito das essências. A propósito, é importante não se equivocar: o termo

---

[15] Cf. INNAMORATI, M. *Psicoanalisi e filosofia della scienza*. Milano: Franco Angeli, 2000. p. 53.

[16] Ibid., p. 55.

mistério não alude a um plano de verdade que se encontraria para além da história. Sugere, antes, o fato de que já dentro do histórico estão presentes tensões ou movimentos que indicam a impossível redução da pessoa às suas configurações históricas. O que nos é entregue de uma pessoa, aqui e agora, é um dado de que posso dispor somente em parte. E isso vale também quando aquele dado sou... *eu* mesmo, para mim mesmo. Por isso a conceituação dos parâmetros: estes pretendem mostrar a não estraneidade do mistério à nossa história, mantendo contemporaneamente a não completa disponibilidade da pessoa em relação ao próprio dar-se histórico.

A pessoa que pretende orientar a si mesma para um valor, ou deixar-se atrair por alguém ou por alguma coisa, seja esta pessoa, seja ideal de vida, na realidade não dispõe senão de um poder limitado sobre si mesma. Quando se orienta ou se entrega, quanto do que é subtraído ao seu poder se orientará e se entregará?

Parece-me que uma metáfora bíblica eficaz desse processo é a aventura da libertação de Israel do Egito. A identidade do povo — sua verdade, portanto — é representada inteiramente por sua pertença a Deus. No entanto, no percurso através do deserto, constantemente o povo é convidado a recordar ("Recorda que foste escravo na terra do Egito, e que Iahweh teu Deus te fez sair de lá com mão forte e braço estendido" – Dt 5,15).

A evocação do passado não restitui maior verdade ao povo quanto ao seu passado de *escravo*, mas quanto ao seu presente (e ao seu futuro) de *libertado por Deus*. Do contrário, a pertença a Deus — como se disse: sua identidade de povo — corre o risco de perder seu dinamismo próprio e pode tornar-se estática, estéril, ou até mesmo motivo de maldição ("Não havia talvez sepulturas no Egito, por isso nos tiraste de lá para morrermos no deserto?" – Ex 14,11). A memória, portanto, não é, em si mesma, verdade.

Por outro lado, a identidade sem memória corre o risco de levar a uma entrega de si à verdade que pode ser parcial e que, por isso, paradoxalmente, pode ser vivida até mesmo como contraditória e insustentável.

SENTIDO E MODOS DE UMA ABORDAGEM PSICOTERAPÊUTICA

Essas considerações nos conduzem novamente ao desenvolvimento humano. De todos os lugares possíveis nos quais o mistério dela pessoa se torna manifesto, o desenvolvimento representa um tipo de espaço inclusivo. Na escolha dos parâmetros, Imoda privilegia três dentre eles, que estão mais evidentemente conexos com o desenvolvimento: a alteridade, a temporalidade e a estagialidade.[17] No fundo, pois, o parâmetro da estagialidade é o que sintetiza os dois precedentes e mostra bem em que sentido uma intervenção pedagógica que seja — como dissemos — uma intervenção sobre a pessoa como mistério e não primariamente sobre a pessoa como problema não pode não ter no desenvolvimento o próprio âmbito, senão também sua própria estratégia.

É esse, precisamente, o sentido daquela abordagem psicoterapêutica que Imoda denomina *pedagogia genética*.[18]

Rumo à liberdade efetiva

Recorrendo, ainda, à metáfora tirada do livro do Êxodo, dever-se-ia dizer que a importância de um acesso à biografia da pessoa tem como objetivo a criação ou a ampliação de espaços de sua liberdade para o presente. A liberdade *efetiva*

---

[17] Cf. *SvU*, p. 99-135.

[18] Cf. *SvU*, p. 142-150, 156-161.

da pessoa, compreendida como capacidade real de decidir por si, é sinônimo de integração, ou da possibilidade de reconduzir à própria vontade o maior número de funções da personalidade. Por mais dificultoso que seja identificar o que seja *normalidade*, não é possível desconsiderar o fato de que o desenvolvimento mostra o proceder rumo à diferenciação e à integração e que, quando isso não acontece, a pessoa age distorcendo a realidade, de modo mais ou menos consistente, de acordo com o maior ou menor número de funções não diferenciadas e não integradas.

Nesses casos, estamos diante daquilo a que chamamos patologia psíquica. Em referência ao desenvolvimento, assim escreve Imoda:

> O conceito de estágio implica [...], por fim, não só a noção de um antes e de um depois, mas também de um menos e de um mais, no sentido de uma determinada ordem e escala de valores em relação à qual é possível avaliar a posição de cada estágio. Ora, uma escala de valores não pode pretender ser unicamente uma questão de fato, porque, também no caso limite em que adiantasse tal pretensão, resta inevitável o dever fazer referência a uma situação particular que, a seguir, é tomada como medida e, de alguma forma, elevada a norma, mais ou menos "absoluta".[19]

Considero que se possa afirmar que, quanto mais o desenvolvimento procede rumo à integração, tanto mais o mistério pode tornar-se visível. A liberdade efetiva comporta a capacidade de governar tudo o que se apresente como ativo, mas não deliberado (inteira ou parcialmente). Em termos experimentais, são todos aqueles processos que levam a dizer: "É mais forte do que eu!"; ou então: "Não o posso evitar..."; ou vivências semelhantes, verbalizadas ou não. Âmbitos ca-

---

[19] *SvU*, p. 135s.

racterísticos de tais processos ativos mas não deliberados são a vida física (o corpo) e a vida afetiva (as emoções).

Daqui podemos dizer que, quanto maior a liberdade efetiva, tanto maior a consciência não só do dado, mas também dos recursos à disposição para geri-lo e não necessariamente para sofrê-lo. Atenção: falamos de capacidade; não ainda de faticidade. Ou seja, falamos de uma liberdade efetiva que é *condição necessária* para a visibilidade do mistério, mas que é, ainda, *condição não suficiente*. Em outras palavras: não é suficiente ser livres; é preciso também que a própria liberdade consiga concretamente determinar-se. Nisso o mistério torna-se visível.

Assim como falamos de uma liberdade que dialoga com o dado, e que, reconhecendo-o, talvez o plasme mais uma vez e lhe confira novo significado. Não, pois, de uma liberdade que ignora o dado, ou que faz de conta que não existe. Do contrário, corre-se o risco de perpetuar um modelo semelhante àquele tripartido de Freud, que visualiza de modo contraposto sofrer e agir, como se a instância pulsional e a instância decisional estivessem em contraste, uma em relação à outra.

Os níveis da experiência — afetivo, cognitivo, conativo — são considerados de modo separado, mas só em abstrato. Não existe, de fato, nenhuma operação que não se encontre na encruzilhada dos três níveis. Não há emoção que não seja também cognitiva e volitiva; não há consciência que não seja também emotiva e volitiva; não há vontade que não seja também cognitiva e emotiva.

A liberdade efetiva e as mediações não deliberadas

O desenvolvimento humano, porém, mostra, no interior de toda possível experiência psíquica, um percurso diferente dos três níveis de experiência, um grau de presença diverso.

291

PARTE III – CONSEQUÊNCIAS PARA A PRÁTICA EDUCATIVA E PSICOTERAPÊUTICA

Se considerarmos, por exemplo, a experiência do conhecimento — de si, dos outros, do mundo —, notamos como, nos inícios da vida, o nível emocional é preponderante. O conhecimento do objeto concentra-se densamente sobre os aspectos subjetivos, e dificilmente o sujeito pode "decidir" a própria *posição*[20] em relação ao objeto. Ao mesmo tempo, como nos recorda o parâmetro da estagialidade, o fato de o mistério da pessoa estruturar-se por interação com o mundo (parâmetro da alteridade) no tempo (parâmetro da temporalidade) não comporta uma simples sedimentação das experiências, mas a tendência a configurá-las em um sistema de trechos.

A esse respeito, todas as teorias do desenvolvimento psicológico atentas ao funcionamento intrapsiquíco concordam em afirmar que os estágios se desenvolvem de modo *tendencialmente* contínuo. Isso significa que a forma de cada estágio do desenvolvimento reproduz, ao menos em alguma medida, a forma dos estágios precedentes. Isso implica que, quando o sujeito progride não só no conhecimento dos objetos como objetos "em si" — e não como objetos "para mim" —, mas também na capacidade de assumir uma posição em relação a eles, não pode acontecer, seja como for, que seu conhecimento se torne repentinamente *objetivo*.

De fato, o sujeito estrutura o próprio conhecimento a partir de alguns *conceitos*[21] — ou seja, alguns esquemas cognitivos prévios — que não escolheu de modo deliberado. Por isso os novos conceitos não poderão organizar-se senão sobre os antigos, e sem poder prescindir totalmente deles.[22]

---

[20] Cf. HARVEY, O. J.; HUNT, D. E.; SCHRODER, H. M. *Conceptual Systems and Personality Organization*. New York: Wiley & Sons, 1961. p. 1-28, 85-112.

[21] Ibid., p. 1-3.

[22] Isto corresponde à assim chamada *epigênese* dos estágios de desenvolvimento. Cf. *SvU*, p. 481.

292

O que a título exemplificativo mostramos para a experiência do conhecimento pode ser estendido facilmente a cada ulterior experiência psíquica. Trata-se de um dinamismo evolutivo e não necessariamente de um processo patológico ou patogenético. É importante que seja examinado, mas não porque deve ser, a todo custo, modificado. E deve-se dizer que, em muitos casos, uma modificação não seria nem mesmo possível. Merece mais atenção porque ajuda a captar como cada pessoa, em seu presente, sempre *interpreta* o próprio mundo de objetos — incluídos os significados —, e é ilusório pensar que estes, ao contrário, lhe sejam simplesmente entregues, sem que tal entrega não comporte, em alguma medida, também uma operação de tradução ou de readaptação.

Restituir identidade própria aos objetos favorece a possibilidade de que o sujeito escolha assumir, em relação a eles, uma posição nova. Contudo, favorecer essa restituição agindo diretamente sobre os objetos, corroborando-lhes simplesmente a objetividade, pode ser uma operação insuficiente ou absolutamente inútil, ao passo que pode revelar-se mais frutuoso agir sobre os processos subjetivos que assumiram traduzir e, de algum modo, trair aquela objetividade.

Os três movimentos da abordagem pedagógico-genética

Portanto, se o objetivo de uma pedagogia qualquer é o de favorecer o desenvolvimento da pessoa, e se é verdade que um desenvolvimento adequado procede rumo à diferenciação e à integração — ou rumo a uma liberdade efetiva sempre maior —, o adjetivo "genética" qualifica a estratégia pedagógica a partir do desenvolvimento da pessoa específica. Tal estratégia procede seguindo três movimentos.

Em um primeiro movimento procuraremos individuar os modos através dos quais aquela pessoa específica vive o

PARTE III – CONSEQUÊNCIAS PARA A PRÁTICA EDUCATIVA E PSICOTERAPÊUTICA

próprio relacionamento com a realidade. Trata-se de descobrir quais são os possíveis laços entre os elementos da personalidade que, consolidados segundo modalidades talvez não reflexas ou não conscientes, terminam por criar *posições* em relação aos objetos e *traduzem* a realidade *traindo*-a, ou seja, distorcendo-a, no todo ou em parte.

Em um segundo movimento tratar-se-á de individuar a situação temporal — ou seja, a relação com o desenvolvimento daquela pessoa específica — da consolidação de tais laços. Daí se poderá deduzir também o grau e/ou a modalidade experimental de tais laços.

Em um terceiro movimento prover-se-á a dispor uma intervenção pedagógica, pensada não como se fosse endereçada à personalidade atual da pessoa, mas à personalidade daquele estágio de seu desenvolvimento no qual aqueles laços problemáticos chegaram a ser criados.[23]

Aqui, também, gostaria de exemplificar o tema, recorrendo a uma metáfora bíblica. Trata-se da passagem da cura do paralítico.[24] A experiência de libertação do mal moral que Jesus pretende fazer aquele homem viver esbate-se contra uma imagem de Deus presente nos interlocutores: ("Quem pode perdoar pecados, senão Deus?" – Lc 5,21). Eles "traduzem" as palavras de Jesus a partir daquela imagem, por isso — ou seja, "traindo-as" — não conseguem acolher e viver autenticamen-

---

[23] O objetivo prioritário é o de fazer começar o desenvolvimento no presente, não, ao contrário, o de parar para compreender como é possível que as coisas, no presente, aconteçam de certo modo. Conseguir *explicar* um comportamento presente não é, em si mesmo, algo sem sentido, contanto que seja parte daquele processo de reinício do desenvolvimento e não se torne — paradoxalmente — um álibi para permanecer parados no mesmo ponto. Cf. o editorial "Interiorità: luogo da spiegare ma soprattutto da comprendere". *Tredimensioni* 1 (2004) 228-234.

[24] Lc 5,17-26 e paralelos.

294

te aquela experiência e, por fim, é como se vivessem outra experiência ("Quem é este que diz blasfêmias?" – Lc 5,21).

Jesus, àquela altura, em vez de insistir naquela experiência de libertação do mal moral, talvez reiterando-a com mais força ou corroborando-a de modo peremptório — findando por permanecer, porém, no mesmo nível de partida —, conduz aquela experiência para o interior de uma representação mais regredida: a da libertação do mal físico. De tal modo intervém modificando a própria imagem que eles tinham, se bem que de modo ainda incipiente, apenas ("Todos ficaram admirados e louvavam a Deus" – Lc 5,26). Através de uma experiência de libertação — experimentável — do mal físico, portanto, torna acessível a experiência de libertação do mal moral.

A recolocação em sentido evolutivo da questão do inconsciente

A referência ao desenvolvimento parece-nos extremamente importante para colocar a problemática conexa com o nível afetivo da experiência no justo sulco. Indubitavelmente, é o nível afetivo que constitui o aspecto potencialmente problemático — e possivelmente vulnerável — daquele processo de inevitável tradução da experiência que pode conduzir até a distorção da realidade. O caráter não deliberado das mediações afetivas abriu o caminho para aquele capítulo controvertido — particularmente nas tentativas de reflexão interdisciplinar com a filosofia e com a teologia — que é a questão do inconsciente.

Todavia a colocação da problemática afetiva dentro da questão do inconsciente nos parece menos promissora.[25]

---

[25] Cf. MAZZOCATO, G. *Malattia della mente o infermità del volere?* Milano: Glossa, 2004. p. 121-124.

Em primeiro lugar, na verdade, o fato de que alguns laços entre elementos da personalidade se tenham consolidado de modo não deliberado, e talvez em tempos do desenvolvimento de tal maneira remotos que já não são recuperáveis nem mesmo pela memória, é um dado normal evolutivo. E tudo isso vale, de modo particular, precisamente, para o nível afetivo da experiência. Este se torna "não totalmente disponível" para os níveis experienciais mais evoluídos. Contudo, parece inapropriado identificar tal "não disponibilidade" com um problema (ou até mesmo com uma patologia): esta vale, de fato, do mesmo modo, tanto para a personalidade pretensamente normal quanto para a assim chamada patológica.

Em segundo lugar, ademais, termina por introduzir uma temática que torna bem mais complexa a interação com a reflexão filosófica e, sobretudo, com a teológica, tratando-se de um assunto demasiadamente prejudicado em sentido psicológico. Evocar a figura do inconsciente, efetivamente, não pode evitar suscitar a suspeita de que a práxis educativa seja, no fim das contas, tarefa exclusiva do psicólogo. Lançaria, portanto, a questão interdisciplinar em sentido evolutivo, constatando, porém, como a senda do desenvolvimento humano é tão pouco percorrida pela reflexão teológica.

Considerar, por exemplo, o ato humano dentro de uma questão como a do desenvolvimento consentiria superar uma contraposição irrealista entre razão e afetos, ou entre vontade e paixões, reconhecendo, ao contrário, o caráter intrinsecamente passional da razão e da vontade.[26]

---

[26] Cf., sobre o tema, a possibilidade de uma convergência teológica a partir do pensamento de Tomás de Aquino em K. BAUMANN, *Das Unbewußte in der Freiheit. Ethische Handlungstheorie im interdisziplinären Gespräch* (Roma: Editrice PUG, 1996).

A PSICOTERAPIA COMO SERVIÇO AO DESENVOLVIMENTO

O recurso ao termo *psicoterapia* não pode deixar de suscitar algum embaraço. As razões remotas residem, mais uma vez, naquela herança da psicologia e de sua linguagem patologizante, de que se falou. Não muito diferentemente estão as coisas a propósito do termo a ser adotado por aquele que se serve de um processo psicoterapêutico. Ao mais correto *paciente*, de quando em vez se preferiu o mais asséptico *cliente*. Nenhum dos dois, na verdade, parece otimal. Para o termo *paciente*, uma coisa é, de fato, o étimo; outra coisa, e não de todo prescindível, porém, é a utilização no senso comum. E neste último contexto é improvável achar que se pode desvincular o termo de alguma ligação com a patologia.

Por outro lado, o termo *cliente* parece aludir demasiado fortemente a um laço de tipo comercial, e isso, sobretudo, em um campo como o educativo e formativo, parece bastante inaceitável.

Também a reflexão científica não pode subtrair-se a tais condicionamentos da linguagem que, quer se queira, quer não, terminam por incidir no nível de uma correta posição das questões. O próprio Imoda, a propósito, mostra certa cautela. Ao termo *psicoterapia* preferiu *colóquio de crescimento*. Psicoterapia, de fato, "remete a um contexto médico, de doença ou psicopatologia", ao passo que colóquio "coloca-se deliberadamente em um contexto pedagógico e integrativo".[27]

No entanto, é ainda Imoda quem corrobora, para além das pré-compreensões culturais, a adequação do termo *tera-*

---

[27] IMODA, F. Sviluppo humano, luogo del mistero, e i colloqui di crescita. In: (ed.). *Antropologia interdisciplinare e formazione*. Bologna: EDB, 1997. p. 159-216.

PARTE III – CONSEQUÊNCIAS PARA A PRÁTICA EDUCATIVA E PSICOTERAPÊUTICA

pia: "É talvez útil recordar a nós mesmos que a palavra grega *therapon* significa fundamentalmente 'servidor'".[28]

Certamente, o termo psicoterapia atualmente se especifica em uma pluralidade de estratégicas e de técnicas. No entanto, justamente uma impostação pedagógico-genética pode reivindicar o título de *terapia* em sentido autêntico, ou seja, como serviço. Serviço a quê? Ao desenvolvimento, naturalmente. Se, ainda uma vez, o termo psicoterapia remete, de alguma forma, a um quê de artificial, predisposto com o objetivo de intervir para organizar algo que "existe", mas que "não deveria existir", não estão assim as coisas se a expressão chamada em questão for "intervenção educativa". Pois bem, como escreve Imoda, "os colóquios [isto é: a psicoterapia] podem [...] ser considerados como uma espécie de arquétipo da obra educativa em geral".[29]

Na obra educativa, toda intervenção visa a favorecer o desenvolvimento da pessoa que temos diante de nós, partindo da consideração do fato de que aquela pessoa é um sujeito em desenvolvimento. Na intervenção psicoterapêutica pedagógico-genética, temos o mesmo objetivo; mas podem ser diversas as condições de pertença: a pessoa que temos diante de nós poderia não ser mais — em sentido estrito — um sujeito em desenvolvimento e, aliás, poderia estar às voltas com as consequências de um desenvolvimento já acontecido, mas de modo inadequado.

Trata-se, portanto, de recriar uma situação de desenvolvimento apropriada, de modo a favorecer o relançamento do que ao seu tempo se desenvolveu de maneira inadequada. Assim, é dada a possibilidade a alguns laços presentes entre elementos da personalidade — que chegaram a estabelecer-se

---

[28] Ibid., p. 210.

[29] Ibid., p. 159.

298

sem uma intervenção deliberada da pessoa — de desfazer-se e, eventualmente, recompor-se de modo novo, inédito e até mesmo criativo.

A brincadeira psicoterapêutica

Na psicologia do desenvolvimento, o tema da brincadeira é um dos mais estudados. No brinquedo, a criança cria uma porção de realidade dentro da qual pode exprimir significativas instâncias emocionais, intelectuais e interpessoais, que representam um tipo de preparação para aquelas que ela poderá exprimir de modo real. O brincar, portanto, é de grandíssima utilidade para o desenvolvimento.

Em relação ao espaço real, o do brinquedo tem a vantagem de ser um espaço limitado, em alguns aspectos fechado. Isso significa que, em determinado momento, a criança pode mudar a brincadeira ou parar de brincar sem que existam consequências para os demais espaços de sua vida. Ao mesmo tempo, porém, o que, em nível emocional, intelectual e interpessoal, de alguma forma, se organizou ou reforçou na criança, durante a brincadeira, também pode permanecer fora do brinquedo e tornar-se, assim, parte daquela configuração complexa a que chamamos de personalidade.

Por isso não é difícil reconhecer a forte semelhança que existe entre a brincadeira e a psicoterapia. Escreve Imoda:

Tal intervenção pedagógica tende, em geral, a guiar ou a relançar o desenvolvimento, a tornar possível um movimento de transcendência da parte do sujeito em relação à sua realidade atual. De fato, muitas vezes esse movimento de transcendência é como que bloqueado: a pessoa encontra-se tão tragicamente séria que não ousa e não sabe mais "brincar", ou seja, explorar livremente ao menos algumas áreas de seu mundo interno e externo [...]. A intervenção pedagógica, entre outros objetivos, tem o escopo de redescobrir a dimensão de "brincadeira" como

PARTE III – CONSEQUÊNCIAS PARA A PRÁTICA EDUCATIVA E PSICOTERAPÊUTICA

modo de relançar o desenvolvimento, mas também como via para a transcendência e para o aprofundamento do mistério.[30]

Procuremos compreender melhor através da narrativa de uma aventura exemplificativa:

M. é uma mulher de 45 anos, casada e com dois filhos já maiores de idade. Decide começar uma psicoterapia porque, embora sendo dotada de uma inteligência elevada e posto que cultive amplos espaços de interesse cultural, manifesta consistentes dificuldades relacionais. Em particular, diz sentir-se em séria dificuldade — tanto em âmbito profissional quanto familiar — até simplesmente para comunicar as próprias opiniões ou os próprios estados de espírito.

Ao terapeuta, confessa sentir-se "estúpida cada vez que abro a boca!". Da psicogênese emerge a figura de um pai muito severo e exigente, que sentenciava — desde quando M. era pequena — que "só se fala quando se tem algo de sensato a dizer!". M., durante o próprio desenvolvimento, recolheu as "instruções" paternas, construindo-se uma personalidade culta e inteligente, de modo a poder "ter sempre coisas sensatas para dizer". O que, com efeito, M. receia não é a comunicação respeitante a questões sobre as quais se sente "preparada", mas aquela comunicação espontânea sobre as coisas comuns do cotidiano ou sobre as impressões acerca dos fatos da vida, sem outras pretensões.

A interpretação do desconforto vivido por M. no presente, cada vez que o assunto do diálogo não é percebido como "sensato", parece bastante clara para o terapeuta. A comunicação a M. daquela interpretação durante uma sessão certamente poderia ajudá-la a compreender mais o próprio embaraço. Paradoxalmente, porém, poderia até mesmo perpetuar nela aquele estado de coisas, porque mais uma vez — e agora da parte do terapeuta — aquela comunicação não poderia ser senão uma troca "muito séria" de informações.

---

[30] *SvU*, p. 30.

1. PEDAGOGIA GENÉTICA E PRÁTICA PSICOTERAPÊUTICA

Em um caso como o de M., ao contrário, o mesmo método psicanalítico das livres associações poderia revelar-se bem mais frutuoso. Para uma pessoa acostumada a dizer somente coisas sérias, conseguir dizer tudo o que lhe passa pela cabeça é uma brincadeira nada fácil: trata-se de um desafio. O terapeuta decide, então, não comunicar a M. aquela interpretação, e a convida, em contrapartida, a dizer simplesmente tudo o que lhe vem à mente. Com efeito, M. encontra não poucas dificuldades para "brincar", e o terapeuta nota como, de vez em quando, as sessões parecem mais lições eruditas sobre questões de metafísica. Com a continuação das sessões — e com a progressiva consolidação de uma boa aliança terapêutica — o terapeuta começa, pouco a pouco, a ironizar M. e aquele seu modo de considerar as sessões como conferências, fazendo-a notar que acha curioso como a M. venham em mente sempre coisas tão sérias. No decurso de uma sessão, depois de ter preparado o terreno, o terapeuta sai mais decididamente a descoberto, listando para M. todas aquelas coisas que lhe vieram à mente naquele encontro: uma taça de sorvete de chocolate coberto de creme, os brinquedos do neto de dois anos, a cena de um filme de Woody Allen...

M., inicialmente, reage mal. Ainda que cortesmente, mas demonstrando visível desapontamento, protesta com o terapeuta. O terapeuta não se descompõe e faz M. notar que talvez ela estivesse comportando-se justamente como o pai. M. cala-se e inculpa-se. A seguir, evoca a imagem dos olhos paternos que a escrutavam, perquiridores e quase desgostosos, quando, à mesa, ela contava simples brincadeiras entre companheiros de escola. Voltará a essa imagem em diversas sessões posteriores. Contemporaneamente, porém, aflorarão muitas recordações do passado: experiências diversas, de brincadeiras, de amizades. E, acima de tudo, dali em diante, M. não terá mais aulas de metafísica durante as sessões...

Do caso acima descrito, deveria aparecer, portanto, com mais clareza, em que sentido a psicoterapia é brinquedo. Mas mostra também como, a fim de que a brincadeira possa falar, é preciso, em certa medida, que também o terapeuta dela participe.[31] A escolha do tipo de brincadeira e da modalidade de participação no jogo, da parte do terapeuta, não pode ser predeterminada por uma técnica. É preciso que seja reconhecida, acima de tudo, a dinâmica evolutiva em ação. Daí, pois, poderá ser individuada a estratégia mais eficaz para entrar naquele espaço evolutivo, segundo a modalidade experiencial mais vizinha daquele estágio e em condições de interagir com aquela dinâmica.

No caso de M., por exemplo, foram aplicadas, de modo entretecido, técnicas provenientes de abordagens terapêuticas diferentes: a do *confronto*, a da *desconfirmação da crença patógena*, a da *experiência emotiva corretiva*, a da *transformação do passivo em ativo*, a da *identificação com o terapeuta*.[32]

Para além da aparente complexidade, mais simplesmente se tratou de colocar-se a serviço do desenvolvimento daquela pessoa, fazendo-a "brincar" de modo que fosse contemporaneamente: sustentável (ou seja, não percebido como desvalorizador nem, sobretudo, a ponto de comprometer a aliança terapêutica). Em condições de romper *um* equilíbrio (sem romper todos eles). Capaz de ativar um processo de mudança e de reestruturação (visível na ampliação dos espaços de memória e, sobretudo, no modo diferente de gerir as sessões seguintes).

---

[31] IMODA, F. Sviluppo humano, luogo del mistero, e i colloqui di crescita, cit., p. 170-173.

[32] Cf. DEWALD, P. A. *The Supportive and Active Psychotherapies. A Dynamic Approach*. 2. ed. Northvale-NJ: Jason Aronson, 1994. WEINER, I. B. *Principles of Psychotherapy*. New York: Wiley & Sons, 1975. WEISS, J. *Come funziona la psicoterapia*. Torino: Bollati Boringhieri, 1999. WACHTEL, P. L. *La comunicazione terapeutica*. Torino: Bollati Boringhieri, 2000. SHAPIRO, S. *Parlare con i pazienti*. Roma: Astrolabio, 1997. GABBARD, G. O. *Introduzione alla psicoterapia psicodinamica*. Milano: Raffaello Cortina, 2005.

Intersubjetividade e questão ética

Da brincadeira acionada pelo terapeuta podemos captar um aspecto que não pertence à pura técnica — como se disse —, tampouco à mera sabedoria "calejada" daquele que, de modo desenvolto, move-se de uma técnica a outra. Muito mais: o parâmetro da alteridade mostra o caráter não acessório da presença do "outro" humano[33] no desenvolvimento. A mesma psicanálise que se move, inicialmente, observando o sujeito, compreendido à moda de uma mente isolada,[34] descobre aos poucos dever abrir-se à interpersonalidade,[35] chegando a reconhecer que o desenvolvimento acontece quase em uma contínua interiorização[36] dos "outros".

Em outras palavras: as estruturas dinâmicas da personalidade nascem como derivados, como sedimentação, das múltiplas interações tidas com as outras pessoas. Por isso, nesse sentido, a psicoterapia, reconstruindo uma situação de desenvolvimento, exige que o terapeuta faça parte da brincadeira, não de modo genérico ou, pior, daquele modo ingênuo do simples envolvimento afetivo. Muito mais: ele assume a parte daquela alteridade em condições de relançar o desenvolvimento, aceitando sintonizar com o paciente/cliente lá onde parece haja uma ligação entre elementos da personalidade a serem dissolvidos e/ou reconstruídos.

---

[33] A alteridade, em Imoda, é mais do que a interpersonalidade. Ao mesmo tempo, porém, a interpersonalidade constitui um momento tópico e irrenunciável da alteridade.

[34] Cf. STOLOROW, R. D.; ATWOOD, G. E. *I contesti dell'essere*. Torino: Bollati Boringhieri, 1995. p. 9-39.

[35] GREENBERG, J. R.; MITCHELL, S. A. *Le relazioni oggettuali nella teoria psicoanalitica*. Bologna: Il Mulino, 1986. p. 13-17. ARON, L. *Menti che si incontrano*. Milano: Raffaello Cortina, 2004.

[36] O termo é o da teoria das relações objetais, mas para a analogia pode ser estendido a muitas outras perspectivas de proveniência psicanalítica.

PARTE III – CONSEQUÊNCIAS PARA A PRÁTICA EDUCATIVA E PSICOTERAPÊUTICA

Por outro lado, como o termo *sintonia*[37] sugere, seria redutivo pensar que seja somente o paciente/cliente quem fixa o ponto de partida — as perguntas abertas a serem favorecidas ou a serem frustradas de modo otimal —, como se, por sua vez, o terapeuta, também com seu simples modo de ser, não criasse um campo intersubjetivo, em condições de intervir no modo pelo qual o paciente/cliente percebe a si mesmo.

Todavia, semelhante abordagem não pode deixar de mostrar imediatamente a própria vulnerabilidade. Em relação a uma prática psicoterapêutica construída sobre algumas indicações precisas também em nível técnico, aquela pedagógico-genética se mostra mais exposta ao risco daquela cumplicidade, entre terapeuta e paciente/cliente, que não relança nenhum desenvolvimento, mas que se torna conclusão, quase espaço de compensação para ambos, que não é brincadeira aberta à realidade, mas espaço ciosamente separado da realidade. Em tal caso, a psicoterapia pode transformar-se em um tipo de *folie-à-deux*.

Esse tipo de considerações coloca com urgência uma questão de tipo ético. Coloca-a com urgência, mas não porque a questão ética seja extrínseca, a ser chamada em causa a fim de evitar simples derivas, por obra da criatividade do terapeuta. Já acenamos, de fato, à questão da verdade e de como esta não reside no conteúdo da exploração psicogenética, mesmo necessária.[38] Essa observação já nos conduz à questão ética. Aqueles laços entre elementos da personalidade que podem ter-se consolidado de modo não reflexo ou não consciente, no momento em que são dissolvidos ou reatados, significa que foi reconhecido um "menos" e um "mais", ou um pior e um melhor.

---

[37] Cf. STOLOROW, R. D.; ATWOOD, G. E. *I contesti dell'essere*, cit., p. 38.

[38] Cf. *SvU*, p. 117s.

1. PEDAGOGIA GENÉTICA E PRÁTICA PSICOTERAPÊUTICA

Com outras palavras: quer seja explicitado, quer não, seguiu-se, de qualquer maneira, um critério de bem. Por outro lado, esse movimento para o bem, entendido de modos diferentes e, mais uma vez, não necessariamente tematizados, é um dinamismo que estimula o desenvolvimento como tal. Escreve Imoda:

> Quer se queira, quer não, as interpretações psicológicas do desenvolvimento humano tendem a tornar-se éticas. A exigência, apoiada pela realidade antropológica não somente de conhecer, mas também de realizar o bem conhecido, estimula cada passo do desenvolvimento com um aspecto de projetualidade, de obrigação [...]. A "psicologia" [...] deve, então, abrir-se a uma filosofia, e também à teologia, porque a passagem do fato à norma, do ser ao dever não poderá jamais acontecer com uma soma de fatos.[39]

A questão ética, portanto, pertence à psicoterapia,[40] em primeiro lugar, justamente por causa de sua ligação com o desenvolvimento psicológico. A importância ética deste último, de fato, não pode deixar de ser transferida para a prática psicoterapêutica. Em segundo lugar, por causa da pluralidade dos modelos de intervenção a que o terapeuta deve referir-se com relação à adequação a uma só técnica. A aplicação de uma única técnica, ainda que vinculativa e às vezes até mesmo rígida, previne bem melhor de possíveis derivas. A escolha da estratégia, ao contrário, compromete a cada momento o terapeuta na individuação do bem.

E essa é uma operação bastante fatigante, que o lança em jogo a cada momento: seja porque o bem da pessoa que tem diante de si pode não ser visível com clareza, seja porque pode

---

[39] *SvU*, p. 308.

[40] E assim também à psicanálise, apesar de suas pretensões originárias. Cf., a respeito: CATTORINI, P. *La morale dei sogni*. Bologna: EDB, 1999.

PARTE III – CONSEQUÊNCIAS PARA A PRÁTICA EDUCATIVA E PSICOTERAPÊUTICA

ser complexa a relação entre o bem de uma circunstância particular e o Bem, ou seja, o sistema de significados em que aquela pessoa inspira a própria vida.

CONCLUSÕES

Em relação à técnica adotada, a abordagem de Imoda é simplesmente eclética? Na realidade, trata-se de um ecletismo apenas aparente. Já autores como Gedo e Goldberg, de formação psicanalítica, mostravam com seu *modelo hierárquico* — que, na verdade, é outro modo para visualizar a epigênese dos estágios de desenvolvimento — como diferentes estágios exigem, a cada vez, modelos descritivos diversos, relativamente ao funcionamento do "aparato psíquico".[41]

Por isso, simplificando um pouco, poder-se-ia dizer que uma abordagem pedagógico-genética exige a tradução de todo modelo em uma estratégia concreta de intervenção que, portanto, terá "a forma" do modelo. Tudo isso, porém, não pode ser feito de modo acrítico. Ao contrário, não somente deve ser conhecido o desenvolvimento humano, em suas teorias e em seus dinamismos fundamentais, mas sobretudo o desenvolvimento *daquela* pessoa concreta que está enfrentando *aquele* percurso psicoterapêutico específico.

Vejamos um simples exemplo. Considerando a suposta linha evolutiva das *situações de perigo*[42] — que é, em suma, outro modo para dizer da linha de desenvolvimento da ânsia —, o modelo hierárquico de Gedo e Goldberg mostra como, naqueles estágios do desenvolvimento que precedem a diferenciação cognitiva entre *Self* e o objeto, a ânsia assume a pretensa modalidade de *hiperestimulação,* e o modelo mais

---

[41]   Cf. GEDO, J. E.; GOLDBERG, A. *Modelli della mente*. Roma: Astrolabio, 1975.

[42]   Ibid., p. 84-89.

306

eficaz para descrever o funcionamento do aparato psíquico naquele nível é o chamado *arco reflexo*.

Trata-se de um modelo tirado da eletrostática: a sobrecarga (ansiosa) é simplesmente aliviada tão logo o sujeito tenha a possibilidade de fazê-lo. O que significa que, diante de uma pessoa afetada por uma ânsia que se pode remeter àquela de hiperestimulação, poderá ser aplicada utilmente uma intervenção análoga ao modelo do arco reflexo: aquela pessoa será ajudada a aliviar a própria ânsia, talvez, com uma simples intervenção de tranquilização emocional.

Com outras palavras: o fato de a ânsia em psicoterapia poder ser até mesmo induzida — como fato que favorece a transformação — não deve levar a ignorar o fato de que nem toda ânsia é transformadora e que, ao contrário, a ânsia pode ser até mesmo paralisante. Portanto, é importante reconhecer em que estágio a pessoa está vivendo a própria ânsia.

Em uma abordagem como a seguida por Imoda, é a moldura evolutiva que seleciona a técnica ou a estratégia da intervenção terarapêutica.[43] Tratando-se, todavia, de técnicas ou de estratégias deduzidas de perspectivas particulares sobre o desenvolvimento ou sobre a psicoterapia, esse uso em perspectiva evolutiva não pode deixar de evidenciar também um complexo problema teórico: em cada teoria, de fato — de modo mais ou menos explícito — subjaz determinada antropologia. A relação que Imoda demonstra estabelecer com as diversas teorias do desenvolvimento ou da prática psicoterapêutica é de tipo metafórico. E isso comporta, ainda uma vez, uma abordagem absolutamente não arbitrária: a metáfora — como todo modelo — pode ser utilizada sob a condição de que sejam claros os objetivos de sua utilização e de seu campo de aplicabilidade.

---

[43] Cf. GREENSPAN, S. I. *Developmentally Based Psychotherapy.* Madison-CT: International UP, 1997.

Ao reforço da liberdade efetiva segue-se, todavia, um problema novo, fascinante e grave ao mesmo tempo. O bom êxito de um percurso psicoterapêutico pode concretizar-se em um notável alargamento dos horizontes de uma pessoa com seu desejo, talvez impetuoso, de explorá-los, mas com o "obstáculo" de uma vida transcorrida que eventualmente não foi breve e que levou a fazer das escolhas que, agora, mais do que simples vínculos, parecem verdadeiras e autênticas prisões.

Pensemos, por exemplo, no sacerdote ou na religiosa que, depois de um percurso psicoterapêutico, "resgatam" um mundo afetivo marginalizado durante anos por um celibato ou por uma virgindade pelo Reino que foram reinterpretados, a seu tempo, por uma autonomia defensiva que agora veio a cair.

É aqui que a ligação com o mistério se torna mais evidente e mostra sua importância não secundária, e isso é, quiçá, uma passagem decisiva de um percurso pedagógico. Ao mesmo tempo, porém, poderia tratar-se — paradoxalmente — de uma passagem não levada em consideração. De fato, em conformidade com o sentir difuso do nosso contexto cultural atual, às vezes se considera o mero ganho da liberdade afetiva como um bem em si mesmo e não como a condição para alcançá-lo. É aqui que um incremento de bem-estar pode traduzir-se num ofuscamento do mistério.

Por exemplo: poder-se-ia dizer respeitosa do mistério uma nova escolha de vida sob o signo de um bem-estar emocional recuperado que, de alguma forma, porém, levasse a renegar algumas escolhas importantes do passado? Escreve Imoda:

> Viver o mistério autenticamente significa [...] viver o desenvolvimento, aceitar a vocação do ser humano a colocar-se como uma mediação dinâmica entre sua miséria e sua dignidade, entre seu ser e seu não ser, entre seu ser temporal e o ser no

eterno, entre seu ser corporal e seu ser espiritual, entre seu ser finito e seu ser infinito.[44]

Alargar os espaços de liberdade efetiva significa, portanto, recuperar a própria biografia, com os próprios erros, as próprias feridas, até mesmo o próprio pecado. Em relação ao futuro, porém, a ampliação da liberdade efetiva torna indubitavelmente mais difícil a escolha de um bem específico. De fato, diante de um horizonte agora mais vasto de experiências possíveis, circunscrever-se a uma só entre elas, reconhecendo boas e transitáveis também todas as outras, pode parecer complicado e até mesmo um pouco frustrante.

Por que a escolha de um bem específico deveria ser melhor do que a atitude de contínua exploração de bens diversos, sem jamais fixar-se de modo definitivo em algum? Por que considerar "melhor" a dilatação da liberdade efetiva, reencontrando-se, depois, no espaço estreito de um bem específico e talvez justamente naquele em que alguém já se encontrava desde o início? Diante de questões como essas é que uma psicologia que tivesse a pretensão de prescindir de uma reflexão filosófica e teológica sobre o ser humano deveria reconhecer o limite da própria impostação e de não poder bastar a si mesma.

A visão cristã da pessoa humana sugere que o Bem pode ser acolhido, mas não produzido pela liberdade efetiva, e sugere também que a acolhida do Bem se concretiza na capacidade da liberdade efetiva de decidir-se por um bem específico. Ao mesmo tempo, porém, também indica a importância de que tal liberdade efetiva seja expandida. O objetivo não é o de criar ilusões, ampliando espaços que, a seguir, serão novamente contraídos. A razão última está na

---

[44] *SvU*, p. 435.

PARTE III – CONSEQUÊNCIAS PARA A PRÁTICA EDUCATIVA E PSICOTERAPÊUTICA

gratuidade da revelação: para que seja vivida como autêntico encontro daqueles que a acolhem livremente, e não seja experimentada, ao contrário, como aqueles dons inconvenientes que se recebe sem os ter pedido.

310

Capítulo 2

O ÊXITO DA TERAPIA: CURA, MUDANÇA, TRANSFORMAÇÃO

Alessandro Manenti[*]

Nas publicações do Instituto, pouco se escreveu acerca das técnicas e estratégias da psicoterapia. Isto parece estranho, se levarmos em conta que o Instituto nasceu e existe para fins terapêuticos, dando a este nome não um sentido reducionisticamente clínico de cura do distúrbio, mas de análise dos sistemas intrapsíquicos de base para modificar-lhes em profundidade, em vista de uma melhor maturidade humana e, para nós, cristã. O Instituto tem sua técnica peculiar e estratégia de diagnose e cura, sobre o que escreve pouco, mas diz muito no tirocínio e supervisão de seus estudantes. Os professores são conhecidos pelo grande público (e às vezes criticados) por sua teoria antropológica, mas um tanto desconhecidos por seu modo particular de trabalhar com a vivência das pessoas.

---

[*] Italiano, nascido em 1948, mestre em Psicologia e laureado em Letras e Filosofia, é professor no Instituto de Psicologia da Pontifícia Universidade Gregoriana de Roma e docente no Centro Teológico Interdiocesano de Reggio Emilia (Itália).

Pode-se escrever sobre a teoria, ao passo que a estratégia de intervenção é aprendida em campo, no contexto intersubjetivo. Cuidar e formar é estar diante do tu, de um modo que as palavras escritas não podem expressar. Contudo, pode-se escrever sobre aspectos básicos desta arte que derivam da antropologia explicitada e publicada.

Desses traços queremos falar aqui, com uma premissa importante: se a pessoa muda e cresce não é nem por mérito do intrépido terapeuta nem pelos esforços do próprio interessado. Muda e cresce porque é *pessoa* e à medida que se respeita como pessoa. Mudamos porque somos assim como somos, porque nosso *eu* é constitutivamente feito para realizar-se e transcender-se. Essa tendência é elemento constitutivo do nosso motivar-nos e dinamiza todas as fases do nosso desenvolvimento quando ainda não assumiu forma em sistemas valorais bem definidos e em escolhas deliberadas e, às vezes, também a despeito da nossa intencionalidade contrária e do mau terapeuta.

O caráter é o inimigo da mudança, mas seu melhor aliado é a pessoa. Ademais, a mudança jamais é automática: também quando tudo pareceria pronto, permanece a incógnita da liberdade do sujeito, que pode recusar-se a dar o salto e, se o faz, fá-lo também porque apoiado e acompanhado por uma força interior que nossa fé nos faz reconhecer como a graça divina em nós.

Desenvolvo o tema da seguinte forma: o terapeuta planeja sua estratégia de intervenção com base na compreensão que ele tem do *eu* global da pessoa, do tipo de abordagem do problema e da importância que ele atribui à inteligência e ao afeto no processo de estruturação e reestruturação do *eu* (Inteligência e afeto: dificuldades de percurso e fraqueza de base; Compreensão do distúrbio: modelo estrutural e dialético;e Que entendemos por psicoterapia). Quando age, deve saber o que quer mudar e com quais

2. O ÊXITO DA TERAPIA: CURA, MUDANÇA, TRANSFORMAÇÃO

ações corretivas (Que mudar; e Como mudar). A respeito do modo como age, proponho dois critérios: age sobre as representações interiores do cliente e cria um contexto intersubjetivo dentro do qual o êxito desejado é fruto da contribuição diferente de ambos (Mudanças e representações interiores; Interpretação; e O contexto intersubjetivo).

INTELIGÊNCIA E AFETO: DIFICULDADES DE PERCURSO E FRAQUEZA DE BASE

Há um dado presente desde o início do Instituto de Psicologia da Gregoriana (1971): a compreensão do *eu*, entendido contemporânea e holisticamente como lugar psicológico e espiritual. Como psicológico, o *eu* é um conjunto de estruturas e processos reguladores de sua identidade e de suas relações com os outros. Como lugar espiritual, é um sistema em contínuo autotranscendimento para um fim que é um valor, ao qual ele não só está aberto, mas do qual também é constituído. Na qualidade de holístico, os dois supramencionados aspectos constituem o único *eu* que se "transcende na consistência de si".

Por outro lado, o *eu* está também dividido em si mesmo, cujos sinais (inconsistências) se encontram no modo de estruturar-se e de transcender-se (com muito mais razão se a transcendência de si assume a exigente conotação da sequela de Cristo). Inconsistências, portanto, a serem diagnosticadas e cuidadas, seja por motivos de maturidade humana, seja de crescimento cristão.

Somente em 1985 (ano da publicação do primeiro volume da *Antropologia da vocação cristã*[1]) esta divisão é ulteriormen-

---

[1] RULLA, L. M. *Antropologia della vocazione cristiana*. 2. ed. Bologna: EDB, 1987. v. 1.: Basi interdisciplinari. [Trad. bras. de Frei José Carlos Pedroso. *Antropologia da vocação cristã*. São Paulo: Paulinas, 1987.]

te especificada com os conceitos de dialética de base e três dimensões. Conceitos que não constavam das publicações anteriores e que não poderiam estar ali porque formuláveis somente depois de ter feito interagir a visão estrutural (típica da psicologia do profundo seguida pelo Instituto) com a finalística (típica da teologia e da filosofia). O que, justamente, aconteceu com a publicação de 1985.

Antes desse progresso da teoria, era óbvio que, no âmbito da diagnose e da terapia, as duas abordagens do *eu* (psicológico e espiritual) estivessem presentes mais por aproximação do que por sinergia, com preferência de atenção para a primeira, visto que o nosso não é um instituto de teologia mas de psicologia do profundo (e do estreito parentesco com a psicanálise). A divisão entre *"eu* que se transcende e *eu* transcendido"* era interpretada num sentido tendencialmente conflitante: *eu* dividido, ou seja, em conflito entre uma parte de si e a outra, entre *eu* atual e *eu* ideal, necessidades e valores, valores naturais e transcendentes, força autocentrada e heterocentrada...

Rulla, já cirurgião do corpo, foi um excelente cirurgião da psique, magistralmente hábil em seccionar e em diagnosticar as partes do conflito. Definiria quase terrificantes as supervisões com ele, quando me fazia sentir vergonha por não ter feito as devidas diagnoses diferenciais e não ter visto as pontas do conflito que, na sessão, o paciente (no parecer de Rulla) estava-me mostrando de modo tão evidente e persuasivo.

Ver significava diagnosticar bem os elementos dos quais a inconsistência é composta para, a seguir, ajudar o paciente a ver também (ou seja, tornar consciente o inconsciente) e a assumir posição com a força da inteligência e da vontade. Internalizar é ter a força motivadora que vem de dentro e que sabe resistir no tempo e nas provações. Acerca dos critérios para avaliar a capacidade de internalização, Rulla

314

2. O ÊXITO DA TERAPIA: CURA, MUDANÇA, TRANSFORMAÇÃO

sublinhava muito o elemento intelectual (aceitação também só intelectual dos valores), volitivo (consistência entre aqueles valores objetivos e os perseguidos pelo sujeito) e decisional (progressiva harmonização entre o sistema valoral subjetivo/objetivo e o resto da personalidade em nível cônscio e incônscio).

Do risco de excessiva confiança na forma do saber, que liberta do conflito dominando-o, Rulla mesmo afastou-se claramente em *Antropologia da vocação cristã III*,[2] onde a dimensão espiritual de um saber, que desemboca em confiança afetiva, apesar da divisão, entra de modo explícito como força resolutiva da terapia. No seu último estudo, emerge claríssima a perspectiva que animou Rulla desde o início de suas pesquisas: que o espiritual não é somente a interface do psíquico, portanto duas realidades autônomas e eventualmente em sintonia, mas dimensão de uma única realidade na qual os dois componentes se entrecortam e se entretecem segundo dialéticas observáveis e mensuráveis.

Kiely prossegue pelo mesmo caminho: a propósito do escopo da terapia, à inteligência que conhece e supera, acrescenta a maturidade do afeto que intui e suporta. Com efeito, para ele, o modelo teórico para a terapia é a visão tridimensional que também o paciente (e não só o terapeuta) pode usar habitualmente. O escopo da terapia é, de fato, favorecer a descoberta pessoal da dialética de base, a) na configuração específica que assumiu na vida desta pessoa como produto de sua história única e singular; b) na expectativa de que, no futuro, ela assumirá outras formas, sempre novas e inéditas (também em quem é valoralmente maduro); c) em sua solução igualmente paradoxal, segundo a qual quanto mais a dialética se torna consciente e aceita, mais fácil se torna gerir

---

[2] RULLA, L. M. (ed.). *Antropologia della vocazione cristiana*. Bologna: EDB, 1997. v. 3: Aspetti interpersonali.

3 1 5

e favorecer o específico e o formidável cristão, segundo o qual se pode fazer da própria vida um dom de si.[3]

Imoda também se situa na mesma estrada: o *eu* que Rulla já analisara como realidade que contemporaneamente se transcende e é transcendida, Imoda analisa-o como uma realidade que, no curso de sua evolução, busca também encontrar — fase após fase — experiência e expressão sempre maiores da humanidade que o constitui, incluindo-se, aí, o problema do sentido e do sentido último. *Eu*, portanto, como mistério, caracterizado por uma dimensão ulterior mas intrínseca à psíquica, que contém a plena revelação de si.

Tal recurso à noção de mistério não provoca no estudioso o salto para o mundo metafísico, mas coloca-o em contato com o estrato mais profundo da psique, porque o mistério se torna visível analisando o mundo das intencionalidades do sujeito e, de tese enunciada, torna-se realidade demonstrável: o agir, o desejar, o tender não é só um percurso que vai de A até B, como uma linha que junta dois pontos tomados ao acaso, mas é exemplo e sinal do mistério mesmo do ser humano.

Todas as operações são tentativas mais ou menos bem-sucedidas e evoluídas de dar voz à humanidade que cada um de nós traz dentro de si, material — portanto — que não só deve ser tratado como fato psicológico, mas compreendido como evento humano. Nesse progressivo viver-se como mistério, o *eu* — justamente porque marcado por uma dialética de base — é frágil (e não só *se torna* inconsistente) e se descobre um aparelho que não consegue providenciar para si, sozinho, aquilo que, em última análise, procura.

---

[3] KIELY, B. Dialettica di base: desiderio, limite e dono di se. In: *L'accompagnamento. Atti del terzo convegno di studio dell'Istituto Superiore per Formatori*. Ariccia (Roma), 24-27 aprile 1997, p. 36-43 (*apostilas*).

COMPREENSÃO DO DISTÚRBIO: MODELO ESTRUTURAL E DIALÉTICO

Este nosso percurso nos permite sugerir à psicologia do profundo aproximar, no trato com a psique, um modelo dialético ao estrutural seguido habitualmente por ela. Se a pessoa é inconsistente, para o modelo estrutural é porque se acha às voltas com (pelo menos) duas partes de si contraditórias e contrastantes, motivo pelo qual ela vive no distúrbio que pode superar se conseguir encontrar a raiz do conflito e, possivelmente, exportá-lo. Para o modelo dialético, se a pessoa é inconsistente, é porque é frágil e não pode ser senão inconsistente: há um só *eu* que, com todo o ser, busca e quer viver como identidade pessoal e como mistério, mas uma parte dele (inconsistência) se encarrega de dizer que existem dificuldades de percurso que tornam penosa a desejada harmonia entre essência e existência.

Essa dificuldade de percurso é imediatamente psicológica (valho? amam-me? sou capaz? etc.), mas, no final das contas, vai tocar o problema de o que significa dizer ser pessoa humana (como preservar a própria dignidade diante do abandono, da violência, do fracasso...?). O sujeito de que cuidamos não é mais um paciente com pedaços quebrados a serem recompostos, mas uma pessoa frágil diante da sublimidade do viver. O modelo estrutural capacita para uma aguda habilidade diagnóstica, ao passo que o modelo dialético alarga a perspectiva terapêutica, e convém que o terapeuta parta do primeiro e o faça evolver para o segundo.[4]

---

[4] É interessante observar que a esta atenção do nível mais humano da psique chegam, em suas publicações tardias e quase espontaneamente, grandes técnicos da psique. Por exemplo: YALOM, I. D. *Guarire d'amore. I casi esemplari di un grande psicoterapeuta*. Milano: Rizzoli, 1990. RANGELL, L. *The Human Core;* The Intrapsychic Base of Behavior. Madison-CT: International UP, 1990. 2 vv: v. 1: Action within the structural view; v. 2: From anxiety to integrity. SCOTT PECK,

QUE ENTENDEMOS POR PSICOTERAPIA

Para nós, então, terapia é diagnose e cuidado do *eu*, mas também cura de uma liberdade diminuída.[5] Penso que as referências mais acima, relacionadas com Kiely e com Imoda, são suficientemente explicativas para a frase.

Com os termos técnicos do Instituto, ela é a) alargamento da liberdade horizontal (aumentar o número e a amplidão de escolhas possíveis que acontecem no horizonte de vida habitual da pessoa), b) alargamento da liberdade vertical (favorecer juízos e decisões por meio dos quais se passa de um horizonte a outro melhor), c) alargamento da vontade entendida como prontidão interior para orientar-se rumo a decisões pessoais (*willingness*), além do simples ato de colocar em prática decisões (*willing*), d) alargamento da afetividade, compreendida não como simples reação emotiva aos objetos, mas como progressiva abertura ao sentido e ao sentido último das coisas.

Tal processo de alargamento favorece o crescimento na santidade objetiva, ou seja, no exercício não só das disposições já livres (santidade subjetiva), mas também daquelas não livres (por exemplo, ainda latentes ou reprimidas), mas libertadas pelo processo de análise, de forma que a pessoa possa viver como pessoa, isto é, à altura da dignidade que a define (por exemplo, executar ações de simbolismo progressivo em vez de regressivo, projetar-se o futuro sobre expectativas realistas, ser capaz de intimidade...).

Estamos conscientes de que introduzir no objetivo terapêutico termos como horizonte, decisão de vida, santidade,

---

M. *Voglia di bene*. Milano: Ed. Frassinelli, 1986. WHITAKER, C. *Considerazioni notturne di un terapeuta della famiglia*. Roma: Astrolabio, 1990.

[5] A respeito da despatologização dos termos como terapia, paciente, diagnose, cuidado... vale quanto diz S. Guarinelli em seu estudo neste livro.

viver-se como mistério, entrega, dom de si... para alguns psicoterapeutas significa sair das competências psicológicas e indebitamente escorregar para o âmbito espiritual, com confusões abusivas de competências. Para nós, significa entrar no centro do *eu*, onde reside a força resolutiva da mudança.

QUE MUDAR

Imaginemos o caso de um pai cujo filho adolescente morreu e que vive o luto como punição por suas culpas para com o filho quando estava vivo, e como débito que a vida, cedo ou tarde, obriga-o a expiar. Numa experiência assim, condensam-se emoções, significados inconscientes, memórias associativas que ligam processos cognitivos, afetivos, relacionais, acumulados ao longo do arco da experiência, uma particular representação de si, representações internas do filho, estratégias defensivas, mensagens veiculadas pelo sintoma... Que curar nesta experiência? Sobre que agir?[6]

O primeiro nível de mudança diz respeito ao modo de gerir a *experiência* mesma, assim como está descrita pelo sujeito. Com a coleta e a observação dos dados que a constituem, o terapeuta procura, juntamente com o paciente, *explicar* o que está acontecendo, e introduzir reações corretivas. A revisitação do que está acontecendo ativa *modos melhores de agir*.

No segundo nível de mudança, tenta-se explicitar a *vivência subjetiva* daquele acontecimento, ou seja, o modo pelo qual o sujeito vive seu problema (em nosso exemplo, a morte vivida com culpa e punição de si). Aqui, a pergunta não é mais "Que está acontecendo?", mas "Que significa para ti aquele acontecimento?". Procura-se *compreender* o significado

---

[6] Os quatro níveis que se seguem foram tirados de G. KLIMOVSKY et al., "Change in psychoanalysis. Epistemological aspects" (*International Journal of Psychoanalysis* 75 (1994) 51-58).

319

PARTE III – CONSEQUÊNCIAS PARA A PRÁTICA EDUCATIVA E PSICOTERAPÊUTICA

subjetivo do evento. A mudança desejada está no *modo de sentir o acontecimento*.

O terceiro nível focaliza-se sobre as fontes que inspiram o modo subjetivo de sentir o acontecimento, ou seja, expõe o sistema simbólico do paciente a um processo de *reelaboração que ele objetiva*. A pergunta é: "De quais pressupostos partes para reagires assim como reages?" (no nosso caso, o sentido de punição é a consequência do sentir a vida como destino que exige vingança). O que se quer reelaborar é o horizonte interpretativo ou as *categorias de importância que se usam para dar sentido*.

O quarto nível é a avaliação do horizonte interpretativo que o paciente usa e que objetivou no nível precedente. A pergunta é: "Esta tua abordagem da realidade, quanto e como exprime tua humanidade: de modo pleno, redutivo, traído?" Estamos no nível da *interpretação*, não no sentido freudiano, mas como avaliação do tipo de humanidade que o sujeito consegue concretizar em seu *modo de representar-se a vida*.

Essas distinções oferecem esclarecimentos úteis para o planejamento da estratégia da intervenção.

- O terapeuta deve estar consciente do nível no qual está operando, e saber com clareza se quer influenciar sobre as estruturas do agir (nível 1) ou também sobre as estruturas que regulam as estruturas do agir (as representações interiores de si e do real: do nível 2 em diante), porque, do contrário, crendo modificar só o agir, encontra-se um paciente que modificou seu modo de viver-se sem que nenhum dos dois tivesse a intenção e o controle dessa mudança.

- O primeiro nível visa a uma mudança no modo de agir (*will* e *willing*); do segundo nível em diante, visa-se a uma mudança entendida como "aprender a aprender ul-

320

2. O ÊXITO DA TERAPIA: CURA, MUDANÇA, TRANSFORMAÇÃO

teriormente" (*willingness*): desejam-se não somente novos modos de agir (que poderiam ser uma reelaboração, em formas novas, da velha patologia), mas novos modos de representar-se o próprio *Self* e o real, de acordo com um processo de movimento progressivo que continuará também no futuro.

- Para decidir em que nível intervir, é preciso levar em conta qual é o nível de elaboração do problema atualmente atingido pelo paciente: conforme ele pôde até agora elaborar seu problema, poder-se-á planejar determinado nível de mudança. Se sua consciência é apenas orgânica ("vomito, estou mal, mas não sei por quê"), será preciso a explicação; se é também emotiva ("aqui existe algo interior que me faz sofrer, mas não sei o que possa ser"), pode-se passar para o compreender; se ainda intelectual ("procurei compreender e, em minha opinião, o problema é"), pode-se aspirar a uma reelaboração que objetiva; se também racional ("creio que seja assim, mas minha explicação não me parece totalmente adequada"), pode-se planejar uma mudança na impostação antropológica até agora usada.

- Não devemos pensar que a mudança seja tanto mais importante quanto mais alto for o nível no qual se dá. Muda-se também quando se mudam as ações (nível 1): as teorias comportamentistas e as sistêmicas nos ensinam que a mudança também pode vir de fora para dentro (e não só vice-versa), de modo que, mudando as ações, mudam também as estruturas que regulam as ações e as nossas representações internas (sob a condição de que a força do inconsciente e as defesas não sejam demasiado prepotentes).

- Tampouco devemos pensar que a mudança seja tanto mais importante quanto mais sofisticado for o processo de abstração intelectual: sem um *insight* afetivo, não há

321

reestruturação, e cada um dos níveis de mudança (também o quarto) comporta uma novidade de sentir, em vez de pensar e de agir.

- Os quatro níveis de mudança percorrem os quatro níveis que regulam a produção de uma boa vivência: recolher os dados da experiência, conjecturar possíveis respostas, refletir criticamente sobre elas e escolher a mais adequada. Também estão em sintonia com o modo psicológico de pensar, que é fenomenológico (observação), interpretativo (teoria), metapsicológico (antropologia de referência) e veritativo (qualidade da antropologia de referência). Por fim, repetir as fases do tirocínio terapêutico: coleta de dados com entrevista, diagnose psicodinâmica e clínica, hipótese de modalidades de tratamento e verificação em supervisão. Mudar, agir, pensar, cuidar bem parecem obedecer à mesma etiqueta.

- De acordo com o que se pretende fazer, e do nível de mudança no qual se age, pode valer uma teoria em vez de outra, visto que, relacionando teoria e nível que se quer explicar e modificar, uma teoria pode ser válida para um nível, ao passo que outra é válida para outro nível.

- Quanto mais o nível de explicação e de mudança envolve o modo no qual o sujeito vive sua humanidade, tanto mais necessária uma teoria antropológica complexa e ampla. Note-se, porém, o nexo inevitável entre mudança e teoria antropológica. Para trabalhar sobre dados brutos da existência e fisgar uma mudança, precisamos de teorias em um nível bastante abstrato de elaboração que nos permitam organizar aqueles dados e compreender o que se passa no cenário terapêutico, mas que não se pode fomentar somente dos dados brutos e daquele cenário.

322

COMO MUDAR

A

A mudança pode acontecer de modo contínuo, passo a passo, através da sedimentação progressiva de pequenas modificações comportamentais. Nesta modalidade, o terapeuta é aquele que se aproxima do sujeito e, através de uma estratégia de acercamento progressivo, endereça-o para estuários melhores: apoia, aconselha, suporta o perdurar dos comportamentos sintomáticos, modifica-os gradativamente... Resta a pergunta sobre o resultado: trata-se de uma nova abordagem da realidade ou somente de uma nova forma da velha modalidade? Em nossa linguagem: alargamento apenas horizontal, em vez de vertical, da liberdade e progresso na santidade subjetiva, mas não objetiva? Certamente, a mudança advém gradualmente, mas cedo ou tarde comporta também um momento de transformação qualitativa.

B

A mudança descontínua é a irrupção inopinada de uma novidade (normalmente em seguida a um novo *insight* alcançado como efeito de uma interpretação particularmente genial ou no contexto de uma forte relação transferencial). Aqui, o terapeuta é alguém que desafia, interpreta, confronta, inverte as perspectivas, convida a uma mudança de rota. Fica a pergunta: mudança somente setorial e talvez esporádica, sem repercussão no avanço do processo que, depois da *blitz* sofrida, volta a ser como antes?

C

A mudança de transformação é aquela na qual existe descontinuidade porque alguma coisa se interrompe e deixa espaço para um novo nível de funcionamento, mas algo também continua e permanece, embora mudando sua posição no todo. Este tipo de mudança que comporta um processo contínuo de redistribuição das forças com vistas a um fim, e a que nós chamamos "mudar na capacidade de mudar ulteriormente", é o que mantém a pessoa em um estado de crescimento permanente. À diferença dos dois primeiros, é o fruto da relação terapêutica: não deriva de pressões da parte do terapeuta, mas é um resultado da aliança deles.

Pensemos, por exemplo, na mudança induzida pela solução madura da transferência, onde a grande corrente afetiva entre paciente e terapeuta perde os traços "violentos", "aprisionadores", "vinculadores" da identificação projetiva que a havia fisgado, e se desenvolve em apreciação e consideração mútuas, fomentando, assim, um novo modelo relacional que o paciente poderá viver também com outros.

MUDANÇAS E REPRESENTAÇÕES INTERIORES

A psicoterapia inicia e procede sempre em estreito contato com a concretude (e banalidade) da vida. Não são admitidas teorias. O paciente é obrigado a falar de tudo o que atualmente o compromete mais de perto, reviver detalhes também insignificantes e deixar espaço para cada sentimento a eles associado. Desse modo, pode expressar-se, sem máscaras e fingimentos, e apresentar-se pelo que verdadeiramente *acredita* ser. Se, no final da narração, o terapeuta lhe resume quanto emergiu e a representação que de si o paciente deixou transparecer naquela narrativa, o paciente facilmente se reconhece naquele resumo e se sente compreendido (normalmente, as relações sociais se detêm neste nível de comunicação).

Falando de fatos concretos, o sujeito fala, portanto, da *representação atual e consciente de si*.

De si ele compreende somente esta representação atual e cônscia. Mas isso não basta para mudá-la. Se convém que o paciente permaneça ligado aos detalhes, não convém, porém, que permaneça aprisionado neles. Ao contrário, é conveniente, sobretudo se tais detalhes lhe causam problemas. Assim, de si mesmo: os sentimentos atuais o absorvem de tal maneira que não consegue ver a matriz psicodinâmica da qual surgem. Não consegue representar-se diferentemente de quanto lhe sugere sua reação ao aqui e ao agora. Absorto em seu problema, vê somente seu problema, e de si, apenas seu reagir ao problema.[7]

Representação habitual e consciente

A abordagem psicodinâmica da terapia sugere, porém, que o paciente está dizendo muito mais de si. Ele não o sabe, mas preocupar-se com aquele detalhe e não com outro (igualmente presente e talvez mais problemático), acusar um problema (amiúde deslocado) em lugar de outro (muitas vezes o verdadeiro), o modo afetivo de reagir, a direção em que ele busca as soluções, as justificações que se dá, o que espera do terapeuta... não são reações ditadas somente pela situação em vias de análise, não são apenas uma resposta ao aqui e ao agora.

Ressentem-se também do modo no qual ele se encontrava antes que o tema atual aparecesse e de seu modo habitual de relacionar-se antes de conhecer seu terapeuta, modos que se formaram lentamente (muitas vezes por via não reflexiva) através do processo de sedimentação progressiva de todas as experiências passadas. O passar do tempo, o uso da repressão e da supressão, a influência da educação, a seleção dos

---

[7] Desta estranheza de si e do modo de curá-la fala D. SHAPIRO, *La personalità neurotica* (Torino: Bollati Boringhieri, 1991).

valores e necessidades que fazemos no decorrer da vida... deixam um resíduo, ou seja, uma disposição a reagir que se torna habitual.

Com o tempo, cada um de nós se constrói uma verdade própria, um sistema coerente de convicções, esquemas de reação, representações repetitivas de si, do tu, da realidade... Também este princípio prático de inteligibilidade influencia o modo de falar na sessão, mas dele o paciente não está em condição de falar (se estivesse, não teria necessidade de psicoterapia) e se nós lho explicitássemos demasiado velozmente ele não se sentiria compreendido. Na sessão, transmite-nos, portanto, duas informações. Uma representação de si atual e cônscia, correlata ao tema dominante do colóquio em andamento, e uma representação de si habitual e inconsciente, correlata à sua psicodinâmica prévia e independente do aqui e agora.

Sabe da primeira, mas não sabe da segunda. A vantagem do terapeuta é a de conseguir captar (ainda que sempre de modo obscuro) também esta segunda representação. O sujeito não a conhece, mas a usa para gerir seu problema, e é justamente desta representação habitual e inconsciente que deriva seu reagir assim e não de outra maneira.

Dois exemplos:

— Não consigo mais dormir desde que meu filho foi reprovado no último exame na universidade. Não suporto vê-lo assim transtornado (representação atual e consciente).

— A preocupação por seu filho é louvável, mas não lhe parece chorar também por si mesma?

— Mas, doutor! Ser*mos* trata*dos* assim cruelmente por um professor injusto! Depois de tudo o que *estudamos*!" (representação habitual inconsciente).

Esta mulher não sabe que sua dor não é somente de desgosto pela sorte do filho, mas também voz de seu apego mórbido ao filho que ela quer perfeito e sempre vencedor, sofre a própria (dela!) indignidade.

Um casal, esposado há vinte anos e com quatro filhos, é fundamentalmente unido, mas marcado por uma relação culpabilizante, posto que os motivos reais não pareçam assim tão graves. Ela acusa o marido de passividade, e ele, amedrontado, torna-se sempre mais passivo e acusa-a de agressividade (representação atual consciente: raiva). Enviscados nessa dinâmica, a terapia não avança, e o terapeuta se sente, por sua vez, impotente. Quase desesperado, tenta a última cartada:

— Vocês brigam muito, no entanto entre vocês não há grandes problemas de fundo. Ao contrário, percebo o desgosto de vocês aos se ofenderem tanto. Não compreendo.

Mulher (com sorriso compreensivo):

— Somos um casal difícil, heim? Nós lhe damos trabalho!"

Marido (dando um tapinha nas costas da mulher):

— Pois é, tens razão, estamos ficando velhos, querida!

Terapeuta:

— Parece-me que o ponto seja justamente este: vocês perderam a esperança! Por que não dizem abertamente qual é a amargura de vocês?

Mulher:

— Não consegui formar a família dos meus sonhos.

Marido:

— Para meus filhos, tornei-me um estranho (representação habitual inconsciente: desilusão).

A mãe crê que sente pesar pelo filho, mas é também um desgosto por si mesma. O casal se sente em guerra, mas na realidade está humilhado. Há uma discrepância entre o verdadeiro sentimento e o sentimento atualmente experimentado, entre o que se pensa que seja o verdadeiro problema e o que na realidade ele é.

A representação habitual consciente é ativa, mas sem passar através do crivo do pensamento reflexo. Usada, mas não vista, pressiona, descontrolada, sob a representação consciente, distorcendo-a. O sujeito representa-se como na realidade não é. Os sentimentos que exprime são enganadores: não refletem os sentimentos realmente em jogo, não porque sejam falsos, mas porque informam que existe algo mais. Naquela mãe, deu-se uma fratura entre o que acredita sentir e o que verdadeiramente sente, sem o saber; naquele casal, uma fratura entre a representação da própria família, que o problema da agressividade parece sugerir, e a representação subdesenvolvida, dentro da qual o problema agressividade está englobado e paralisado.

O caráter enganador da representação atual deixa-se entrever por seus frutos: excessiva absorção no aqui e agora, modo de agir forçado e repetitivo, reações desproporcionais à situação, exclusão do que não se encaixa no próprio modo de ver e sentir, estilo rígido, compelido e artificial, prevalência dos sentimentos primitivos e arcaicos da autoconfirmação sobre os mais maduros da exploração "jocosa"... Demasiado ligado ao problema, mas excessivamente alienado de uma parte de si, o sujeito vê o problema aparente (reprovação do filho) e não o problema real (narcisismo materno). No máximo, poderá haver uma solução-tampão, que cura o sintoma, mas não estimula a mudança como aquisição de uma ortopatia melhor.

Representação de si como mistério

Os dois exemplos sugerem que também há outra distância. Aquela mãe está indisponível a todos aqueles aspectos mais maduros da maternidade que não conseguem romper seu narcisismo. Aqueles esposos são impedidos de experimentar um amor conjugal mais alto, do qual, porém, sofrem a carência, ou — para baixo — de sentir aquele sadio tipo de culpa e agressividade que fazem individuar o problema. Em todos eles se criou um estreitamento em relação à origem, uma renúncia de humanidade. Em todos nós, a distância não é só dos verdadeiros sentimentos e da psicodinâmica individual, mas da sublimidade da humanidade que nos constitui, e a incapacidade de captar o verdadeiro problema remete à mais fundamental perda das coordenadas responsáveis por uma vida boa.[8]

Este — parece-me — o passo interpretativo a mais, proposto por nossa escola. Com efeito, uma vez definido o *eu* como realidade marcada por uma dialética de base, mas ainda e sempre como lugar em que o mistério se torna visível, pode-se ler a vivência, através de uma abordagem psicodinâmica, como reveladora e/ou como véu do estrato mais profundo que nos constitui como pessoa.

Também a representação de si como mistério se deixa conhecer, e pode-se dizer que, falando livremente, o sujeito diz algo de si de que não está consciente, e este algo não é apenas sua psicodinâmica, mas sua humanidade, talvez a ser recuperada e sanada. Se a expressão não censurada do próprio sentir parece ser o canal expressivo da psicodinâmica, o da metáfora parece ser o atalho para aflorá-lo — em termos observáveis e sensíveis — da configuração ontológica do *eu*: metáfora compreendida seja como figura linguística, seja como modalidade de funcionamento da própria mente, em ambos os casos capaz de exprimir conteúdos próprios

---

[8] Interessante, a este respeito, a descrição que Imoda propõe do caráter como sabedoria, mas também como estreitamento em relação à origem. Cf. IMODA, F. *Sviluppo umano, psicologia e mistero*. Bologna: EDB, 2005. p. 373 e 381 (de agora em diante, *SvU*).

PARTE III – CONSEQUÊNCIAS PARA A PRÁTICA EDUCATIVA E PSICOTERAPÊUTICA

de um nível qualitativamente mais profundo, mas usando os níveis precedentes e sem violar as leis que os governam.[9]

O exemplo que proponho agora quer demonstrar a presença concomitante das três representações: como o sujeito atualmente se vive, como se vive habitualmente e como gere a si mesmo como mistério. Uma nota constante da vida de oração de Carlo é a gratidão pelos dons que Deus lhe concedeu, entre os quais a capacidade de acolher os outros. Hoje, conta-me do pesar que sente por seus companheiros de universidade, "alienados pela discoteca, com a cabeça entupida somente de motocicletas e jaquetas de marca". Está dizendo-o com uma mágoa de tons de comiseração e desprezo por eles e de sutil autocomplacência por não ser como eles. Da comiseração está consciente. Do desprezo e autocomplacência não se dá conta e se lho verbalizasse, refutá-lo-ia.

Carlos sabe que me está falando de sua sensibilidade para com os outros, mas não se apercebe que também me está falando de sua presunção. Consequentemente, vive o mistério das relações de modo amputado. Não sabe que, sem essa presunção, poderia gozar melhor de sua capacidade de acolher, realizando nela aquela parte de seu coração que *também* o capacitaria a suportar os pesos uns dos outros. Seu amor atual é válido, mas não levado a termo. Ele tem consciência do pesar. Da presunção não se dá conta. Falta-lhe identificação com as fraquezas dos outros.

Estes dois outros exemplos sublinham que o aspecto omitido do mistério está ligado à psicodinâmica subjetiva. Um sujeito de personalidade paranoica usa muitas sessões para narrar episódios de agressão injustamente sofrida e, pelo modo com que fala do assunto, transmite a mensagem de que na vida é preciso ser desconfiado e vingativo, do

---

[9]   MANENTI, A. *Vivere gli ideali*. Bologna: EDB, 2003. v. 2: Fra senso posto e senso dato, p. 27-30.

330

contrário a pessoa fica arrasada: é-lhe totalmente estranha a vida como confiança e entrega. Um sujeito de traços narcisistas exprime — enfatiza — sua alegria do dia anterior: finalmente, seus filhos reconheceram suas razões e diz isso com a autocomplacência do vencedor: a paternidade como paciente espera da abertura afetuosa do filho é um dado que lhe é absolutamente desconhecido.

Outras vezes, a dimensão descuidada do mistério está viva no sujeito e age dentro da sua psicodinâmica, *apesar* desta e de seus comportamentos, como nos ilustra o caso de Ângela, que expressa — com terror — seu medo de não amar mais o marido. Ângela apresenta-se confusa e insegura. Tem uma relação sexual com um colega que jamais escolheria como companheiro de vida, mas por quem se sente atraída porque com ele experimenta aquele prazer que com o marido jamais provou. Com o amante, sente-se eroticamente contente, mas distante; em relação ao marido, sente-se afetivamente suja, mas próxima. Encontra-se no terror de que o marido descubra tudo e a abandone, o que ela jamais gostaria que acontecesse, porque, se fosse assim, não ficaria com outro, mas escolheria viver sozinha, pois, à parte esta transgressão, continua a reconhecer-se na ligação com o marido.

No viver seu conflito entre sexo e amor, narra, com muitos exemplos, que, para ela e para a educação recebida, "sexo" e "família" são incompatíveis: gozar no sexo e ser uma mulher exemplar são coisas inconciliáveis, e repete várias vezes: "Se a gente quer bem ao outro, não faz certas coisas nojentas". Está, portanto, num impasse: o sexo entra na esfera da transgressão, e o valor sem sexo se torna valor incompleto, que deixa insípido o matrimônio. Para Ângela, o triângulo arrisca-se a transformar-se em solidão. Uma explicação à luz do mistério é que, nessa fase da vida, para essa mulher, apresenta-se a exigência — talvez jamais percebida

PARTE III – CONSEQUÊNCIAS PARA A PRÁTICA EDUCATIVA E PSICOTERAPÊUTICA

anteriormente — de ligar sexo e amor, e de tornar-se aquela mulher mais completa que gostaria.

A traição denuncia sua vontade de estar com o marido de modo mais total, a impossibilidade de fazê-lo e a tarefa de aprendê-lo. Há mulheres que se separam do marido por amor ao marido (e vice-versa). Creem que não o amam mais (representação atual), mas, ao contrário, buscam-no em outro (representação habitual), e nos dizem que no outro encontraram o homem ideal (representação de si como mistério).

INTERPRETAÇÃO

O terapeuta ajuda a recompor a representação total de si e é por isso que — dizíamos anteriormente — o objetivo da terapia não é apenas recolocar o sujeito em contato com sua psicodinâmica, mas também cura de uma liberdade diminuída.[10] Ele o faz interpretando.

Com o termo interpretação não entendemos a intervenção que busca tornar consciente o que está inconsciente, na tentativa de reconstruir uma verdade histórica (dificilmente alcançável, dado que o passado reconstruído se enriquece de significados inconscientes do hoje). Entendemos uma intervenção que convida a verificar o modelo interpretativo da realidade (é o quarto nível de mudança). Mais que histórica (remeter os fatos como são), a nossa interpretação narrativa, que estimula o paciente a dizer-se melhor no futuro.

---

[10] A ortodoxia favorece o correto funcionamento do conhecer humano como atividade de objetividade e de transcendência que, respeitosa de uma verdade, interpreta-a corretamente. A ortopatia dá um passo além: favorece um contato autêntico da pessoa com a subjetividade verdadeira, a fim de que possa, com maior liberdade, desejar, querer, amar aquele objeto autenticamente interpretado. Cf. IMODA, F. *SvU*, p. 223-454s.

Este tipo de interpretação considera que, para mudar, é preciso conhecer o resultado até agora recolhido da vida, mas infinitamente mais, melhorar o modo de entrar nele de hoje em diante.

Freud mesmo fez evolver o objetivo último da psicoterapia: do tornar consciente o inconsciente (na linguagem do modelo tópico), ou do transformar o *id* em *ego* (na linguagem do modelo estrutural) ao promover o desenvolvimento do *eu*. É uma passagem significativa, porque a psicoterapia não é comparável a uma técnica particular de intervenção sobre o sintoma, mas faz parte do processo global de humanização do ser humano. Para compreender, então, em que consiste sua força, e preciso saber quais são as dinâmicas *humanas* sobre as quais trabalha ultimamente, ainda que sempre em estreita aderência ao material do existente concreto.

Com outras palavras, interrogar-se acerca da força da terapia é interrogar-se sobre o que se quer para que se viva bem. Não se pode, portanto, prescindir do expor sobre a mesa questões metapsicológicas, que a ação terapêutica aciona (e que, sozinha, não pode resolver, à medida que são de competência também de outras disciplinas sobre o ser humano, em particular a filosofia e a teologia).

Saber o que "verdadeiramente" se está fazendo aumenta a intencionalidade da ação, mas não basta para agir melhor. Tolhe o sofrimento passivo, mas não ativa um caminho melhor. Nossa mãe continuará a chorar de modo narcisista mesmo que agora o saiba. Para mudar (em prol de si mesma e também do filho), é preciso o passo a mais da interpretação, que a torne aberta a um significado mais amplo de maternidade com o qual confrontar seu pranto atual e decidir se é melhor continuar a chorar, chorar melhor ou começar a sorrir.

O CONTEXTO INTERSUBJETIVO

A ampliação do escopo terapêutico já realizado por Freud comportou uma passagem sempre mais exata de atenção da importância da interpretação do reprimido e a recuperação das memórias passadas, para a importância da relação terapêutica. Hoje se dá por adquirido que a mudança não é dada pela pressão do terapeuta sapiente sobre o paciente ignorante, mas é o lento resultado da relação deles, "agitada", jamais monocórdica (aliás, amiúde de luta), na qual ambos apostam, de modo sempre novo, seu relacionar-se recíproco, de modo que o relacionamento seja o meio de uma mudança que continua também para além do fim da própria relação.

Psicoterapia como brincadeira

Para Winnicott, a relação terapêutica é "agitada" no sentido de que sabe criar um espaço entre realidade e fantasia, no qual se mover lepidamente, a fim de enfrentar melhor a realidade: "Psychotherapy takes place in the overlap of two areas of playing, that of the patient and that of the therapist" ["A psicoterapia se dá na sobreposição de duas áreas de brincadeira, a do paciente e a do terapeuta].[11] Fazer terapia é criar um espaço de brincadeira que não significa evasão, irresponsabilidade, loucura a dois, mas — ao contrário — espaço que permita ao paciente tomar progressivamente contato com o seu Self total, além da configuração caracteriológica que assumiu durante o desenvolvimento.

Nesse espaço de liberdade do dever ser, o paciente se posiciona em relação à sua vivência de modo criativo e versátil. Pode reviver o seu modo costumeiro de representar-se, mas o fará de maneira não coincidente a antes, porque não é somente o seu espaço, segundo sua mente de antes, circunscrito

---

[11] WINNICOTT, D. W. Playing and Reality. New York: Basic Books, 1971. p. 38.

à *sua* prévia sensibilidade, mas é espaço também construído pela contribuição do terapeuta, de modo a dar origem a um olhar regenerativo (de acordo com nossos termos: uma ortopatia melhor). Sem perigo, o paciente pode aceitar a ânsia de repetir representações velhas, mas também tentar outras novas, sem dever chegar logo a uma decisão irreversível.

Nessa liberdade da brincadeira aprende (mas também o analista aprende!) a distinguir o pensável do real, o realizável do ilusório, o possível do impossível, e reacende a liberdade de poder dispor de si.

Trata-se de um espaço intersubjetivo ("um terceiro analítico", diria Ogden[12]), porque construído pela urdidura dialética (concorde, mas também discorde) da subjetividade do paciente e do terapeuta. O terapeuta e o paciente participam de modo diverso do espaço intersubjetivo. O paciente ocupa-o para repetir o modo habitual de viver-se; o terapeuta, para ajudar a explorá-lo e a vivê-lo de modo mais humanizante, em vez de neurótico. O terapeuta pode fazê-lo porque — como já se disse —, enquanto o interessado fala disto e daquilo, e fica absorto totalmente nisso, ele sabe captar perspectivas que o sujeito usa para dizer isto e aquilo.

Esse trabalho do terapeuta em dois níveis não é a intelectualização que salta do particular (efêmero) para o universal (essencial), mas a introspecção que capta a trama da vida dentro do fragmento.

O terapeuta não lê o pensamento. É verdade que, às vezes, poderia adivinhar — provavelmente errando — um pensamento ou um sentimento que o paciente mesmo não reconhece e não pode exprimir. Mas, no conjunto, ele não pode ver muito

---

[12] OGDEN, T. H. Reconsidering three aspects of psychoanalytic technique. *International Journal of Psychoanalysis* 77 (1996) 883-899. Aqui, p. 884. [Trad. italiana: FERRO, A. [ed.]. *Psicoanalisi e pluralismo delle lingue. Selezione dallo "International Journal of Psychoanalysis" (2002).* Torino: Bollati Boringhieri, 2003.]

longe ou muito em profundidade, e é mais fácil surpreender-se com o curso do pensamento, formulado ainda há pouco, ou com o do sentimento do paciente, em vez de prevê-lo. O terapeuta encontra plena e claramente o mundo subjetivo do paciente, bem como o próprio paciente, somente pedaço por pedaço, à medida que é formulado. No entanto, é o terapeuta quem começa e mantém tal processo. Suas observações e suas comunicações, que veem do paciente somente pouco mais de quanto ele próprio pode ver, são o que interessa ao paciente, e o que torna possível a formulação ulterior da parte deste último.[13]

Mudar a brincadeira, fazendo-a

O terapeuta deixa que o sujeito o use como academia de ginástica, brinquedo, objeto transicional, e com ele empregue, mais uma vez, seu estilo forçado, suas estratégias defensivas e seu comportamento sintomático (identificação concorde). Mas também muda o jeito de brincar, fazendo-o (identificação complementar) como um pai que, brincando com o próprio filho, não se torna ele também uma criança, mas o ajuda a tornar-se homem. Ele não inicia nem impõe uma ação estranha ao mundo do paciente, mas encoraja a seguir os traços que foram juntados. "Guia acompanhando."[14] É coprotagonista e guia, ao mesmo tempo. De um lado, ensimesma-se com o modo pelo qual o paciente representa e vive a si mesmo; por outro e ao mesmo tempo, permanece um observador da dupla regressão: a própria e a do paciente.

O momento regressivo comum é o espaço no qual nasce a empatia, que não é a simples solidariedade e o respeito pelos sentimentos do outro, mas estar no jogo, sem sentir-se ameaçado pelo uso que o outro pode fazer dele, e sem

---

[13] SHAPIRO, D. *La personalità neurotica*, cit., p. 128.

[14] MINUCHIN, S. *Famiglie e terapia della famiglia*. Roma: Astrolabio, 1981. p. 139-158.

aproveitar a própria vantagem. O terapeuta alia-se e se sente empático com o que o paciente normalmente *não* pode tolerar ou com aquela parte dele que ainda não descobriu. Com o terapeuta-espelho, o paciente pode, então, repetir a brincadeira de sempre, mas agora o pode repetir com certa grandiosidade e senso de saber agir.

Diminui as resistências e agora, menos amedrontado e apavorado, aquilo de que anteriormente devia defender-se torna-se interessante e digno de curiosidade. Aumenta o senso de paternidade de seu comportamento sintomático e dele pode melhor tomar as distâncias e também dele sorrir (justamente porque meu, posso governá-lo e eventualmente mudá-lo). O futuro aparece mais ligado à vontade.

Quando, ao contrário, o terapeuta observa — em força de seu *eu* não regredido — o processo em ação e do qual permanece ainda parte em causa, oferece solidez, apela para a parte sana do paciente, chama-o a um novo modelo relacional dentro do qual o paciente pode reativar processos evolutivos bloqueados, e modificar não só as estruturas da ação, mas também as da mente, ou seja, as que dizem respeito às representações interiores, antes que a ação seja feita. Juntos, podem constatar que o que antes era vivido somente como ameaça agora também é oportunidade ou pergunta.

O contexto empático, favorecido pela regressão de ambos, evolve-se em contexto afetivo intersubjetivo que chama em questão o *eu* sadio do paciente, e é neste ponto que as novas informações oferecidas pelo terapeuta não permanecem teoria, mas elementos efetivamente reestruturadores, esperados pelo paciente e preparados com ele. Nesse momento é que o terapeuta se torna modelo e pode (sem perigo de manipulações) satisfazer a necessidade do paciente de ter um objeto idealizado, porque a interpretação (e a correção) do terapeuta não aparecerá como "diferente", "oposta" ao mundo atual do

PARTE III – CONSEQUÊNCIAS PARA A PRÁTICA EDUCATIVA E PSICOTERAPÊUTICA

cliente, mas resposta invocada por seu mundo atual, a fim de melhor desenvolver-se.[15]

A proposta do terapeuta não é do terapeuta, mas resultado de uma busca comum, e vem preencher uma expectativa, uma invocação, contida no mundo atual e enfermo do paciente. Não é de cumplicidade ("como o dizes, se o dizes tu"), de culpa ("não como dizes, mas como digo eu!"), mas de responsabilidade ("como tu dizes, mas dize-o melhor").

A pessoa do terapeuta é um marco miliário na mudança do outro. Deve ser capaz de apoiar a integridade de seu *eu* como realidade separada e independente para poder dividi--lo em duas partes: uma que regride para identificar-se com o paciente, outra que permanece fora de tal regressão. Se não é bastante forte, pula a passagem da empatia e cai na intelectualização que distancia, ou — ao contrário — pula a passagem da observação distanciada e permanece enviscado numa loucura a dois. São distúrbios.

O *eu* sadio do paciente é também importante. Não se pode deixar o êxito da terapia ao sabor da transferência ou das intervenções do terapeuta. Há uma parte do *eu* (aquele sadio do paciente e o observador do terapeuta) que permanece fora da regressão (do contrário se entra na neurose da transferência). O terapeuta jamais está lidando com uma criança, nem mesmo no momento regressivo comum. Também quando há uma "cumplicidade" na fraqueza o terapeuta deve continuar a tratar o paciente como um interlocutor adulto, não como uma criança, ainda que naquele momento o aspecto da criança esteja em primeiro plano. A transferência não é um fim em si, mas a preparação de um diálogo entre adultos.

Sem manter ativo o *eu* sadio do paciente, aquele não participa do trabalho terapêutico e não lhe resta senão esperar

---

[15] A análise do terapeuta como espelho e modelo é de H. KOHUT, *La guarigione del sé* (Torino: Bollati Boringhieri, 1980).

ter encontrado um bom terapeuta. Sem culpa por seus malogros, tampouco sem mérito por sua cura. Onde há somente patologia, não há terapia, mas pronto-socorro e assistência.

CONCLUSÃO

O paralelo terapia-desenvolvimento é, portanto, evidente. Também nos primeiros estágios evolutivos, o *eu* infantil começa a formar-se não por força de informações e conhecimentos recebidos, mas devido à relação com um objeto bom, que ele pode introjetar sem que tudo isso deva ser consciente ou munido de palavras. Sobre essa base a instrução verbal sucessiva será um complemento "a partir de dentro" e não um doutrinamento. Como o nascimento do *eu*, também sua recuperação exige a satisfação de duas necessidades: a de ter um espelho no qual reconhecer-se e a de ter um objeto idealizado.

Creio, por isso, que a terapia não vise tanto a fazer regredir o paciente aos estágios infantis (reconduzi-lo para trás, para o ontem mais remoto possível), mas a reatualizar no hoje e por vezes construir *ex novo* aquele contexto afetivo primordial que lança o encaminhamento do desenvolvimento ulterior.

Compete ao terapeuta a habilidade de jamais deter-se por tempo demasiado lá onde está seu paciente, em uma relação monocórdica de ação-reação, mas dar-se a permissão de alternar presença e ausência, a fim de favorecer um encontro de transformação. Se, de um lado, a cadeia entre dizer e responder, ação e reação deve formar uma circunferência fechada (do contrário, não há permuta), por outro o círculo deve desenvolver-se em espiral e ser suficientemente assimétrico para estimular novas perguntas exploradoras. Juntos, mas nunca do mesmo lado e por tempo exagerado.

Capítulo 3

CONTRATRANSFERÊNCIA COMO CAMINHO PARA DEUS: PROCESSO TERAPÊUTICO E INTEGRAÇÃO DA DIMENSÃO ESPIRITUAL

Carlo Bresciani[*]

O título desta contribuição poderia fazer alguns psicólogos e psicoterapeutas torcer o nariz, porque pode aparecer um impróprio, ou pelo menos demasiado apressado, apelo a Deus dentro da relação psicológica entre cliente e terapeuta. Mas poderia desagradar também aos teólogos, por sua natureza muito atenta a um rigoroso discurso sobre Deus e sobre a vida cristã, purificado de açodadas misturas com leituras espúrias da experiência religiosa em geral e especialmente cristã. As preocupações de uns e de outros são certamente aceitáveis e é preciso reconhecer que não estão desprovidas de fundamento.

---

[*] Italiano, nascido em 1949, mestre em Psicologia e doutor em Teologia Moral, é professor de Teologia Moral e Psicologia Pastoral no Seminário da Diocese de Brescia (Itália), diretor do Instituto Superior para Formadores e consultor da Congregação para a Educação Católica.

PARTE III – CONSEQUÊNCIAS PARA A PRÁTICA EDUCATIVA E PSICOTERAPÊUTICA

Nesta contribuição pretende-se analisar os processos internos à terapia, de modo particular a contratransferência, para ver quanto ela possa configurar-se como processo que, se retamente compreendido e vivido, pode tornar-se uma autêntica via para Deus. A perspectiva de leitura é a de um terapeuta que vive sua relação de ajuda ao cliente em uma ótica de fé e que, portanto, se interroga sobre o significado último dessa fadiga no acompanhamento de uma pessoa para encontrar mais profundamente a si mesma e a enfrentar as dificuldades que marcam sua existência.

Nesse sentido, não é impróprio que um cristão se pergunte pelo sentido cristão de seu agir ou de aspectos específicos de seu agir, mesmo profissional, e das fainas das quais vem assinalado. É a exigência de manter a unidade de vida nos diversos momentos do próprio existir e do próprio agir.

Ademais, a motivação do agir humano não pode jamais ser algo que é imposto sobre uma realidade estruturalmente incapaz de acolhê-la. Para o cristão, o caminho para Deus tem uma objetividade própria: nem tudo pode ser interpretado e motivado como caminho para Deus (por exemplo: a violência gratuita, certamente não). Mas motivação não pode ser aplicada a qualquer comportamento, independentemente do seu conteúdo, razão pela qual certamente nem tudo pode ser assumido em um caminho de vida cristã rumo ao encontro com Deus. Não o poderia, por exemplo, uma relação terapêutica que se configurasse como forma de instrumentalização do cliente para as necessidades pessoais do terapeuta.

Se a motivação não pode ser artificiosamente acrescentada à ação, em contradição com seu conteúdo, tampouco basta agir para viver em profundidade tudo o que a ação mesma poderia significar para aquele que a realiza. Com outras palavras, pode-se viver de modo absolutamente correto as exigências de uma relação terapêutica, com toda a dedicação exigida, sem captar-lhe e viver toda a valência subjetiva que ela pode ter para o próprio terapeuta. Importante não é somente a ação, mas o que o sujeito vive através daquela ação. Nisso a psicologia nos ensinou a fazer distinções sutis e validíssimas, justamente com o fim de alcançar uma compreensão mais adequada da vivência do cliente e oferecer-lhe uma competente ajuda terapêutica.

Se quanto afirmado tem sua validade e seu fundamento também psicológico, então se delineia melhor o âmbito desta contribuição. Isso pretende responder a perguntas do tipo: que pode significar para o terapeuta tratar adequadamente a contratransferência? E, nela, quais valores podem ser por ele vividos, porque já de fato presentes, ainda que não necessariamente percebidos por todos? Pode-se, genericamente, afirmar que, para um cristão, a ajuda a outra pessoa em necessidade pode configurar-se como caridade e que viver a caridade é sempre um crescer na comunhão com o amor de Deus.

Mas tal resposta não torna suficiente a compreensão das dinâmicas intrínsecas à contratransferência e como elas podem ser enfrentadas e vividas para que sejam para o terapeuta um verdadeiro caminho para Deus, expressão de uma vida de comunhão com ele. Ademais, visto que o modo pelo qual a contratransferência é vivida na relação terapêutica influencia também as dinâmicas psicológicas e relacionais do cliente, trata-se de compreender como ela pode eventualmente influenciar também a relação deste último com a divindade.

TRANSFERÊNCIA: INTERPRETAÇÃO E RELAÇÃO

Em 1905, Freud havia conceituado a transferência como a repetição e a reedição de um antigo relacionamento objetal, no qual sentimentos, defesas e impulsos próprios de uma pessoa significativa do passado são trasladados para outra

PARTE III – CONSEQUÊNCIAS PARA A PRÁTICA EDUCATIVA E PSICOTERAPÊUTICA

pessoa do presente.[1] Como tal, a transferência seria substituída por uma série de processos inconscientes de distorção ativados pelo cliente. Para Freud, a transferência é, ao mesmo tempo, tanto veículo indispensável para a cura, porque, através das dinâmicas relacionais que manifesta, permite um conhecimento direto do cliente, como a maior resistência do ponto de vista operativo. Ele esclarece a necessidade de que, na análise, "todos os conflitos sejam enfrentados no âmbito da transladação",[2] e fala de uma transferência positiva e de uma transferência negativa, caracterizada por sentimentos hostis e pelo componente erótico inconsciente.

A transferência não é senão a ativação do modo simbólico de interpretar a relação terapeuta-cliente da parte deste último. Trata-se de uma estrutura que pode ser vista como a raiz do modo mais ou menos mal-adaptativo de pensar, de sentir e de agir da pessoa. Se o tratamento terapêutico não é redutível a uma nova forma de adestramento e/ou de *conditioning*, deve devolver nova liberdade à pessoa, vale dizer, a possibilidade de dispor de uma nova leitura simbólica da própria realidade e da dos outros, de modo a adquirir novos instrumentos e novos critérios para suas escolhas e decisões. Não se deve jamais esquecer que todo o nosso modo de compreender a realidade advém por meio de uma estrutura de símbolos.

O terapeuta pode discernir na transferência alguns elementos de irrealidade, não correspondentes ou às suas inten-

---

[1] Cf. FREUD, S. Frammenti di un'analisi d'isteria. In: *Opere.* Torino: Bollati Boringhieri, 1970. 12 vv. Aqui, v. IV, p. 299-402. Em geral, por "transferência", em psicoterapia, se entende o processo de projeção de sentimentos, pensamentos e desejos sobre o terapeuta, o qual, assim, chega a ser quase trocado por outra pessoa pertencente à história passada do cliente. Pode-se tratar de reações inapropriadas em relação à realidade afetiva do terapeuta, mas que, de qualquer maneira, permitem ao terapeuta adquirir informações muito importantes sobre as dinâmicas psicológicas do cliente.

[2] FREUD, S. Dinamica della traslazione. In: *Opere*, cit., v. VI, p. 523-531. Aqui, p. 528.

344

3. CONTRATRANSFERÊNCIA COMO CAMINHO PARA DEUS

ções ou ao seu efetivo agir no cenário terapêutico mesmo, de modo que se sente como que revestido de uma roupagem que não é a sua, e isso lhe impede uma liberdade de ação em relação ao cliente. Para que seja possível algum avanço na terapia, será necessário trabalhar sobre a transferência, para modificá-la nos aspectos de irrealidade.

Um instrumento classicamente usado para alcançar tal escopo é a interpretação da transferência mesma. Mas, visto que a transferência é ativada na relação, esta a precede. Com efeito, isso não é senão a interpretação inconsciente da relação dada pelo cliente. Tudo isso significa que o terapeuta não pode agir somente sobre a interpretação, mas é fundamental também o modo pelo qual estabelece a relação. Exige-se um relacionamento empático, baseado na confiança,[3] a fim de que o processo terapêutico possa atingir bons resultados. Trata-se de um tipo de relação colaborativa que tende a envolver a parte sadia do *eu* do cliente, como condição para alcançar o escopo da terapia, por isso é chamada de aliança terapêutica.

Uma boa aliança é necessária para superar as resistências. A copresença de dinâmicas relacionais diversas é reconhecida de tal maneira como crucial pela psicanálise contemporânea que O. F. Kernberg chega a colocar a pergunta: "Aliança e/ou transferência?".[4] Não se pode negar, de fato, que, no âmbito terapêutico, as duas pessoas têm, entre si, uma relação que é uma mistura de uma pluralidade de fatores: alguns estáveis, alguns emotivos, alguns irrealistas e imaturos, outros mais objetivos e maduros, outros modificáveis dinamicamente de

---

[3] Cf. BATEMAN, A.; HOLMES, J. *La psicoanalisi contemporanea*. Milano: Raffaello Cortina, 1998. p. 202.

[4] Cf. KERNBERG, O. F. Convergences and divergences in contemporary psychoanalytic technique. *International Journal of Psychoanalysis* 74 (1993) 659-673. Aqui, p. 666.

345

PARTE III – CONSEQUÊNCIAS PARA A PRÁTICA EDUCATIVA E PSICOTERAPÊUTICA

acordo com o tipo de interação colocada em ato.[5] Justamente por isso, a relação terapêutica deveria facilitar aquela a que F. Alexander chama de "experiência emotiva corretiva".[6]

A alternativa entre interpretação ou aliança terapêutica e uma falsa alternativa, à medida que ambas são necessárias. Mas é a relação de aliança estabelecida que permite oferecer válidas interpretações sem ser demasiado apressadamente refutadas. A aliança contribui não somente para a vizinhança otimal entre cliente e terapeuta, mas também para mudar a imagem que o cliente tem de si, o qual, sendo tratado — talvez pela primeira vez em sua vida — como pessoa digna de consideração e de cuidado desinteressado, acha-se, de algum modo, forçado a constatar que os estilos relacionais ativados na transferência não são mais adequados à situação que está vivendo.

Na aliança terapêutica, institui-se uma relação capaz de suportar, conter e transformar os afetos, à medida que se requer do terapeuta empatia, mas dentro de uma distância ideal, a fim de não perder os elementos de realidade dados pelo fato de que se trata de uma relação terapêutica que tem uma finalidade bem precisa. A relação e a técnica constituem um processo circular, influenciando-se reciprocamente.[7] Tanto é verdade que, se não se estabelece uma boa aliança, a terapia não tem grandes esperanças de sucesso, apesar da ótima preparação técnica do terapeuta. Por isso é preciso dedicar muita atenção para estabelecer uma boa aliança.

---

[5] Cf. LINGIARDI, V. L'alleanza terapeutica. Teoria clinica e ricerca. Milano: Raffaello Cortina, 2002.

[6] "O reconhecimento e a experimentação da discrepância entre situação transferática e relação real paciente-analista é aquele a que chamo experiência emotiva corretiva" (ALEXANDER, F. Psychoanalysis and Psychotherapy. New York: Norton, 1956. p. 41). A relação terapêutica, oposta às relações originariamente patógenas (influenciadas pelo modo de comportar-se do genitor), facilita uma experiência emotiva corretiva através do controle do clima interpessoal do tratamento.

[7] Cf. LINGIARDI, V. L'alleanza terapeutica..., cit., p. 9.

346

A literatura contemporânea tende a ler a transferência não como obra do cliente apenas, mas como

uma comunicação interativa: o analista não é mais a testemunha de uma verdade que habita dentro do paciente, mas o coautor de um processo de construção da realidade (passada e presente), invariavelmente determinada por sua interação com o paciente e pela ativação dos esquemas relacionais de ambos.[8]

Daqui decorre também que o terapeuta seja parte ativa do processo de transferência, através de seu mundo interior, de sua biografia, de seu modo de interagir com o cliente. A tarefa do terapeuta, dentro dessa visão renovada, é a de descobrir juntamente com o cliente, através de um estilo relacional de colaboração terapêutica, significados novos e mais adequados à realidade da vivência do próprio cliente.

Se as coisas estão assim, torna-se difícil compreender a exigência clássica de uma posição absolutamente neutra do terapeuta. Qualquer coisa que ele faça ou deixe de fazer, diga ou não, em contexto terapêutico, haverá sempre um significado interpessoal daquele seu modo de agir ao qual ele presta atenção.[9] Não lhe bastará jamais observar apenas a transferência do cliente; será preciso que leve sempre em consideração também quanto ele tenha eventualmente contribuído para a ativação dela. Os processos a serem examinados tornam-se, certamente, mais complexos, mas é a consequência direta do fato de que, seja como for, no centro do processo terapêutico encontra-se a relação de aliança estabelecida.

Parece-me que esses elementos abrem a estrada a uma consideração mais aprofundada da contratransferência.

---

[8] Ibid., p. 22.

[9] Cf. GILL, M. M. *Psicoanalisi in transizione*. Milano: Raffaelo Cortina, 1996. p. 48.

A RELAÇÃO TERAPÊUTICA E A CONTRATRANSFERÊNCIA

Freud falou, pela primeira vez, de contratransferência em um ensaio de 1910. Definiu-a como "a influência do paciente sobre os sentimentos inconscientes do médico"[10] e intuiu como isso pudesse entravar o tratamento, quase contaminando a posição neutral e objetiva do analista.[11] Sucessivamente, na escola kleiniana, a contratransferência cessa de tornar-se um obstáculo para a terapia para converter-se em instrumento fundamental de compreensão do cliente, chegando a incluir em si todo o espectro da resposta emotiva, cônscia e incônscia, do terapeuta à transferência do cliente.[12]

A relação terapêutica, pelo cenário específico no qual interage, ativa dinâmicas relacionais específicas entre terapeuta e cliente que são indicadas como contratransferência. Quer sejam percebidas conscientemente, quer não, elas estão sempre presentes, e sua análise reveste-se de importância fundamental para o bom êxito do processo terapêutico. Se o paciente enfrenta o esforço da análise e se encarrega da transferência, o terapeuta enfrenta a contratransferência e o esforço que se apresenta a cada novo relacionamento terapêutico, visto que variam os aspectos contratransferenciais ativados pelas diversas pessoas com as quais entra em contato.

Tudo isso significa que, para o terapeuta, o trabalho com o cliente comporta, sempre, também um trabalho sobre si mesmo, e que esta é uma condição necessária para o resultado feliz do próprio processo terapêutico. Cada novo cliente

---

[10] FREUD, S. Le prospettive future della terapia psicoanalitica. In: *Opere*, cit., v. VI, p. 197-206. Aqui, p. 200.

[11] Cf. FREUD, S. Consigli al medico nel trattamento psicoanalitico. In: *Opere*, cit., v. VI, p. 532-541. Aqui, p. 200.

[12] Cf. LINGIARDI, V. *L'alleanza terapeutica...*, cit., p. 20s.

significa, em certos aspectos, uma nova autoanálise e autoterapia também para o próprio terapeuta.

De uma parte à outra, é preciso buscar conter a dimensão transferência para alcançar uma dimensão sempre mais real e mais madura da relação terapêutica. Sabemos, de fato, que a contratransferência é instrumento útil para a compreensão do cliente, mas ela também pode tornar-se a maior dificuldade para seu sucesso.

Daí a necessidade de compreendê-la mais profundamente. Com efeito, a interação entre terapeuta e cliente apresenta uma dupla relação: a primeira é a real, que se instaura entre dois adultos, na qual o paciente deseja a mudança terapêutica e o terapeuta se declara disposto a ajudá-lo; a segunda é a transferência, que apresenta a tendência do paciente a reviver na relação terapêutica os conflitos do passado,[13] e a contratransferência, que apresenta a tendência do terapeuta de reviver as necessidades ou os conflitos próprios como reação aos conflitos do paciente. Quando isso acontece, e o terapeuta se deixa conduzir pelas próprias necessidades ou conflitos, o processo terapêutico entra numa espécie de curto-circuito: não somente o paciente não é mais compreendido e adequadamente ajudado, mas é, de alguma forma, usado pelo terapeuta, que não consegue ir para além de si mesmo.

Visto que "o analista entra no processo analítico como pessoa real e não apenas como um objeto de transladação",[14] encontra-se a mover-se prestando atenção contemporaneamente à aliança terapêutica e às suas exigências, de um lado, e às dinâmicas da transferência e da contratransferência do outro. A interpretação da transferência e a superação de seus

---

[13] Cf. STERBA, R. The fate of the ego in analytic therapy. *International Journal of Psychoanalysis* 15 (1934) 117-126.

[14] ZETZEL, E. *Psichiatria psicoanalitica*. Torino: Bollati Boringhieri, 1976. p. 360.

PARTE III – CONSEQUÊNCIAS PARA A PRÁTICA EDUCATIVA E PSICOTERAPÊUTICA

elementos mal-adaptativos, na constante preocupação de não romper a aliança terapêutica, têm por objetivo facilitar o caminho para a maturidade do cliente, mas envolvem também o terapeuta em seu caminho, jamais concluído, rumo à maturidade.

A intenção não é a de eliminar qualquer tipo de transferência do cliente, mas de levar ao que L. Stone chama "transferência madura",[15] conceito com o qual ele pretende exprimir a importância da colaboração entre os dois sujeitos no trabalho analítico, com o fim de obter sucesso no tratamento. A ausência de uma boa aliança pode ter consequências relevantes no processo terapêutico, e toda aliança também implica transferência e contratransferência, feitas de expectativas, de necessidades e de esperanças voltadas para o outro. Transferência, contratransferência e aliança findam por ser conceitos estreitamento conexos entre si e, por vezes, tendem a ser sobrepostos, criando confusão.

A aliança terapêutica subentende dinâmicas que têm a ver contemporaneamente, com a relação real, com a relação de transferência e de contratransferência.[16] Esta torna disponível aquele espaço necessário para a análise da transferência e da contratransferência, dinâmicas nas quais as resistências podem desempenhar papel significativo.[17]

Colocar no centro a relação terapêutica em todos os seus aspectos significa pôr em evidência o significado terapêutico de uma nova experiência de intersubjetividade. A contratransferência evidencia que a relação que se estabelece está marcada pela representação que o terapeuta faz do cliente, representação que também poderia ser marcada de modo

---

[15]   Cf. STONE, L. *La situazione psicoanalitica*. Padova: Piccin, 1986.

[16]   MEISSNER, W. W. A note on transference and alliance. II. Patterns of interaction. *Bulletin of the Menninger Clinic* 65 (2001) 219-245. Aqui, p. 229.

[17]   Cf. Id. *The therapeutic alliance*. New Haven/London: Yale UP, 1996.

350

prevalente por fantasias inconscientes e identificações projetivas do próprio terapeuta.

O terapeuta, em seu trabalho com o cliente, encontra-se na obrigação de fazer uma distinção contínua entre o que pertence a este último e ao seu mundo interno, e quanto, ao contrário, pertence a si mesmo e ao próprio relacionar-se atual com o cliente.[18] Em toda terapia o terapeuta confronta-se, além de com o cliente, sempre consigo mesmo, com a própria humanidade e, eventualmente, com a imaturidade da qual está afetado. Está, portanto, comprometido com manter sob controle os sentimentos contratransferenciais; é chamado a oscilar entre uma identificação empática com o paciente e a objetividade; assume, vez por vez, "o papel da mãe e do pai".[19]

Daqui a importância de que o terapeuta esteja em condições de analisar a própria contratransferência e de superá-la ou, pelo menos, de fazer com que ela não influencie negativamente na relação terapêutica, e não freie, ou até mesmo bloqueie, o caminho do cliente rumo a uma maior maturidade. Ele desenvolve, assim, a capacidade de dar espaço ao cliente dentro de si, sem confundir-se com ele,[20] sem impor-se de modo dominante, ajudando-o a libertar a própria autêntica humanidade em busca de um sentido vivível e capacidades para vivê-lo.

À luz de quanto foi dito, é evidente que toda terapia se torna, sempre, também um contínuo trabalho sobre si mesmo da parte do terapeuta e, portanto, as regras para seu resultado feliz, que valem para o cliente, também valem, de maneira análoga, para o terapeuta. A título exemplificativo, tomemos em consideração, aqui, apenas algumas dentre elas.

---

[18] Cf. LINGIARDI, V. *L'alleanza terapêutica...*, cit., p. 22.

[19] Cf. BATEMAN, A.; HOLMES, J. *La psicoanalisi contemporanea*, cit., p. 186.

[20] Cf. GREENBERG, J. The analyst's participation: a new look. *Journal of the American Psychoanalytic Association* 49 (2001) 355-381.

A REGRA DA ABSTINÊNCIA

É um elemento essencial do cenário terapêutico. Foi primeiramente proposta por Freud in *Osservazioni sull'amore di traslazione* [*Observações sobre o amor de transferência*].[21] A regra da abstinência exige do terapeuta que não satisfaça os desejos do cliente, e deste último que não busque gratificações imediatas, não somente dentro da terapia, mas também fora dela, à medida que pode acontecer que as necessidades despertadas na terapia sejam gratificadas nas relações externas a ela.

Quanto vale para o cliente, vale também para o terapeuta, o qual não pode usar o cliente a fim de satisfazer as próprias necessidades. Isso toca a dimensão ética da profissão, não só quando o desejo suscitado pelo cliente seja de natureza sexual, mas também quando se refira a outros desejos atinentes à curiosidade por sua vida privada ou por outros âmbitos de vida, por exemplo: econômicos. O cliente encontra-se, de fato, em uma situação de dependência e, portanto, de fácil manipulação para o terapeuta.

Se, por um lado, é importante que o cliente experimente as próprias necessidades na relação com o terapeuta e que estas não sejam satisfeitas, a fim de poder aprender a reconhecê-las e a geri-las de modo mais adequado também através da dilação de sua gratificação, o que, efetivamente, é comum durante o trabalho de terapia, por outro lado, também o terapeuta aplica a si a regra da abstinência tanto para si mesmo quanto para permitir ao cliente a liberdade de experimentar as próprias necessidades e desejos sem o temor de ser usado para fins que não correspondam ao seu verdadeiro bem. Justamente essa "permissão" de liberdade, não concedida em outros âmbitos relacionais, pode ativar no

---

[21] Cf. FREUD, S. In: *Opere*, cit., v. VII, p. 362-374.

terapeuta contratransferências de gestão bastante exigente. A regra da abstinência é, portanto, indispensável também para o terapeuta.

Todo profissional sério está atento a não buscar gratificar as próprias necessidades através do cliente. Vige para o terapeuta a necessidade de estar sempre atento, consciente e capaz de dominar sua realidade interior, de prestar atenção ao seu fervor terapêutico, ao seu desejo de cuidar, sem impor as próprias necessidades ou valores ao cliente nem condescender ao prazer experimentado em alguns tipos de contratransferência.

"O que conta não é tanto conseguir sempre e, seja como for, evitar a gratificação quanto, cada vez que se verifique, explorar-lhe as implicações transferenciais e contratransferenciais."[22] O terapeuta também é um ser humano. Por vezes pode ser, ele próprio, iludido pela contratransferência. É importante, porém, a contínua atenção para não se deixar guiar, talvez inconscientemente, por processos de contratransferência. No caso, o processo terapêutico tomaria caminhos distorcidos. Às vezes, será oportuno para o terapeuta mesmo recorrer à ajuda de alguma supervisão.

A REGRA DA FRUSTRAÇÃO OTIMAL

À medida que cresce a relação terapêutica, ela traz à luz, "dentro da relação de transferência, modalidades afetivas e comportamentais típicas da infância, sem serem esmagadoras a ponto de o paciente decidir abandonar a terapia ou recorrer a modalidades patológicas ao enfrentar a própria situação".[23]

Essas modalidades afetivas exigem ser aceitas sem que sejam imediatamente interpretadas, pelo menos até que não

---

[22] BATEMAN, A.; HOLMES, J. *La psicoanalisi contemporanea*, cit., p. 184.

[23] Ibid., p. 185.

interfiram no processo de terapia. Mas a transferência não pode ser deixada desenvolver-se demasiadamente, nem a positiva (expectativas irrealistas), nem a negativa (hostilidade injustificada), mesmo se formos levados a interpretar imediatamente a negativa (por temor de abandono da terapia) e não a positiva, que certamente é mais gratificante para o terapeuta. Importante é deixá-la crescer até um nível tal que permita ao cliente tomar consciência dela e, portanto, de poder enfrentá-la. Contudo, o deixar a transferência crescer coloca o terapeuta em condições de apelos maiores das próprias necessidades. A consequência é que também ele vai ao encontro da necessidade de uma frustração otimal das necessidades ativadas.

Como se sabe, a regra da frustração otimal tem um papel importante seja no desenvolvimento da transferência, seja em sua superação. Facilita a tomada de consciência da transferência, mas sua consciência não significa a superação das necessidades que a assinalam e que são projetadas sobre o terapeuta. Este, compreendendo o que está acontecendo e não se deixando capturar por elas quando são positivas, nem reagindo a elas agressivamente quando são negativas, frustra as expectativas do cliente, sem comunicar-lhe a rejeição de sua pessoa.

Em termos analíticos, a necessidade da frustração otimal deriva do princípio de realidade, ao qual o cliente deve ser sempre conduzido, tirando-o daquele mundo de desejo um pouco mágico no qual quase todos tendemos a refugiar-nos ilusoriamente.

O terapeuta também enfrenta, continuamente, no processo analítico, a frustração otimal das próprias necessidades de afirmação, de domínio, de prestígio, de agressividade etc., para, em primeiro lugar, permitir à transferência do cliente de desenvolver-se de modo adequado e, a seguir, de interpretá-la no momento mais oportuno para o cliente. Às vezes, a terapia procede em linhas positivas: é uma gratificação a que o terapeuta não pode ligar-se a ponto de não trazer mais à luz o que poderia conduzir o cliente a atitudes menos benévolas a seu respeito.

O terapeuta encontra-se, assim, enfrentando uma frustração otimal da própria necessidade de gratificação. Outras vezes a terapia procede por estradas muito acidentadas e frustrantes para o terapeuta: é o momento da frustração, e do terapeuta exige-se a atenção para não se embrenhar por caminhos aparentemente mais gratificantes para si, mas menos úteis para o cliente.

RESISTÊNCIA

Todo terapeuta sabe que deve enfrentar uma resistência, por vezes incansável, do cliente, o qual, se de um lado lhe pede para ser ajudado a enfrentar questões de sua vida que o fazem sofrer, dizendo-se disposto a seguir seus conselhos, por outro lado, resiste a toda mudança necessária para alcançar aquele fim. De fato, todo mundo quer curar-se, mas apenas a seu modo; quer curar-se, mas não está disposto a seguir a estrada que poderia levá-lo à meta almejada. Para além da disponibilidade genérica, por mais bem intencionada que seja, percorrer estradas novas em relação àquelas bem batidas do passado é sempre mais difícil, e desperta ansiedade. Jamais é fácil abandonar esquemas usuais de comportamento, talvez apreendidos desde a primeira infância.

Ao lado disso, não podemos esquecer aquela resistência que pode ser gerada pela transferência. Há uma resistência que é suscitada pelo tipo específico de relacionamento que se instaura com a específica personalidade do terapeuta e que não gostaria de abandonar; com outro terapeuta, ativar-se-ia uma resistência diferente. Isso porque a terapia é, sempre, uma relação de duas pessoas.

Exige-se do terapeuta a capacidade de enfrentar, analisar e superar suas resistências específicas em relação à terapia que está conduzindo com aquela pessoa em particular, para que não sejam elas que reprimam, quando não verdadeiramente bloqueiem, o caminho do cliente. Numa transferência positiva e idealizante, o terapeuta pode proporcionar muito prazer ao cliente e provocar resistências mais ou menos conscientes para uma correta interpretação no momento adequado, à medida que poderia levar à perda da gratificação que daí obtém. A contratransferência envolve as mesmas defesas do terapeuta que podem interferir também pesadamente.

Isso significa que o terapeuta deve trabalhar também as próprias defesas e as próprias necessidades. Ninguém pode pretender eliminá-las completamente, mas cada um pode preparar-se para que interfiram o menos possível. Também isso é um contínuo trabalho de superação de si, exigido do terapeuta.

DISTANCIAMENTO

Como sabemos, o distanciamento é um momento difícil, seja para o cliente, seja para o analista. A relação termina, e isso desperta a ansiedade da solidão e o renascimento de conflitos que pareciam resolvidos bastante bem na relação terapêutica. O amor desinteressado, que o cliente experimentou, criou um laço, e o deixá-lo é uma perda, acentuada pelo fato de que ele percebe bem que, de agora em diante, deverá caminhar sozinho. É um apoio psicológico e moral que ele perde. Tudo isso pode levar o cliente a buscar conservá-lo, adotando, por exemplo, um estilo sedutor em relação ao terapeuta, a fim de convencê-lo de que ainda tem necessidade dele.

O distanciamento implicado na conclusão da terapia poderia ser visto como um momento particular daquela a que F. Imoda chama "ausência" e que, depois de ter experimentado o momento de "presença", está em condições de ativar o processo de crescimento, se vivida na modalidade correta.[24] Já no processo terapêutico foi ativada uma alternância de presença e de ausência: no momento do distanciamento, acentua-se a experiência da ausência. Se a terapia foi eficaz, a essa altura não se trata de enfrentar só a ausência, que seria desintegradora para o equilíbrio alcançado.

O cliente, de fato, leva dentro de si uma nova presença para si mesmo, conquistada através do processo terapêutico, e a presença dentro de si do outro benévolo, o terapeuta. Trata-se de um distanciamento que carrega consigo a memória positiva do outro; um núcleo de positividade que torna possível enfrentar com maior autonomia a vida com seus perigos, suas tensões e suas feridas. Uma presença que pode despertar no cliente a abertura à presença do Outro benévolo em sua vida.

Se este, para o cliente, é o momento de resolver definitivamente a transferência, para o terapeuta é o momento de esclarecer até o fundo a contratransferência.

O amor desinteressado pelo cliente exige do terapeuta que o deixe ir por seu caminho, permitindo-lhe tornar-se adulto. Cabe-lhe reconhecer quando é chegado o momento, e encorajar o cliente a não ter medo de usar aquela liberdade que pôde reconquistar.

Também para o terapeuta que se deixou envolver no processo terapêutico e que desenvolveu empatia para com o próprio cliente o distanciamento, pelas reações do próprio cliente, pode ativar dinâmicas conscientes ou inconscientes que levam ou a protelar a cessação da terapia ou a bruscas interrupções para não enfrentar o "luto" juntamente com o próprio cliente.

---

[24] Cf. IMODA, F. *Sviluppo umano, psicologia e mistero*. Bologna: EDB, 2005. p. 168-176 (de agora em diante, *SvU*).

PARTE III – CONSEQUÊNCIAS PARA A PRÁTICA EDUCATIVA E PSICOTERAPÊUTICA

Os distanciamentos são sempre momentos difíceis para a pessoa humana; às vezes evocam separações dolorosas, vividas no passado, e ativam regressões momentâneas. O terapeuta é chamado a interpretar corretamente esses processos para si mesmo, antes de tudo, a fim de estar em condições, a seguir, de interpretá-los corretamente para o cliente.

TERAPIA E MISTÉRIO DA PESSOA

F. Imoda coloca no centro de sua abordagem do desenvolvimento humano e da intervenção pedagógica a pessoa como mistério. Visto que a terapia pode ser considerada como uma forma de intervenção pedagógica, a contratransferência não pode ser analisada corretamente senão dentro de suas exigências.

Terapia como compreender, acolher e interpretar

Terapia não é somente *acolher* e *interpretar* o estilo de vida do cliente, mas também, e sobretudo, ajudá-lo a passar da subjetividade à objetividade, ajudá-lo a *compreender* que a vida é "um mistério a ser vivido em plenitude", com suas tensões, suas lutas e a fadiga de cada dia. A passagem da subjetividade à objetividade implica, na terapia, os processos do compreender, do acolher e do interpretar.

Compreender. O mistério, que cada um de nós é, não cessa jamais de instar pela verdade da vida. A subjetividade não é descartada por ele, mas desvelada em sua plenitude. Somente na objetividade, pela qual foi feita, a pessoa se reencontra plenamente (cf. *Gaudium et Spes*, n. 24), uma vez que o mistério da vida está inscrito nas estruturas mais profundas do ser humano. Por isso nem toda compreensão se destina à sua verdade e ao mistério que se cumpre nela: isso permite compreender como é importante o tipo de com-

358

3. CONTRATRANSFERÊNCIA COMO CAMINHO PARA DEUS

preensão da pessoa que está na base da terapia, para que a pessoa possa abrir-se ao mistério que, não obstante tudo, continua a falar nela.

O desenvolvimento da pessoa pode ser interpretado, com Imoda, como o progressivo crescimento rumo a uma compreensão mais ampla de seu mistério e, portanto, a terapia pode ser vista como um colocar-se à escuta do mistério que fala seja no cliente, seja no terapeuta. O mistério convida-os a reconhecer sua plangente voz dentro de muitos rumores que se instalaram na consciência e que impedem de escutar-lhe corretamente a voz.

O *acolher* está influenciado pelos critérios interpretativos da vida humana, mais ou menos adequados, amadurecidos pelo terapeuta para a própria vida. Não pode existir um acolher adequado à pessoa humana sem um compreender corretamente sua verdade e dignidade como pessoa humana. É o compreender que guia um acolher capaz de respeitar e recolocar em contato com o mistério que se manifesta na pessoa. Não basta acolher; é preciso ajudar a compreender, e isso é possível somente à luz dos critérios interpretativos aos quais se recorre.[25] O acolher não constitui senão uma parte da intervenção terapêutica, mas sozinho não basta, visto que muitos podem ser os modos de acolher a pessoa, mas nem todos são adequados a seu mistério.

O *interpretar* vem precedido e acompanhado pelo compreender e pelo acolher. Já se disse que o terapeuta não pode

---

[25] F. Imoda explica assim o terceiro tipo de intervenção pedagógica, o mais adequado, em sua opinião: "Um terceiro tipo de intervenção pedagógica não é constituído pela resposta imediata que se ajusta à pergunta imediata, nem da posição na qual a resposta, como ponto fixo, encerra e limita a pergunta mesma a uma forma predeterminada. Está fundado mais em um modelo de interação complexa entre o sujeito e o 'agente educativo'. Essa interação baseia-se na interpretação seja das perguntas e respostas atuais e imediatas do sujeito, seja daquelas possíveis e eventualmente mais profundas" (*SvU*, p. 158).

359

PARTE III – CONSEQUÊNCIAS PARA A PRÁTICA EDUCATIVA E PSICOTERAPÊUTICA

compreender o outro senão a partir da compreensão do mistério da própria vida; somente depois poderá restituir esta compreensão, buscando colocar em contato o cliente com o mistério da própria vida *deste*.[26] O processo de interpretação implica escavar no desejo mais profundo da pessoa (amiúde interpretado por ela erroneamente, daí o distúrbio e as defesas mal-adaptativas), naquele mistério que continua a falar nela, apesar de suas interpretações equivocadas. Não pode haver um interpretar corretamente sem um compreender e um acolher igualmente corretos. É o compreender que guia o acolher e o interpretar; todos juntos governam um acompanhamento terapêutico adequado à pessoa.

O compreender, o acolher e o interpretar, jamais exaustivos, não são ações frias e neutras em relação à pessoa; põem em jogo a compreensão da própria vida e a relação humana e espiritual estabelecida com a vida do outro.

O papel positivo da contratransferência nas dinâmicas do compreender, acolher e interpretar

A partir do que foi dito, compreende-se, então, como pode existir certa sintonia entre terapeuta e cliente: ambos vivem, ainda que com modalidades e aceitação diversas, a mesma luta psicológica e a mesma luta espiritual diante do mistério da vida. Nenhum pode dar ao outro uma compreensão da vida que não tenha conquistado para si. Quem não sabe enfrentar a própria luta psicológica e espiritual não pode ser guia para os outros ao enfrentar as suas.

---

[26] Não se deve jamais esquecer, porém, que a compreensão de que o terapeuta parte em seu acolher e interpretar é, justamente, apenas inicial. *In itinere* ["ao longo do caminho"] se aprofundará ou talvez será modificada à luz dos elementos novos emersos entrementes.

A contratransferência é uma porta de entrada para o mistério da pessoa tal como se configura historicamente. Permite um contato emotivo (positivo ou agressivo, atrativo ou repulsivo) com o mistério da própria vida que o terapeuta, de certa maneira, é constrangido a elaborar dentro de si, antes de qualquer restituição significativa ao cliente. Tudo isso permite considerar a contratransferência em uma perspectiva positiva.

A contratransferência tem *conotações emotivas* (simpatia, antipatia etc.). Elas são estímulos que introduzem a pergunta sobre a pessoa, sobre si e seu cliente, à medida que do emotivo brota a pergunta pelo sentido que abre à busca da compreensão do mistério da vida. O emotivo tem, em si, um núcleo de verdade, não pelo que é em si e que faz experimentar na imediatidade, mas por aquilo para o que se dirige: a pergunta pela verdade, sepultada em cada pessoa. A emoção pode ser caminho para o mistério da vida somente se se ultrapassa o emocional (não significa contra), rumo à verdade, de algum modo, indicada nele. O emocional na contratransferência, enquanto é fadiga e luta, é também caminho para a compreensão da pessoa, de sua verdade talvez ainda oculta a ela mesma.

Compreender, acolher o cliente e enfrentar o processo de interpretação, respeitando o mistério de sua vida, exige do terapeuta a *ortopatia*, um correto sentir que não feche a estrada para a compreensão da verdade do cliente. A ação terapêutica não é compreensível somente à luz da *ortopráxis*, de um agir correto.[27] Tal visão levaria a uma concepção bastante legalista e mecanicista da terapia, na qual se perderia a pessoa com seu mistério. Além do mais, sem *ortopatia* é, no mínimo, difícil manter uma ortopráxis conjugada com a liberdade da pessoa.

---

[27] Cf. *SvU*, p. 223s. Não basta a "conversão moral", diria B. J. F. LONERGAN em *Il metodo in teologia* (Roma: Città Nuova, 2001. p. 265ss).

PARTE III – CONSEQUÊNCIAS PARA A PRÁTICA EDUCATIVA E PSICOTERAPÊUTICA

Na compreensão da própria vida como mistério e na restituição ao outro, guiada por esta compreensão, apresenta-se também a dimensão moral implicada na relação terapêutica. Compreender, acolher e interpretar a vida como mistério não pode comportar senão um compromisso moral pessoal (luta moral e espiritual, acolhida e vivida) rumo ao mistério descoberto. Ademais, a relação com o cliente, às vezes, põe à prova, também moral, o viver concretamente a própria vida como mistério, porque ela exige que ele não seja jamais manipulado (nem com a pressa, nem com interpretações que o distanciem da objetividade, não com outra coisa), mas somente acompanhado e encorajado à descoberta pessoal do mistério que fala nele e o chama incessantemente a tornar-se disponível para ele.

CONTRATRANSFERÊNCIA E CAMINHO PARA DEUS

Terapia como relação pedagógica

Toda terapia comporta a necessidade de dar alguma resposta à pergunta do tipo: "Quando é indispensável dizer 'sim', satisfazer, fazer reemergir emoções antigas e dar-lhes expressão?"; "Quando é prudente e bom para a pessoa dizer 'não', introduzir desilusão, renúncia, sofrimento?"; "Quando e em qual área da pessoa deve prevalecer o princípio da satisfação, que pode contribuir para a criação de confiança e segurança, e quando, em nome da mesma segurança, é bom tentar enfrentar uma realidade que impõe limites e dor?".[28] São perguntas que fazem parte da fadiga de todo processo terapêutico.

A terapia, como uma relação pedagógica que tende ao desenvolvimento da pessoa para maior maturidade, recorre

---

[28] *SvU*, p. 161.

362

aos três momentos pedagógicos fundamentais que F. Imoda denominou, naquele momento,

> de presença ou de plenitude, de ausência ou de falta, e de transformação ou de desenvolvimento verdadeiro e próprio [...]. Em correspondência ao momento da presença, a relação interpessoal propõe a empatia; em correspondência ao da ausência, da falta, da relação, apresenta-se em suas possibilidades de confrontação, de pedido ou de imposição de limite, como conflito; e na correspondência ao momento mais propriamente expressivo de desenvolvimento e de transformação, a relação interpessoal se apresenta como reconhecimento e como respeito.[29]

Seguindo a leitura que F. Imoda faz da relação pedagógica, pode-se afirmar que o terapeuta, para entrar em contato com o mistério que é representado pelo cliente e ajudá-lo a fazer o mesmo, não pode senão encarregar-se das tarefas que lhe impõe a contratransferência, seja como caminho de autoformação, seja por dedicação ao bem do cliente.

Gestão da contratransferência como autoformação

Viu-se que o terapeuta é sempre solicitado em algumas de suas necessidades, de seus conflitos e de suas expectativas pela transferência do cliente, seja esta negativa, seja positiva. Ele deve atenção também a verdadeiros *acting out* que possam verificar-se fora da sessão terapêutica. Depois que necessidades específicas foram despertadas, pode acontecer que se busque sua gratificação em outra parte: por exemplo, a agressividade pode ser desafogada na mulher; a insegurança, nos filhos etc. O terapeuta que não está preparado para analisar sua contratransferência não está pronto para

---

[29] *SvU*, p. 256s.

PARTE III – CONSEQUÊNCIAS PARA A PRÁTICA EDUCATIVA E PSICOTERAPÊUTICA

compreender as dinâmicas do cliente, e se verifica a situação de um cego que quer guiar outro cego.

Visto que a contratransferência é ativação de necessidades e de desejos, o terapeuta enfrenta uma contínua frustração optimal,[30] uma contínua *ascese*[31] que está a serviço não só da maturação da pessoa que quer ajudar, mas também de si mesmo. Para esses aspectos, a contratransferência pode ser considerada como caminho rumo à compreensão do mistério da vida do próprio terapeuta.

Todo trabalho pedagógico é uma espécie de terapia também para o próprio terapeuta, que é chamado a um constante difícil discernimento.

A cada passo pode-se e deve-se perguntar, de fato, se o fator de desenvolvimento no encontro interpessoal, para ser útil e eficaz, deverá tender a operar prevalentemente através de uma *presença* do outro, em sua função de cumprimento de desejos, ou com justa satisfação de necessidades e de expectativas, oferecendo-se, no máximo, como fonte de uma relativa plenitude. Mas pode-se e deve-se perguntar continuamente se o fator de desenvolvimento deverá, ao contrário, tender a operar através da relativa *ausência* que sabe evocar um vazio, uma pergunta, com a provocação de uma relativa procura e de uma descoberta de novos horizontes, de novos meios e de novos fins. Pode-se e deve-se perguntar também, constantemente, se e em que medida tenha sido individuada e favorecida, como fator de desenvolvimento no encontro interpessoal, um tipo de síntese dos dois momentos.[32]

---

[30] "A obra educativa consiste em saber oferecer-se, em entrar com empatia nesses tipos de relação mais ou menos imaturas, e através de um equilibrado processo de 'frustração otimal' aplicada à 'reflexão especular', à 'idealização' e à "vizinhança afetiva", promover a transformação das relações rumo a formas plenas de maturidade" (*SvU*, p. 281).

[31] A frustração otimal e a ascese poderiam ser assemelhadas ao momento de ausência de que fala F. Imoda.

[32] *SvU*, p. 257.

O terapeuta é chamado a uma contínua frustração de suas necessidades de "presença" ou de "ausência", que não podem instrumentalizar a relação com o cliente para obter inconscientemente a própria gratificação. A frustração otimal das necessidades do cliente junta-se sempre, de alguma forma, à frustração otimal das necessidades do terapeuta. Daí a afirmação, feita anteriormente, de que o trabalho de terapia é sempre duplo: ajuda à outra pessoa e trabalho sobre si mesmo. E isso porque a ajuda à outra pessoa exige uma escuta desinteressada e gratuita (exceto para a parcela às vezes salgada!) de sua personalidade e uma dedicação ao seu verdadeiro bem.

Contratransferência e caminho para Deus

A partir de quanto se disse, a gestão da contratransferência pode ser interpretada como caminho para Deus, como caminho de autotranscendência para um bem objetivo, pelo menos tendencialmente: o bem objetivo do cliente, que o terapeuta pode buscar somente através de uma transcendência de si. Para a dedicação ao bem do paciente, o terapeuta deve transcender a si mesmo, rumo a um autêntico amor da pessoa. Trata-se de um caminho de autêntica libertação do terapeuta, não tanto das próprias necessidades quanto da força coercitiva delas, que levaria a deixar-se dominar por elas e a usar o cliente para as próprias gratificações, ao menos em alguns momentos.

Refletindo bem, não se pode senão tirar a conclusão de que o que faz crescer a pessoa é um relacionamento de amor gratuito: isso, e somente isso, faz crescer o terapeuta e o cliente, simultaneamente. A dinâmica de uma relação de gratuidade leva o cliente a compreender que as relações precedentes que feriram e marcaram de modo errado sua vida, e que, de qualquer maneira, levaram às problemáticas que

PARTE III – CONSEQUÊNCIAS PARA A PRÁTICA EDUCATIVA E PSICOTERAPÊUTICA

tornaram necessária a terapia, ou careciam dessa dimensão essencial ou não foram compreendidas por ele, adequadamente, sob esta luz.

Somente o amor gratuito cura muitas feridas da vida: o cenário de terapia, de alguma forma, reconstrói uma relação desse tipo. De fato, exige uma escuta da pessoa não imediatamente avaliativa nem punitiva, mas uma aceitação fundamental, que permite reconstruir a *basic trust*, uma orientação desinteressada para o que é verdadeiramente o bem para ela, para além dos desejos imediatos e de sua gratificação.

Somente a experiência de uma relação de gratuidade permite a confiança plena no terapeuta como pessoa dedicada ao bem alheio, também quando as vias sobre as quais ele orienta são exigentes e não despojadas de sofrimento.

Aceitação do cliente não quer dizer falta de metas e de finalidades para as quais orientá-lo; significa, ao contrário, que tais metas não são assim por interesse pessoal do terapeuta, mas porque objetivamente correspondentes ao verdadeiro bem do cliente. De fato, não é possível uma terapia sem valores, e quando se diz que esses não devem entrar na terapia, quer-se dizer que estão apenas cobertos e não colocados à luz. Com efeito, é impossível uma terapia sob o pressuposto de que tudo vai bem tal como é, desde que agrade ao cliente. Se realmente fosse assim, não haveria mais necessidade de terapia alguma e o cliente não teria mais nenhum problema psicológico. Dizer que os valores entram na terapia, evidentemente, não significa afirmar que sejam impostos pelo terapeuta, mas que se ajuda o cliente a reapropriar-se deles.

O amor desinteressado, não possessivo, para o bem do cliente, está no centro da relação terapêutica, mas também no centro da vida cristã. A certeza de poder ser amado, e de ser amável, apesar de tudo, cura o cliente e ajuda-o a reconstruir a autoestima como ser marcado por muitos limites (como todos), mas, apesar disso, amável e merecedor de ser amado.[33] Isso significa, também, que toda terapia se torna para o terapeuta um exercício na prática do amor para a pessoa encontrada em sua fragilidade, acolhida e amada nela,[34] e, assim, o cristão vive o mandamento do amor ao próximo no amor de Deus. Nesse caminho, o crente encontra em Jesus Cristo o modelo de amor[35] e, seguindo-o, percorre sua estrada para Deus.[36]

Gestão da contratransferência e caminho do cliente para Deus

Visto que a contratransferência contribui para estabelecer um bem determinado tipo de relação entre terapeuta e cliente, ela tem igualmente uma influência inevitável sobre o possível desenvolvimento da maturidade religiosa do próprio cliente. Essa afirmação exige alguma explicação. O tipo de relação estabelecido entre terapeuta e cliente tem uma influência determinante no mudar a relação (patológica) do paciente com toda a sua realidade. Quiçá pela primeira vez, o paciente experimenta uma relação de profundo respeito com o mistério da própria vida; a acolhida de que ele foi feito objeto leva-o a elaborar uma imagem diferente de si. Isso influencia sobre o modo pelo qual o cliente se relaciona não só com o terapeuta, mas também com toda a realidade com que entra em contato (coisas, pessoas, Deus mesmo).

O modo pelo qual o terapeuta diz e acolhe, com grande benevolência, a realidade do cliente em sua objetividade esti-

---

[33] Cf. SOVERNIGO, G. *Vivere la carità. Maturazione relazionale e vita spirituale.* Bologna: EDB, 1991.

[34] Cf. TERRUWE, A.; BAARS, C. *Amare e curare i nevrotici. Terapia delle nevrosi per carenza affettiva.* Assisi: Cittadella, 1984.

[35] "Que vos ameis uns aos outros, como eu vos amei" (Jo 15,12).

[36] "Eu sou o caminho, a verdade e a vida" (Jo 14,12).

367

PARTE III – CONSEQUÊNCIAS PARA A PRÁTICA EDUCATIVA E PSICOTERAPÊUTICA

mula o cliente a elaborar um modo diferente de compreender como os outros (e Deus mesmo) podem vê-lo e acolhê-lo. Desenvolve, assim, um modelo do próprio mistério e, portanto, também uma relação diferente e mais madura com os outros. Mesmo se o tema da fé e da relação com Deus não é enfrentado explicitamente ou é metodicamente excluído da terapia psicológica, ela abre ao mistério da vida humana, que encontra em Jesus Cristo sua plena luz (cf. *Gaudium et Spes*, n. 22). A contratransferência vivida adequadamente pelo terapeuta se torna condição para uma abertura do cliente ao mistério de Deus que se encarnou em Jesus Cristo.

O que foi dito vale, com maior razão, para aquele que já tem uma relação própria com Deus. Mas também para quem tem uma visão não religiosa da vida, o tipo de relação terapêutica descrita, por suas características intrínsecas de gratuidade, aceitação, respeito etc., pode tornar-se a ocasião, e em alguns casos, talvez, a precondição para o despertar de um desejo de gratuidade absoluta que intrinsecamente abre a estrada para a compreensão, em primeiro lugar, e para a relação, a seguir, com o mistério de Deus, no qual a vida humana encontra seu sentido definitivo.[37]

CONCLUSÃO

Toda terapia é um contínuo diálogo com o mistério que se torna presente tanto na pessoa do terapeuta quanto na do cliente. A conclusão da terapia, a obtenção de sua meta de

---

[37] "Em cada relação [...] há sempre bem mais da transferência e da contratransferência: ali se oferece uma real possibilidade de contato em profundidade, no qual o *eu* autêntico de um entra em comunhão com o *eu* autêntico do outro. Um analista inglês, Fred Blum, chamou tal possibilidade de 'terceira dimensão' de toda relação analítica. Essa terceira dimensão, que não é sem relação com o amor ou com a vida de Deus no coração de cada ser, esconde em si a potência criadora capaz de transformar a relação e de realizar a cura" (LOUF, A. *Generati dallo Spirito*. Magnano [BI]: Qiqajon, 1994. p. 80).

cura podem ser vistas como a retomada livre de um diálogo pessoal com o mistério da própria vida, assumido com todas as lutas psicológicas e espirituais que isso comporta.

A contratransferência pode ser *caminho para Deus*, porque nela o terapeuta encontra o mistério que fala em seu limite e vive o amor que acolhe o mistério de si e do outro à luz do mistério do amor que envolve todos. Em toda terapia bem impostada, trata-se, de modo consciente ou não, de aprender a caminhar a dois, rumo àquele mistério da vida que encontra em Deus seu fundamento e, portanto, sua última explicação.

Capítulo 4

A INTEGRAÇÃO DOS PAPÉIS FORMATIVOS

Tim Costello*

UMA TAREFA EDUCATIVA

A pesquisa de L. M. Rulla, J. Ridick e F. Imoda sempre foi orientada para uma tarefa educativa prática, especialmente para a preparação de educadores capazes de oferecer uma formação aprofundada para futuros padres e religiosos. O trabalho de Franco Imoda *Sviluppo umano, psicologia e mistero* [*Desenvolvimento humano, psicologia e mistério*] tem a mesma meta:

> Não é objetivo deste livro resolver todos os problemas ou fornecer um manual completo de antropologia psicológica, filosófica ou teológica [...] esta obra pretende, sobretudo, convidar à reflexão crítica e procura definir a tarefa educativa em relação ao processo de desenvolvimento.[1]

---

* Neozelandês, nascido em 1950, doutor em Psicologia, é professor no Instituto de Psicologia da Pontifícia Universidade Gregoriana de Roma (Itália).

[1] IMODA, F. *Sviluppo umano, psicologia e mistero*. Bologna: EDB, 2005. p. 15 (de agora em diante, *SvU*). [Trad. bras. de Adalto Luiz Chitolina & Matthias J. A. Ham. *Psicologia e mistério. O desenvolvimento humano*. São Paulo: Paulinas, 1996.]

371

Definir a tarefa educativa e propor princípios pedagógicos é uma coisa; aplicar tais princípios a situações concretas é outra coisa. Em resposta às orientações dadas pelo Concílio Vaticano II, a Universidade Gregoriana desenvolveu programas especificamente orientados para a preparação dos formadores dos seminários e dos religiosos. O Instituto de Psicologia, fundado em 1971, e o Centro Interdisciplinar para a Formação dos Educadores dos Seminários, fundado em 1996, oferecem uma preparação sistemática e intensiva para os educadores — "formadores" — das futuras gerações de padres, religiosos e leigos consagrados.

A experiência de ensino nesses programas e o acompanhamento pessoal oferecido aos participantes são de forte impacto. É impressionante a extraordinária diversidade das situações das quais provêm os participantes e às quais retornarão como formadores: um seminário diocesano no México, um noviciado na Coreia, uma comunidade monástica na Índia, um seminário com novecentos estudantes na Nigéria, um programa de formação para o Movimento dos Focolari na Itália, uma pequena casa de formação para religiosos na Austrália...

A ampla diversidade de situações institucionais e de contextos culturais nos quais esses futuros formadores trabalharão levanta muitas questões práticas. A teoria educativa e formativa formulada pelos supramencionados autores foi aplicada em uma gama extraordinariamente vasta de situações. A teoria foi verificada não só pelos processos de avaliação científica, mas também pela luz que ela lançou sobre questões específicas respeitantes à formação dos religiosos e dos sacerdotes em muitas partes do mundo no decurso de quase quarenta anos. Este capítulo enfrenta uma questão de interesse contemporâneo, vale dizer, a integração de papéis educativos diferentes no processo de formação dos sacerdotes e dos religiosos.

A IGREJA DESEJA UMA FORMAÇÃO INTEGRADA

O ideal de formação

A partir das bases estabelecidas pelo Concílio Vaticano II e desenvolvidas no período pós-conciliar, o papa João Paulo II formulou uma visão global de formação sacerdotal e religiosa. Essa visão está exposta especialmente em duas exortações apostólicas que são o fruto de duas assembleias do sínodo dos bispos. O primeiro documento, *Pastores dabo vobis*, faz uma apresentação particularizada da formação sacerdotal em todos os seus aspectos: o fim, os elementos constitutivos, o conteúdo, as pessoas envolvidas e suas respectivas responsabilidades. O segundo documento, *Vita consecrata*, coloca a vida consagrada no mistério do amor trinitário. O documento, enfim, identifica os processos formativos necessários para preparar os candidatos a viver os conselhos evangélicos como sinal de comunhão eclesial e como manifestação do amor de Deus no mundo.

Nesses documentos, a abordagem da formação sacerdotal e religiosa é dinâmica, integrativa e holística. Em primeiro lugar, a formação é *dinâmica* porque sua estrutura essencial é relacional e evolutiva. Toda vocação está radicada em uma relação entre Deus e o indivíduo que é chamado por Deus. A dinâmica da "chamado e resposta" exige uma antropologia que explique não só o desejo de responder ao chamado de Deus, mas também os obstáculos e as dificuldades que os seres humanos frequentemente experimentam quando buscam realizar seus ideais religiosos. Em segundo lugar, a formação é *integrativa*. O Santo Padre identifica quatro componentes da formação — humano, espiritual, intelectual e pastoral — e trata cada um detalhadamente.

Esses componentes têm dado origem a novos papéis formativos (formador, terapeuta, consulente, conselheiro

PARTE III – CONSEQUÊNCIAS PARA A PRÁTICA EDUCATIVA E PSICOTERAPÊUTICA

acadêmico, supervisor pastoral) ou a novas orientações aos papéis tradicionais (reitor, mestre de noviços, diretor espiritual, confessor e professor). Os responsáveis devem coordenar os respectivos papéis através de uma orientação explícita para "o único fim que justifica a existência do seminário [...] a formação dos futuros presbíteros, pastores da Igreja".[2] O malogrado reconhecimento da necessidade de assumir medidas ativas e explícitas para realizar essa coordenação tem como resultado inevitável programas de formação que são setoriais, carentes de coesão e pobremente integrados.

Em terceiro lugar, a formação é *holística* porque seu escopo é tocar "a pessoa toda, nos vários aspectos da sua individualidade, tanto nos comportamentos como nas intenções".[3] Ademais, os processos de formação inicial e permanente estão estreitamente ligados, como partes do mesmo caminho de fé, cujo único escopo é conduzir os candidatos, os religiosos professos e os sacerdotes ordenados a viver sua vocação com profunda motivação interior e convicção pessoal.

Uma das contribuições importantes do papa João Paulo II foi a de incorporar mais sistematicamente dentro da antropologia da Igreja, relativa à vocação e à formação, algumas perspectivas evolutivas, extraídas das ciências humanas. Isso leva a uma consequente reflexão sobre o tipo de preparação necessária aos educadores que serão responsáveis por traduzir tais ideais formativos em estruturas institucionais e em métodos pedagógicos. As *Diretivas sobre a preparação dos educadores nos seminários,* publicada pela Congregação para a Educação Católica, confirmam a necessidade de educadores capazes de ajudar os candidatos a resolver as dificuldades

---

2   JOÃO PAULO II. Exortação apostólica *Pastores Dabo Vobis* (25.3.1992), n. 61. [São Paulo: Paulinas, 1992. Col. A voz do papa, n. 128.]

3   JOÃO PAULO II. Exortação apostólica *Vita Consecrata* (25.3.1996), n. 65. [São Paulo: Paulinas, 1996. Col. A voz do papa, n. 147.]

espirituais e humanas em um nível profundo. Esses educadores e formadores

deveriam estar suficientemente em condições de não iludir-se e de não iludir acerca da presumida consistência e maturidade do aluno. Para isso, não basta o "bom senso", mas é preciso um olhar atento e afiado por um bom conhecimento das ciências humanas, a fim de ir além das aparências e do nível superficial das motivações e dos comportamentos, e ajudar o aluno a conhecer-se em profundidade, a aceitar-se com serenidade, a corrigir-se e a amadurecer partindo das raízes reais, não ilusórias, e do "coração" mesmo de sua pessoa.[4]

Um problema de papéis e limites

Os documentos eclesiais sobre a formação amiúde apresentam situações paradigmáticas nas quais os papéis institucionais e as responsabilidades estão claramente delineados. Os documentos já citados, por exemplo, identificam no seminário maior os seguintes papéis: o bispo, o reitor, o vice-reitor, o diretor espiritual, os educadores do seminário (formadores), os professores, o coordenador das atividades pastorais, o prefeito dos estudos, o bibliotecário e o administrador.[5]

Na vida real, porém, os bispos e os superiores maiores devem equilibrar os recursos necessários para a formação com outras necessidades pastorais. Isso, muitas vezes, leva a soluções de compromisso, onde os ideais propostos pelos documentos eclesiais não podem ser realisticamente postos em prática. Não é raro que aqueles que se preparam como

---

[4]   CONGREGAZIONE dell'Educazione Cattolica. *Direttive sulla preparazione degli educatori nei seminari* (4.11.1993), n. 57.

[5]   Cf. JOÃO PAULO II. *Pastores Dabo Vobis*, nn. 65-69. CONGREGAZIONE dell'Educazione Cattolica. *Direttive sulla preparazione degli educatori nei seminari*, nn. 43-47.

PARTE III – CONSEQUÊNCIAS PARA A PRÁTICA EDUCATIVA E PSICOTERAPÊUTICA

formadores, uma vez de volta às suas dioceses, províncias religiosas ou movimentos eclesiais, sejam solicitados para assumir mais papéis e responsabilidades diversas na estrutura formativa. Por exemplo, à mesma pessoa pode-se pedir que assuma a função de professor e de diretor espiritual, de superior religioso e de supervisor pastoral, de diretor espiritual e de ecônomo, de terapeuta e de professor, de reitor e de conselheiro provincial e assim por diante.

Colocar juntos diversos papéis pode ser uma resposta de bom senso ao problema dos recursos limitados, mas faz surgir também questões importantes acerca da confusão de responsabilidades e o possível abuso de poder. Pode o professor que deve avaliar o progresso acadêmico de um estudante ser também diretor espiritual da mesma pessoa? Pode um diretor espiritual, transcorrido um pouco de tempo, aceitar um papel em decisões de foro externo em relação a alguém que foi precedentemente assistido? Podem um terapeuta e um cliente viver juntos na mesma comunidade? É apropriado que um formador (terapeuta, diretor espiritual ou professor) desenvolva uma relação amical com um estudante ou assistido? Qual é a relação entre a direção espiritual e a terapia psicológica, e os outros instrumentos de formação humana? Por que sublinhar a importância dos limites quando o objetivo ardentemente desejado é integrar os diferentes elementos da formação?

Questionamentos semelhantes podem ser menos evidentes em ambientes institucionais de grandes proporções, com recursos adequados, pessoal numeroso, estratégias e procedimentos formais, e linhas claras de responsabilidade. Mas a realidade em muitas áreas da Igreja, especialmente lá onde as vocações são numerosas e os recursos são limitados, é bastante diferente — e questões como essas são muito concretas. Para além de muitas questões específicas, existe uma fundamental, que serve para extrair alguns princípios úteis na determinação de respostas possíveis para as várias situações concretas que

376

se apresentam. A pergunta fundamental é: o fato de que aos formadores venha sendo pedido assumir múltiplas funções e responsabilidades diversas na estrutura da formação representa uma resposta criativa às situações de escassez de recursos, ou cria uma perigosa confusão que é contraproducente em relação aos objetivos da formação religiosa e sacerdotal, e talvez até mesmo nociva ao bem dos indivíduos?

CERCAS, RELAÇÕES E LIMITES

Boas cercas fazem bons vizinhos

Um conhecido provérbio americano afirma que "boas cercas fazem bons vizinhos".[6] Como muitas expressões da sabedoria popular, incluídas as parábolas bíblicas, o provérbio é construído mais sobre a ambiguidade e sobre o paradoxo do que sobre a lógica filosófica. No entanto, capta uma importante intuição em relação aos seres humanos e aos seus modos complexos e às vezes contraditórios de relacionar-se entre si.

Pode haver muito em jogo na construção de cercas e muros. O objetivo de um muro é manter alguém dentro ou fora? O provérbio significa uma coisa quando é aplicado às cercas físicas que estabelecem limites entre indivíduos em um ambiente rural, mas assume um significado mais dramático quando é aplicado a muros e cercas entre estados, quer tais barreiras sejam físicas (Cashemira, Jerusalém ocidental, Berlim, a grande muralha da China), quer políticas (leis que regulam o fluxo de imigrantes, refugiados e trabalhadores).[7]

---

[6] O provérbio tornou-se famoso por sua inclusão no poema de Robert Frost *The mending wall* (1914).

[7] Cf. MIEDER, W. "Good fences make good neighbors". History and significance of an ambiguous proverb". The twenty-first Katherine Briggs memorial lecture, November 2002. Disponível em: < http://www.looksmarthowto.com/p/articles/mi_m2386is_2_114 > . Acesso em: 29.10.2005.

Então, qual é o significado do dito "boas cercas fazem bons vizinhos"? Como qualquer sabedoria proverbial, o ditado está aberto a diversas interpretações e é aplicável a diferentes situações. Os comentários ao poema de Frost, por exemplo, referem-se, de acordo com os casos, a limites, barreiras, tradições, individualidades, comunidades, direitos de propriedade, comunicação entre vizinhos e assim por diante. Como expressão de uma sabedoria psicológica, o provérbio pode ter duas possíveis aplicações.

Em primeiro lugar, em referência às relações pessoais, o provérbio poderia ser aplicado aos limites pessoais que marcam o limite onde terminamos nós e começam os outros. O desenvolvimento de limites sadios do *eu*, como parte do processo global do desenvolvimento humano, produz um senso de identidade pessoal que nos permite descrever e definir as nossas relações com os outros e com o mundo externo em geral.

Em segundo lugar, em referência às relações profissionais, o provérbio poderia referir-se à garantia fiduciária que governa o modo de relacionar-se do terapeuta com o cliente que pede tratamento. Estabelecer e manter os justos limites, de que é responsável o terapeuta, mais do que o cliente, faz parte integrante do processo de cura, por isso constitui um dever sério e sagrado.[8] Em ambos os exemplos, então, podemos dizer que "boas cercas psicológicas fazem bons vizinhos".

Se este provérbio lança luz sobre a natureza dos limites psicológicos e profissionais, levanta também tantas perguntas quantas são aquelas às quais parece dar resposta. Quando e por que boas cercas fazem bons vizinhos? Quando e por que deveriam ser construídas as cercas? Quando e por que

---

[8] Cf. EPSTEIN, R. S. *Keeping Boundaries. Maintaining Safety and Integrity in the Psychotherapeutic Process.* Washington-DC: American Psychiatric Press, 1994. p. 17-20.

deveríamos destruir muros e cercas? Existem, ainda, algumas questões ulteriores que dizem respeito, de maneira mais específica, aos processos formativos. Que tipo de limites são necessários para preservar a integridade de cada um dos componentes da formação? Uma pessoa deveria assumir múltiplos papéis formativos? Quais são os limites relacionais apropriados entre formador e estudantes? Como deveriam ser geridos os papéis sobrepostos — por exemplo, entre direção espiritual e supervisão pastoral?

Para enfrentar melhor questões como essas, precisamos ultrapassar o mundo do folclore e da sabedoria proverbial e levar em consideração conceitos derivados da literatura psicológica.

A natureza das relações profissionais

No curso de muitos séculos, a sociedade desenvolveu estruturas para responder às necessidades de base das pessoas. Certas profissões, como as do campo da medicina, da lei, da religião, do ensino e da psicoterapia, foram designadas a proteger e preservar nossas mentes, nossos corpos, nossas almas e nossas relações. A importância fundamental dessas necessidades humanas de base se reflete na condição privilegiada que a sociedade concede aos profissionais, posição que garante a autoridade deles e o respeito necessário para agir pelo bem comum.

Os médicos, os advogados, os sacerdotes, os professores e os consulentes lidam com questões profundamente pessoais, que dizem respeito à vida das pessoas. Os profissionais da saúde mental, por exemplo, fornecem um contexto terapêutico no qual seus clientes se fazem vulneráveis com o fito de resolver conflitos interiores e dificuldades relativas ao seu funcionamento psicológico. A confiança — e a consequente vulnerabilidade — do cliente é tutelada pela lei e pelos códigos

PARTE III – CONSEQUÊNCIAS PARA A PRÁTICA EDUCATIVA E PSICOTERAPÊUTICA

deontológicos. Ainda que geralmente haja um pagamento, a relação entre o profissional e o cliente é mais do que um simples contrato econômico entre duas partes.

A relação profissional baseia-se em uma aliança de "garantia fiduciária", que é "uma relação especial na qual uma pessoa aceita a confiança e a confidência de outra, para agir no melhor interesse desta última. As partes não tratam em termos paritários. O fiduciário deve agir com a máxima boa fé e unicamente em benefício da parte dependente. O cliente torna-se dependente da confiabilidade do fiduciário e torna-se vulnerável no sentido de que é menos provável que coloque em dúvida o que faz o profissional".[9]

A relação fiducial dá forma à interação entre o profissional "perito" e o cliente "vulnerável". Baseia-se na ideia implícita de que o profissional aceita a responsabilidade pelo bem do cliente, coloca os interesses do cliente acima do próprio, evita qualquer ação nociva para o cliente, respeita a *privacidade* do cliente, evita os conflitos de interesse, e trabalhará num contexto de clara série de princípios éticos ("reconhecidos").

Existem algumas diferenças significativas entre as relações pessoais e profissionais. Uma relação pessoal, entre dois amigos, por exemplo, não tem nenhum objetivo fora de si, responde às exigências de ambas as partes e cria um ambiente no qual podem partilhar interesses comuns, passatempos e crenças. É uma relação entre iguais, fundada na confiança pessoal, com limites que são implícitos, informais e um tanto vagos. Em contrapartida, uma relação profissional entre médico e paciente, por exemplo, tem um objetivo claro e explícito, direcionado primariamente às necessidades e ao bem do paciente. Uma recíproca partilha de interesses e

---

[9] FELDMAN-SUMMERS, S. Sexual contact in fiduciary relationships. In: GABBARD, G. O. (ed.). *Sexual Exploitation in Professional Relationships*. Washington-DC: American Psychiatric Association, 1989. p. 193-209.

380

4. A INTEGRAÇÃO DOS PAPÉIS FORMATIVOS

opiniões é irrelevante para os fins da relação que, ademais, não é paritária em poder e *status*. A garantia fiduciária da relação profissional exige limites explícitos, formais e claros.

O ministério de formar futuros padres religiosos coloca o formador em uma posição de confiança semelhante à do profissional. Isso significa que os formadores dos seminários e dos religiosos têm uma responsabilidade profissional perante seus candidatos e alunos. Se o termo "garantia fiduciária" não aparece nos documentos eclesiais, o conceito está presente claramente, com todas as suas exigências. Por isso

> a tarefa da formação dos candidatos ao sacerdócio certamente exige não só uma preparação especial dos formadores, que seja verdadeiramente técnica, pedagógica, espiritual, humana e teológica, mas também o espírito de comunhão e de colaboração na unidade para desenvolver o programa [...]. Para esse ministério devem ser escolhidos sacerdotes de vida exemplar e na posse de diversas qualidades: maturidade humana e espiritual, experiência pastoral, competência profissional, estabilidade na própria vocação, capacidade de colaboração, preparação doutrinal nas ciências humanas (especialmente em psicologia) adequadas ao cargo, e o conhecimento das formas de trabalhar em grupo.[10]

Entre as responsabilidades do profissional — seja ele médico, advogado, professor, psicólogo ou educador do seminário — existem duas tarefas particularmente importantes em questão: colocar limites apropriados e evitar conflitos de interesse.

Colocar limites apropriados

O conceito de limites psicológicos tem sua origem nas teorias psicodinâmicas do apego e do distanciamento que

---

[10] JOÃO PAULO II. *Pastores Dabo Vobis*, n. 66.

PARTE III – CONSEQUÊNCIAS PARA A PRÁTICA EDUCATIVA E PSICOTERAPÊUTICA

buscam explicar o processo evolutivo do indivíduo. A individuação acontece através de uma série complexa de relações, começando com o laço único entre mãe e filho, e continuam dentro da família. Isso corresponde ao primeiro parâmetro do desenvolvimento humano, o *eu* colocado diante do outro, que cria uma tensão que dura toda a vida, visto que "tornar-se a si mesmo como pessoa significa [...] tornar-se *indivíduo* único e irrepetível, mas ao mesmo tempo significa inserir-se progressivamente em um mundo de relações".[11] Uma das preciosas contribuições de Franco Imoda é a de colocar tal aspecto do processo evolutivo no contexto do "mistério" humano.

Cada um aprende os limites principalmente da experiência de viver em uma família. De acordo com S. Minuchin, a manutenção dos limites psicológicos equilibrados dentro da estrutura familiar, de modo particular entre pais e filhos, é crucial para um sadio funcionamento.[12] Os limites são como uma "membrana" que circunda cada indivíduo e cada subsistema na família. Como uma membrana ao redor da célula, os limites precisam ser suficientemente consistentes para assegurar a integridade da célula e suficientemente permeáveis para permitir a comunicação entre as células.[13] Limites sadios definem os papéis na família, reconhecem as diferenças nos estágios de desenvolvimento dos membros da família e consentem aos pais satisfazer suas exigências adultas na relação conjugal em vez de por meio dos filhos.

Os limites na família podem ser distorcidos de várias maneiras e em graus diversos, se bem que, geralmente, de modo

---

[11] *SvU*, p. 248.

[12] Cf. MINUCHIN, S. *Famiglie e terapia della famiglia*. Roma: Astrolabio, 1976. p. 56-59.

[13] Cf. KAMEGUCHI, K. Chaotic states of generational boundaries in contemporary japanese families. In: CUSINATO, M. (ed.). *Research on Family Resources and Needs Across the World*. Milano: Edizioni Universitarie di Lettere Economia Diritto, 1996. p. 235-242.

382

inconsciente. Num extremo, encontra-se a família enredada, que tem dificuldade de garantir suficiente *privatividade* pessoal aos membros da própria família, bloqueando, assim, o desenvolvimento da autonomia e da individualidade. Os pais tendem a ser hiperenvolvidos e superprotetores em relação aos filhos, dando grande prioridade à vida e à compacidade da família, muito mais do que aos interesses individuais e às relações fora da família. Os membros da família enviscada tendem a ser fundidos emocionalmente, indiferenciados e dependentes. No outro extremo, encontra-se a família descompromissada, que não consegue desenvolver um senso de intimidade e de comunicação.

Os pais tendem a distanciar-se, emocionalmente ausentes e consumidos pelos interesses pessoais ou pela sobrevivência psicológica. As relações dentro da família são tensas e amiúde caracterizadas pela falta de proteção, apoio e preocupação. Uma característica comum tanto das famílias enviscadas quanto das descompromissadas é a presença de limites não sadios ou patológicos. Os limites difusos da família enviscada, que surgem de exagerados esquemas de apego, produzem confusão acerca dos papéis e das responsabilidades dentro da família. Os limites rígidos das famílias descompromissadas, radicados nas formas exageradas de distanciamento, obstruem os esquemas sadios de comunicação e de expressão afetiva.

Uma das características do funcionamento sadio de uma família é a presença de limites apropriados ou claros. Isso fornece uma analogia útil para compreender um aspecto dos papéis profissionais e da relações no processo formativo. Enquanto os limites na vida familiar operam prevalentemente de maneira espontânea e inconsciente, os limites que definem a interação entre o profissional e o cliente devem ser conscientes e orientados.

Explicando: a realização dos fins terapêuticos exige um ambiente no qual possam acontecer os processos de permuta

PARTE III – CONSEQUÊNCIAS PARA A PRÁTICA EDUCATIVA E PSICOTERAPÊUTICA

e de cuidado. Isso deve assemelhar-se a um "ambiente protegido", no qual o cliente pode suspender temporariamente sua normal capacidade de crítica como meio para identificar e para "working through" ["penetrar"] os conflitos inconscientes. Os ambientes terapêuticos, porém, não existem espontaneamente; devem ser criados, mantidos e protegidos pelo terapeuta como parte de sua responsabilidade fiduciária em relação ao cliente.

Estabelecer limites apropriados é central para a tarefa sanativa, educativa e formativa. O que constitui exatamente um limite "apropriado" varia de acordo com a natureza da relação profissional. Os limites apropriados ao confessor são diferentes dos do professor, do médico ou do educador do seminário. Os limites necessários para a psicoterapia são mais rígidos e menos flexíveis do que os necessários para o ensino. Freud formulou linhas-guia específicas para estabelecer os limites na relação terapêutica, conselhos que ainda hoje formam a base das visões contemporâneas acerca da conduta apropriada de outras relações profissionais. Trata-se dos princípios do consenso informado, da não exploração do cliente, da neutralidade do terapeuta, do evitar relações dúplices, do relativo anonimato do terapeuta, do pagamento de tarifas adequadas.[14]

Esses são princípios fixos e invariáveis a serem sempre seguidos ou linhas-guia que utilmente levantam questões importantes e áreas de potencial preocupação? R. S. Epstein crê que

o papel de manter os limites deve ser visto como um paradigma de trabalho, como conduzir uma embarcação com a bússola. Posto que seja impossível ser orientados sempre exatamente na direção correta, observando-se continuamente as variações na direção, pode-se reconduzir a embarcação à rota correta.[15]

---

[14] Cf. EPSTEIN, R. S. *Keeping Boundaries...*, cit., p. 23-24.
[15] Ibid., p. 28.

384

Esses podem ser conselhos úteis também para tratar algumas das questões específicas levantadas anteriormente acerca dos limites dentro do processo de formação.

As relações de papel múltiplo e os conflitos de interesse

A questão das relações de papel múltiplo despertou grande atenção nos círculos profissionais também por motivo de um vasto interesse público e midiático nos casos de envolvimento sexual entre os profissionais e seus pacientes, clientes ou estudantes. A vasta literatura, estimulada pelas comissões éticas de muitas ordens profissionais, focalizou-se sobre um número de questões interligadas que incluem: aspectos éticos de relações múltiplas, a prioridade do bem e dos interesses do cliente, o impacto das relações de papel múltiplo sobre limites profissionais.

Fala-se de relações de papel múltiplo (chamadas também de dúplices ou sobrepostas) quando quem tem uma relação profissional com um cliente assume outro tipo de função ou relação com a mesma pessoa. Esses papéis podem ser concomitantes, como, por exemplo, quando um professor vai de férias com um estudante, ou sucessivo, como, por exemplo, quando um diretor espiritual emprega como secretário alguém que foi assistido anteriormente.

Outros exemplos de relações dúplices, múltiplas ou sobrepostas são: entrar em relações comerciais com os clientes, fornecer serviços profissionais a membros da mesma família do terapeuta, entrar em relações profissionais com subalternos, socializar com clientes e estudantes, aceitar amigos como clientes, conduzir a terapia para fora do ambiente profissional.[16]

---

[16] Cf. KOOCHER, G. P.; KEITH-SPIEGEL, P. *Ethics in Psychology. Professional Standards and Cases.* New York/Oxford: Oxford UP, 1998. p. 177-189.

PARTE III – CONSEQUÊNCIAS PARA A PRÁTICA EDUCATIVA E PSICOTERAPÊUTICA

Mais importantes para nossa discussão são as relações de papel dúplice criadas pela combinação das responsabilidades de professor e consulente, terapeuta e supervisor, diretor espiritual e professor, formador e amigo, superior da comunidade e terapeuta e assim por diante.

Há uma vasta diversidade de opiniões entre psicólogos acerca da ética das relações de papel múltiplo. Alguns adotam uma posição rígida, sublinhando os potenciais problemas inerentes à assunção de múltiplos papéis: a redução de objetividade, os erros de juízo, os possíveis conflitos de interesse, o perigo da exploração do cliente e o embaciamento dos limites. Os estudos mostram que os psicólogos e os consulentes podem ser extremamente hábeis no racionalizar o próprio comportamento não profissional.[17] Um comum antecedente de uma má conduta sexual, especialmente da parte dos terapeutas do sexo masculino, é um progressivo desvelamento de si e de informações pessoais.

Outros autores assumem uma posição mais crítica em relação aos correntes códigos éticos que se baseiam no pressuposto de que relações dúplices são sempre erradas. A ênfase sobre a distância profissional tende a exagerar as temáticas do poder, a favorecer uma objetivação da relação terapêutica e a criar uma hierarquia vertical na relação. Esses autores afirmam que, às vezes, a manutenção da distância terapêutica não é nem possível nem benéfica, especialmente nas pequenas comunidades, rurais ou de interesse especial. Se o bem do cliente permanece primário, pode haver circunstâncias em que a relação terapêutica também pode fornecer oportunidades de remodelarem-se os papéis.[18]

---

[17]   Cf. ibid., p. 172-174. SCHANK, J. et al. Ethics of multiple and overlapping relationships. In: O'DONOHUE, W.; FERGUSON, K. (ed.). *Handbook of Professional Ethics for Psychologists*. London: Sage Publications, 2003. p. 181-193.

[18]   Cf. COREY, G.; HERLIHY, B. Dual/multiple relationships: towards a consensus of thinking. In: *The Hatherleigh Guide to Ethics in Therapy*. New York: Hatherleigh

As relações de papel múltiplo não são eticamente incorretas de per si, mas podem tornar-se quando se poderia razoavelmente esperar que corroam a objetividade, a competência ou a eficácia do profissional no trato com o cliente. A esse propósito, é útil distinguir entre ultrapassar e violar os limites. Ultrapassam-se os limites quando o profissional muda seu papel ou a relação consciente e voluntariamente para o bem do cliente. A violação dos limites, que não diz respeito só à relações sexuais, é uma exploração do cliente em favor do terapeuta e é sempre uma grave infração do contrato terapêutico.[19]

A complexidade das questões e a diversidade das perspectivas demonstram que o debate sobre as relações duais e múltiplas está longe de ser resolvido. De qualquer maneira, acerca de certos assuntos existe um grau de consenso reconhecido. Em primeiro lugar, certas relações de papel múltiplo deveriam ser sempre evitadas e jamais podem ser justificadas. Assim, por exemplo, a intimidade sexual, as relações comerciais e qualquer situação que poderia comprometer a confidencialidade do cliente. Em segundo lugar, as relações de papel múltiplo não podem sempre ser evitadas nem qualquer relação múltipla é necessariamente nociva aos interesses do cliente. Na relação professor-aluno, por exemplo, que não comporta a mesma intensidade emotiva da relação terapêutica, sociabilizar em bases casuais não deveria ser excluído automaticamente, ainda que o professor devesse fazê-lo com prudência e cautela.

Press, 1997. p. 183-194. SCHANK, J. et al. Ethics of multiple and overlapping relationships, cit., p. 184.

[19] Cf. GURTHEIL, T. G.; GABBARD, G. O. The concept of boundaries in clinical practice. *American Journal of Psychiatry* (1993) 150, 188-196.

A INTEGRAÇÃO DA FORMAÇÃO HUMANA E ESPIRITUAL

Retorno à questão de partida

O ponto de partida da discussão era uma questão prática que dizia respeito à combinação de papéis formativos diversos na mesma pessoa por motivo dos recursos limitados disponíveis para a formação inicial nas dioceses, nas congregações religiosas e nos movimentos eclesiais. Trata-se de uma solução criativa às exigências da realidade? Poderia ser uma maneira de realizar a meta desejável de uma formação integrada que os documentos eclesiais propõem? Ou cria confusão para os formadores e para os candidatos, embaça os limites e mina os objetivos da formação?

A discussão sobre cercas, limites, conflitos de interesse e relações profissionais introduziu ideias e conceitos derivantes de uma discussão ética mais ampla. Esses conceitos podem servir para esclarecer algumas questões concretas que dizem respeito à formação integrada, os limites entre os diversos componentes da formação e as condições nas quais vários papéis formativos podem ser assumidos pela mesma pessoa.

Integração sobre qual fundamento?

Os objetivos da formação sacerdotal e religiosa são mais bem realizados em programas de formação de natureza dinâmica, integrativa e holística. Por razões pedagógicas, os documentos eclesiais têm identificado quatro elementos constitutivos: humano, espiritual, intelectual e pastoral. O desafio, para educadores e formadores, é realizar uma integração harmônica desses componentes — a estrutura na qual a formação se dá — com o fim de promover o crescimento holístico, humano e espiritual dos candidatos.

4. A INTEGRAÇÃO DOS PAPÉIS FORMATIVOS

Essa harmonia é realizada especialmente colocando os componentes da formação, cada papel, cada atividade formativa e cada estrutura institucional em relação com as metas fundamentais do seminário ou da formação religiosa. Quais são essas metas? A meta e a finalidade do seminário foram definidas claramente por João Paulo II:

> O seminário [...] antes de ser um lugar, um espaço material, representa um espaço espiritual, um itinerário de vida, uma atmosfera que favorece e assegura um processo formativo, de modo que aquele que é chamado por Deus ao sacerdócio possa tornar-se, pelo sacramento da Ordem, uma imagem viva de Cristo, cabeça e pastor da Igreja.[20]

Analogamente, para a vida consagrada, "o fim primário da formação é aquele que permite aos candidatos à vida religiosa e aos jovens professos descobrir primeiro e assimilar e aprofundar depois em que consiste a identidade do religioso".[21]

Por isso, seja para o seminário, seja para o noviciado, o fim essencial a que deve ser orientado todo aspecto do programa formativo é a profunda transformação interior do candidato, que é chamado a ser uma imagem transparente do sacerdócio e dos valores evangélicos revelados na vida e no ensinamento de Jesus Cristo.

Tarefas do formador

A primeira tarefa dos formadores é imergir-se profundamente na mente e no coração da Igreja, a partir do momento em que a formação dos futuros sacerdotes e religiosos é um ministério assumido em nome da Igreja. Nos processos

---

[20] JOÃO PAULO II. *Pastores Dabo Vobis*, n. 42.

[21] CONGREGAZIONE per gli Istituti di Vita Consacrata e le Società di Vita Apostolica. *Direttive sulla formazione negli istituti religiosi* (2.2.1990), n. 6.

de seleção e de formação, o candidato coloca seu futuro vocacional nas mãos dos formadores. Os candidatos têm o direito, fundado no laço de garantia fiduciária, de saber que os superiores religiosos e os formadores seguirão fielmente a visão, as ordens e os procedimentos formativos da Igreja. Os bispos e os superiores têm a grave responsabilidade de assegurar que aos futuros formadores seja dada a preparação sistemática, exigida pela Igreja, necessária para assumir tal ministério.

A segunda tarefa dos formadores é tornar operativas as metas da formação sacerdotal e religiosa, vale dizer, individuar estratégias pedagógicas, formativas, se necessário terapêuticas, capazes de ajudar o candidato a internalizar os valores fundamentais da sua chamada vocacional. Essas estratégias educativas devem estar em condições de tocar tanto a dimensão consciente quanto a inconsciente da vida do candidato, se se quiser que alcancem a meta desejada. Uma formação integrada e holística

> pressupõe e implica que nos alunos seja simultaneamente promovida a formação do homem, do cristão e do sacerdote. Por isso as metas educativas programáticas dos candidatos ao sacerdócio são três e respondem às exigências de preparar personalidades integralmente humanas, cristãs e sacerdotais.[22]

A terceira tarefa dos formadores é coordenar as três atividades formativas de base que são comuns a cada um dos componentes da formação, ainda que com diferentes ênfases, métodos e modalidades. Essas atividades formativas de base são: a proposta, a compreensão e a internalização dos valores vocacionais fundamentais do sacerdócio ou da vida consagrada.

---

[22] CONGREGAZIONE dell'Educazione Cattolica. *Orientamenti educativi per la formazione al celibato sacerdotale* (11.4.1974), n. 17.

A *proposta* dos valores vocacionais fundamentais pressupõe uma compreensão comum entre os educadores e os formadores acerca do que são tais valores. Sem nada tolher à legitimidade da discussão teológica e das opiniões pessoais, em última análise os valores dos quais derivam seu significado as vocações cristã, sacerdotal e religiosa são objetivos e normativos. Tais valores, em outras palavras, não são nem criados nem determinados pelo ser humano, mas são propostos à nossa livre aceitação na obediência da fé.[23] O formador usará uma gama de métodos pedagógicos para propor os valores vocacionais aos candidatos: liturgia, retiros e exercícios espirituais, ensino de temas sistemáticos, diálogos, celebrações comunitárias e, especialmente, o testemunho de sua vida pessoal.

A *compreensão* do que foi proposto exige uma resposta pessoal que leva em conta as capacidades de cada indivíduo. Há muitos anos se manifestam preocupações a respeito dos conhecimentos de fé limitados e por vezes carentes por parte dos que entram nos seminários e noviciados.[24] Uma acurada e contínua avaliação da compreensão da parte do candidato ajuda o formador a escolher os métodos pedagógicos e formativos mais adequados, que poderiam incluir: estudos propedêuticos, leituras guiadas, trabalhos escritos, perguntas e respostas, exposição em classe, escolha ponderada de relatores externos e encorajamento do candidato a levar o material para a oração e para a reflexão pessoal.

A *internalização* dos valores que foram expostos e compreendidos é a terceira atividade formativa. Esses valores humanos e revelados transformam a vida de uma pessoa somente à medida que foram pessoalmente assimilados e internalizados. Formadores, peritos, diretores espirituais e

---

[23] Cf. COSTELLO, T. *Forming a Priestly Identity.* Roma: Editrice PUG, 2002. p. 235s.

[24] Cf. Ibid., p. 237-239.

PARTE III – CONSEQUÊNCIAS PARA A PRÁTICA EDUCATIVA E PSICOTERAPÊUTICA

professores atestam quase unanimemente que esta é a fase do processo formativo mais difícil, delicada e menos verificável. O testemunho dos educadores do seminário encontra confirmação científica na teoria e pesquisa de Rulla, Ridick e Imoda, que propõem também um instrumento formativo — os colóquios de crescimento vocacional — como instrumento para ajudar o candidato a enfrentar as resistências e os bloqueios que estão radicados na dimensão inconsciente da vida humana e que podem limitar a capacidade da pessoa de viver plenamente sua vocação.

Instrumentos para a formação humana e espiritual

Para cada um dos componentes da formação — humana, espiritual, intelectual, pastoral — o educador do seminário deve encontrar instrumentos e individuar intervenções em condições de perseguir as metas globais do programa formativo. Tais intervenções, se bem usadas, podem trazer grande contribuição para o crescimento integrado e holístico do candidato. O uso coordenado dos instrumentos pedagógicos exige uma boa compreensão do por que, como e quando cada um é usado e por quem. Os formadores devem encarregar-se de estabelecer os limites apropriados, exigidos por qualquer relação profissional, que são necessários a fim de tornar eficazes tais instrumentos pedagógicos e terapêuticos.

A ausência de tais limites tende a reduzir a formação a uma série infinita de experiências desordenadas, a intervenções fortuitas ou ao uso de instrumentos ineficazes por motivos não de todo claros. Isso gera confusão, desilusão e frustração nos formadores, nos candidatos e nos superiores maiores.

A direção espiritual, os colóquios de crescimento vocacional e a supervisão pastoral são três instrumentos pedagógicos orientados em grande medida, ainda que não exclusivamente,

392

à formação humana e espiritual dos candidatos. Às vezes, emergem dificuldades devidas ao fato de que esses instrumentos, embora conservando sua natureza e integridade, são caracterizados também pela sobreposição de áreas de interesse. Isso, por sua vez, pode levar a estabelecer limites bacentos ou rígidos entre formadores, criando, assim, confusões e conflitos no estudante. O uso coordenado e integrado de tais instrumentos para o bem do candidato pode ser acompanhado por uma breve análise comparada de cada um, levando-se em conta as diversas dimensões: o foco específico, o fim, a matéria-prima e os instrumentos.[25]

Direção espiritual

O *foco específico* da direção espiritual é o candidato, especialmente em sua relação com Deus. O *fim* é ajudar a pessoa a desenvolver esta relação, a alcançar uma mais profunda união com Deus, a seguir Cristo de maneira mais coerente, a crescer em caridade e a viver mais profundamente as virtudes. A *matéria-prima* da direção espiritual é a experiência religiosa que abraça "sentimentos, estados de espírito, pensamentos, desejos, expectativas, atos de vontade, gestos e atitudes corporais, atividades e orientação da nossa vida".[26] Os *instrumentos* são a oração, os sacramentos, a catequese e o discernimento dos espíritos.

Colóquios de crescimento vocacional

O *foco específico* dos colóquios de crescimento vocacional é o candidato em seu desejo de compreender e superar

---

[25] Cf. SPERRY, L. *Spirituality in clinical Practice. Incorporating the Spiritual Dimension in Psychotherapy and Counseling.* Philadelphia: Brunner-Routledge, 2001. ATTARD, W. Forming helping relationships. A comparative overview of four distinct yet related frameworks. *Catholic Vocations Ministry Australia,* Spring 1998, p. 5-8.

[26] BARRY, W. A.; CONNOLLY, W. J. *The Practice of Spiritual Direction.* New York: Seabury Press, 1982. p. 41. [Trad. italiana: *Pratica della direzione spirituale.* Milano: Edizioni OR, 1990. p. 62.]

os conflitos profundos que bloqueiam sua capacidade de viver plenamente seus ideais humanos e vocacionais. O *fim* é aumentar o grau de liberdade interior da pessoa, por conseguinte, a capacidade de internalizar os próprios valores vocacionais objetivos. A *matéria-prima* dos colóquios de crescimento vocacional são os pensamentos, os sentimentos, os desejos, as relações, as lembranças das experiências passadas, as necessidades subjacentes e os conflitos defensivos tal como são experimentados na vida de todos os dias. Os *instrumentos* são a entrevista estruturada, os testes projetivos, a aliança terapêutica, a regressão controlada, a interpretação da transferência e a frustração otimal daquelas forças interiores que são contrárias aos ideais da pessoa.

A supervisão pastoral

O *foco específico* da supervisão pastoral é o padre, o religioso ou o seminarista em relação ao seu ministério ou trabalho. O *fim* é desenvolver maiores níveis de competência profissional, crescer na confiança pessoal, aumentar a eficácia do ministério pastoral, tornar-se mais conscientes dos esquemas relacionais pouco úteis e tornar-se responsáveis. A *matéria-prima* da supervisão pastoral deriva dos acontecimentos relativos ao ambiente de trabalho e ao ministério pastoral, das relações com as figuras de autoridade e dos colegas e das intervenções particulares com as pessoas. Os *instrumentos* são o diário pastoral, o registro pastoral, os estudos de casos, as *role play* ["dinâmicas de grupo"], os *verbatim* ["transcrições literais"] e as reflexões escritas.

CONCLUSÃO

No fim da discussão, a combinação dos papéis formativos permanece uma questão que deve ser resolvida de acordo com as circunstâncias concretas, mas à luz da sabedoria conservada nos princípios instituídos. Em primeiro lugar, certos papéis formativos não deveriam jamais ser combinados, como os de reitor e padre espiritual, confessor e terapeuta, superior maior e formador. Há um conflito intrínseco de responsabilidade em cada uma dessas combinações que impossibilita uma pessoa de desempenhar ambos os papéis contemporaneamente.

Em segundo lugar, a combinação dos papéis formativos unicamente por exigências práticas corre o risco de comprometer a integridade e as metas do processo formativo. O acúmulo fortuito de papéis e de responsabilidades em um educador se presta a criar limites distorcidos, que conduzem a resultados negativos — modalidades de relações enviscadas, ou distanciadas — seja para o formador, seja para os candidatos.

Em terceiro lugar, a insistência em uma severa demarcação entre cada papel formativo indica uma exagerada, até mesmo rígida, aderência ao princípio teorético sem o reconhecimento de que os diversos papéis formativos têm características diferentes. As características específicas de cada função podem ser iluminadas identificando-se o foco, o fim, a matéria-prima e os instrumentos próprios de cada um.

Tal análise indica que os papéis no processo formativo não estão sempre, necessariamente, em tensão dialética entre si e que, com as precauções do caso, certos papéis podem ser combinados com outros no mesmo educador.

A questão do correto ordenamento dos papéis formativos nasce do desejo da Igreja de fornecer aos candidatos ao sacerdócio e à vida religiosa uma formação que unifique, em vez de setorizar, sua vida em torno da pessoa, do ensinamento e dos ideais de Jesus Cristo. Isso encorajou muitos esforços, de modo particular depois do Concílio Vaticano II, voltados para o desenvolvimento de programas educativos que estejam

PARTE III - CONSEQUÊNCIAS PARA A PRÁTICA EDUCATIVA E PSICOTERAPÊUTICA

baseados em uma antropologia que abrace tanto a dimensão humana quanto a espiritual da experiência.

Nos últimos decênios, pôde-se notar um interesse paralelo também no campo da saúde mental, quer na Europa, quer na América do Norte. Um crescente número de profissionais da saúde mental está reconhecendo o significado da espiritualidade e da fé religiosa e está buscando os modos apropriados de tratar as questões espirituais dos clientes em psicoterapia. O estímulo para essa preocupação, ironicamente, é o reconhecimento crescente de que as formas "integralistas" da fé religiosa, seja essa muçulmana, seja cristã, não podem ser ignoradas *tout court*.

O primeiro congresso nacional da Associação Italiana dos Psicólogos e Psiquiatras Católicos (AIPPC) realizou-se na Pontifícia Universidade Lateranense de Roma nos dias 4 e 5 de março de 2000.[27]

Perante os rígidos limites históricos que separaram as ciências humanas da religião, a intenção do encontro era a de promover um diálogo crítico entre psiquiatria, psicologia e teologia. A presente discussão é um exemplo do fruto de um tal diálogo, baseado em uma visão interdisciplinar e que traz perspectivas diversas para a complexidade da tarefa pedagógica.

---

[27] Cf. CANTELMI, T.; LASELVA, P.; PALUZZI, S. *Psicologia e teologia in dialogo*. Cinisello Balsamo (MI): Edizioni San Paolo, 2004. p. 141-144. CANTELMI, T.; PALUZZI, S.; LUPARIA, E. (ed.). *Gli dei morti sono diventati malattie. Psichiatria, psicologia e teologia in dialogo*. Roma: Edizione Romana di Cultura, 2002.

Capítulo 5

A LIDERANÇA NA VIDA RELIGIOSA HOJE

Brenda Dolphin*
Mary Pat Garvin**
Cait O'Dwyer***

INTRODUÇÃO

"**V**ós não tendes apenas uma história gloriosa para recordar e narrar, mas *uma grande história a construir*! Olhai o futuro, para o qual vos projeta o Espírito, a fim de realizar convosco ainda grandes coisas":[1] eis como João Paulo II, in *Vita consecrata,* encorajou e desafiou todos os religiosos.

---

* Irlandesa, nascida em 1945, doutora em Psicologia e laureada em Ciências Educativas. É conselheira geral da Congregação das Irmãs da Misericórdia (RSM), Dublin (Irlanda).

** Estadunidense, nascida em 1955, doutora em Psicologia e laureada em História, trabalha como psicóloga em diversos seminários e congregações religiosas e é professora de Psicologia na Seton Hall University (USA).

*** Irlandesa, nascida em 1952, doutora em Psicologia e laureada em Ciências Sociais, pertence à diretoria da Província Centro-Meridional da Congregação das Irmãs da Misericórdia (RSM), Naas (Irlanda).

1 JOÃO PAULO II. Exortação apostólica *Vita Consecrata* (25.3.1996), n. 110. [São Paulo: Paulinas, 1996. Col. A voz do papa, n. 147.]

PARTE III – CONSEQUÊNCIAS PARA A PRÁTICA EDUCATIVA E PSICOTERAPÊUTICA

A "gloriosa história" da vida religiosa está profundamente radicada na constante participação na missão e no ministério de Jesus. Em cada tempo, congregações de homens e de mulheres empenharam-se em fazer própria a missão mesma de Jesus.[2] Deixando-se guiar pela escuta orante das necessidades do tempo, do carisma de seus institutos e pelas prioridades pastorais da Igreja local e universal, durante 14 séculos prestaram atenção ao chamado de Jesus a proclamar o Evangelho com a palavra e com a ação.

Hoje, enquanto as congregações "olham para o futuro", assistimos a um renovado interesse pela valorização do contributo que a liderança pode trazer para favorecer e promover o compromisso de uma Congregação de viver seu carisma de fundação e seus valores. As congregações de todo o mundo, juntamente com as conferências nacionais e internacionais dos religiosos, dedicaram-se a analisar o que torna a liderança eficaz,[3] capaz de seguir a guia do Espírito, no desenvolvimento da vida consagrada no mundo de hoje.

Este artigo se propõe a oferecer pelo menos uma modesta contribuição para uma compreensão sempre mais ampla da liderança nas congregações religiosas hoje. De modo particular, serão apresentadas aqui algumas reflexões práticas que incluem certos aspectos da contribuição que o Instituto de Psicologia da Pontifícia Universidade Gregoriana oferece aos líderes das congregações religiosas em diversos níveis.

---

[2] Ibid., n. 19.

[3] Pode-se ver a distinção entre eficácia e eficiência apostólica em L. M. RULLA, *Antropologia della vocazione cristiana* (2. ed. Bologna: EDB, 1987. v. 1: Basi interdisciplinari, p. 269) (de agora em diante, *AVC 1*). [Trad. bras. de Frei José Carlos Pedroso. *Antropologia da vocação cristã*. São Paulo: Paulinas, 1987.] "A eficácia apostólica pode ser descrita como a manifestação visível e/ou a comunicação social dos valores de Cristo. Ela deve ser distinta da 'eficiência' apostólica. Esta última diz respeito aos *meios* usados para apresentar os valores de Cristo; a eficácia, ao contrário, está relacionada aos valores mesmos que são apresentados como *fim*".

Dessa forma, esperamos contribuir para a atual reflexão sobre aquela realidade complexa e desafiadora que é a liderança de uma Congregação religiosa.

Nosso estudo levará em consideração a liderança nas congregações religiosas em seu contexto de início de milênio, juntamente com os desafios e as oportunidades que este mistério coloca ao líder.

PARA UMA DEFINIÇÃO DE LIDERANÇA RELIGIOSA EM UM MUNDO PÓS-MODERNO

A cultura Pós-Moderna: um desafio para a liderança

Definir a liderança[4] no mundo de hoje não é uma tarefa fácil. Bennis e Nanus dizem que, "tal como o amor, a liderança continua[va] a ser algo que todos conheciam, mas que ninguém sabia definir".[5] Contudo, de acordo com Foster, "a liderança é um fenômeno real que sempre e em toda parte faz a diferença".[6]

Nestes tempos de prova, enquanto a Igreja e o mundo navegam na era Pós-Moderna,[7] perguntamo-nos: qual tipo de

---

[4] Liderança é um conceito elusivo, estudado durante milhares de anos. Nos últimos cinquenta anos, a liderança foi objeto de intenso estudo. As amplas pesquisas de sociólogos, psicólogos e educadores, apenas para citar alguns dentre eles, produziram não menos de 350 definições diversas. Uma rápida pesquisa dos livros presentes no mercado recolhe mais de 150 mil títulos.

[5] BENNIS, W.; NANUS, B. *Leader. Anatomia della leadership.* Milano: Franco Angeli, 1988. p. 15.

[6] FOSTER, W. Towards a critical practice of leadership. In: SMITH, W. D. (ed.). *Critical Perspectives on Educational Leadership.* Philadelphia- PA; The Palmer Press, 1989. p. 5.

[7] Cf. MARKHAM, D. A message to post-modern leaders. *Human Development* 23/2 (2002) 19-24. Markham, dirigindo-se aos líderes das congregações religiosas,

PARTE III – CONSEQUÊNCIAS PARA A PRÁTICA EDUCATIVA E PSICOTERAPÊUTICA

liderança contribui melhor para a mediação do significado na vida religiosa de hoje? Em que modo a liderança pode promover e apoiar o carisma de fundação de uma Congregação, os valores e o compromisso de prolongar a presença de Cristo no mundo?[8] Onde os líderes, tal como os membros, podem render-se à sua "história gloriosa", de modo a mover-se rumo ao futuro, permeados pelo Espírito e prontos a fazer coisas ainda maiores pela Igreja no mundo?

Dois elementos da liderança

O aprofundamento dessas perguntas exige algumas observações preliminares. Antes de mais nada, a liderança é compreendida, aqui, como o processo através do qual o líder das congregações religiosas medeiam o significado, ou seja, o modo pelo qual o carisma de fundação e os valores do grupo são atualizados *em* e *através* de todos os seus membros. Os líderes podem facilitar tal processo empregando e partilhando, em suas interações com os membros de suas congregações, as qualidades específicas de sua própria liderança: convicções, valores, ética, caráter, conhecimento e capacidade.

Foster[9] reconhece dois elementos críticos da liderança, atinentes ao nosso objeto de análise: em primeiro lugar, a

---

exorta-os a não subestimar "intersectar-se dos tempos atuais (moderno/Pós--Moderno) em uma penetrante confusão cultural que está permeando nossa vida de fé, assim como permeia cada aspecto de nossa realidade global" (p. 20). A autora afirma com força que os líderes das congregações religiosas deveriam familiarizar-se eles próprios com o significado que esta balbúrdia comporta para a vida religiosa de hoje. Para um aprofundamento mais detalhado da Pós-Modernidade, de como influencia na tradição religiosa e de como esta tradição pode orientar significativamente o mundo Pós-Moderno, pode-se ver P. LAKELAND, *Postmodernity. Christian Identity in a Fragmented Age. Guides to Theological Inquiry Series* (Minneapolis: Fortress Press, 1997). Cf. também: IMODA, F. *Sviluppo umano, psicologia e mistero.* Bologna: EDB, 2005. p. 468-474 (de agora em diante, *SvU*).

8   JOÃO PAULO II. *Vita Consecrata*, cit., n. 19.

9   Cf. FOSTER, W. Toward a critical practice of leadership, cit., p. 5

400

liderança como relação; em segundo lugar, a liderança como partilha e comunhão. Cada um desses elementos influencia profundamente a mediação do significado, compreendido como função-chave dos líderes religiosos hoje.

Primeiro: os líderes são pessoas nomeadas ou eleitas em uma fase precisa da história de uma Congregação. A liderança, por outro lado, é um processo e não reside nos líderes, individualmente, tampouco na posição em si mesma, mas, antes, nas relações dinâmicas que se criam e se desenvolvem entre o líder e os membros de uma Congregação. Segundo Foster, a característica primária e mais profunda da liderança é, portanto, sua qualidade relacional. Sem o reconhecimento de tal dinâmica inter-relacional entre líder e membros, é impossível, hoje, compreender a liderança nas congregações religiosas.

Segundo: a liderança autêntica é vivida na partilha e na comunhão. Ou seja, através da relação, veículo primário para a mediação do significado, os líderes estimulam o crescimento do carisma entre os membros, facilitando o viver autenticamente seu compromisso. Uma das consequências de uma vivência autêntica é que os membros, normalmente, são colocados em condições de assumir papéis futuros como líderes. Podemos perceber, assim, que a capacidade gerativa está no coração da liderança. Idealmente, "os líderes geram outros líderes e é dessa forma que a liderança se torna um processo partilhado e comunitário".[10]

O poder da narração e a tarefa do líder

Os arquivos religiosos de todo o mundo estão cheios de milhares de relatórios que ilustram como o relacionar-se e o interagir entre líder e membros sejam de vital importância na comunicação e atualização dos valores. Na história da

---

[10] Ibid., p. 57.

PARTE III – CONSEQUÊNCIAS PARA A PRÁTICA EDUCATIVA E PSICOTERAPÊUTICA

humanidade, o narrar sempre foi um veículo primário para a transmissão e comunicação da história e dos valores.[11] Somos "bípedes que narram"[12] e narrar faz parte de nossa natureza. O filósofo Ricoeur, talvez o mais incansável estudioso contemporâneo da narrativa, afirma que os nossos relatos revelam o modo pelo qual damos sentido à ação intencional organizada no tempo. As narrações não são jamais o produto de ligações casuais de eventos isolados e episódicos de nossas vidas.[13] Ou melhor, existe uma "lógica interna"[14] em todas as nossas narrações que, ainda que nem sempre evidente para nós, estrutura e junta os acontecimentos em esquemas compreensivos.

Imoda[15] afirma que o método narrativo é um modo privilegiado para alcançar a compreensão dos indivíduos e, portanto, também dos grupos, em toda a sua unicidade e individualidade. Nossas narrações não estão somente destinadas a recuperar fatos de gênero puramente objetivo, mas também a extrair uma história do passado "que pode

---

[11] Durante milhares de anos, o narrar ou o contar tornou homens e mulheres aptos a passar o tempo conferindo sentido ao tempo passado, tornando possível, assim, a mediação do significado de uma geração à outra. Desde Aristóteles e Cícero até os autores das Escrituras hebraicas e cristãs, e ainda desde os tempos pós-bíblicos até os dias de hoje, os relatos têm sido empregados para a transmissão dos valores. As narrativas internacionais, trans-históricas, transculturais existem como a própria vida! Pode-se conferir: BRUNER, J. *La mente a più dimensioni*. Roma et al.: Laterza, 2003. McADAMS, D. *The Stories We Live By;* Personal Myths and the Making of the *Self*. New York: Morrow Press, 1993. BARTHES, R. *L'avventura semiologica*. Torino: Einaudi, 1991. GARVIN, M. P. L'autogiobrafia nel discernimento di vocazione. *Vita Consacrata* 5 (2002) 497-508.

[12] NORRIS, K. *Amazing Grace;* A Vocabulary of Faith. New York: Riverhead Books, 1998. p. 3.

[13] RICOEUR, P. The narrative function. *Semeia* 13 (1978) 179-197. *Tempo e racconto*. Milano: Jaca Book, 1986. v. 1. McADAMS, D. *Power, Intimacy, and Life Stories;* Personological Inquiries into Identity. New York: The Guilford Press, 1985.

[14] PIAGET, J.; INHELDER, B. *Dalla logica del fanciullo alla logica dell'adolescente*. Firenze: Giunti-Babera, 1984.

[15] *SvU*, p. 377.

referir-se ao presente e ao futuro".[16] De fato, não narramos as histórias de nossas congregações para admirá-las, mas para imitá-las e construir um laço participativo com aqueles que viveram antes de nós. Através dos relatos partilhados descobrimos como enfrentar os problemas dos nossos dias, com a profundidade de imaginação e a coragem que caracterizaram nossos predecessores.[17]

Perkins assevera que as narrações respeitantes às congregações servem a um duplo objetivo:

> Em primeiro lugar, impelem-nos para a tradição da Congregação, colocando-nos em contato com as mulheres e os homens dos tempos a que se referem as narrações. A seguir, projetam-nos para fora, nos tempos Pós-Modernos, possibilitando-nos de agir em nossa época como eles agiram.[18]

Mediante as narrações, os líderes, bem como os membros, entram em sua "gloriosa história"[19] e se movem rumo ao futuro, mais preparados a seguir a guia do Espírito. Um bom exemplo é o que foi transmitido da interação entre Catarina Mc-Auley, fundadora das Irmãs da Misericórdia, e Frances Warde, uma de suas colaboradoras mais próximas. Em uma carta datada de 1879, Frances Warde escrevia:

> Tu jamais a conheceste (Catarina Mc-Auley). Eu a conheci melhor do que qualquer outra pessoa em minha vida. Era uma mulher de Deus, e Deus fazia dela uma mulher clarividente. Mostrava-me o que significava ser irmã da Misericórdia, ver o

---

[16] Cf. LONERGAN, B. *Insight;* A Study of Human Understanding. London: Longmans Green, 1958. p. 252s.

[17] ROULEAU, M. C. The communion of saints of mercy. *Mercy Association of Scripture and Theology* 8/3 (1996) 49-53.

[18] PERKINS, R. Integrating postmodernity and tradition. *Review for Religious* 51 (1992) 260-266.

[19] JOÃO PAULO II. *Vita Consecrata*, n. 110.

PARTE III – CONSEQUÊNCIAS PARA A PRÁTICA EDUCATIVA E PSICOTERAPÊUTICA

mundo e as pessoas em termos de amor de Deus, amar quem quer que tivesse necessidade de amor, cuidar de quem quer que tivesse necessidade de cuidados. Agora suas intuições me impulsionam. É uma coisa gloriosa ser irmã da Misericórdia.[20]

Essa carta, escrita depois de quase 38 anos da morte de Catarina, mostra a influência que Catarina exercera sobre Frances e o impacto daquela ascendência. Talvez menos prontamente reconhecida, mas de igual importância, era a própria capacidade de Frances internalizar[21] as intuições de Catarina e, consequentemente, líder ela própria, ter sido instrumento na promoção da misericórdia nas gerações que vieram depois dela.

Líderes capazes de mediar os significados

No recontar as histórias de nossas congregações, muitas vezes nos é fácil identificar aqueles líderes que mediaram os significados, inflamando a energia espiritual ou psíquica dos membros a serviço do carisma.

Por meio de suas relações com os membros, os primeiros líderes das congregações se empenharam em "ler os sinais dos tempos" e oferecer uma interpretação prática do carisma, estimularam a comunidade à fidelidade, promoveram uma adequada adaptação e renovação da vida comunitária e do ministério e forneceram inspirações e visões enquanto o grupo se encaminhava para o futuro. Todavia o crescimento

---

[20] WARDE, F. *Letter Written to sr. Mary Gonzaga O'Brien*. England, Newcastle upon Tyne, 1879. Esta carta foi reproduzida no fascículo do 150º aniversário do Instituto das Irmãs da Misericórdia (Inglaterra).

[21] RULLA, L. M.; IMODA, F.; RIDICK, J. *Antropologia della vocazione cristiana*. Casale Monferrato (AL): Piemme, 1986 (de agora em diante, *AVC II*). v. 2: Conferme esistenziali, p. 91ss. Os autores indicam que a internalização está presente quando alguém se deixa influenciar porque o que é indicado está em sintonia com o próprio sistema de valores. Pode-se ver também *SvU*, p. 389, nota 75.

404

e o desenvolvimento das congregações religiosas, em toda época e cultura, demonstraram que o papel de líder constitui um desafio à maturidade do próprio líder, na esfera do conhecimento de si e das relações interpessoais.

Também hoje as congregações têm necessidade de líderes que possam guiar e dirigir os esforços do grupo através da mediação do significado enquanto "olham para o futuro", prontas para seguir a guia do Espírito.[22] As características de um líder que podem incrementar sua capacidade de mediar o significado compreendem:[23]

- *Em primeiro lugar*, um senso de equilíbrio, ou seja, um "sentir-se em casa" consigo mesmo e a concomitante capacidade de ter relações maduras e sadias com os outros, perceptíveis no ser disponíveis, flexíveis, abertos ao diálogo, mesmo permanecendo ligados ao carisma de fundação e aos valores da congregação. Isso, por sua vez, encoraja os membros a recorrer aos próprios recursos e facilita a habilidade nas suas competências.

- *Em segundo lugar*, a capacidade de ser "realistas críticos" (Lonergan) para enfrentar a realidade e comunicar esperança. Essa capacidade é reforçada pela coragem de agir, apesar dos obstáculos que se avolumaram no decurso dos anos de compromisso no carisma.

- *Em terceiro lugar*, a capacidade de articular o carisma de maneiras novas e convincentes — não obstante os tempos mutáveis e complexos — na atenção ao mistério de Deus que é vivo e ativo dentro da Congregação e dos seus membros. Essa capacidade tem sua fonte em uma profunda radicação em Deus, no Evangelho e no carisma da Congregação.

---

[22] JOÃO PAULO II. *Vita Consecrata*, n. 110.

[23] Adaptado de *Dimensions of Leadership:* Capacities, Skills and Competencies for Effective Leadership. Report sponsored by the Leadership Conference of Women Religious, Silver Spring-MD, 1997.

PARTE III – CONSEQUÊNCIAS PARA A PRÁTICA EDUCATIVA E PSICOTERAPÊUTICA

Capta-se melhor a gravidade da tarefa nas palavras do cardeal Joseph Bernardin ao Sínodo sobre a Vida Consagrada de 1994. Ele nos recorda de que

> vivemos em um tempo de crise para a vida consagrada, mas também em um tempo de criatividade. É uma época de crise por causa das profundas tensões que afligem a sociedade e a Igreja [...]. É um tempo de criatividade, como o são todos os tempos de crise, visto que o Espírito Santo parece estar particularmente ativo nas épocas de transição.[24]

Esta convicção de Bernardin encontra um reflexo em Imoda quando afirma que toda crise é "uma ameaça e uma ocasião de aprofundamento e de descoberta".[25]

Para serem eficazes, os líderes na vida religiosa, hoje, devem levar em consideração a complexidade do contexto atual, tanto interno quanto externo, no qual são chamados a exercitar sua liderança em um mundo sujeito a contínuas mudanças.

O CONTEXTO INTERNO PARA A LIDERANÇA NO ÂMBITO DA VIDA RELIGIOSA

Com o fito de discutir a liderança em seu contexto interno, é útil, inicialmente, colocar o membro individual de uma Congregação no âmbito de um contexto de grupo, antes de considerar o desafio que tal realidade apresenta ao papel de líder.

O indivíduo faz parte do grupo

A formação do caráter cristão jamais é um fato puramente privado. No contexto cristão, a história de Jesus não dá forma

---

[24] BERNARDIN, J. Authenticity and diversity in consecrated life. *Origins* 24/18 (1994) 309.

[25] *SvU*, p. 57.

406

somente à compreensão individual de si, mas também àquela comunitária.[26] Os cristãos e, particularmente, os religiosos, não podem ter histórias de vida completamente privadas: ao contrário, o modo religioso de viver é sempre determinado pela comunidade específica à qual pertence.[27] Navone assevera que a escuta da Palavra de Deus nas vicissitudes da própria vida implica a escuta da mesma Palavra nas vidas das próprias irmãs e dos próprios irmãos, de gerações presentes e passadas, juntamente com a espera do cumprimento da promessa de Deus.[28]

A história do grupo: um desafio ao indivíduo

Como já foi observado, uma tarefa importante da liderança dentro da vida religiosa é compreender e apoiar o processo mediante o qual a história da comunidade é intuída, feita própria e encarnada pelos membros, individualmente. Para ser membro verdadeiramente participante da comunidade, não se deve apenas ser capaz de expor a história da comunidade, mas também permitir que aquela história modele a própria identidade. Este é um processo em contínuo devir.

Viver de modo integral a vocação cristã implica sempre um desafio. Assim, permanece, invariavelmente, a tentação para o bem parcial.[29] A experiência ensina que os grupos (sejam grandes ou pequenos, comunidades ou instituições) contêm em suas dinâmicas elementos próprios aos diversos momentos de desenvolvimento e de maturidade ou imaturidade dos

---

[26] O'DWYER, C. *Imagining One's Future;* A Projective Approach to Christian Maturity. Roma: Editrice PUG, 2000. p. 40.

[27] NAVONE, J. Narrative theology and its uses: a survey. *The Irish Theological Quarterly* 52 (1986) 215.

[28] Id. The promise of narrative theology: a strategy of communication. In: LAWRENCE, F. (ed.). *Lonergan Workshop VI.* Chico-CA: Scholars Press, 1986. p. 234.

[29] Cf. O'DWYER, C. *Imagining One's Future;...*, cit., p. 74.

PARTE III – CONSEQUÊNCIAS PARA A PRÁTICA EDUCATIVA E PSICOTERAPÊUTICA

membros, individualmente.[30] Nesse contexto, Manenti nos recorda de que, para cumprir os ideais da nossa comunidade, não basta reunir-se e simplesmente estar juntos.[31] Bion[32] observa que um grupo de pessoas, quando interage, forma uma coalizão inconsciente a fim de evitar o crescimento, ainda que a motivação conscientemente seja a favor do crescimento.

Para enfrentar essa realidade, é essencial que cada membro de um grupo tome parte ativamente no ajudar o grupo a crescer e a desenvolver-se. Dado que uma Congregação religiosa não é diferente de qualquer outro grupo, esse complexo cenário pode ser um desafio que espreita o líder colocado à frente de qualquer congregação.

O papel da liderança no contexto da história do grupo

A partir do que foi dito, é claro que o desafio da liderança não é, portanto, fácil: é uma realidade dinâmica inter-relacional e contém muitos elementos complexos que se entretecem. Embora não pretendendo reduzir a complexa entidade da liderança a um elenco de coisas definidas, pode ser útil, todavia, focalizar alguns de seus mais óbvios componentes para poder compreender melhor e apreciar a entidade complexa da liderança em uma Congregação religiosa, sobretudo à luz do interesse dessa contribuição.

A LIDERANÇA É DINÂMICA

As posições de responsabilidade nos grupos religiosos normalmente são exercidas por nomeação ou por eleição.

---

[30]   Cf. *SvU*, p. 291s.

[31]   MANENTI, A. *Vivere insieme. Aspetti psicologici*. Bologna: EDB, 1991. p. 34.

[32]   Cf. DWYER, E. Verso una prassi di accompagnamento di gruppo: un'esperienza africana. In: IMODA, F. (ed.). *Antropologia interdisciplinare e formazione*. Bologna: EDB, 1997. p. 457-521.

408

Muito frequentemente se crê que a pessoa escolhida saberá agir como líder. A realidade ensina que nem sempre quem exerce certo cargo demonstra-se também capaz de ser líder. Ocupar determinada função ou posição é algo inerte ou estático — um dado. A liderança, ao contrário, é essencialmente dinâmica: alguém só é líder quando procede ao comando, quando os outros o seguem.[33] Com efeito, a liderança não existe no vazio, mas depende essencialmente da comunidade para ser vibrante e relevante. Eichten,[34] esposando essa abordagem, afirma que a profissão da vida religiosa tem, na raiz, um chamado coletivo a agir como colaboradores na liderança da Congregação, do Instituto.

Eichten assevera também que todos os membros, até aquele com o ministério efetivo da liderança, são parte de uma orgânica estrutura de vida. A liderança real e formal pode emergir somente de uma sã compreensão global do que significa ser membro. Em certo sentido, então, o ministério da liderança reside nas pessoas eleitas e, ao mesmo tempo, no grupo dos membros compreendido como um todo. Isso se realiza na contínua interconexão entre membros e líder em todos os níveis.

A LIDERANÇA RELIGIOSA. UM DESAFIO COMPLEXO

Liderança religiosa e management [administração]. Uma visão de conjunto

Uma transição gradual do encargo exercido "por nomeação" à verdadeira liderança dentro de uma comunidade é facilitada pela presença de vários elementos e condições. Tarefa essencial

---

[33] WILSON, G. Leadership or incumbency? *Human Development* 19/3 (1998) 6.

[34] EICHTEN, B. M. Membership and leadership: an organic whole. *Review for Religious* 61 (2002) 191-201.

da liderança religiosa, com dupla ramificação, é a de harmonizar um caminho que insista na preservação dos valores comuns, reconhecendo também a necessidade de gerir a complexidade das dinâmicas do grupo. Mais particularmente, a liderança deve ser capaz de mediar elementos de transcendência e de alteridade e de facilitar concretamente os membros no alcançamento dos objetivos de sua consagração na realidade cotidiana.[35]

No nível prático, esses desafios implicam elementos de liderança e capacidade de administração.

Liderança e management. *O desafio da inclusividade*

O que se entende por *management*? A palavra *management* vem da palavra latina *manus* e indica o "tomar nas mãos", dia após dia, os deveres administrativos. O *management* implica o controle ou a direção de uma operação: produzir, inovar, ativar e integrar todos os aspectos de um projeto. O *management* parece proceder da atividade do hemisfério esquerdo do cérebro, que compreende, de fato, ordem, controle, certeza, resposta, planificação articulada e análise dos desafios dos problemas.[36]

A liderança, ao contrário, parece controlada pelo hemisfério direito do cérebro, que tende a envolver sentimentos, abertura, criatividade, intuição, interrogações e a capacidade de gerir a ambiguidade. A tarefa da liderança no contexto de um grupo religioso representa a força que dentro de uma congregação "estimula as energias espirituais e psíquicas dos membros para seguir seus desejos pelo Reino de Deus".[37]

---

[35] DWYER, E. Verso una prassi di accompagnamento..., cit., p. 498. Cf. IMODA, F. *SvU*, p. 297s.

[36] MALONE, J. The dance of leadership. *Human Development* 19/3 (1998) 42.

[37] Ibid.

Idealisticamente, todo líder deveria carregar a responsabilidade tanto da "visão" quanto da administração: não são tarefas separadas, mas essencialmente correlatas.[38] A experiência demonstra que a realidade vivida pode ser bastante diferente. A energia, o estímulo, o empenho que são necessários para a liderança podem estar separados pelo que é preciso para cumprir a tarefa administrativa. Com muita frequência, essa distinção não é adequadamente reconhecida e daí resulta que um aspecto da tarefa do líder pode ser sacrificado em favor de outro: na realidade, a perspectiva da "visão" pode ser colocada à parte para permitir, assim, o alcance dos objetivos mais práticos e imediatamente contingentes.

Em algumas situações, os ideais carismáticos do grupo podem ser ofuscados para prover as necessidades expressas e sentidas por grupos e indivíduos particulares. Nessa perspectiva, uma quantidade de tempo "é gasta em questões de manutenção mais do que de transformação".[39] Embora crendo que sejam indispensáveis ambos os papéis, de *manager* [administrador] e de líder, Bennis[40] representa uma tendência (comum em muitos de seus contemporâneos) para o pensamento dualista: ele sublinha que as funções dessas duas posições são distintas e separadas. Sugere, ademais, que a atividade do *manager* não só é diferente da do líder, mas pode até mesmo ser sua antítese. Outros autores assumem posição muito diferente.

---

[38] MAHER GARVEY, H. Integrated religious leadership. *Human Development* 21/2 (2000) 5.

[39] MALONE, J. The dance of leadership, cit., p. 47.

[40] BENNIS, W. *Come si diventa leader.* Milano: Sperling & Kupfer, 1990. Managing the dream. Leadership in the 21st century. *Training* 27/5 (1990) 43-48. O autor afirma: "O *manager* administra, o líder inova. O *manager* é uma cópia, o líder é um original. O *manager* concentra-se em sistemas e estruturas; o líder, nas pessoas. O *manager* tem um visual estreito, o líder tem uma perspectiva ampla. O *manager* dá início a algo, o líder cria. O *manager* aceita o *status quo*, o líder o desafia. O *manager* é o clássico bom soldado, o líder é ele mesmo. O *manager* faz as coisas benfeitas, o líder faz a coisa certa" (p. 46).

411

PARTE III – CONSEQUÊNCIAS PARA A PRÁTICA EDUCATIVA E PSICOTERAPÊUTICA

Liderança e management.
Uma abordagem integrada

Embora reconheça as complexidades e os desafios da liderança religiosa, Coghlan[41] assegura que ela exige uma atenção conjunta em ambos os aspectos: gestão administrativa da realidade presente e concentração para a criação do futuro do grupo. Como arquitetos de uma meta a ser buscada, ele vê que os líderes devem contemporaneamente agir em duas zonas separadas de tempo, visto que crê que uma função essencial da liderança é ter o próprio olhar voltado firmemente para o futuro, tanto de médio quanto de longo prazo. Coghlan afirma que "os que se limitam a administrar as tarefas organizacionais e pessoais das províncias, em prejuízo da construção do futuro, prestam um ativo desserviço às suas congregações e províncias".[42] Ao mesmo tempo, também Arbuckle,[43] enquanto reconhece a necessidade de que a liderança dirija dia após dia o funcionamento do grupo, observa que a tarefa primária dos líderes oficialmente nomeados é a de salvaguardar o futuro de uma organização.

Maher Garvey, da mesma opinião, vê o líder tanto como administrador quanto como pessoa de "visão", que compreende intuitivamente que a construção do Reino de Deus implica "o estar em contato com ambas as realidades: a vida prática do presente e, ao mesmo tempo, as expectativas do futuro".[44]

---

[41] COGHLAN, D. Leadership as change agent. *Signum* (Aug. 1988) 6-11. O autor afirma que os líderes das congregações são arquitetos do objetivo. Se isso não é levado com seriedade e não se lhe dá séria prioridade, uma Congregação religiosa pode encontrar-se sob o domínio daqueles que gostariam de levá-la aonde não gostaria de ir. O arquiteto do objetivo já está perscrutando o horizonte para sua Congregação. Ser arquiteto do objetivo exige que seja dada a prioridade à formulação de uma visão e a sua consecução, colocando em ação um esforço de modo a gerar energia e ação.

[42] Ibid., p. 8.

[43] ARBUCKLE, G. A. Leadership, change and resistance. *Human Development* 21/2 (2000) 7-13.

[44] MAHER GARVEY, H. Integrated religious leadership, cit., p. 6.

412

Ao evidenciar o caráter indispensável de ambos os elementos do desafio da liderança, Vaill[45] oferece uma análise válida dessa tarefa. Para ele, a liderança é a articulação de novos valores e sua enérgica apresentação. A liderança é aquele processo de ensino e de treino cuja meta é ajudar as pessoas a abraçar e aventurar-se com valores que, de outra forma, talvez não tivessem levado em consideração. A administração, ao contrário, é a descoberta de conflitos de valores e a invenção de processos para elaborá-los e resolvê-los. Conforme Vaill, os administradores trabalham para criar maior harmonia entre os elementos que já estão presentes em determinada situação, ao passo que os líderes mudam os elementos. Portanto, o crescimento e a vida do grupo são apoiados por ambas as facetas, liderança e administração, que trabalham em colaboração e recíproca harmonia.

Ao considerar ambos os papéis, administração e liderança, Moran[46] assevera que tanto os membros quanto os líderes têm necessidade de praticar e de desenvolver capacidades de fazer conexões, "ou seja, remodelar conceitos opostos, de modo a incluir ambos os extremos de uma polaridade".[47] Acredita que, em vez de considerar as polaridades como ameaças à coesão e à coerência, devemos considerá-las como oportunidades, seja para a aprendizagem organizacional, seja para o desenvolvimento. Nesse contexto, o desafio à liderança na hodierna vida religiosa é o de integrar mais plenamente as tarefas de liderança e de administração.

Uma abordagem mais unitária da tarefa de liderança será experimentada tanto pelos membros quanto pelos líderes como um discreto convite a percorrer mais coerentemente

---

[45] VAILL, P. *Managing as a Performing Art*. San Francisco-CA: Jossey Bass, 1989. Para ulteriores aprofundamentos em torno da dimensão liderança/administração, pode-se ver M. Theriault, "Leadership, what does it mean?" (*U.I.S.G Bulletin* 124 (2004) 32-48).

[46] MORAN, M. J. Leadership in this age of change. *Human Development* 20/3 (1999) 25.

[47] Ibid., p. 26.

PARTE III – CONSEQUÊNCIAS PARA A PRÁTICA EDUCATIVA E PSICOTERAPÊUTICA

a vida da vida quotidiana, sempre abertos e fiéis à "visão" e ao carisma daquela determinada Congregação.

O que foi exposto anteriormente analisa o papel da liderança no contexto interno da vida religiosa, levando em consideração a dimensão indivíduo/grupo e o dilema liderança/administração. Na parte que se segue, será considerado o contexto externo que põe um desafio à tarefa da liderança nas congregações religiosas, hoje e no futuro.

O CONTEXTO EXTERNO PARA A LIDERANÇA NO ÂMBITO DA VIDA RELIGIOSA

Esta seção está intimamente ligada à precedente e considera o contexto externo que diz respeito à liderança nas congregações religiosas hoje. Nesta seção, depois de ter identificado a realidade externa, far-se-á uma tentativa de delinear os maiores desafios provenientes de uma cultura globalizada e os modos possíveis de tratar tal realidade. O desafio colocado ao papel da liderança dentro da vida religiosa é considerado no contexto de Jesus como exemplo de líder.

O âmbito Pós-Moderno.
Um desafio à liderança (em geral)

Gaudium et Spes diz que "o futuro da humanidade é recolocado nas mãos daqueles que são capazes de transmitir às gerações de amanhã razões de vida e de esperança" (*GS*, n. 31). Com efeito, este é um desafio para todos os cristãos, mas ainda mais para os líderes religiosos, especialmente nestes tempos de rápidas mudanças, nos quais a difusão do conhecimento e da tecnologia, enquanto oferece possibilidades jamais sonhadas, é, ao mesmo tempo, uma ameaça com situações de vazio, superficialidade, dispersão e realidades virtuais. Michael Paul Gallagher descreve muito brevemente as consequências de tal situação:

414

O *eu* Pós-Moderno sofre de um novo isolamento. Os antigos apoios de uma sociedade unida estão quase completamente desaparecidos; as âncoras da pertença religiosa foram drasticamente diminuídas para muita gente. [...] Se as coisas estão assim, então a Pós-Modernidade sofre, mesmo em suas formas vivas ou quotidianas, de uma incapacidade de deitar raízes. [...] Não é apenas uma questão de narcisismo, hedonismo, niilismo, pós-materialismo etc.: é um problema de sensibilidade sofredora. [...] À primeira vista, este quadro parece um deserto cultural. [...] Com a pouca atração exercitada pelas mediações das religiões, as opções em favor da fé se tornam mais difíceis. [...] Tal dimensão da fé pode, amiúde, enfraquecer-se a ponto de tornar-se irreal.[48]

Isso ilustra, em parte, o contexto cultural[49] no qual a vida religiosa é vivida e no qual o líder exercita seu ministério. Enquanto há um senso de "extravio" na cultura Pós-Moderna, onde os suportes da religião estão progressivamente em desagregação, difunde-se, ao mesmo tempo, um vivo desejo de espiritualidade — nem sempre concentrado em Deus, mas presente, de alguma forma. Outro exemplo do paradoxo que se revela é a busca e o desejo intenso de comunidade significativa em meio ao individualismo emergente.

A LIDERANÇA PARTICIPATIVA

Um sinal dos tempos que mudam

É bastante evidente, no pós-milênio, que a autoridade é colocada em discussão em cada campo da vida. A posição da autoridade deslocou-se das coisas "certas" de ontem para as

---

[48] GALLAGHER, M. P. *Fede e cultura. Un rapporto cruciale.* Cinisello Balsamo (MI): San Paolo, 1999. p. 134.

[49] Os exemplos aqui citados apenas ilustram a natureza transicional da cultura Pós-Moderna, que continua, em nosso mundo de hoje, a influenciar as atitudes de vida. Também é preciso dizer que, em alguns ambientes, o pensamento Pós-Moderno está gradualmente cedendo espaço a uma exploração mais profunda da filosofia moral.

"relativas"[50] de hoje. No que diz respeito à liderança, no geral as coisas mudaram no mundo, mas o mesmo se pode dizer para a liderança na vida religiosa. Nos mais de quarenta anos do Concílio Vaticano II, a vida progrediu, houve possibilidade de experimentação e de adaptação. Sob esse aspecto, é tempo de dar uma olhada, ainda que rápida, no que foi vantajoso e no que não funcionou para o crescimento e desenvolvimento da missão de uma Congregação, pelo menos a partir da perspectiva da liderança. Um assunto importante, a respeito, emerso neste tempo, é o conceito e a práxis da liderança "participativa".

É um aspecto da renovação nas congregações religiosas do tempo do Concílio Vaticano II[51] e, por sua própria natureza, desperta questionamentos acerca da pertença dos membros e sobre o exercício da autoridade.

Gottemoeller[52] descreve brevemente as mudanças que aconteceram como resposta ao apelo do Concílio Vaticano II.

---

[50] O "emotivismo" contemporâneo está baseado na doutrina segundo a qual todos os juízos de valor, e mais especificamente os juízos morais, não são nada mais do que expressão de uma preferência, expressões de uma atitude ou de um sentimento, e justamente nisso consiste seu caráter de juízos de valor ou morais. O *Self* emotivista não possui um sistema de valores fixo, através do qual operar as escolhas. Para um estudo mais completo sobre o "emotivismo", confira-se: McINTYRE, A. *Dopo la virtù. Saggio di teologia morale.* Milano: Feltrinelli, 1993. p. 24, 45-51.

[51] A *Perfectae Caritatis* diz que "também o modo de governar deve ser submetido a exame segundo os mesmos critérios". Por essa razão, "as constituições, os diretórios, os livros de usos, de orações e de cerimônias, bem como outros códigos da mesma ordem, sejam convenientemente revistos, e adaptados aos documentos deste santo sínodo, suprimindo-se as prescrições obsoletas". (n. 3). Com a publicação de *Ecclesiae Sanctae* (1966), o *motu proprio* de Paolo VI, com o qual são promulgadas as normas para a aplicação de alguns decretos do Concílio Vaticano II, entre os quais a *Perfectae Caritatis*, tudo estava pronto para uma nova qualidade da participação congregacional. Foram convocados capítulos gerais especiais com a exigência de atualizar os decretos do Concílio Vaticano II nas congregações religiosas. Teve início, assim, um período de "experimentação" em todas as áreas da vida, inclusive a oração, o apostolado e a práxis comunitária. As linhas-guia convidavam a apropriar-se novamente do carisma dos fundadores e a responder aos sinais dos tempos.

[52] GOTTEMOELLER, D. Participation in Church structure. *The Catholic Common Ground Conference* (14.4.2002).

5. A LIDERANÇA NA VIDA RELIGIOSA HOJE

O mandato da participação universal significou que os religiosos desenvolveram velozmente capacidades comunicativas, de consultoria e de diálogo. Proliferaram os questionários, consultas, grupos de estudo, redes de comunicação, assembleias, laboratórios de discernimento, jornadas de estudo, cartas de informações e, mais recentemente, o correio eletrônico e os sites da Internet.[53]

Daí surge a pergunta sobre o que estava acontecendo com a compreensão da autoridade e da liderança nas congregações religiosas.

Antes dessa mudança de perspectiva, os superiores religiosos (como à época eram chamados) com autoridade pessoal representavam o pré-requisito necessário ao voto de obediência. A obediência religiosa significava essencialmente submeter-se à regra, às constituições e à vontade dos próprios superiores como voz de Deus. Entrementes, inculcava-se a ideia de que, para crescer na virtude da obediência, a pessoa devia submeter a própria opinião autônoma e subordinar o máximo possível os próprios desejos pessoais à vontade dos próprios superiores. O papel de líder/superior era claro e indiscutível.

A nova participação que se estava difundido valorizou a opinião de cada membro. A autoridade que brotava do conhecimento e das experiências pessoais tornou-se significativa. Por exemplo, o estudioso que havia feito pesquisas sobre a vida e sobre os tempos do fundador era visto como a pessoa mais qualificada para instruir e formar a comunidade sobre o assunto. O teólogo e o psicólogo de formação recente eram consultados sobre questões de formação.[54]

Não surpreende muito, portanto, que começassem a eclodir novos conceitos sobre a liderança, diferentes do que era aceitável antes do Concílio Vaticano II. À época, as

---

[53] Ibid., p. 2.

[54] Ibid., p. 2s.

417

qualidades necessárias para a liderança em uma Congregação religiosa consistiam no compreender e viver a regra e ser ensinamento para a comunidade mediante o exemplo. Eram exigidas, ademais, capacidade de administrar, bem como sabedoria que brotava de anos de vida religiosa vivida e a disponibilidade no trato com as pessoas. Na nova situação, começou-se a procurar qualidades de intuição, paixão, criatividade e habilidade para planejar e guiar complexos processos de mudança.

Junto à mudança do conceito de liderança, pôde-se notar uma alteração na expressão do voto de obediência. Mais uma vez Gottemoeller descreve muito claramente a que se assemelhava tal mudança.

> Não surpreendentemente, a compreensão do voto de obediência mudou gradualmente. Buscar a vontade de Deus para si e para a comunidade tornou-se um exercício de discernimento, uma busca, na oração, de clareza e de orientação. Pronunciar o voto de obediência, para um membro, significa que o carisma e as constituições são uma fonte privilegiada na qual se manifesta a vontade de Deus, que a Congregação medeia a vontade de Deus para ela de modo primário. Tal mediação é expressa não só através da voz do líder, mas também por meio das vozes dos próprios companheiros.[55]

O desafio

As mudanças acontecidas nos últimos quarenta anos, porém, também trouxeram consigo dificuldades. Muitas perguntas surgiram a respeito do acento colocado na participação. Evidenciou-se que, amiúde, no final de longos períodos de discussões e diálogos, não se faz nada. O haver dado prioridade à participação também levou à situação em

---

[55] Ibid., p. 5.

que "o mínimo denominador comum" prevaleceu sobre a realização de valores e ideais, de modo a levar a termo, sem conflitos, as exigências e as ideias do maior número possível de membros. A observação de Kiely é importante aqui:

A passagem de responsabilidade do indivíduo para o grupo é, em si mesma, uma passagem fortemente ambígua. Daí não se depreende, necessariamente, que a razoabilidade e a responsabilidade do grupo será maior do que a do indivíduo. [...] A responsabilidade de muitos tende a ser a responsabilidade de ninguém.[56]

Além do mais, pode acontecer que, quando uma participação excessiva procede *pari passu* com uma falta de vontade de fazer escolhas exigentes, visto que ninguém está disponível ou se encontra na posição de poder realmente desafiar outros, pode-se chegar a uma dispersão, causando desperdício de energias e um senso de desafeição para com a missão confiada à organização.

Uma das mais sérias repercussões da influência negativa da liderança participativa é perceptível, talvez, em um ofuscamento do ascetismo exigido para viver a virtude da obediência, com uma concomitante mitigação do elemento da fé, ou seja, a conformação à obediência de Cristo.[57] Nesse "enfraquecimento" insinuou-se também a forte tendência cultural rumo ao individualismo. Esse traço, que em geral faz parte da vida do mundo ocidental, nos últimos decênios, ou talvez antes também, coloca a necessidade individual acima do bem comum, o que fragiliza a estrutura comunitária, tão essencial para que haja vida religiosa.

---

[56] KIELY, B. *Psicologia e teologia morale. Linee di convergenza*. Casale Monferrato (AL): Maietti, 1982. p. 313-314.

[57] Cf. Fl 2,6-8: "[Jesus Cristo], mesmo sendo de condição divina [...] humilhou a si mesmo, fazendo-se obediente até a morte, e morte de cruz".

PARTE III – CONSEQUÊNCIAS PARA A PRÁTICA EDUCATIVA E PSICOTERAPÊUTICA

"Deformações" de grupo e influência da dinâmica de grupo

Um segundo risco na "responsabilidade de grupo" consiste em uma forma particular de "deformação de grupo"[58] que reflete a tendência segundo a qual qualquer problema é uma questão de responsabilidade pessoal. "O descontentamento é projetado para fora e todo problema se torna um problema que pertence a *eles* (ou seja, a qualquer outro grupo de que não faz parte a pessoa interessada)."[59] As estruturas de participação que têm como fim a inclusão do número máximo de membros no papel da liderança têm funcionado como estruturas de transição, para consentir a evolução de uma forma de vida aceitável nos séculos XIX e XX, para uma apropriada no início do terceiro milênio.

Tais estruturas têm permitido que os membros das congregações "tomem nas mãos" mais responsabilidades na vida quotidiana e passem de um estilo de vida de grupo infantil e superprotetor, que encorajava a dependência e a complacência,[60] para uma situação, espera-se, mais aberta à responsabilidade individual. Contudo, o que tais estruturas aparentemente têm dificuldade em oferecer é aquela necessária "segurança" que é essencial para o bom funcionamento de todo grupo consideravelmente numeroso. Essa segurança encontra sua razão de ser na clareza dos papéis e na efetiva assunção do ministério de liderança da parte de um membro do grupo, cuja tarefa consiste em prestar atenção ao bom funcionamento do próprio grupo.

O que foi evidenciado nas pesquisas trazidas por *AVC II* há mais de vinte anos, e que se demonstrou válido naquele

---

[58] Uma definição das várias formas de "deformação" dos grupos pode-se encontrar em B. J. F. LONERGAN, *Insight;* A Study of Human Understanding (p. 222-236).

[59] KIELY, B. *Psicologia e teologia morale. Linee di convergenza*, cit., p. 314.

[60] RULLA, L. M. *Psicologia del profondo e vocazione;* le istituzioni. Torino: Marietti, 1976.

420

tempo, é que, com o abaixamento do ideal institucional, a influência do "grupo dos semelhantes" torna-se mais forte, os ideais institucionais recuam para o fundo e a orientação aos valores assume um papel secundário em favor de escolhas mais orientadas às necessidades. Os limites desvanecem-se lentamente, mas com certeza a "gradualidade da lei" tem a precedência sobre "a lei da gradualidade".[61] Nota-se, ainda, como a considerável energia necessária para a missão pode ser desperdiçada por uma situação semelhante.

A LIDERANÇA EFICAZ EM UM PANORAMA DE MUDANÇAS. ALGUMAS REFLEXÕES

Com efeito, a liderança participativa, com seus lados positivos e negativos, é um autêntico instrumento para a conservação e transmissão dos valores. Não obstante esse desenvolvimento, que toca o sistema em seu conjunto, existem perenes tentações que contrastam continuamente com a liderança e, se não são objeto de atenção da parte do líder, podem, com o tempo, minar a eficácia de seu ministério.

Controle do comportamento, instâncias de segurança e crescimento pessoal

Em um mundo de fragmentação, incertezas, limites esbatidos, os líderes podem ser tentados a "assumir o controle" e "oferecer certezas". Como diz Margaret Wheatley:[62]

Até mesmo os líderes que jamais gostariam de tornar-se ditadores, aqueles voltados para uma liderança de serviço, caem

---

[61] JOÃO PAULO II. Exortação apostólica *Familiaris Consortio* (22.11.1981), n. 34. [São Paulo: Paulinas, 1981. Col. A voz do papa, n. 100.]

[62] WHEATLEY, M. J. *Finding Our Way. Leadership for An Uncertain Time*. San Francisco: Barrett-Kohler Publishers, 2005. p. 26.

PARTE III – CONSEQUÊNCIAS PARA A PRÁTICA EDUCATIVA E PSICOTERAPÊUTICA

nessa arapuca. Querem ajudar, por isso exercitam maior controle sobre a desordem. Buscam criar segurança e afastam as pessoas da incerteza da mudança. Procuram dar respostas a dilemas que elas não têm.

Essa é uma descrição evocativa de uma armadilha na qual podem cair os líderes que, mais ou menos inconscientemente, vivem sua necessidade pessoal de segurança. No assunto da liderança e da segurança, há um aspecto que mais uma vez coloca em evidência a necessidade de um conhecimento pessoal acurado e de uma humilde aceitação de si por parte do líder. Mais ainda do que o desejo de dominar, no gênero humano existe o desejo latente (ou não tão latente) de estar sujeito à dominação. Dessa necessidade brota o desejo de "pertencer" a um(a) líder dominante.

Tal pertença fornece à pessoa mais fraca uma sensação de segurança estável, algo semelhante a um senso de imortalidade. Uma pessoa pode buscar tal segurança ao preço de subordinar-se a outra, por exemplo, a um líder potente. A mesma tendência pode ser observada na veneração de um herói e na identificação com aqueles que têm *status* de celebridade no mundo de hoje. Ainda uma vez, o(a) líder necessita de um profundo autoconhecimento, a fim de que não seja seduzido(a) pela ideia de oferecer um sentido simbólico de imortalidade ao outro e prejudicar, com o passar do temo, seu próprio senso de identidade.[63]

Com a liderança chega também a tentação de abusar do poder, de reforçar a autoestima, de ser grandioso e atribuir a si mesmo capacidades maiores do que as que se possui realmente. São desafios que todos encontram no caminho da vida, mas que, no caso da liderança, assumem um peso maior por causa das necessidades a que inevitavelmente conduzem as questões e os desafios da função: a necessidade

---

[63] KIELY, B. *Psicologia e teologia morale. Linee di convergenza*, cit., p. 227.

inata de sentir-se seguro e de querer verificar essa segurança. E todos nós sabemos, por Shakespeare, que "a segurança é o supremo inimigo mortal".[64]

Isso simplesmente confirma uma verdade de base: se não somos interiormente livres, todas as experiências do mundo não nos ajudarão a abrir-nos ao poder transformador de Cristo, o qual parece respeitar os limites de nossa liberdade efetiva de responder-lhe.[65]

O que o(a) líder aprendeu de si mesmo(a) estará em condições de partilhá-lo com os outros, e isso oferecerá aos demais a possibilidade de entrar em contato com sua própria liberdade e reconhecer as próprias não liberdades. Da experiência o líder aprende que a falta de harmonia no sistema motivacional de uma pessoa pode gradativamente solapar os valores conscientemente adquiridos, o que a leva a viver até o ponto de perder o gosto por esses valores e a buscar a gratificação subconsciente nos valores naturais mais do que nos autotranscendentes.

A importância de lutar contra a tentação de sentir-se seguro e autogratificado ilumina o fato de que somente o que é realmente vivido pode ser autenticamente enfrentado e só o que realmente é enfrentado pode ser oferecido para ser transformado. O exercício do ministério da liderança é, de fato, tanto para uma redenção transformadora do líder mesmo quanto para um serviço àqueles que o líder deve guiar.

O confronto com a incerteza

O desafio para o líder é mediar o trabalho da confiança, levando as pessoas a não evitar a incerteza e o caos, coisa

---

[64] SHAKESPEARE. W. *Macbeth*, ato III, cena IV, vv. 32s.

[65] Cf. DOLPHIN, B. *The Values of the Gospel;* A Study in Thematic Perception. Roma: Editrice PUB, 1991.

que os guias espirituais fizeram durante milênios. Os tempos conduziram os líderes a um nível espiritual em que "devemos entrar, mais uma vez, no campo das tradições espirituais, se quisermos ter êxito, como bons líderes, nestes tempos difíceis".[66] Uma vez mais a natureza mesma do âmbito cultural no qual vivemos nos convida a reconhecer que o verdadeiro líder é uma pessoa cujas ações apontam para a "realidade basilar", para aquela "totalidade escondida" com a qual todos podemos contar. O que motiva os outros é o significado. O líder por excelência é o que motiva o outro, chama-o a ser a pessoa possível, com a ajuda de Deus.

"A motivação para o como 'deveria ser' não é o medo do pecado ou um perfeccionismo compulsivo, mas a força do amor."[67] Tal atitude exigirá muito de um líder, frustrando suas necessidades íntimas de popularidade e aceitação e desafiando sua verdadeira disponibilidade para escolher um bem maior, qualquer que seja o preço a ser pago neste processo.

Tornar possível a esperança

As palavras da *Gaudium et Spes*,[68] a que nos referimos anteriormente, suscitam questões para todos, mas de modo particular para a liderança religiosa. De onde provém a força de "transmitir às gerações de amanhã razões de vida e de esperança"? Como é cultivada e desenvolvida? Na primeira parte desta contribuição, a compreensão da liderança como mediação de significados foi discutida sob o perfil teórico. Desenvolvendo o que já foi dito e considerando a questão prática, o(a) líder, hoje, em seu modo de ser e de agir, é chamado(a) a dar testemunho pessoal da "esperança interior". Nas palavras

---

[66] WHEATLEY, M. J. *Finding Our Way*, cit., p. 128.

[67] RULLA, L. M. *Psicologia del profondo e vocazione; le istituzioni*, cit., p. 198.

[68] Cf. *Gaudium et Spes*, n. 31.

de Pedro: "Não fiqueis perturbados [...], antes, santificai a Cristo, o Senhor, em vossos corações, estando sempre prontos a dar a razão da vossa esperança a todo aquele que vo-la pede" (1Pd 3,15). Isso desafia o líder a estar em contínua sintonia com os princípios significativos em sua vida, a estar disponível para trabalhar com os próprios desejos interiores, integrando uma vida de oração com uma abertura sempre mais profunda para discernir o verdadeiro "bem" em determinada situação.[69] Enquanto em *AVC I* as referências a esse desafio são feitas no contexto da formação inicial, permanece válido o princípio de base segundo o qual, na liderança, bem como nos primeiros passos da formação, existe sempre necessidade de "levar óleo na própria lâmpada".[70] Isso é particularmente importante em um contexto no qual o testemunho da vida vivida parece ser mais relevante do que noções ou preceitos que se apregoam. Há também, em nossos tempos, uma grande atenção para o belo, "hoje, as pessoas hesitam diante da verdade, resistem ao bem mas são atraídas pelo belo".[71]

É um paradoxo fascinante. Num mundo rebocado tecnologicamente, onde o meio visual é de capital importância e onde a realidade virtual confunde os limites entre o que é e o que se imagina nos modos menos esperados,[72] o desafio da beleza verdadeira, dentro e fora da pessoa humana, ressalta ainda mais evidentemente. O desafio para o líder, mas, na verdade, para todo indivíduo, é o de viver o que se proclama.

Em tal situação, a importância da internalização dos valores é central.[73] O desafio para o líder é estar integrado

---

[69] Cf. *AVC I*, p. 360ss.

[70] Lc 12,35: "Estai preparados, com os cintos cingidos e as lâmpadas acesas".

[71] Ponderação feita pelo cardeal Godfried Daneels no decurso de uma comunicação pessoal.

[72] Hoje, é possível apostar em corridas de cavalos "virtuais", que são criados pelo computador e participam de competições simuladas.

[73] Cf. *AVC I*, p. 315ss.

PARTE III – CONSEQUÊNCIAS PARA A PRÁTICA EDUCATIVA E PSICOTERAPÊUTICA

e viver o que proclama. Como o demonstrou a pesquisa,[74] nenhum grau de instrução, experiência de vida ou até mesmo proclamação de valores servirá para construir o senso de identidade da pessoa se não houver luta cotidiana para viver segundo o próprio sistema de valores, e não se fazem opções que coordenem a própria escolha fundamental de vida.

No mundo de hoje, a credibilidade vem da realidade vivida por determinada pessoa. Os jovens hodiernos escutam o relato de uma pessoa, admiram a beleza da coragem. Não escutarão facilmente o dogma e a doutrina conceitual. Veem a pessoa não só como mediadora da mensagem. Para eles, a pessoa é a própria mensagem. De modo crescente, visto que o indivíduo tem menos apoio externo no campo de normas concordadas para a vida (coisa que é característica dominante da Pós-Modernidade), somos sempre mais fortemente desafiados a viver de acordo com valores interiorizados.[75]

Liderança como serviço e chamado ao viver autêntico

A liderança como serviço é substancialmente isto: viver como Jesus, que se fez intérprete da mensagem do amor extraordinário de Deus por toda pessoa. Na história humana existe algum relato mais fortemente envolvente do que a descrição do que acontece durante a última ceia de Jesus com seus seguidores mais íntimos (cf. Jo 13,1-17)?

Para uma cultura mundial que tem dificuldade em lançar raízes, não há expressão de radicalidade maior do que a ação e as palavras de Jesus naquele momento particular de sua vida. Ele conhecia claramente sua posição de líder. Sua ação, obviamente, escandalizou os que pensavam conhecê-lo bem.

---

[74]   Cf. *AVC I*, p. 320ss.
[75]   Cf. *AVC I*, p. 315ss.

No entanto, seu agir não cessou jamais de inspirar e desafiar os chefes através dos séculos. Nós sabemos que qualquer coisa que Jesus diz e faz ensina-nos algo. Sabemos também que a obra de Jesus não é coincidental, acidental ou casual. Desse relato, ao contrário, provém clara e forte a pergunta aos líderes: "Vivemos no Espírito de Jesus, fazendo da nossa vida uma resposta de amor?".[76]

Essa pergunta, mais uma vez, chega ao coração de uma vida autenticamente vivida, que nos pede sejamos efetivamente livres o bastante, em cada situação, para levantar ulteriores questões em relação às nossas escolhas no imitar Jesus e seu modo de ser.[77] Não aprendemos automaticamente da experiência. Existem aspectos do nosso viver nos quais podemos aprender, e efetivamente aprendemos de uma experiência a outra, mas existem outros aspectos da vida nos quais somos obstaculizados por nossos "pontos cegos". Isso pode significar que o procedimento de autocorreção na aprendizagem[78] pode tornar-se distorcido, por isso a falta de autenticidade se insinua em nossa existência.[79] Esse é um desafio constante em nossa vida.

Kiely afirma que "o problema da inautenticidade tem uma constante fonte de renovação em cada situação de infância, em cada geração de crianças, na inevitável frequência de distorções no desenvolvimento",[80] de modo que a autenticidade é enfrentada, mas, espera-se, sem compromissos.

---

[76] NAVONE, J. *The Dynamic of the Question in Narrative Theology.* Roma: Gregoriana UP, 1986. p. 75-84.

[77] Cf. BALTHASAR, H. U. von. *La mia opera ed epilogo.* Milano: Jaca Book, 1994: Von Balthasar descreve o discipulado como "decisão que seja a forma que um cristão deve conferir à total renúncia por amor do Senhor" (p. 49).

[78] LONERGAN, B.J. F. *Insight;* A Study of Human Understanding, cit., p. 300, 375.

[79] Cf. KIELY, B. *Psicologia e teologia morale. Linee di convergenza,* cit., p. 293.

[80] Ibid.

Nisso consiste o desafio do líder. No vórtice dos vários e constantes pedidos de atenção, quer se trate de tarefas de liderança, quer de administração, é irrenunciável a necessidade de espaço e de tempo para chegar à íntima "fonte da autenticidade". Se esta necessidade não é atendida, o perigo de passar mensagens mistas ou pelo menos duplas é uma ameaça verdadeiramente real no exercício da liderança.

Por todo o tempo que nos é concedido, a sinceridade para com nós mesmos, para com os outros, para com Deus, será sempre um tesouro que carregamos em "vasos de barro" em nosso viver, em nosso aprender ou não aprender, no diálogo, entre Deus e nós, que se dá em Jesus. Como já se disse, o simples crescer em idade ou a multiplicidade de experiências não são garantia de uma contínua maturação humana, moral, espiritual; do mesmo modo, a experiência da liderança não é garantia em si mesma de crescimento e de desenvolvimento. Com efeito, pode dar-se facilmente o contrário se não formos vigilantes e atentos às escolhas que fazemos na vida quotidiana.

O desafio de gerir os "polos opostos"

G. K. Chesterton, em seu livro *Ortodoxia*, faz uma afirmação muito interessante, que tem implicações para o líder nesta sociedade do terceiro milênio. Ele afirma: "O Cristianismo superava, ainda, a dificuldade de combinar antíteses ferozes, mantendo-as ferozmente".[81]

Nesta sociedade do terceiro milênio, a individualidade é premiada. Se não degenera em individualismo, pode ser uma coisa boa. A diversidade é buscada como única expressão de individualidade da pessoa ou de grupos específicos. Os

---

[81] CHESTERTON, G. K. *Ortodossia*. Brescia: Morcelliana, 1980. p. 130.

428

conceitos e a realidade dos multiculturalismos e da vida intercultural explodiram nos últimos anos, sobretudo por causa da enorme migração de povos em todo o mundo. Os esforços nas áreas do diálogo inter-religioso e do ecumenismo, do antissectarismo, do antirracismo, a mediação e a reconciliação, tudo coloca em evidência a realidade das "antíteses ferozes" e, ao mesmo tempo, confirma aquela tomada de posição eminentemente cristã (conforme descrita de modo tão sugestivo por Chesterton) de buscar manter as posições e de mantê-las nos polos opostos.

Uma Congregação religiosa está inserida no mundo em que vive e por isso os desafios que percebemos na sociedade em geral, e na Igreja em particular, não são estranhos à vida dos membros de uma instituição religiosa. Isso significa que os líderes de uma Congregação enfrentam, dentro dos limites de suas comunidades, as "antíteses ferozes" que se encontram em toda parte na sociedade. Mais uma vez, o desafio para o líder é o de ser capaz de manter-se firme nas exigências de base do carisma da Congregação e, ao mesmo tempo, conceder bastante espaço a fim de que tais exigências entrem em um autêntico diálogo que possa levar, por um lado, a dilatar "o espaço da tenda" e, por outro, a delinear de modo mais claro os limites do carisma, a competência e a capacidade da Congregação de responder às exigências da situação atual.

O diálogo, uma senda sempre antiga e sempre nova para o líder

Concluindo, pode-se dizer que, no contexto Pós-Moderno, é impossível viver o ministério da liderança sem dedicar a maior parte do próprio tempo ao diálogo. É uma exigência a ser salvaguardada de modo absoluto, mesmo que, às vezes, pareça perda de tempo. É o preço para conseguir-se a unidade em nosso mundo feito de individualismo, pluralismo e dispersão. O diálogo deve ser tanto interpessoal quanto comunitário. Se vier a faltar, não haverá conhecimento mútuo dos próprios irmãos e irmãs, por isso não haverá terreno válido sobre o qual construir a própria autoridade. Isso constitui um desafio, acima de tudo, na área do delicado equilíbrio que o líder deve encontrar entre administração e liderança.

O líder como "aquele que dá com alegria"

Em tudo o que foi dito há um aspecto da liderança que não foi mencionado. Paulo, escrevendo aos coríntios, fala "daquele que dá com alegria" (2Cor 9,7). Quem quer que tenha estado no ministério da liderança em uma Congregação religiosa sabe que este serviço concede ao líder momentos de grande alegria e de grandes dificuldades. De um lado, é fonte de profunda alegria e maravilha o privilégio indizível para o líder de ser convidado a partilhar com os próprios irmãos e com as próprias irmãs sua peregrinação pessoal. Por outro lado, se não encontrou na profundidade de si mesmo a capacidade de doar-se livre e alegremente e de colocar-se a serviço da Congregação, não é possível, para uma pessoa, sobreviver a um período de liderança, não importa quão longo ele seja.

Um dos desafios principais é aprender a "deixar fluir", "distanciar-se" do apego às próprias opiniões, ideias, programas, horários, tempo livre, tempo pessoal, senso de competência em uma área específica etc. Conforme acenado acima, o desafio é o de ser capaz de manter um equilíbrio de modo que o ministério não absorva completamente a vida. Nesse deixar fluir, a relação com a pessoa de Jesus, que não hesitou em doar-se totalmente, estão a verdadeira rocha e a âncora nas quais o próprio líder encontra força e inspiração para continuar a doar-se de modo sadio e alegre. Dar com alegria é, verdadeiramente, um dom que pode ser preparado, mas jamais vem espontaneamente.

JESUS, EXEMPLO DE LÍDER

A experiência do cristão e do líder cristão deve sempre imitar a de Jesus, que, em sua existência humana, sempre foi um grande enigma. Morreu entre atrozes sofrimentos na cruz, proclamou a necessidade da renegação de si e da renúncia, e assim penetrou tanto no mistério do sofrimento, a ponto de conhecer a alegria intensa que nasce dessa doação de si. Nas palavras de Chesterton:

> A imensa figura que enche os evangelhos eleva-se, por esse aspecto, como por qualquer outro, sobre todos os pensadores que se acreditaram grandes. Seu *pathos* foi natural, quase casual. Os historiadores antigos e modernos tiveram orgulho de esconder suas lágrimas. Ele jamais escondeu suas lágrimas. Ele as mostrou claramente sobre sua face, aberta a todo espetáculo cotidiano, como quando ele viu, de longe, sua cidade nativa. Mas ele ocultou algo. Os solenes super-homens, os diplomatas imperiais ficam orgulhosos de controlar sua cólera. Ele não retém jamais sua cólera. Ele derrubou os bancos de mercadorias pelos degraus do templo e perguntou aos seres humanos como esperariam fugir da danação do inferno. No entanto, ele conteve algo. Digo-o com reverência: havia, nessa impetuosa personalidade, um lado que se poderia dizer discreto: havia algo que ele escondeu de todos os seres humanos quando foi rezar sobre a montanha: algo que ele cobriu constantemente com um brusco silêncio ou com um veemente isolamento. Algo demasiado grande para que Deus o mostrasse a nós enquanto ele caminhou sobre a terra. E eu, às vezes, imaginei que fosse sua alegria.[82]

---

[82] Ibid., p. 219s.

Talvez o elixir da liderança do século XXI tenha algo a ver com a alegria e o riso — a alegria e o riso de Jesus Cristo?

CONCLUSÃO

A liderança é um ministério de vital importância na Igreja. Nestes tempos de transição, como em todas as passagens da vida, confronta-se com muitas oportunidades e desafios. Esta contribuição é uma tentativa de articular algumas reflexões sobre os desafios a serem enfrentados e sobre as oportunidades a serem acolhidas na interação ente o líder e os membros da comunidade.

Elas podem ser assim resumidas:

- em *primeiro* lugar, o desafio e a oportunidade de promover, tanto no âmbito individual quanto no comunitário, uma visão mais completa das exigências da vida religiosa;

- em *segundo* lugar, o desafio e a oportunidade de elaborar uma perspectiva de futuro que consinta ao guia e aos membros enfrentar, com esperança, o presente;

- em *terceiro* lugar, o desafio e a oportunidade de viver os valores do Evangelho com autenticidade e eficácia, de modo que, quer para os indivíduos, quer para o grupo em seu conjunto, seja possível uma contínua abertura à ação transformadora do Espírito de Deus.

Ao concluir esta contribuição, desejamos que todos aqueles que se empenham no ministério da liderança, não importa a forma com que se revista, sejam abençoados com o dom da sabedoria — uma participação no modo divino de ver a realidade.

Capítulo 6

A ANTROPOLOGIA DA VOCAÇÃO CRISTÃ SOB A PROVA DAS CULTURAS: A EXPERIÊNCIA DE UMA FORMADORA

Terezinha Esperança Merandi[*]

Além dos dons fundamentais do chamado de Deus à vida, ao relacionamento e à intimidade com ele, em Cristo Jesus, a vocação à consagração e ao serviço missionário foi, indubitavelmente, o sinal mais profundo da presença viva e amorosa de Deus (cf. Rm 11,29) que eu pude experimentar.

Foi-me pedido para partilhar minha experiência acerca de quanto recebi no Instituto de Psicologia da Pontifícia Universidade Gregoriana e a respeito de como isso influenciou em minha atividade missionária e de formadora em mais de trinta anos, ou seja, do tempo em que padre Luigi Rulla me aceitou — como primeira mulher — no segundo grupo de estudantes

---

[*] Estadunidense, laureada em Teologia e em Psicologia, trabalhou para sua Congregação nos EUA, na Nicarágua, na Guatemala, na Argentina, no Brasil e na Itália. Atualmente, vive em Soddo (Etiópia).

que iniciavam sua formação no Instituto. Este dom, dentro do dom que é a vocação religiosa, foi e permanece para mim um chamado contínuo e sempre me recorda de que a conversão pessoal e a clareza nas escolhas quotidianas são o núcleo de toda resposta ao dom insondável em Jesus Cristo de ser um com ele, como ele e o Pai são um (cf. Jo 17,21).

Foi para mim um privilégio dedicar muitos anos ao compromisso missionário e formativo, de 1972 até hoje. Vivi no interior de muitas culturas diferentes (nas Américas: Estados Unidos, Nicarágua, Guatemala, Argentina e Brasil; na Europa: Itália; agora na África: Etiópia). Isso me levou a compreender e a apreciar sempre melhor o dom recebido e os meios mais adequados para levá-lo à maturação. Meu caminho de conversão pessoal e o constante e humilde acompanhamento de sacerdotes, religiosos(as) e leigos(as), desejosos por dar um sentido mais profundo à sua vocação específica e de vivê-la com maior clareza e dedicação, beneficiaram-se daquele grão de mostarda inicial (cf. Mt 13,31s) que lançou raízes profundas e produziu fruto de convicções vividas.

O DESAFIO DA DIVERSIDADE CULTURAL

A dialética pessoal é única para cada um, em qualquer contexto, e isso faz parte do mistério de cada ser humano. Mas existem fatores próprios de cada cultura que influenciam o desenvolvimento ou o estilo de vida e de personalidade do indivíduo, em sua particularidade. Em tal sentido, a cultura, a geografia e a experiência desempenham um papel não indiferente na vida das pessoas. O pano de fundo social, político, econômico, cultural e religioso de uma pessoa e o estilo educativo são o *húmus* que dá início ao seu crescimento.

Em minha experiência (em três continentes e em diversas culturas), na partilha da vida com as pessoas, bem como no trabalho com religiosos, sacerdotes e leigos, tanto locais quanto estrangeiros, constatei que se ater principalmente aos aspectos de vida de um dado contexto cultural, geográfico e experiencial é uma posição demasiado rígida, que tende a limitar e condicionar a própria experiência de vida a uma perspectiva bastante fechada e a considerar legítimo um comportamento somente se se encaixa na cultura local. Isso favorece certo estilo de vida humana e religiosa que liga o indivíduo a uma forma particular (comunidade, clã ou tribo, província ou nação de base), sufocando o profundo desejo interior de crescer ainda, de experimentar uma liberdade maior e de abrir-se ao incessante dinamismo da conversão, do serviço e do amor.

As diversas culturas oferecem a e imprimem em todos os que matam a sede em suas fontes muitos valores sãos e evangélicos. Onde há abertura às atitudes e aos valores do Evangelho e esses podem ser aceitos e comunicados, então, dentro de determinada cultura, pode florescer nova expressão do Evangelho, sem que sejam perdidos aspectos importantes nem do Evangelho, nem daquela cultura. Tarefa sublime do Evangelho é justamente a de levar salvação e sabedoria a toda cultura (convidando também à purificação e a um melhoramento de vida). O Evangelho não é vivido fora da encarnação em uma cultura e fora da inculturação. Ao contrário, promove, eleva e conduz a maior maturidade toda pessoa inserida em uma cultura e também a cultura que essa pessoa encarna.

PRERROGATIVAS DE LIBERDADE E DESAFIOS AO CRESCIMENTO NAS DIVERSAS CULTURAS

Por enquanto, detenhamo-nos nesses temas, ao passo que, em seguida, enfrentaremos os aspectos mais essenciais respeitantes à liberdade humana e ao desenvolvimento integral.

O assim chamado Terceiro Mundo foi minha casa e lugar de minha missão durante grande parte de minha vida religiosa. A partir de 1975, desenvolvi minha atividade na América Latina e, desde o ano 2000, encontro-me em terra africana, na Etiópia. À parte alguns meses de trabalho formativo na América Central e na Argentina, minha vida e minha missão (e poderia dizer minha própria formação missionária) desenvolveram-se no Brasil.

Minha formação de base, humana e religiosa, foi um dom do mundo ocidental, o Primeiro Mundo. Tive a oportunidade de prestar meu serviço nos Estados Unidas e na Itália, na atividade formativa e como membro da administração-geral das Irmãs Missionárias do Sagrado Coração de Jesus. Essa experiência traz consigo um apelo a alargar os próprios horizontes e a abrir o próprio coração, um chamado contínuo a melhorar o próprio crescimento e o próprio serviço: "Alarga o espaço da tua tenda, estende as cortinas das tuas moradas, não te detenhas, alonga as cordas, reforça as estacas, pois hás de transbordar para a direita e para a esquerda" (Is 54,2s).

A pobreza, a até mesmo a miséria do Terceiro Mundo, foi um rico campo de aprendizagem. Essas culturas transbordam de jovialidade, são ricas de desejo e de esperança no Deus da vida que caminha em meio ao seu povo, entre os marginalizados, os pobres e os desprovidos de todo bem, que constroem seu futuro com a força da comunidade (as comunidades de base), do clã, da tribo. O indivíduo é impotente e praticamente insignificante sem eles.

A doença (HIV/Aids, malária, tuberculose, meningite), a falta de recursos educativos e econômicos, a alienação política, o sistema habitacional precário e a falta de bens pessoais são um problema quotidiano das pessoas na devastadora cultura de morte. "Somar forças" é o único modo de sobreviver, para esperar e continuar a celebrar a vida.

Nos últimos anos, no Brasil, a vida religiosa e a Igreja deram vida a dois movimentos consistentes e específicos, com o objetivo de fornecer uma ajuda cultural e religiosa em tais situações. O primeiro — "Tua Palavra é Vida" — conduz uma reflexão encarnada sobre a Palavra de Deus, integrada com a realidade da justiça, das problemáticas sociais e do magistério, colocando no centro os valores e as ações de Jesus. O segundo promove uma reflexão pedagógica sobre a análise da sociedade e um programa chamado "Ver, Julgar e Agir", instrumento muito eficaz para projetos tanto comunitários quanto pessoais, para avaliações e planejamentos para o futuro.

Na Etiópia, terra de antiga herança, cultura e raízes cristãs, existem mais de 86 tribos, clãs e grupos linguísticos, com forte senso de unidade nacional. A Etiópia considera-se a única nação africana que jamais foi colonizada e, de fato, ajudou todas as outras nações do continente na luta pela independência. Por tal razão, sua capital, Addis Abeba, foi escolhida como sede da União Africana. No seu interior, a Etiópia é um conjunto de muitas nações ou tribos que lutaram ferozmente entre si no decorrer de sua longa história.

No final do reino do imperador Haile Selassie, durante o regime comunista Derg e nos últimos 14 anos em que se tentou obter uma democracia social, foram atribuídas terras (que, de qualquer maneira, permanecem propriedade do governo) às tribos e se lhes concedeu certo grau de liberdade para um autogoverno. Contudo os meios necessário ao objetivo foram parcos ou quase inexistentes: os vários grupos linguísticos não tiveram apoio no que diz respeito à escola e às instituições sociais (se é que jamais tenham existido, efetivamente). Em alguns casos, tem-se a sensação de ter-se sido completamente abandonado.

Apesar do crescente número de sacerdotes e religiosos, a Igreja Católica na Etiópia constitui menos de um por cento

PARTE III – CONSEQUÊNCIAS PARA A PRÁTICA EDUCATIVA E PSICOTERAPÊUTICA

da população. Ortodoxos e muçulmanos reúnem, cada um, os 40%. Em todo o país, há uma atmosfera intensamente religiosa, com a presença do Cristianismo, do Islamismo ou de religiões naturais. Como no Brasil, Deus encontra-se, amiúde, nos lábios de todos: *Deus, agzi'abeher.*

Entre os que tiveram o privilégio de frequentar a escola, a língua mais difusa é o amárico, uma língua semítica que teve origem no norte da Etiópia. O alfabeto inclui mais de 271 caracteres (combinações de consoantes e de vogais) e 45 ditongos. Em amárico, e na maior parte das línguas tribais da Etiópia, não existe uma palavra para designar a "pessoa", e isso diz muito acerca do tipo de cultura e sobre a dependência do grupo que a caracteriza. Para indicar uma pessoa de sexo masculino se diz "homem de pé" (*säw mäbäd*) e para uma de sexo feminino "mulher de pé" (*set mäbäd*). O respeito para com os anciãos e os antepassados está profundamente entranhado na cultura, na religião e no senso do próprio ser.

O amárico deriva da língua-mãe *Ge'ez*, que ainda é usada na liturgia, como o latim no Ocidente. Para intuir as profundidades e as maravilhas desta antiga cultura, basta lançar um olhar sobre esta série de palavras: o vento é *näfäs*, a alma é *näfs*, o espírito é *mänfäs*, o respiro é *tänäffäsä* e o hálito é *tenfäs*. Como se vê, a imagem e o movimento da alma e do espírito que sopra e dá o hálito vêm da natureza e do vento. E essas palavras dizem muito mais sobre um etíope do que os termos "homem de pé" ou "mulher de pé".

A Etiópia é caracterizada por um senso de respeito e de reverência pela cultura, pela religião e pelos antepassados, mais típico do Oriente do que do Ocidente. A pessoa está unida ao grupo em Deus, e o grupo está unido aos antepassados, à cultura e à religião com vínculos radicais e muito estreitos.

A força dessas culturas do Terceiro Mundo está na unidade do grupo, que tem suas profundas raízes na fé, na cultura e

438

na própria terra. Para robustecer essas forças são indispensáveis oportunidade com vistas ao desenvolvimento pessoal, à responsabilidade subjetiva e ao saber estar de pé como sujeito adulto maduro.

A esta altura, é claro que questões ligadas à necessidade de dependência devem ser enfrentadas de modo sério, justamente para preservar e dilatar interiormente a área da liberdade efetiva da pessoa chamada a testemunhar Cristo e a viver a própria vida cristã, e eventualmente consagrada no serviço fiel a Deus e ao próximo. Ademais, no Terceiro Mundo, o envolvimento missionário pode ser tão forte que a obediência ao carisma da própria Congregação e/ou às diretivas da Igreja local facilmente corre o risco de ser descuidada ou considerada pouco importante, a fim de ceder espaço apenas às necessidades mais urgentes do momento.

No Terceiro Mundo, de fato, para os missionários, o que é crucial como expressão de sua inculturação e de seu serviço não é só a assunção da pobreza, mas também e acima de tudo o crescimento quotidiano no dom de si a Deus na castidade ou no celibato e a humilde submissão da própria vontade no seguimento de Cristo na obediência.

PRERROGATIVAS DE LIBERDADE E DESAFIOS AO CRESCIMENTO NO MUNDO OCIDENTAL

Hoje, mais do que nunca, tanto na Europa quanto nos Estados Unidos, há uma forte sensibilidade para as questões mundiais da justiça social e para as ameaças à vida da humanidade. Ao autêntico trabalho missionário é oferecido um grande apoio e se investem incessantemente energias para se encontrar modos e meios que ajudem a atividade missionária, seja nos países em vias de desenvolvimento, seja nos subdesenvolvidos.

PARTE III – CONSEQUÊNCIAS PARA A PRÁTICA EDUCATIVA E PSICOTERAPÊUTICA

No coração de mulheres e de homens generosos, há uma grande disponibilidade para manter "a porta aberta" à dura realidade de emigrados e migrantes em busca de um trabalho, de um refúgio e de uma nova possibilidade de vida. Graças a essa tendência concreta a mover as estruturas e a fazer emergir a corrupção em todas as áreas da atividade humana (Igreja, governo, ambientes de trabalho), está-se fazendo muito em nome de Deus e para o bem da humanidade.

Esta crescente liberdade de envolvimento no mundo concreto é uma resposta efetiva à *Gaudium et Spes* do Concílio Vaticano II, que solicitava aos cristãos e religiosos encarregar-se dos sofrimentos mais agudos do mundo moderno.

As comunidades religiosas não poderiam alcançar nem mesmo a ponta do *iceberg* desses novos desafios se não fosse pelo envolvimento dos leigos, aliás, por sua participação na difusão e no crescimento dos carismas das congregações, em resposta ao chamado a "fazer-se ao largo" no serviço apostólico neste novo milênio. Já há muitos anos, essa alegria e esses desafios interessam a todas as congregações religiosas e às suas lideranças e continuarão a interessar tanto no âmbito formativo quanto no apostólico.

No mundo ocidental, o perigo para os religiosos é o de tornarem-se tão secularizados e absortos pelo trabalho, na tentativa de fazer o bem e de salvar o mundo, que o testemunho da vida fraterna pode perder vigor a ponto de tornar-se quase insignificante. A vida comunitária reduz-se a um "opcional", contrariamente ao compromisso próprio da vida religiosa apostólica, onde os votos são assumidos dentro de uma pertença comunitária que purifica e chama à conversão, enquanto apoia o indivíduo e o grupo em sua entidade. Os ministérios individuais podem ser considerados mais importantes do que a missão da Congregação, se não são atentamente avaliados e adaptados como necessários a um bem maior. A tendência a uma autonomia conflituosa, que se

440

manifesta em um enfraquecimento da obediência religiosa e na decadência da vida comunitária, gerará sérios problemas no futuro se não for reconhecida e oportunamente orientada.

O mundo ocidental apresenta uma série de dificuldades que devem ser enfrentadas se quisermos viver autenticamente a vida religiosa e os conselhos evangélicos: uma visão materialista, ligada à mentalidade do consumismo; a fadiga em manter o uso dos meios de comunicação de massa e outros recursos técnicos e eletrônicos, tão facilmente disponíveis hoje em dia, dentro dos limites da norma do *tantum quantum*; a tendência a limitar a própria vida de missão às oito horas por dia, com o fim de semana livre e um estilo de vida, no fim das contas, cheio de comodidades; o limitar-se a um interesse missionário de profissionais em vez de imergir no âmago da atividade e das necessidades da missão; a mentalidade do *marketing*, como se tivéssemos um produto a ser vendido, mais do que a mensagem e a pessoa de Jesus a ser comunicada.

O mundo ocidental tem, portanto, grandes desafios, que poderá enfrentar com a fidelidade criativa que brota da graça.

Em toda parte, tanto no Primeiro quanto no Terceiro Mundo, quando os valores objetivos são internalizados e vividos, penetram até as raízes da pessoa, da comunidade, da tribo, da missão, da Igreja, da cultura, transformando as estruturas, quer pessoais, quer sociais.

LIBERDADE PARA O CRESCIMENTO E PARA UM COMPLETO DESENVOLVIMENTO HUMANO E ESPIRITUAL

Se se considera a pessoa como uma unidade viva e dinâmica, encontram-se, tanto no hemisfério setentrional quanto no meridional, tanto no Primeiro quanto no Terceiro Mundo, alguns

PARTE III – CONSEQUÊNCIAS PARA A PRÁTICA EDUCATIVA E PSICOTERAPÊUTICA

importantíssimos fatores de crescimento e de desenvolvimento, tanto humanos quanto espirituais. Eles não têm limites e limites relativos aos diversos contextos sociais, políticos, econômicos, culturais e religiosos. São, com efeito, elementos típicos e necessários para um crescimento real em profundidade e em liberdade, de modo que a pessoa possa responder ao chamado a seguir Jesus Cristo por toda a vida, em qualquer lugar do mundo onde for chamada a viver esta vida.

A distância entre o desejo consciente e as resistências inconscientes, que gera, no âmbito individual, motivações diversas e amiúde contraditórias, deve ser trazida à luz, elaborada e resolvida. Essa diferença é nivelada e as energias conscientes e subconscientes devem poder convergir em uma única força de convicção e em um movimento coerente rumo a objetivos realistas que a pessoa se propõe.

Humildade diante das próprias necessidades e das atitudes emergentes no próprio comportamento, tanto em relação a si mesmo quanto na relação com os outros, em escuta atenta e na busca do que Deus quer, concretamente, no momento presente: esta é a condição para compreender e tomar nas mãos os próprios estados interiores, para poder melhor discernir, julgar e efetuar escolhas efetivas, coerentemente com o estado de vida que se professa, à luz do Reino de Deus.

A objetividade acerca de si mesmo não é fácil. A realidade das defesas é forte, por causa da avaliação emotiva e, provavelmente, também do conteúdo bastante mutável dos conflitos irresolutos que as defesas costumam proteger. Um acompanhamento pessoal pode revelar-se de grande ajuda para entrar, com gradualidade e continuidade, nas áreas não resolvidas da própria vida, mediante uma avaliação e interpretação mais reflexivas dos fatos e da experiência, passada e presente, para enriquecer de significado a própria vida e reabrir o crescimento para além do ponto em que, talvez, se havia bloqueado.

442

Quanto mais se faz luz, tanto mais a pessoa pode gozar de uma liberdade efetiva no distinguir entre o bem aparente e o real, e a liberdade de escolha não é mais determinada por uma instintiva autoafirmação, mas por uma força pacata, capaz de assumir a realidade e de tomar decisões profundas, fundadas solidamente sobre a rocha dos valores, a partir de si mesmos e para além de si mesmos.

O crescimento na liberdade reconhece a tensão ligada às polaridades e aos paradoxos da vida humana e espiritual. Tal crescimento consente a flexibilidade e a mudança, superando o apego a automatismos tranquilizadores. Há tensão entre chamado e bem-estar, entre o costume de viver em um ambiente familiar e o desafio missionário para começar do zero, deixando quanto já se possui: tal esvaziar-se de si é uma sã tensão de crescimento. A tensão entre passado e futuro favorece o crescimento quando o passado foi integrado com esperança, compreensão e confiança, de modo que se pode olhar o futuro como um sinal e uma promessa de vida nova e mais plena.

Há tensão também entre o processo de desenvolvimento e de crescimento pessoal e o da estrutura ou da instituição de pertença, da qual, de resto, a pessoa tira sua identidade e seu carisma como membro da vida religiosa e da Congregação: trata-se de uma interação complexa, inescapável e, por vezes, até mesmo difícil de suportar.

O crescimento na liberdade também se manifesta, com maior eficácia, na atividade apostólica e no encontrar tempo e espaço para o recolhimento, a oração e a contemplação. O desafio e a liberdade de enfrentar a realidade assim como é, e a capacidade de escolher valores subjetivos e de vivê-los também em situações complexas, são experiências que dão sabor à vida, apesar da tensão associada a todas as precariedades, às fragilidades, às dificuldades e às incongruências da própria vida: natureza chamada para o alto, transcendência encarnada. Que mistério, que alegria e fadiga a missão e a vida cristã!

A maturidade no viver os valores objetivos depende da maturidade em três dimensões diferentes, como Rulla, Imoda e seus colaboradores explicaram amplamente no curso dos anos.[1] A primeira dimensão, ligada essencialmente aos ideais pessoais e institucionais, diz respeito à disposição espiritual, mais cônscia, à transcendência de si. Aqui, maturidade e virtude são irmãs. Quando a escolha dos valores acontece na liberdade e em profundidade, então está em andamento uma autêntica maturação, especialmente se a mudança atinge todas as três dimensões.

A segunda dimensão pode ser uma área mais conflituosa por causa de inconsistências pessoais subconscientes e irresolutas, que impedem a escolha do bem real e induzem, antes, a buscar bens aparentes. Muitas vezes, pode haver, também, uma enganosa fachada de maturidade, mas, se se desce no profundo, chega-se a descobrir o vazio e a fragilidade dos conflitos que humilham a pessoa. Buscar a autorrealização e a gratificação das necessidades outra coisa não faz senão elevar o nível de frustração e reforça um círculo vicioso de escolhas e de atitudes imaturas, que podem ser percebidas de modo mais ou menos profundo.

---

[1] Cf. RULLA, L. M. *Psicologia del profondo e vocazione;* le persone. Torino: Marietti, 1975. [Trad. bras. de Floriano Tescarolo. *Psicologia do profondo e vocação. A pessoa.* São Paulo: Paulinas, 1986.] *Psicologia del profondo e vocazione;* le istituzioni. Torino: Marietti, 1976. [Trad. bras. de Boanerges Baccan. *Psicologia do profondo e vocação. As instituições.* São Paulo: Paulinas, 1977.] RULLA, L. M.; IMODA, F.; RIDICK, J. *Struttura psicologica e vocazione. Motivazioni di entrata e di abbandono.* Torino: Marietti, 1977. RULLA, L. M. *Antropologia della vocazione cristiana.* 2. ed. Bologna: EDB, 1987. v. 1: Basi interdisciplinari. [Trad. bras. de Frei José Carlos Pedroso. *Antropologia da vocação cristã.* São Paulo: Paulinas, 1987.] RULLA, L. M.; IMODA, F.; RIDICK, J. *Antropologia della vocazione cristiana.* 2. ed. Bologna: EDB, 2001. v. 2: Conferme esistenziali. RULLA, L. M. (ed.). *Antropologia della vocazione cristiana.* Bologna: EDB, 1997. v. 3: Aspetti interpersonali.

Por vezes são reprimidas, ou acionadas no comportamento, com a consequência de que o nível de integração dos valores humanos e espirituais é mínimo. A internalização dos valores acontece somente à medida que esta segunda dimensão é libertada da escravidão do *eu* e de suas inconsistências, de modo que se libera energia para o ideal-de-si-em-situação da primeira dimensão, se favorece o crescimento mediante escolhas maduras, firmes e vividas, e se alimentam a virtude, os valores e a santidade de uma vida vivida na verdade, por isso orientada para a maturidade cristã.

A energia que não é liberada de dentro e não é conscientemente investida nos valores e nas virtudes vai, ao contrário, servir às motivações mistas que obstaculizam o desenvolvimento integral e livre da pessoa rumo à maturidade espiritual. Como observou Santayana, estamos condenados a repetir o que não compreendemos.

A terceira dimensão envolve mais diretamente as vulnerabilidades típicas da psicopatologia, que comprometem o *Self*, a sua segurança e até mesmo sua integridade, além da análise da realidade. Semelhantes debilidades têm um peso não indiferente sobre a liberdade da pessoa de crescer rumo à maturidade integral humana e espiritual, sem, por isso, excluir necessariamente a possibilidade de um profundo crescimento pessoal e subjetivo.

ASPECTOS FORMATIVOS

A pessoa humana é um mistério. Quando acompanhamos outro ser humano em seu caminho para a realização dos valores proclamados, para vivê-los de fato na concretude, encontramo-nos em um tempo privilegiado e em um espaço sagrado de evangelização, de purificação e de integração. É "solo sagrado", no qual podemos, porém, adentrar porque Deus já está presente, ele que levou a pessoa a buscar o "mais" e o "melhor" na resposta ao convite de seguir Cristo Senhor.

O formador deve fazer, antes de tudo em si mesmo, um sério trabalho de integração humana e espiritual, para não ser um guia cego, que aumenta a confusão do outro, em vez de ser-lhe um auxílio. Estar a caminho rumo à maturidade espiritual comporta, na vida do formador, um incessante crescimento do relacionamento com Deus como "a única coisa necessária" (Lc 11,42): viver os valores de Cristo, permanecer na escuta do Espírito Santo e buscar ativamente a santidade. Esse modo de ser do formador é a ajuda mais creditória para a pessoa em formação, a fim de confiar-se para além do que vê e sente, para ter a coragem nos momentos de rendição e de abandono, e a imergir nas águas profundas de sua vida.

Progressivamente, o formador aprende a "diminuir" para que Deus "cresça" na vida da pessoa em formação, enquanto juntos prosseguem a viagem, focalizando estas perguntas: "Quem é Deus para ti?" e "Que é que Deus deseja e quer de ti?".

Os objetivos formativos no caminho cristão ou de vida religiosa são os de ajudar a pessoa a conhecer a si mesma, a aceitar-se e a crescer no esforço por discernir a autenticidade do chamado à vida cristã e/ou religiosa. A maturação de uma resposta baseada em convicções pessoais, ou seja, na internalização, implica a superação de respostas de mera complacência e identificação, expressões de uma primeira e mais imatura adesão aos valores proclamados.

Chegar a conhecer uma pessoa é um processo lento, no qual se trata de construir confiança e segurança. Isso não pode acontecer senão dentro de uma relação que respeita a liberdade da pessoa e lhe garante um contexto seguro no qual explorar as áreas problemáticas ou obscuras da própria vida, com compreensão, paciência e com um método de esclarecimento que cobre de luz a estrada a ser percorrida.

Os jovens são frágeis, em qualquer contexto cultural. Tal fragilidade provém de suas famílias de origem e muitas vezes é agravada pelo ambiente, especialmente lá onde guerra, violência, pobreza, abuso, fome e solidão são o pão cotidiano. A fragilidade, por sua vez, gera medo e revolta. Muitos dos nossos jovens foram desorientados ou desiludidos por líderes que não mereciam confiança. Para a mentalidade africana, onde a figura dos anciãos é extremamente importante, quando a autoridade aparece como a que explora, a "lei da vida" parece um declínio que vai solapar justamente o que, naquela cultura, é fonte de serenidade e de segurança.

Em uma relação formativa, os limites devem ser sólidos. Bons limites e uma justa distância fornecem a um jovem espaço e liberdade para manifestar a si mesmo. Tais limites constituem uma proteção que coloca a pessoa em condições de receber e de ter o espaço e o tempo necessários para as inevitáveis regressões conexas ao crescimento do *eu*, de chegar a um sincero conhecimento de si e de reorientar as próprias escolhas e as próprias energias rumo a maior integração e maturidade humana. Os limites oferecem espaço, o espaço concede uma área de liberdade e esta liberdade consente à pessoa mover-se da passividade à responsabilidade de escolha, de ação e de dom.

O formador oferece-se como objeto de transferência, de sorte que o jovem possa suportar suas lutas e chegar a curar as feridas que o mantiveram interiormente atado ao "velho *Self*", enquanto o trabalho rumo ao "novo *Self*" procede no mistério da graça de Deus e de seu plano de salvação. Participar do mistério pascal de Jesus é o mais alto chamado e o maior privilégio de um formador que seja um pouco humilde e dedicado ao Mestre. Esta é a verdadeira obra de caridade: aprender a "amar até o fim".

CONCLUSÕES E NOVOS COMEÇOS

Deus nos desenraíza para um futuro que está para além de nós. Esse é o tema constante que atravessa toda a história da salvação, desde Abraão, que deixa a terra de Ur, aos demais patriarcas, ao Egito e ao êxodo no deserto e às alianças feitas por Deus com seu povo.

Deus nos desarraiga e nos atrai rumo a um novo futuro, um futuro desconhecido, que passa através da insegurança da história humana e da aceitação da pobreza como o lugar mais apto para seu devir. Sair de si mesmo é a espiritualidade do Êxodo. Este é o Espírito de nosso Deus: o Deus do êxodo, em seu Único Filho, percorreu a viagem da vida da divindade invisível à encarnação kenótica de Jesus Cristo, nascido na carne, verdadeiro Deus e verdadeiro homem. Esvaziando-se de si mesmo, ele assumiu a condição de servo e ofereceu sua vida em união com a vontade de salvação do Pai.

O convite a renunciar a si mesmo, a tomar a própria cruz e a seguir os passos de Jesus vale para todos aqueles que são chamados à fé e ao seguimento. O serviço do formador, em particular, exige aprender a ultrapassar o interesse pessoal, a renunciar ao egoísmo e a amar os outros incondicionalmente, onde quer que se encontrem. Há uma sabedoria a ser aprendida a respeito do desenvolvimento humano e da integração espiritual: toda pessoa é verdadeiramente uma imagem de Deus, feita à sua semelhança, redimida por sua bondade infinita, por sua misericórdia e pelo amor que se manifestaram no sacrifício da cruz, e está destinada à ressurreição para uma vida nova.

A paciência nas horas do trabalho árduo, dedicado à formação, torna-se parte do nosso sacrifício eucarístico e da nossa ação de graças, pois o que estamos cumprindo é o trabalho de Deus. "Participantes da divindade daquele que se dignou assumir a nossa humanidade" (ofertório da missa), a viagem prossegue, a luz aumenta e as convicções se consolidam.

SÍNTESE DOS CURADORES

A partir da experiência desta irmã no aplicar, em diversos contextos culturais, os princípios da *Antropologia da vocação cristã*, tanto na própria vida quanto no acompanhamento de outros ao longo dos anos, podemos tirar as seguintes conclusões:

- o *bem real* deve ser escolhido dia após dia;

- o indivíduo faz parte de um todo. A própria realidade e a própria capacidade de compreensão não esgotam todas as perguntas. Às vezes são necessários a consulta e o acompanhamento para ampliar a própria limitada visão do caminho já percorrido e a fim de buscar indicações para prosseguir o caminho de modo mais seguro;

- o crescimento no desenvolvimento humano-espiritual e o seguimento de Jesus não podem basear-se unicamente nas próprias convicções interiores. O confronto e a partilha com a própria comunidade, bem como também o diálogo e o discernimento com a autoridade constituída são essenciais para um verdadeiro abandono à vontade de Deus e à providência salvífica de seu plano de amor e doador de vida;

- partilhar a própria experiência de vida no caminho de crescimento ajuda a esclarecer e a definir melhor as verdades e as convicções que já se possui e a dedicar-se ainda mais a elas. É fonte daquela alegria que somente Deus pode dar e ajuda a atravessar as dificuldades, que só podem ser suportadas com a força e a consolação de Deus: "Tudo posso naquele que me dá forças" (Fl 4,13);

- a atenção ao crescimento exige tempo, abertura e graça. Os estados interiores de uma pessoa revelam-se lentamente, à medida que o desejo do que Deus realmente quer é mais bem internalizado, encarnado e inculturado no aqui e agora de sua história;

PARTE III – CONSEQUÊNCIAS PARA A PRÁTICA EDUCATIVA E PSICOTERAPÊUTICA

- crescer na liberdade efetiva e no dom de si é questão de humildade, de profunda disponibilidade interior e exterior, e de confiança. Tudo isso implica, na pessoa, um movimento de fora para dentro e de seu interior para o exterior, para a edificação do Reino de Deus. "Ó profundidade da riqueza, da sabedoria e da ciência de Deus!" (Rm 11,33). "Àquele que em tudo tem o poder de fazer muito mais do que possamos pedir ou pensar, segundo a potência que já opera em nós, a ele a glória na Igreja e em Cristo Jesus, por todas as gerações nos séculos dos séculos. Amém" (Ef 3,20s).

ÍNDICE ONOMÁSTICO

A

Agostinho de Hipona 132, 178, 203, 207, 230, 264
Alexander, F. 346
Aliotta, M. 204
Altmeyer, M. 110
Arbib, M. A. 115
Arbuckle, G. A. 412
Archer, S. L. 159
Arnold, M. B. 30
Aron, L. 303
Ashmore, R. D. 94
Atkins, K. 221
Attard, W. 393
Atwood, G. E. 93, 117, 118, 303, 304
Ausubel, D. P. 105

B

Baars, C. 367
Babini E. 228
Balthasar, H. U. von 181, 227, 228, 240, 285, 286, 287, 427
Balvin, R. 58
Barry, W. A. 393
Barthes, R. 402
Barth, K. 202
Bateman, A. 345, 351, 353
Baumann, K. 136, 139, 155, 159, 232, 233, 296
Bauman, Z. 138, 140, 143
Beebe, B. 111, 113, 114, 119
Bennis, W. 399, 411

Bento XVI 74, 127
Bernardin, J. 406
Betori, G. 243, 244
Bion, W. R. 153, 154, 408
Blass, R. 149, 247
Blondel, M. 223, 229, 236, 237, 238
Blos, P. 66
Blum, F. 368
Bonhoeffer, D. 257
Bornkamm, G. 202
Boublik, V. 202
Brambilla, F. G. 171, 199, 202, 207, 209, 217
Brandchaft, B. 117
Braten, S. 111, 113, 114, 115
Brewer, M. B. 88
Brugger, W. 137, 150
Bruner, J. 91, 402
Buzzi, F. 229

C

Cambon, E. 129
Cantelmi, T. 396
Carrier, H. 16, 26
Cattorini, P. 305
Cavaleri, P. A. 114
Chesterton, G. K. 189, 428, 429, 431
Ciotti, P. 247
Clément, O. 210
Coda, P. 129, 171
Coghlan, D. 412
Colombo, G. 199, 212
Colzani, G. 171, 199

Congregazione dell'Educazione Cattolica 375, 390

Congregazione per gli Istituti di Vita Consacrata e le Società di Vita Apostolica 389

Connolly, W. J. 393

Corey, G. 386

Costello, T. 391

Cottier, G. 140

Cozzoli, M. 230

D

Damasio, A. 115

Daneels, G. 425

De Finance, J. 43, 188

De Vries, J. 150, 154, 155

Dewald, P. A. 302

Diamond, F. 58

Diamond, S. 58

Diana, M. 247

Dolphin, B. 423

Dornes, M. 111, 114

Dupuis, J. 183

Dwyer, E. 408, 410

E

Eichten, B. M. 409

Elwell, W. A. 201

Epstein, R. S. 378, 384

Erazo, N. 113

F

Feldman-Summers, S. 380

Fisher, B. 72

Fogassi, L. 115

Fonagy, P. 115

Forgas, J. P. 82

Forte, B. 213

Foster, W. 399, 400, 401

Freud, A. 153, 158, 162

Freud, S. 60, 79, 108, 149, 150, 156, 157, 278, 281, 287, 291, 333, 334, 343, 344, 348, 352, 384

Friedman, L. 143

Frost, R. 377, 378

Fumagalli, A. 231

G

Gabbard, G. O. 302, 380, 387

Gadamer H. G. 163

Galimberti, U. 126

Gallagher, M. P. 414, 415

Gallese, V. 115

Galliano Auletta, C. G. 117

Garrone, G. M. 18

Garvin, M. P. 402

Gedo, J. E. 105, 306

Gergely, G. 115

Giddens, A. 77

Gilbert, P. 38, 125

Gill, M. 116, 347

Goffi, T. 230

Goldberg, A. 105, 113, 306

Gottemoeller, D. 416, 418

Greenberg, J. R. 303, 351

Greenspan, S. I. 307

Greshake, G. 128

Greve, W. 86

Grienti, V. 244

Görres, A. 150, 151, 156, 157

Guardini, R. 214, 253

Guarinelli, S. 318

Gubrium, G. F. 82

Gurtheil, T. G. 387

H

Habermas, J. 130, 142

Hamel, É. 234

Harvey, O. J. 292

Healy, T. 25, 38, 41

Heidegger, M. 221

Hemmerle, K. 128

Henseler, H. 149, 150, 151, 162

Índice onomástico

Herlihy, B. 386
Holmes, J. 345, 351, 353
Holstein, J. A. 82
Hunt, D. E. 292

I

Imoda, F. 10, 14, 15, 17, 18, 23,
24, 26, 41, 51, 78, 79, 95, 96,
99, 103, 109, 120, 125, 128,
131, 136, 143, 146, 147, 167,
195, 204, 212, 213, 220, 221,
223, 245, 246, 249, 251, 252,
254, 255, 256, 258, 260, 262,
263, 264, 267, 269, 270, 271,
272, 278, 279, 280, 281, 282,
283, 284, 285, 287, 289, 290,
297, 298, 299, 302, 303, 305,
306, 307, 308, 316, 318, 329,
332, 356, 357, 358, 359, 363,
364, 371, 382, 392, 400, 402,
404, 406, 408, 410, 444
Inhelder, B. 402
Innamorati, M. 287

J

James, W. 77, 84, 85, 87, 90
Jervolino, D. 221
João Paulo II 21, 22, 136, 151,
152, 234, 373, 374, 375, 381,
389, 397, 400, 403, 405, 421
Jones, S. L. 162
Jurist, E. L. 115
Jussim, L. 94

K

Kameguchi, K. 382
Kasper, W. 128
Keith-Spiegel, P. 385
Kelman, H. C. 34, 35
Kernberg, O. F. 93, 258, 345
Kettner, M. 157
Keupp, H. 90, 92, 94

Kiely, B. 25, 32, 38, 40, 45, 232, 315,
316, 318, 419, 420, 422, 427
Kirshner, L. A. 146
Klein, M. 110
Klimovsky, G. 319
Knoblauch, S. 114
Kobusch, T. 154
Kohut, H. 69, 105, 109, 110, 116,
118, 132, 153, 338
Koocher, G. P. 385
Kosslyn, S. 57
Kutter, P. 162

L

Lachmann, F. M. 113
Ladaria, L. 171, 197, 198, 199,
201, 202
Lakeland, P. 400
Laplanche, J. 60
Laselva, P. 396
Leary, M. R. 83
Löhrer, M. 202
Lichtenberg, J. D. 105, 111, 112,
113
Lingiardi, V. 346, 348, 351
Loch, W. 149, 150, 154, 155, 160,
162
Lonergan, B. J. F. 19, 20, 38, 39,
41, 96, 105, 176, 177, 180,
361, 403, 405, 420, 427
Louf, A. 368
Lubac, H. de 204, 205, 212
Luparia, E. 396

M

Magnani, G. 278, 286
Maher Garvey, H. 411, 412
Mahler, M. S. 281
Malone, J. 410, 411
Manenti, A. 245, 259, 330, 408
Marcel, G. 205, 211
Marcia, J. E. 159

453

Marion, J.-L. 125
Markham, D. 399
Martini, M. 204
Matteson, D. R. 159
Mazzocato, G. 169, 172, 175, 295
McAdams, D. 402
Mc-Auley, C. 403
McIntyre, A. 416
Meissner, W. W. 116, 350
Meltzoff, A. 111, 113, 114, 115
Merton, T. 263, 268
Mieder, W. 377
Minuchin, S. 336, 382
Mitchell, S. A. 116, 303
Moore, M. 114
Moran, M. J. 413
Müller, K. 163
Müller, T. 162

N

Nanus, B. 399
Navone, J. 407, 427
Newen, A. 82
Norris, K. 402

O

Ogden, T. H. 335
O'Dwyer, C. 48, 407
Orange, D. 117
Orlofsky, J. L. 159
Otto, R. 131

P

Paluzzi, S. 396
Pannenberg, W. 171
Paulo VI 16, 18, 26
Perkins, R. 403
Petrosino, S. 125
Piaget, J. 402
Pontalis, J. B. 60
Popper, K. R. 137
Puntel, L. B. 148, 150, 154, 155, 157

R

Rahner, K. 125, 126, 189, 257
Rangell, L. 317
Rattner, J. 161
Ratzinger, J. 130, 226
Repole, R. 205
Ricoeur, P. 125, 132, 204, 221, 222, 224, 287, 402
Ridick, J. 14, 17, 18, 78, 109, 136, 143, 167, 371, 392, 404, 444
Riva, A. 171, 211
Rizzolatti, G. 115
Rizzuto, A.-M. 53, 59, 62, 69, 72, 94, 131
Rouleau, M. C. 403
Ráramo-Ortega, R. 162
Rulla, L. M. 10, 14, 15, 16, 17, 18, 19, 27, 28, 29, 30, 78, 79, 95, 96, 97, 99, 103, 105, 109, 124, 127, 136, 137, 143, 144, 145, 146, 147, 164, 167, 168, 169, 171, 172, 174, 175, 176, 177, 179, 180, 183, 184, 189, 190, 191, 192, 193, 243, 251, 313, 314, 315, 316, 371, 392, 398, 404, 420, 424, 433, 444
Rustin, J. 114

S

Sanna, I. 207
Scanziani, F. 199
Schank, J. 386, 387
Scheeben, M. J. 202
Schroder, H. M. 292
Scott Peck, M. 317
Sedikides, C. 88
Serenthà, L. 171, 202
Sesboüé, B. 183
Shapiro, D. 302, 325, 336
Shapiro, S. 302, 325, 336
Shore, A. 64, 65
Siegel, D. J. 116

Smith, H. F. 144, 399
Sorter, D. 114
Sovernigo, G. 367
Sperry, L. 393
Steck, C. W. 227
Sterba, R. 349
Stern, D. N. 111, 112, 113, 115, 119, 120, 121, 122, 280, 281
Stolorow, R. D. 93, 117, 118, 303, 304
Stone, L. 350
Sullivan, H. S. 116
Summers, F. L. 93
Sussman, A. 57

T

Tangney, J. P. 83
Tapken, A. 109, 114, 118, 131
Target, M. 115
Terruwe, A. 367
Theriault, M. 413
Tomás de Aquino 152, 154, 180, 187, 230, 232, 296
Trevarthen, C. 111, 113, 114, 115

U

Utsch, M. 106

V

Vaill, P. 413

Vergote, A. 271
Vogeley, K. 82

W

Wachtel, P. L. 302
Waelder, R. 155
Warde, F. 403, 404
Waterman, A. S. 159
Weiner, I. B. 302
Weiss, J. 302
Werbick, J. 163
Westermann, C. 206
Wexler, B. E. 54, 55, 56, 74
Wheatley, M. J. 421, 424
Whitaker, C. 318
Williams, K. D. 82
Wilson, G. 409
Winnicott, D. W. 106, 110, 116, 334
Wolff, H. W. 208

Y

Yalom, I. D. 317
You, A. 233, 234

Z

Zetzel, E. 349
Zollner, H. 93

ÍNDICE REMISSIVO

Aliança terapêutica 116-125, 160-167, 341-379, 446

Alteridade 107-147, 195-225, 271-275

Antropologia
diálogo teologia e psicologia 18-56, 123-137, 167-198, 211-215
encarnação como ponto de partida da antropologia interdisciplinar e da visão total de pessoa humana 122-137, 141-150, 198-205, 226-231, 243-245

Consistência/inconsistência 30-33, 142-145, 181-183, 313-317

Desenvolvimento
e afetividade 59-70
entre adquirir e perder 229-232
entre continuidade e mudança 87-97
entre objetividade e subjetividade 219-221, 239-241, 258-261, 263-269, 291-293, 358-360
entre passado, presente e futuro 221-229, 271-275, 279-281, 285-289, 339
perspectiva teológica 229-251
seu ápice está na intimidade com o outro
em termos psicológicos 52, 60-70
em termos teológicos 73-75, 198-205

Dialética de base 29-34, 41-49, 96-99, 168, 179-183, 313-317, 441-445

Distúrbio 42-48, 317, 352-355

Formação
com atenção ao pequeno reavaliado 101-102, 245-246
como integração 26-28, 237-239, 251-280, 388-392
dinâmica, integrada e holística 373-375
e cultura 433-450
e purificação dos motivos 34-35, 255-256
papéis formativos 371-403
por conteúdos e por testemunho 75, 424-431

por via afetiva 56-71
tarefas do educador 389-392

Integração 52-57, 101-102, 237-239, 251-280, 388-392

Intersubjetividade 68-69, 107-147, 303-304, 334-339, 347-354

Liderança 397-451

Maturidade 100-102, 251, 269-271

Mistério
como elemento estrutural do Eu 245-251, 328-332
em sentido psicológico 245-251
em sentido teológico 195-206, 219-229, 243-253, 275-286, 277-288,
311-323, 341-353, 371-382, 397-407, 433-443, 451, 457-458
e terapia 328-334, 358-362
manifesta-se já nos primeiros anos de vida e durante todo o desenvolvimento 70-73, 281-286

Narcisismo 109-121

Objetividade e verdade subjetiva 135-185, 263-264

Psicoterapia
a pessoa cresce e se cura pela via afetiva 56-71, 111-117
como brincadeira 299-303, 334-339
definição e escopo da terapia 27, 100-101, 289-291, 318, 358-360,
441-445
e mediante a relação 61-72, 116-125, 334-336, 341-380
e referência ética 285-289, 303-307
e verdade pessoal subjetiva 152-175, 233-246
perspectiva teológica 204-210
relação profissional e limites 379-386
transferência e contratransferência 341-380

Religiosidade
como dimensão intrínseca do Eu 36-37, 53, 99-107, 122-137, 183-
189, 245-251
como interpretação de pessoas e contribuições 73-75, 222-227
e dimensão cristológica 198-205
e transferência 362-372
mediada pelas relações com o educador 65-68
mediada pelas relações parentais 58-60
papel do Espírito Santo 226-234

Representações 48-49, 55-62, 93-95, 112-113, 291-293, 324-332

Resistências 355-356

Self (si mesmo)
  abordagens diversificadas do *Self* 79-83
  como mistério 104-106, 245-251, 313-317
  como objeto e como sujeito 83-85
  componentes estruturais e finalísticos 29-34, 96-99, 178-190
  conteúdos, processos, desenvolvimento 85-107
  definição 83-85
  estável e mutável 87-98, 229-231
  identidades parciais e metaidentidade 92-95
  intrinsecamente aberto à fé 36-46, 53, 70-75, 96-107, 124-128, 226-231, 229-231
  nasce da intersubjetividade 52-73, 109-121
  pró-ativo e re-ativo 87-88
  unidade diferenciada 99-103

Tempo 219-257

Valores 28-29, 42-46, 144-148, 183-188

Virtude 229-233

SUMÁRIO

Siglas 5

Introdução 7

Parte I
A PESSOA HUMANA E AS LINHAS ATUAIS DA PSICOLOGIA DO PROFUNDO

1. Nascimento e conquistas de um estudo sobre a pessoa humana
   Tim Healy, Bartholomew Kiely e Giuseppe Versaldi 13

2. Desenvolvimento: da concepção à morte. Reflexões de uma psicanalista contemporânea
   Ana-María Rizzuto 51

3. O Self. Conteúdo, processos, mistério
   Hans Zollner 77

4. Relação. Intersubjetividade. Alteridade. Mudança nos paradigmas da psicanálise atual e seu significado para a antropologia cristã
   Andreas Tapken 107

Parte II
A PROPOSTA PSICOLÓGICA: UMA CONTRIBUIÇÃO PARA A FILOSOFIA E PARA A TEOLOGIA

1. Reivindicações de verdade e de objetividade em um mundo Pós-Moderno? A proposta dos "valores objetivos" da vocação cristã no início do século XXI
   Klaus Baumann 135

2. A dialética de base na perspectiva da antropologia teológica. Questões críticas e sugestões para uma retomada
   Daniele Moretto 167

3. O parâmetro da alteridade e sua importância para a
teologia dogmática
Francesco Scanziani 195

4. O parâmetro da temporalidade e sua importância para a
teologia moral
Aristide Fumagalli 219

5. Psicologia e mistério: uma relação inédita e fecunda
Amedeo Cencini 243

PARTE III
CONSEQUÊNCIAS PARA A PRÁTICA EDUCATIVA
E PSICOTERAPÊUTICA

1. Pedagogia genética e prática psicoterapêutica
Stefano Guarinelli 277

2. O êxito da terapia: cura, mudança, transformação
Alessandro Manenti 311

3. Contratransferência como caminho para Deus:
processo terapêutico e integração da dimensão espiritual
Carlo Bresciani 341

4. A integração dos papéis formativos
Tim Costello 371

5. A liderança na vida religiosa hoje
Brenda Dolphin, Mary Pat Garvin e Cait O'Dwyer 397

6. A antropologia da vocação cristã sob a prova das culturas:
a experiência de uma formadora
Terezinha Esperança Merandi 433

Índice onomástico 451

Índice remissivo 457

Impresso na gráfica da
Pia Sociedade Filhas de São Paulo
Via Raposo Tavares, km 19,145
05577-300 - São Paulo, SP - Brasil - 2011